【北京社科名家文库】

仰望崇高

BEIJING SHEKE MINGJIA WENKU

方立天自选集

方立天◎著

首都师范大学出版社
CAPITAL NORMAL UNIVERSITY PRESS

图书在版编目(CIP)数据

仰望崇高:方立天自选集/方立天著．—北京：首都师范大学出版社,2009.11(2017.3 重印)

ISBN 978-7-81119-821-8

Ⅰ.①仰… Ⅱ.①方… Ⅲ.①宗教学—文集 Ⅳ.①B920-53

中国版本图书馆 CIP 数据核字(2009)第 214118 号

北京社科名家文库

YANGWANG CHONGGAO

仰望崇高

方立天自选集

方立天 著

项目统筹：杨林玉　　责任编辑：杨林玉

责任设计：王征发　　封面绘画：王征发

责任校对：李佳艺

首都师范大学出版社出版发行

地　址　北京西三环北路 105 号

邮　编　100048

电　话　68418523(总编室)　68982468(发行部)

网　址　www.cnupn.com.cn

印　刷　北京嘉实印刷有限公司

经　销　全国新华书店

版　次　2009 年 12 月第 1 版

印　次　2017 年 3 月第 2 次印刷

开　本　787mm×1 092mm　1/16

印　张　39.5　　插页　2

字　数　468 千

定　价　79.00 元

出版说明

1978年，中国改革开放的元年。自那一年开始，中国已经走过了波澜壮阔的30年。这是伟大的30年，是改变中国的30年，是震惊世界的30年，也是哲学社会科学蓬勃发展的30年。

在哲学社会科学这30年的辉煌成就里，浸透着为新中国哲学社会科学奠基的老一辈专家呕心沥血的求索，也镌刻着寻着他们足迹的后来者追求真理的步伐。“学之大者，国之重器”。我们有责任将这些“大者”潜心研究的成果，重新编辑出版以飨读者。为此，北京市社会科学界联合会和首都师范大学出版社将这一套《北京社科名家文库》奉献给读者。她以自选集的体例形式，每年推出一批，争取在几年内达到百种以上。《北京社科名家文库》将系统展示当代哲学社会科学名家学者30年来的学思精华，展示他们的学术探索历程和风采。同时，为使这套《北京社科名家文库》更加丰富，编委会决定在首都师范大学出版社已出版的《当代著名学者自选集》中挑选符合体例的图书，编辑成《北京社科名家文库·纪念辑》，这将更完整地反映北京学人在学术风范和学术使命上的历史延续。

我们相信，《北京社科名家文库》将能够成为具有文化传承价值的经典性大型出版工程，成为集中展示首都哲学社会科学重要成果的一个窗口。由于我们水平所限，定有不足之处，希望读者和同仁给予批评指正。

编 委 会

2009年11月

方 立 天 先 生

目录

北京社科名家文库

学术自述*

一、机遇、师承和道路

1933年3月我出生于浙江省中东部的一个农村，永康市四路口中村。我的家乡非常美丽。小小村落的边上，有一条日夜流淌不息的小溪。童年时，我和伙伴们有时就在这条小溪里抓鱼。村子的周围，有起伏的丘陵，绿绿的农田。我的家乡山清水秀，景色宜人。

幼年时，我沉静少言，不贪玩耍，喜好读书。可是时运不佳，由于日寇的侵略，我的家乡屡遭践踏，致使小学上课时断时续，没能连续地把小学念下来。1946年春，我开始在永康县立初级中学读书。1949年毕业时，我国历史发生了翻天覆地的变化。我被时代车轮带进上海财政系统的干部学校学习、工作。

1956年，党中央号召“向科学进军”，鼓励在职青年报考高等院校。这一年的秋季，我幸运地考取了北京大学哲学系。这是我人生旅途中的一大转折。北大美丽的校园、雄厚的师资力量和丰富的藏书，

* 本文系在《我和中国佛学及哲学研究》(《学林春秋》三编·上册，朝华出版社，1999)的基础上增补修改而成。

使我感到只有奋发上进，才能无愧地面对这一切。我学的是哲学专业。在学期间，我对中外哲学史发生了强烈的兴趣。中外哲学家的深邃睿智深深地打动了我。学习先哲的智慧，锻炼自己的思维能力，成为我最急切的需要和最大的乐趣。北大哲学系有中外哲学史界一流的师资，冯友兰、汤用彤、张岱年、任继愈和郑昕、洪谦、任华等都是哲学史界的泰斗，能最大限度地满足学生的学习要求。后来我感到中外哲学史齐头并进，有些困难，根据我自身的条件，就确定以中国哲学史为专攻重点。一度令人兴奋不已的是，冯友兰虽已年过花甲，还登台执教。先生深入浅出的讲授艺术、严密的逻辑论述，使我们受益匪浅；他幽默的讲课风格，至今仍历历在目。当时我是班上中国哲学史的课代表，与冯先生的接触较多，自然我对先生对待学术问题的态度，治学方法，乃至精神气象，也更多了一层了解。这时，我也到历史系听了两年张政烺等教授主讲的中国通史课。此外，还自学了中国文学史等教科书。当时一有空，我就扎到文史楼阅览室看书。在北大的学习，为我以后从事中国哲学史的研究工作打下了初步的基础。

从北大毕业，我来到中国人民大学哲学系中国哲学史教研室工作。这是我人生旅途的又一个转折点。自那时起，我在学术生涯的漫长道路上开始了艰难的跋涉。我选择魏晋南北朝隋唐哲学作为重点研究的对象，这一段哲学包括了儒、道、佛三教，内容丰富，便于把长达七百年历史的佛教哲学和世俗哲学结合起来研究。就这样，我把中国哲学和中国佛教作为自己的专业研究方向，在这两块园地进行"双耕"，成为我相当长岁月里学术活动的基本内容。

决定研究佛教，这是我学术生涯中的一个重要选择。我之所以选择佛教而又矢志不移，主要考虑了这几点：(一)从佛教的内容来看，佛教是人类历史上最庞大的思想体系，涉及人生、宇宙诸多方面的根本问题，内容丰富庞大，其理论思维经验教训很值得总结。(二)从佛教与中国文化的密切关系来看，佛教传入我国后，在和中国固有文化的冲突、融合的过程中，对中国哲学、伦理、文学、艺术、习俗等都发生了极其广泛而深刻的影响，研究佛教，对于研究中国文化各种形态都有着重大的意义。可以说，不研究佛教，就难以全面地研究中国文化史。(三)从佛教哲学与中国哲学的相互关系来看，如果从哲学层面去研究佛教，尤其是中国佛教，又从整个中国哲学发展史的背景出发去探讨中国佛教哲学思想的形成和演变，就既能拓宽佛教的研究领域，揭示佛教哲学思维的丰富内容，把握中国佛教思想的根本特征，提高佛教研究的学术水平；又可以利用佛教哲学的研究成果来丰富中国哲学史的内容。这也就是把中国哲学与中国佛教研究结合起来，使两者互促互补，相得益彰。(四)从中国佛教研究的现状来看，由于佛教研究的难度大，往往使人望而却步。同时，整个宗教研究都不太受重视，有的甚至认为研究宗教就是信仰宗教。在文化大革命浩劫期间，甚至把宗教研究者视为牛鬼蛇神，研究宗教不仅不受重视，而且还有很大的压力。因此，研究佛教所得的成果和我国佛教的丰富内容是太不相称了。我想，正因为佛教研究被视为畏途，佛教研究几乎是一片处女地，所以投身其间，脚踏实地，埋头研究，也许是更有意义的事情。

当然，决定研究佛教，绝不是一件简单的事。从理智、认识上肯定佛教研究是一回事，从意志、行动上最后坚定地从事佛教研究又是一回事。这是因为，研究佛教的难度大。研究佛教需要具备语言、文字、宗教、哲学、历史等多学科的知识，而且，还需要对佛教的宗教生活实践有一定的体察和了解，这都不是容易做到的。至于研究佛教义理的三大难关——概念术语的特定含义，佛教思维方式的独特内容，以及佛教整个思想体系的庞大复杂、歧异多义，也都是不容易掌握和驾驭的。再是研究的条件比较差。这主要是指研究的客观条件，如资料不齐全，舆论气氛不太好，而研究成果的发表有时也会受到种种制约。但我想，凡事都有它的另一面，困难多，条件差，成功的机会也可能更多些。本着这种想法，我就很有信心地研究起佛教来。

大学毕业时，我的佛教基础知识是很有限的。为此，我于1962年到中国佛教协会主办的中国佛学院进修了八个月。我虚心地向法尊、正果、明真、观空诸位法师以及周叔迦副院长、虞愚教授等学习佛教的历史、理论、典籍。周叔迦副院长还亲自为我拟定阅读书目，嘱我定期向他报告阅读心得。在佛学院进修的时间虽然不长，但收获不小，主要是初步地掌握了佛教的历史和理论的基本知识，对僧人的生活实践也有了直接的了解和感受。

回到中国人民大学后，结合中国哲学史的教学工作，我开始了佛教思想的研究，也取得了一定的进展。但不久便开始"四清"，后来又是文化大革命，刚刚开始的研究工作不能不因此而停止。

"文革"后，在改革开放的宽松环境下，我的佛教研究工作又得以继续，按原来的设想并结合实际的需要而有计划地进行。迄今为止，我的佛教研究主要有以下几个方面：中国佛教思想家的个案研究，中国佛教典籍的整理、校点、注释、今译，佛教哲学思想的宏观研究，中国佛教文化的探索，中国佛教哲学思想的系统研究。这五个方面的研究大体上反映了我的佛教研究的轨迹。

二、中国佛学思想的研究

(一)中国佛教思想家哲学思想的个案研究

如何根据现实的主客观条件展开佛教研究，如何选择突破口，使研究确有成效，我思索良久。最后我确定从魏晋南北朝的佛教思想家开始进行逐个研究，逐个突破。我首先选取的是当时最有代表性的几个佛教思想家：道安、支遁、慧远、僧肇、道生和梁武帝萧衍作为研究对象。至于隋唐时代，我对华严宗和禅宗的思想有兴趣。在我看来，中国佛教对中国哲学影响最大的是华严宗和禅宗，所以，隋唐时代的佛教思想家我选取法藏、慧能等作为研究对象。

我比较注意从中国传统哲学文化思想和佛教思想发展的广阔历史背景出发，去揭示佛教思想家的哲学内涵和思想特色，评价他们在佛教史、哲学史乃至思想史上的地位、作用和影响；同时又通过佛教思想家的典型思想，凸现当时的佛教思潮和整个佛教思想的发展脉络。我研究的具体方法和步骤是：尽可能地“竭泽而渔”。即搜集研究对象的全部著作和有关传记等原始资料，不惜花费大量的时间，尽可能无一遗漏地反复阅读史料。在阅读时特别注意文中的哲学思想观点及其内部结构，力求较准确地体会作者的原意和精神，随时勾勒出文中的观点、见解，并记下读后的感想、疑问、评论，以便形成对研究对象的独自看法。在此基础上，再参考阅读他人的研究成果，细心比较，取其长，补己短；略他人之所详，详他人之所略，撰写论文。

1978年后，我抓紧时间，继续按十多年前的设想，进行魏晋南北朝时代佛教思想家的个案研究，先后写出支遁、僧肇、萧衍等人佛教思想的论文。中华书局于1982年出版了我的《魏晋南北朝佛教论丛》。后来，考虑到慧远是一位着力于融合印度佛教思想和中国传统文化的典型人物，在中国佛教思想史上占有重要的地位，于是又撰成《慧远及其佛学思想》一书，由中国人民大学出版社于1984年出版。此外，我还撰成《法藏》一书，1991年由台湾东大图书公司出版。

在上述的专文与专著中，我注意努力挖掘佛教思想家的哲学意蕴，在揭示佛教思想发展规律方面作了某些尝试，并重视总结佛教理论思维的经验教训。

（二）中国佛教典籍的整理

要科学地研究佛教思想，最重要的是要读懂佛教典籍，深知其意，这是研究的基础和前提。读懂佛典，把握其中所包含的义蕴，绝非易事。要读懂佛典，我的体会：一是，先要懂得佛教术语的含义，了解佛教的理路、体系和历史。二是，要真正读懂佛典，没有捷径、窍门可寻，而是要老老实实地多读、反复地读。要设身处地地思考：佛教为什么提出这样的问题？为什么这样论证？要解决的是什么问题等等，如此认真思索，深入体会，以求达到真正的理解为止。三是，认真做一点佛典的整理工作，也许是有助于提高阅读效果的一种方法，因为它能逼迫自己全神贯注地去弄懂原意，并通过动手整理，而收到非眼看口读所能收到的效果。基于此，我做了一点佛教典籍的整理工作。如和几位师友就中国佛教的重要典籍进行比较系统的整理、标点，由中华书局出版了多卷本《中国佛教思想资料选编》。我个人还对华严宗的重要著作《华严金师子章》进行了校释，撰写《华严金师子章校释》一书，由中华书局出版。后来又应约在原来校释的基础上，将原文译为现代汉语，撰成《华严金师子章今译》，由巴蜀书社出版。佛教典籍的整理工作，是一种良好的专业训练，在切实把握佛教思想方面，对我产生了重要而持久的作用。

（三）佛教哲学现代化研究的尝试

1986年，我的《佛教哲学》一书问世，后经扩充于1991年出版了增订本。1997年，中国人民大学出版社又将它列入“人文丛书”相继再版。当时我写《佛教哲学》，主要是出于这几种考虑：一是，近四十年来，我国的佛教研究著作以佛教通史和断代史居多，而介绍不同历史时代、不同地区、不同宗派的佛教三藏中的共性的东西，即佛学的基本思想，却不多见，这难以适应一般读者的需要；二是，一些已有的佛学概论著作，多数是依据佛教论旨，用佛教术语组织和论述的，一般读者不易读懂。如何用现代哲学论题和术语介绍佛学的基本理论，提供一本学习佛教思想的入门书，是我长期积蓄心头的愿望。我写《佛教哲学》一书，在内容方面是着重于如实地勾勒出佛教哲学的传统体系。我认为，佛教哲学主要是由人生观、宇宙观、伦理学和认识论等方面构成，这几个方面又是密切联系不可分割的。佛教的宇宙观和认识论为解脱论提供依据，包融于人生观和伦理学之中，而人生观和伦理学又是融为一体的。佛教哲学可以说是一种人生哲学，佛教宇宙观比起佛教人生观则更具有浓郁的哲学色彩，也较多地包涵和积淀了人类认识史上一些理论思维的经验教训。为此，我在书中突出的是佛教宇宙观的论述，并在增订本中增添了佛教认识论的内容。

是否善于运用多元化的正确方法，对佛教哲学现代化的成功研究是有很大关系的。我在撰写过程中，注意运用的方法主要是：1. 从实际出发，力求适应现代人的需要，这包括两个方面：一是从佛教文献中筛选出现代一般读者应当了解的哲学思想诸层面；二是力求用现代汉语表述佛教哲学思想，这主要表现在标题的现代化用语、佛教术语的现代化语言解说以及佛教哲学内容的现代化阐释等方面。2. 运用历史与逻辑相统一的方法。佛教哲学的发展，从小乘到大乘，从空宗到有宗，从显教到密教，由天竺而中华，由亚洲而欧美，蔚为茂林。面对这无比繁复的演变过程，我着重依据其发展轨迹，筛选其积淀着理论思维成果的主要概念、范畴、命题和论纲，依其固有的逻辑，阐释佛教哲学的思想内涵。3. 实事求是的评述方法。佛教发展两千五百多年，三藏典籍浩如烟海，拥有数亿信徒，在历史与现实中都有很大影响。对这种世界性的宗教，作为一种严肃的学术研究，应当如实地把它作为世界文明史上的宝贵思想财富，同情了解，谨慎对待。我在论述中，竭力排除主观好恶，淡化情感色彩，努力多作客观平实的叙述，并且着重挖掘其特殊的价值和贡献，认真揭示其失误与流弊，力求做到辩证分析，合情合理。

(四)佛教文化研究的开拓

20世纪80年代以来，随着改革开放的深入发展，不可避免地与现今人们观念深处的传统文化劈面相撞。学术界的历史使命感和探索精神在中华大地上升华，于是一股强劲的关于传统文化的反思热潮随之兴起。在这种思潮的影响下，我也产生了探索佛教与中国传统文化关系的强烈冲动。后来撰写了《中国佛教与传统文化》一书，于1988年由上海人民出版社出版。我在书中指出："把佛教作为一种文化现象来考察、研究，是十分必要的。"为此，我用层次和结构的观念来理解、把握佛教，强调佛教文化不仅仅是一种无形的观念形态，也是一种有形的物质实体，它的内涵和外延都是极其丰富的。

对于中国佛教与传统文化关系的探索，我主要是运用文化比较学的观点，着力揭示中国佛教与传统文化各种重要形态的联系。在《中国佛教与传统文化》一书中，分章论述了佛教与中国政治、伦理、哲学、文学、艺术、民俗的相互关系。

(五)中国佛教哲学思想的系统研究

约自1987年以来，我开始集中研究中国佛教哲学思想。与内容偏于印度佛教的《佛教哲学》不同，这是从中国人的佛教著作出发，力图从中梳理出中国佛教的重要哲学问题，阐释中国佛教哲学思想的历史演变，勾画中国佛教哲学体系；在此基础上，又与印度佛教哲学思想、中国固有的儒、道哲学思想加以比较，以凸现其独具的异彩。撰写专著《中国古代哲学问题发展史》(详后)的姐妹篇，即在思路和体裁方面与它近似的中国佛教哲学著作，是我长期以来的又一个心愿。我想，对中国佛教文化核心的哲学思想进行系统地整理研究，必将有助于从根本上把握中国传统文化的重要组成部分——中国佛教文化，也有助于更全面地总结中国哲学，进而丰富中国哲学史的教学内涵。

约经过15年持续的研究、撰写，我完成了九十多万字的《中国佛教哲学要义》(上、下卷)一书，于2002年由中国人民大学出版社出版。全书除“绪论”和“结语”外，设五编三十二章。“总论”编阐述中国佛教哲学的形成、演变和思想体系。“人生论”编分别阐述中国佛教的因果报应论、神不灭论、涅槃观念的演变和发展、佛的含义的转换与拓展，以及净土观念的类别与转型。“心性论”编着重阐明中国佛教心性论的哲学范畴网络、南北朝时期佛教三大心性论思潮、天台宗的性具善恶说、华严宗的自性清净圆明说、三论、唯识和密诸宗的心性论。“宇宙论”编论述中国佛教的宇宙结构论、现象论和本体论。“实践论”编分别论述中国佛教的伦理观、禅修观、直觉论、语言观和真理观。此书先后获第六届国家图书奖、中华文化优秀著作一等奖、北京市第八届哲学社会科学优秀成果特等奖，并列入“中国文库”出版。全书韩文译本已于2006年出版，日文和英文的翻译正在进行中。

三、中国哲学智慧的阐扬

中国哲学上下数千年，源远流长。历代哲学名家，群星灿烂，学派林立，内涵丰富。中国哲学有着自己独立产生的自然、社会环境和漫长的历史发展过程，蕴藏着精湛的智慧，是世界哲学之林中颇具特色、影响深远的一个哲学类型。我一直认为，努力阐明中国传统哲学的思想价值，是我们一项义不容辞的责任。几十年来，我除从事中国哲学史、中国佛教的教学工作以及佛教思想研究外，还撰写了专著《中国古代哲学问题发展史》(上、下册，中华书局1990年出版)。

我采用问题解析体来写中国哲学史，是有见于近几十年来，通史体的中国哲学史著作已为数不少。这类著作，是以年代为经，以人物为纬来阐述中国哲学思想的发展过程。其长处是，脉络清晰，人物思想突出，有助于读者了解特定时期哲学家的总体思想。但也有其局限，这就是不容易从总体上把握中国哲学重要问题的基本内容、逻辑发展和主要特色。问题解析体也有局限，就是具体人物思想不突出，但利于叙述哲学重要问题的源流演变，这个长处正可以弥补通史体的不足，通史体和问题解析体两种体裁的互补，就能更有效地阐述中国哲学史的丰富内容，更有便于读者。

《中国古代哲学问题发展史》以问题为纲统领全书，将中国哲学的浩繁史料和诸多头绪，化约为十二个问题：宇宙生成论、本体论、时空观，常变观、矛盾观、形神观、人性论、人生理想观、历史观、名实观、知行观、真理观。每个问题编为一章，每章分别由引言、基本内容和结语三部分组成。引言是对该专题的概念、范畴的界定，对有关哲学理论问题的介绍，以及与西方哲学关系的厘定。基本内容是依据历史发展顺序，选择有代表性的人物或重要哲学著作的观点，探求本源，阐明其发展演变，给以客观描述和价值评判。结语是总结该专题的演变、类型、特点和理论思维经验教训。本书取材于儒、道、墨、法、名、阴阳诸家的学说，以及玄学、道教和佛教的思想，提要钩玄，客观评述，力争做到博中见约、由约显博的史料梳理与理论提炼。

四、中华文化精神的探求

自20世纪90年代以来，随着社会发展和时代前进步伐，我的学术视野有所扩大，研究领域也有所拓展。在中国佛教和中国哲学“双耕”的基础上，我对中华文化精神和中国宗教理论产生了兴趣，并结合工作需要，作了某些探求性和探讨性的研究。

探求中华文化精神，是为了彰显中华民族精神，提高国民素质，建设共有精神家园。为此，我着重探求中华文化的传统和核心问题，提出中华文化三大传统(人本主义、自然主义和解脱主义)的看法，并认为人生价值观是中华传统文化的核心，自强不息是中华民族的主要精神，也强调思维方式对一个民族进步的重要意义。

此外，儒、道、佛三教关系是我长期以来的学术兴趣所在，我重视三教关系的探索和比较研究，认为这是推进中国传统文化研究的关键性环节，但是受制于诸多因素，我的相关研究进展缓慢，成果有限。

五、中国宗教理论的探讨

在中国宗教理论领域，我近年来一直在思考，正确研究和总结马克思主义宗教观、中国传统宗教观和中国化马克思主义宗教观，有着特殊重要的意义。经过初步研究，我发现当代中国化马克思主义宗教观对于马克思主义宗教观和中国传统宗教观都有重大的创新和发展，也体悟到遵循中国化马克思主义宗教观的指导，是做好我国宗教工作的关键。

宗教不是社会上的孤立现象，也不是文化领域中的绝缘形态，宗教必须与影响它的相关因素联系起来研究，才能显现其独特的本质与价值。我撰写的宗教与和谐社会、经济社会、科学、文化教育等关系的小文，就是这种观念的产物。

在写完“学术自述”后，我想再就本书的选编作一说明。全书选自20世纪80年代改革开放以来的作品，分设三编：佛教、宗教和文化。此书不是专著，但结集的文章似有一个共同点，这个共同点就是阐释中国传统文化的根本精神。概括地说，这种精神就是追求人心向上、人性完善、人格完美；追求人际和睦、社会和谐、世界太平，也就是追求理想境界，追求崇高精神。故据此又以“仰望崇高”为书名也。

2009年6月12日

第一辑
佛　教

论隋唐佛教宗派的形成*

我国佛教在汉魏晋南北朝时代还没有形成严格的宗派，到了隋唐时代，自成体统的佛教集团相继纷然蔚起，各具特点的教派标然林立，而且壁垒森严，竞相争逐。唐末五代以后佛教又转趋衰落了。隋唐佛教既不同于以往也不同于以后的佛教，长期以来，尽管也有人继续在标榜某宗某派的信仰，但是面目精神已经不同了。因此，探讨和研究隋唐佛教宗派的形成，将有助于全面了解我国佛教的内在本质和发展规律，因而是有重要意义的。

佛教自汉代开辟西域，通过中央亚细亚传入我国以后，魏晋时译经不断增多，当时中国僧人对这种经典的理解，由于受社会上广泛流行的玄学不同流派的影响等种种原因，

---

* 原载《哲学研究》1981年第8期，与石峻教授合作。

从而形成了不同观点。如讨论般若学①的六家七宗②。这里所谓“宗”就是“家”，近似于学派，因此，“七宗”也就是“七家”或七个学派，到南北朝时期佛教学者转而重视讲诵佛典，专攻不同的经论之风大盛，出现了若干知名的经师、论师，如所谓涅槃师③、成实师④和毗昙师⑤等，他们的特点是“提章比句”，谈不上什么发挥和创新。所以，当时佛教也只出现基于对不同经论的讲解而形成不同观点的学派。佛教进入隋唐时代，由于社会历史条件的发展变化，首先是寺院经济的膨胀，由原来专门讲习经论进而建立宗派，所谓佛教宗派就是有了各自独特的教义、不同的教规、更强调传法世系的不同，显然与财产的继承权直接相关。换言之，也就是不仅佛教学说不同，而且是代表不同势力和不同利益的集团，宗派和学派虽有相同之处，但也有相异之处，由出现学派进而形成宗派，在封建社会更是历史发展的必然。

那么，历史地形成隋唐佛教宗派的原因和条件是什么呢？

隋唐佛教宗派的形成有其深厚的社会历史背景，即政治、经济和思想的客观条件，而其中首要的是社会政治、经济的原因。

---

① “般若”，佛教所谓最高的智慧。“般若学”，是注重研究和宣传有关《般若经》一派的学问。

② “六家七宗”，东晋时佛教般若学各派的总称。昙济作《六家七宗论》，具体指道安的本无宗、支敏度的心无宗、支遁的即色宗、于法开的识含宗、道壹的幻化宗、于道邃的缘会宗，共称“六家”。本无宗又分出法琛的本无异宗，合称“七宗”。

③ “涅槃”，本义是“寂灭”，佛教所向往的最高境界，这里指《涅槃经》，南北朝时专事宣讲此经的，称“涅槃师”。

④ “成实”，指鸠摩罗什译诃黎跋摩《成实论》，南北朝时专事宣讲此论的，称“成实师”。

⑤ “毗昙”，小乘一切有部论集的总称，南北朝时专事宣讲这些论的，称“毗昙师”。

隋唐佛教宗派的形成是和当时我国从长期分裂到统一的政治局面直接相联系的。此时的封建帝国的统一政权，要求有相应的统一的宗教。因为，南朝末年和隋代末年的农民起义，使统治者现实地看到，为了麻醉广大劳动人民的斗争意志，防止农民起义的再起，必须利用佛教界有声望和影响的人物来为自身的统治服务，即利用佛教信仰来加强对人民的思想统治。“初，炀帝于东都(洛阳)建四道场，召天下名僧居焉。其征来者皆一艺之士，是故法将如林。”(《大慈恩寺三藏法师传》卷1)隋炀帝设法集中南北各地名僧，就反映了建立统一的佛教的需要。又如唐太宗认为农民起义是由于“赋繁役重，官吏贪求，饥寒切身，故不暇顾廉耻耳。”(《资治通鉴》卷192《唐纪八·高祖武德九年》)这个比较正确的总结，启发了唐太宗十分重视人民的“廉耻”，所以，他本人虽不怎样信仰佛教，但也看到佛教实在具有愚弄人民思想、控制人民反抗行动的特殊功能，即对巩固封建统治有利，而加以提倡。隋、唐王朝虽然要求佛教以统一的、适应本王朝需要的面貌出观，但由于改朝换代，先后不同的统治集团有意强调对佛教信仰的不同乃至宗教领袖的关系不同，从而支持不同集团的佛教势力。这样，每一大的佛教宗派的建立，其实都各有自己的总后台，即依附于某一最高统治者或某一贵族集团势力，这也就决定了佛教必然形成不同的宗派。

同时，隋唐的政治统一，也为佛教宗派的形成提供新的历史条件。国家的统一，促进了我国各地文化的交流，使过去南北各有所偏重的佛教信仰得以互相融合。魏晋南北朝时代地方政权割据，佛教亦趋于分化，大体北方佛教偏重于迷信仪式和宗教实践，如修行、坐禅、造像等；南方佛教则侧重于玄理的清谈。而隋唐时代全国统一，南北来往空前便利，两地僧人不断交流，互相影响，从而提倡修行与理论并重，所谓“破斥南北，禅义均弘”说法的出现，标明了隋唐佛教统一南北的新面貌、新特征。隋唐各派佛教虽然自立门户，但是又都在分别吸收其他教派的教义，从事统一安排，即通过所谓“判教”来建立各自的复杂庞大的思想体系。由此也可见，各宗派都要建立统一的佛教，就这方面来说，它们都有共同的要求，即强调相对统一性是主要的，彼此之间的差别反而是次要的，而且这些差别也是在建立统一的佛教过程中形成的。

寺院经济的高度发达是佛教宗派形成的经济基础。以田产为主的寺院产业的来源，一是朝廷的敕赐。在唐代，“国家大寺，如长安西明、慈恩等寺，除‘口分’地外，别有敕赐田庄。所有供给，并是国家供养。”(《法苑珠林》卷77《祭祠篇·献佛部》)唐高宗赐西明寺“田园百顷，净人(寺奴)百房(百家)，车五十辆”(苏颋：《唐长安西明寺塔碑》，《全唐文》卷257)。著名的山西玄中寺自北魏孝文帝以来至唐宪宗时，受赐庄田遍及一百五十多里。再是，官僚豪富的捐献，或是自带一部分田产设置兰若(寺庙)，招集僧徒，耕种土地。一些公主、后妃、宦官、贵戚，为了在统治阶级内部的倾轧中保存自己和设法维护私有财产，作为一条后路，而变相地把田产转移到寺院。史载“中宗以来，贵戚争营佛寺”，“富户强丁多削发以避徭役，所在充满”(《资治通鉴》卷211《唐纪二十七·玄宗开元二年》)。三是僧侣地主的购置和巧取豪夺。如僧侣慧范交通武则天的女儿太平公主，“恃太平公主势，逼夺民产”(《资治通鉴》卷210《唐纪二十六·睿宗景云二年》)，以致“畜资千万”(《新唐书》卷83《诸帝公主·高宗三女·太平公主》)。城市中的寺庙有的还经营工商等杂业，甚至经营当铺。城市寺庙有的放高利贷，即所谓“长生库”或“无尽藏”，有的索取利率竟高达月利百分之二十(见《敦煌资料》第1辑，第460页：《唐大历十六年举钱残契四件》之一)。寺院拥有大量的庄园和寺奴,享有免税免役的特权,寺院经济空前发达,成为封建地主经济的重要组成部分。当时祖国大江南北遍布佛教寺院庄园,隋代慧胄主持的清禅寺“水陆庄田,仓廪碾硙,库藏盈满”,“京师殷有,无过此寺”(《续高僧传》卷29《慧胄传》),居然富甲京师。在唐代,一度“凡京畿之上田美产,多归浮屠①”(《新唐书》卷145《王缙传》)。京畿以外的地方,据日本僧人圆仁在《入唐求法巡礼行记》中所载,当时山东有的寺院竟有“庄园十五所”之多。又如浙江的天童寺,有“田一万三千亩,跨三都、五县,有庄三十六所”(《天童寺志》卷9)。在广东,如禅宗的著名的南华禅寺,也竟有慧能以来的开山祖业、在寺的四山区内自置产田约“五十余顷”(《曹谿通志》卷1),后来禅宗在这里竟扩展到有“栋宇千楹,山田千顷,僧徒千众”(同上)。佛教僧侣拥有大量财富,成为披着袈裟的大地主、大富翁,如“释圆观,……居于洛宅,率性踈简,……而好治生,获园田之利,时谓之‘空门猗顿’②也”(《宋高僧传》卷20《释圆观传》)!辛替否曾描绘唐睿宗时佛寺占有社会财富的情况时说:“十分天下之财而佛有七、八。”(《旧唐书》卷101《辛替否传》)一时几乎垄断了社会财富。到唐武宗废佛时,在全国就“收膏腴上田数千万顷,收奴婢为两税户十五万人”,“还俗僧尼二十六万五百人”(《旧唐书》卷18上《武宗本纪》)。由于佛教寺院经济的强大,这样就和以往流动不定的各种师说、学派不同,提倡某一佛教学说的大师能在一个地方固定下来,有了创立宗派的实力手段。独立的寺院经济为大师们独立地发挥佛教理论、制定独特的宗教轨范制度、据有特定的势力范围,提供了物质

① “浮屠”,即佛教僧侣。

② 猗顿,春秋时代鲁国著名的大富翁。

基础。

同时，也由于寺院经济的日益庞大，佛教僧侣迫切地需要采取宗派的形式来加强本集团的组织，以维护既得的经济权益和相应的社会地位。这就自然地发生了经济庙产的继承权问题，自发地形成了主持寺院的祖师去世之后，他的权力只能一代一代地传给自己的得意弟子，以维护寺院财产，从而也就产生了如同世俗地主封建宗法制度一样的传法继承关系。在南北朝时，庙产的继承还不是一个普遍的严重的问题，一个寺院的主持者去世，往往可以请另一学派的和尚来主持，僧人也可以比较自由地流动。而寺院庙产成为重要问题之后，祖师的佛教学说连同寺院的庙产，即思想遗产和经济遗产都要一起传给自己的嫡系弟子，而不再传给其他学派的僧人。如此一派佛教僧侣世代相承的世袭制度，是形成佛教宗派的一个重要特征，这是魏晋时代门阀制度在僧侣统治阶级中变相的复活。

应当指出，隋唐大多数佛教宗派，实质上就是僧侣地主贵族特权阶层的不同集团，隋唐佛学的思想，实质上就是地主贵族的一种意识形态。这些宗派领袖与世俗门阀士族有着千丝万缕的历史联系，大都出身于高贵门第，史载他们的身世多数是“世号衣冠，门称甲族”、“祖宗仕族”、“家世望门”、“乡闾望族”(详道宣《续高僧传》)。由于当时门阀士族渐趋没落，他们中的一些人便转向宗教，以维护自身的封建贵族权益。例如，天台宗的创始人智顗，出身高门，“高宗茂绩，盛传于谱史”，后来由于“家国殄丧，亲属流徙，叹荣会之难久，痛凋离之易及”(灌顶:《智者大师别传》)而出家。他们所掌握的寺院经济是建立在剥削广大农民、下层僧人和奴婢的血汗基础上的，他们实际上是一种变相的大庄园主和大地主。可见，封建贵族是隋唐佛教宗派的社会基础。只是到了慧能禅宗，这种状况才发生变化。

隋唐佛教宗派的形成，也是自汉以来佛教理论长期发展的逻辑结果。佛教传入初期，被视为类似我国传统道术的一种，至魏晋时佛教学者多以玄学观点去理解佛教般若学，至南北朝时才兴起讲习佛教经论之风。但是，第一，正如前面提到过的，以讲解经论而知名的经师、论师，只是擅长于讲解某种经论本身的内容，还谈不上有什么特殊的新解和个人的创造；第二，当时所谓义学僧人大多只是讲习自己熟悉的一种或一类经典的学者、专门家，对于其他和自己学派不同观点的经典则往往缺乏研究，只好存而不论，因而也就不具备全面评判其他经典和学派的知识和能力。至于当时的小乘学派，由于不脱古代印度原始佛教的信仰，加之自身理论的局限，既不能把在我国后来广泛流行的各种大乘理论压下去，事实上也难得统摄一切大乘理论，因而更不可能有条件来创立宗派，做到唯我独尊；第三，由于南北朝时祖国的分裂、割据，佛教学者还缺乏可以融合、总结不同地区佛教教义的客观条件。可见，从中国佛教理论发展的进程来看，在汉魏晋南北朝时代还不具备形成佛教宗派的必要条件。佛教在南朝末年，尤其是进入隋唐时代后，全国政治、文化统一，佛教学风已逐步趋于一致，佛教首领又多是广览群经、佛学知识比较渊博的学者，创立佛教宗派的思想条件终于具备了。

由于历史的长期演变，已形成佛教派别众多，经典浩繁，且多歧义，因此，要建立佛教宗派，从理论上来说，首先必须弥补和调和佛教不同时期各类经典乃至各派在理解上长期存在的分歧和矛盾，从而使本宗派有一个似乎可以贯通的理论体系。这个办法就是“判教”。所谓“判教”，就是对全体佛学加以分科组织，即不以简单的对峙乃至全盘否定的态度来处理各派思想信仰之间的关系，而是把各派思想作为一个统一整体的个别情况来区分高下等级，按照一个理论体系对各派思想给以系统的安排，分别给予一定的地位，并把自己一派的思想置于各派之上①。在这种分科组织的判教过程中，往往加入中国的传统思想，甚至像禅宗那样更把中国独创的佛教思想作为整个佛教的最高理论。这种“判教”不仅是各个派别为了综合、压倒其他佛教宗派的需要，也是共同对付儒家、道家等传统思想，特别是反神学的唯物主义者的需要。由于先后出现各种不同的判教，隋唐时代才有许多大的佛教宗派的相继成立。各宗判教，虽然主观上是要调和各宗派的矛盾，但是由于唯本宗派是尊，贬低其他派别，而又制造和滋长了新的矛盾。当然，各个宗派的判教也都是一种主观揣测、缺乏历史事实根据，充满宗派气息，且又多极端烦琐，因而都是不科学的。

由上也可见，佛教学者从讲解到创新，从通晓一类书到博览群书，从偏于义理(“观”)或偏于实行(“行”)到义理、实行两者并重，即从佛教学派逐渐发展到成为佛教宗派，这正是体现了中国佛教史的发展规律。

在隋唐时代的政治、经济和思想诸因素的特定历史背景下，佛教形成了宗派。隋唐佛教宗派与以往学派相比较，就它们宣扬宗教迷信，麻痹人民斗志，为封建统治服务的本质来说是没有什么根本不同的，我们认为注意这种一致性显然是十分重要的；同时，从中国佛教发展史的角度来考察，研究隋唐佛教宗派和以往学派的不同，自然也

---

① 如天台宗智𫖮提出“五时八教”说。“五时”是以《华严经》为第一时，小乘教为第二时，一般大乘属第三时，《般若经》属第四时，最后《法华经》、《涅槃经》为第五时，以所推崇的《法华经》为最高。“八教”，是从教化的方式分顿、渐、秘密、不定，再从教理内容分藏(指小乘)、通(通三乘)、别(大别于小)、圆(圆满)，以《法华经》为纯圆。华严宗则提出“五时”判教说，一是小教，二是始教，三是终教，四是顿教，五是圆教。认为《法华经》属于“终、顿”，真正的圆教是《华严经》。

是非常必要的。综合考察隋唐佛教宗派的形成和发展，我们以为有如下两个基本的共同特点值得注意：

（一）在思想方面独树一帜，也就是宗派的独创性。隋唐佛教宗派虽然各有自己尊崇的印度佛教经典（禅宗除外），但是为了创立宗派的需要，都对印度佛经不同程度地作出了自己的独立的评判，这种“判教”是除自己崇奉的经典以外，对于其他大量的印度佛经的权威性实际有所贬低，表现了中国僧人的创见。慧能一派禅宗甚至公开向全部印度佛经的“权威”挑战，自奉中国人所说《坛经》为经。隋唐佛教学者所作的大量的经典章疏，其实都不免借题发挥，当时佛教大师们的观点并不完全受印度佛经的束缚，而是程度不同地适应了我国封建统治阶级的需要，所以，许多思想在印度佛经中是完全找不到根据的。例如，隋唐各宗派佛学思想的重心——所谓成佛的根据、可能和途径、步骤的问题，除基本上恪守印度佛典教条的唯识宗，硬是认为有一种人没有佛性，无论如何不能成佛以外，其他各宗的主张，都是宣扬：成佛的广度愈来愈大，步骤愈来愈少，速度愈来愈快，总之是愈来愈简易，愈来愈廉价。所以，从思想本质来看，除了玄奘一派唯识宗以外，隋唐佛学实际上是别开生面的中国理论，是中国化的佛教，是中国佛教学者的独立创作。隋唐佛教宗派还在印度佛教戒律的基础上重新厘定各自不同的戒律、规范等宗教生活制度，到以后的《百丈清规》则集其大成。同时，并以中国的地名、寺名和法师人名作为自己宗派的名称，如天台宗、慈恩宗、贤首宗的称呼，就具有强烈的鲜明的中国色彩。至于禅宗，把过去偏重宣扬佛经教理的统称为“教”，而自命为“宗”，以“宗”对“教”，更是印度佛教史上所从来没有的，完全是中国的土特产。这些新的独自创造，是创立佛教宗派的基本要素，也是佛教宗派形成的思想标志。

(二)在组织方面自立门户，也就是与上述独创性紧密相连的排他性。隋唐佛教宗派都有自己的组织体系，即以分布于祖国名山或都市的寺院为据点、以名僧为中心的庞大的僧团组织，形成为一股股佛教宗派势力。天台宗、华严宗还有全国性的自主的教会组织，集中指导，统一活动。各个宗派还隐约有一定的势力范围，如天台宗据有江浙和湖北一带，华严宗以山西五台山和陕西终南山为根据地，活跃于山西、陕西等地，唯识宗盛行于唐代京都长安和东都洛阳，而慧能一派禅宗早期流行于广东、湖南、江西一带，后来就几乎取代其他各宗派的地位而传播全国。门阀士族实行建立在血缘关系基础上的宗谱制和特权世袭制。为了维护和扩展本宗派的势力，佛教宗派还仿照门阀士族的极端腐朽的陋习，编制本宗的历史和谱系，一代一代地安排本宗的祖师爷，年代久远的不惜凭空捏造，妄图构成一个世代相传的传法系统，即所谓“法统”、“法嗣”，这甚至还影响到后来宋明理学的“道统”说。唐代已实行科举制度，而门阀士族的腐败制度却在僧侣地主中得到保存和发展，这充分说明佛教宗派的落后性。各个宗派都自以本派为正宗，并为争夺佛教正宗地位而互相排斥、贬低和攻讦。佛教僧侣不再能也不可能讲血统，所以只能讲法统，由于寺院经济的膨胀，继承者享有很大的人事特权和很高的政治待遇，所以有“选官”不如“选佛”的流言。于是在宗派内部往往发生猎取“法嗣”之争，也就是争做本宗的继承人，而且有的还为此卑鄙到不择手段，设法陷害、谋杀对手。据史载，天台宗的先驱者慧思和禅宗的实际创始人慧能都曾经因为传法之争而险丧性命。佛教宗派之间的互相对立和各宗内部的互相倾轧，是隋唐佛教浓厚的封建宗派意识和强烈的封建宗派性的表现，其实质是封建统治阶级上层内部争权夺利的曲折反映。

隋唐佛教宗派有三论宗，创始人吉藏，其思想出自东晋佛教般若学者鸠摩罗什、僧肇一系，在理论上并没有很多新的创见，而且为时甚短，就为天台宗等所摄取、改造。律宗，因为戒律系各宗所共同信奉，所以虽有宗名，从严格意义上讲实不能成为一个独立的宗派。至于净土宗和密宗则完全偏重于信仰，也都几乎没有什么系统的宗教哲学理论，因此，在中国思想史上一向不占重要的地位。可知，在隋唐佛教宗派中，只有天台宗、唯识宗、华严宗和禅宗，是最富有宗教理论色彩的，而且对尔后中国思想的发展产生了广泛而深远的影响。

由此可见，佛教不是一个一成不变的信仰和思想，中国佛教有不同于印度佛教的特点，隋唐佛教宗派是我国特定历史条件的产物，是隋唐时代社会经济、政治作用的结果，只有从当时社会条件出发，才能揭示出这些佛教宗派形成的根本原因，乃至内因和外因之间相互影响的关系。

论隋唐佛教宗派的思想特点*

隋唐时代我国佛教进入鼎盛阶段，各种宗派相继创立，宗教哲学思想有了空前的发展，呈现出一幅光怪陆离、纷然驳杂的思想图景。究竟这些不同宗派各自的思想重心何在？各自有何特点？这在学术界的看法是不尽一致的。本文的目的是想就这个问题阐述我们初步的一点见解，并就教于同志们。

隋唐佛教宗派有三论宗，创始人吉藏，其思想出自东晋佛教般若学者鸠摩罗什、僧肇一系，在理论上并没有很多新的创见，而且为时甚短，就为天台宗等所摄取、改造，所以本文略而不论。律宗，因为戒律系各宗所共同信奉，所以虽有宗名，从严格意义上讲实不能算作一个独立的宗派。至于净土宗和密宗则完全偏重于信仰，也都很难说有什么系统的宗教哲学理论，在中国思想史上一向不占重要的地位。只有天台宗、唯识宗、华严宗和禅宗，是最富有宗教哲学理论色彩的，而且对尔后中国思想的发展产生了

* 原载《中国哲学史研究》1982 年第 4 期，与石峻教授合作。

广泛而深远的影响。因此，下面我们着重就这四个宗派的理论体系，尤其是它们的思想特点分别加以简要的评述。

一、天台宗的“方便法门”和“一心三观”说

天台宗是在隋代形成的我国最早的佛教宗派，它的形成是与隋代最高统治者——皇帝的直接支持和创始人智𫖮的长期宗教活动分不开的。智𫖮从思想上和经济上都为天台宗奠定了基础，是天台宗的创业人。在智𫖮以后，天台宗的主要代表人物有其大弟子灌顶，往后则有湛然，旋因唐武宗会昌毁佛，天台宗的声势也就随之衰落了。天台宗的佛教理论中心，即体现其特色的基本观点，主要有两点：

（一）方便法门

为了适应当时全国统一的政治需要和佛教的发展趋势，天台宗竭力折衷佛教各类经典和派别，乃至调和佛教以外的其他学说，并在这种基础上创造自己宗派的思想体系。但这样做，则必须有佛教经典的根据，《法华经》第一卷的《方便品》恰恰提供了这种方便。所以天台宗以《法华经》为“宗经”，并自称为法华宗。

《法华经·方便品》说：“舍利弗！① 云何名为诸佛世尊唯以一大事因缘故出现于世？诸佛世尊欲令众生开佛知见，使得清净故，出现于世；欲示众生佛之知见故，出现于世；欲令众生悟佛知见故，出现于世；欲令众生入佛知见故，出现于世。舍利弗！是为诸佛以一大事因缘故，出现于世。”（《大正藏》卷 9，第 7 页）“佛知见”，是指佛的智慧、见解。大意是说，佛之所以降世到人间来，目的就是为了教化（开、示、悟、入）众生，使众生都能具备这种所谓“佛知见”，从而成

① 舍利弗，是释迦牟尼佛的最重要的弟子之一。

为佛。又说："舍利弗！如来但以一佛乘故为众生说法，无有余乘，……诸佛以方便力，于一佛乘分别说三。"(同上)一切众生都能成佛，佛教只有"一佛乘"，说有二乘、三乘，都是佛为了教化众生脱离"火宅"、进入佛土的"方便说"。天台宗正是利用这个说法，一方面自封本宗是"一乘"，其他各派都是方便说而"会归"于本宗：一方面对佛教经典和其他学说都以方便圆通为名，加以主观发挥，以构造自身的宗教思想体系。

天台宗除了调和佛教各派以外，它还以方便法门作为借口，用以调和反对派，即中国固有的道、儒思想，这是它所以能取得广泛社会影响的原因之一。

天台宗先驱者慧思深受长生不死方术的影响，他竭力从佛教立场出发，把神仙迷信纳入佛教，把道教和佛教融合起来。印度佛教原来是根本否定人能长生不死的，而在《南岳思大禅师立誓愿文》①中，慧思却发大愿希望"成就五通神仙"。他说："我今入山修习苦行，忏悔破戒障道重罪。今身及先身是罪悉忏悔。为护法故，求长寿命。不愿生天及余趣，愿诸贤圣佐助我得灵芝草及神丹，疗治众病除饥渴。常得经行修诸禅，愿得深山寂静处，足神丹药修此愿。借外丹力修内丹，欲安众生先自安。已身有缚，能解他缚，无有是处。"(《大正藏》卷46，第791页)天台宗还把道教的丹田、炼气等说法也纳入自己的止观学说，倡导修习止观坐禅除病法。后来著名的天台宗九祖湛然也讲炼丹，他说："太阳之草名曰黄精，食可长生；太阴之精名曰钩吻，

---

① 此文有人疑为伪托，然已故著名历史学家陈寅恪先生说："如天台宗者，佛教宗派中道教意义最富之一宗也。(其创造者慧思所作《誓愿文》，最足表现其思想。……)"(见所作《冯友兰中国哲学史下册审查报告》，载《金明馆丛稿二编》)。

入口则死。……金丹者圆法也，初发心时成佛大仙，准龙树法飞金为丹，故曰金丹。”(《止观辅行传弘决》,《大正藏》卷46，第445页)如此看来，天台宗显然是和道教信仰圆通，彼此融合为一了。

天台宗还进一步和我国传统儒家思想沟通。如天台学者就把止观学说和儒家人性论调和起来。湛然在《始终心要》一书中说："夫三谛者，天然之性德也。……含生本具，非造作之所得也。”(《大正藏》卷46，第473页)一切众生自然具有中、真(空)和俗(假)三谛的“性德”，把佛教止观法门说成类似儒家的穷理尽性、恢复人的本性的理论学说和实践功夫。

(二)“一心三观”

这是天台宗在理论方面新的主要论点，是由天台宗先驱者慧文初步提出的，后来智顗进而加以系统化，发展成为“三谛圆融”的学说。

“一心三观”的思想，来源于鸠摩罗什译的《大品般若经》、《大智度论》和《中论》等印度大乘空宗一系经论。《大品般若经》第二分宣扬，学习般若，就能依次具备所谓三种智慧：“道种智”——了解大小乘各种宗教实践方法的智慧；“一切智”——了解一切法①的共相的小乘的最高智慧；“一切种智”——了解一切法的自相的大乘的最高智慧。《大智度论》第27卷在解释这个说法时发挥说，取得这三种智慧虽有次第，但最后是一时圆满地得到，在时间上可以同时兼有，可谓“一心中得”。有了这些智慧，就可以消灭一切烦恼，达到佛教信仰的理想境地。慧文由此独自领悟到修习般若的最终结果是“一心中得”三相(空、假、中)、“一心中得”三智。他说：“虽一心中得，亦有初中后

---

① “法”，一指教说、规范等；一指各种精神、物质现象。这里是后一种意义。

次第。如一心有三相，生因缘①住，住因缘灭。”(《佛祖统记》卷6引)又说：“论中三智，实在一心中得。且果既一心而得，因岂前后而获？故此观成时，证一心三智，双亡双照，即入初住无生忍位②。”(同上)慧文还联系《中论·观四谛品偈》：“众因缘生法，我说即是无(空)，亦为是假名，亦是中道义。”(《大正藏》卷30，第33页)并认为“诸法无非因缘所生，而此因缘，有不定有，空不定空。空有不二，名为中道。”(《佛祖统记》卷6)空、假、中三相同是因缘法，都是真实的，所以也称三谛：空是真谛，假是俗谛，中是中道谛。由此也可说，一心可同时圆满地从这三个方面来观察，即空、假、中三种观门。这样三种智、相、谛相应：道种智——假——俗，一切智——空——真，一切种智——中——中道，也可说，由“一心三相”、“一心三智”进而“一心三谛”，这就是所谓“一心三观”说。

智𫖮又把上述慧文的“一心三观”说和“实相”③论结合起来，并进而发展为“三谛圆融”说。智𫖮认为三观的对象是一切事物的实相，所谓“一心三观”就是在同一时间内一心观空、假、中三种实相。这三种实相也称为三谛。一切事物由于具备相当条件而生(“缘生”)，因而就没有自生的独立存在的本体，所以说是“空”的；事物虽“空”，但并不是“不存在”，而是显现出有可能被认识的相状，这是“假”，但这种“空”、“假”又都是所谓本来如此，事物的本性如此，即名之曰合乎中

① “因缘”，佛教所说的事物赖以存在的各种关系，其中主要条件叫做“因”，辅助条件叫做“缘”。

② “初住无生忍位”，是一种假想的所谓菩萨乘修行过程中可能达到对于万物无生无灭的道理，有了坚定不移的悟解的阶段。

③ “实相”，佛教所谓的唯一真实的、永恒不变的神秘的精神性的本体，不是通常所谓认识的对象。

道，所以又说是“中”。空、假、中同时存在、互不妨碍，所以叫“三谛圆融”。照这样说来，则任何事物既是“空”，又是“假”，又是“中”，任何一谛都包含了其他二谛的意义。这样就不仅“空”是“空”，“假”和“中”亦是“空”，于是一“空”一切“空”。同样，从“假”来看“空”和“中”，从“中”来看“空”和“假”也是如此：无“空”、“中”而不“假”，一“假”一切“假”；无“空”、“假”而不“中”，一“中”一切“中”。（详见《摩诃止观》卷5上，《大正藏》卷46，第55页）总之，是三谛相即相通，圆到融摄。

天台宗的这种“一心三观”和“三谛圆融”说，包含了事物由各种条件而形成，因而不是永恒存在的观点，并且接触到从本体和现象相统一的角度去认识事物的某些思想，在认识论上具有一定合理的因素。但是，从总体来看，所谓“一心三观”，是一种佛教神秘主义的直观，是排斥人类正常的感性活动和逻辑思维的，否定正常认识的。它所讲的“智慧”和“真理”实是迷妄和谬说。所谓“三谛圆融”，也是神秘主义的认识论，是以掏空认识对象的物质内容、抹煞客观事物的内在真实性为出发点，从而归结于否定现实世界，达到虚幻的佛教理想境界，这是人类正常认识的颠倒。

二、唯识宗的三性说和唯识说

唯识宗是法相唯识宗的简称。中国的创始人是著名的唐僧玄奘（公元600年～664年），俗姓陈，洛州偃师（今河南省偃师市）人，是世界佛教史上的著名人物。他一生的宗教活动主要是西行求法，回国后的译经，和扩大国际学术的交流。

玄奘回国后，得到唐太宗、高宗父子的大力支持，建立了组织完备的译场，专心从事翻译工作凡十九年，共译出佛典75部，1335卷，在中国佛教史上是译书最多、而且译文也是最精的。同时他译书的范围广泛，并不限于唯识宗，甚至不限于佛教，这是他对我国翻译事业的历史性的重大贡献。玄奘还把译经、讲经和培养后学统一起来。在他的周围团结了一大批学有专长的佛教学者，长安一时成为名僧荟萃之地，甚至可以说是成为了当时名副其实的亚洲佛教的中心，显示出唐代佛教国际性的特点。当时，玄奘门下人才济济，如新罗国(今朝鲜)的园测、道证、胜庄和太贤等闻风而来求学，且都学有成就，日本等国亦有学人前来。玄奘的高足神昉、嘉尚、普光、窥基则号称为“四哲”，其中窥基(公元632年～682年)直绍玄奘所传并加发扬，同时他的宗派意识特强，在建立我国唯识宗的过程中起了尤为重要的作用。窥基以后唯识宗的代表人物是慧沼和智周，他们都努力使唯识宗的理论得到了进一步的发展。

玄奘在印度时曾会通佛教大乘“空”“有”两宗的歧义，著《会宗论》三千颂(今佚)，并试图局部地修改有宗关于成佛根据的学说，这都表明玄奘在印度是想融通“空”“有”两宗的，但是，他在回国后创立的唯识宗，虽然也不无个人的心得，但总的说来，却主要是严守印度佛教的唯识说，以一经二论，即《解深密经》和《瑜伽师地论》、《成唯识论》为基本经典。其最重要的内容是三性说、“阿赖耶识”说和他自己创立与之相关的“真唯识量”的思想。

三性说是唯识宗对于诸法实相，即世界一切现象的本性、本相(性、相相通)的根本看法，也就是对一切事物的形成及其本质的根本看法。唯识宗认为一切事物的自性、自相有三种，即“遍计”、“依他”和“圆成”。

“遍计”，意思是说，由于众生内心对各种现象的“虚妄分别”，以致“周遍计度”，普遍地对万事万物加以分别计较，用名词概念来确定各种事物的区别，并把这样一些事物的区别执着为客观的真实存在。其实人们对外界事物的分别、认识并不反映事物的真实相状和本性。但是，“遍计所执”也不是凭空而来的，而是有所依附的，这种所依的自性，称为“依他”，即“依他起性”，玄奘编译的《成唯识论》卷八说：“依他众缘而得起”(《大正藏》卷 31，第 46 页)，即依各种因缘而生起。这里“依他起”的“他”就是缘起的“缘”，也就是条件，主要是指人的意识中的种种“习气”——一种内省的经验，也就是所谓“唯识”。唯识宗认为，建立在“依他起性”上的“遍计所执性”虽然是不真实的，但是只要去掉它便能得到一切事物的真实性。这样，在“依他起”上就显示出一切事物的所谓“实性”，得到这种认识也就是最圆满的了。有了这种认识还能成就种种佛教上的功德，这就是所谓“圆成实性”。概括地说，三性说的主要点是：一切事物的相状要区分为三性，其中人们对事物的分别、认识是一种虚妄的幻想，认识到事物是因缘而起，这是相对真实，由此进而认识事物的实性才是所谓绝对真实。

三性说认为，一切事物的本相本性既不是那样有自性，也不是一切都无所有。它看到了人们的认识与客观事物本身的差别，接触到事物的形成是有原因和条件的，这里有合理因素。但是它片面夸大人们认识与客观事物的差别，甚至根本否定人们的认识是客观事物的反映，则是完全错误的，它讲的事物形成的原因、条件是主观的“习气”、“识”，这更是颠倒、歪曲了人们认识的客观内容和客观对象的真实性，从而证明它的所谓“圆成实性”——虚构的宗教境界的存在，证明由所谓三性将归结为三无性(相无性、生无性和胜义无性)。可见，三性说是一种主观唯心主义的世界观和认识论。同时“三性”和“三无性”说的关系，也是沟通大乘佛教“空”、“有”两宗的桥梁。

和三性说密切相连的是唯识说。三性不离识，“依他起”的“他”就是“识”。而识有八种①，归根结蒂是“阿赖耶识”（梵语 Alaya—Vij ñāna，意译作“藏识”）。所谓“依他起”就是依“阿赖耶识”而起，“阿赖耶识”是一切现象的总根源、总根据。这是唯识宗继承印度佛教瑜伽行派（大乘有宗）的重要学说。

“阿赖耶识”，原义是家宅，有收藏的意思，所以也叫做“藏识”。“阿赖耶识”是收藏一切现象的种子仓库，是包摄一切现象种子的总体。种子是借用稻谷等种子的名称，指人们具有一种能够变现现象的精神性的潜在功能。一切现象的产生完全依靠这种种子的作用，所以“阿赖耶识”是一切现象的总根据。“阿赖耶识”作为总体能够产生一切现象，而现象之所以森罗万象、各不相同，是由于“阿赖耶识”内部藏有性能不同的种子，由于种子的性能不同而有各种不同的现象。种子又是怎样形成，怎样产生宇宙一切现象的呢？唯识宗说，识有八种，“阿赖耶识”是第八识。由于前七识有所见闻觉知，就留下印象在第八识的上面，这就是所谓熏习，这种熏习的产物就是种子。由前七识的熏习而有种子，种子再发挥自身的功能作用，生起了其他的识，并通过前六识变现出外界客观环境和影像，而且执著为实有。这就是唯识宗论述种子产生万物的图景。一切现象由“阿赖耶识”所变现，由“阿赖耶识”的种子所变现，这就是说宇宙的一切现象都离不开识，“万法唯识”、“心外无法”，正是唯识宗的唯心主义的基本认识路线。

① “八识”，指眼、耳、鼻、舌、身、意识、末那识（联系第八识和第六识的桥梁）和第八识（阿赖耶识）。

“阿赖耶识”说是为佛教的业报轮回①思想提供立足点的，因为业在未受报之前应该是存在的，不存在就不能成立业报。那么，它存在何处呢？唯识宗认为，业是以种子的形式存在于“阿赖耶识”中，“阿赖耶识”种子就是造业的承担者。种子不能说是物质性的东西，而只能是精神性的东西，但它又是可以接受影响、起变化，并能发挥很大作用的。这与某些宗教迷信所讲的不变的灵魂又有某些不同。它是像灵魂，又不是灵魂的东西。唯识宗宣扬种子有染污的和清净的两种，人们通过宗教修持，可以使染污的转变为清净的，也就是所谓转“识”成“智”，八种识都能转变为成佛的智慧，达到所谓成佛的境界。

人们的意识是人脑的功能和作用，是外界客观事物的反映。唯识宗的“阿赖耶识”却是一种离开人的生理器官的精神性的实体，因而只能是子虚乌有。唯识宗认为宇宙的一切现象都不能离开所谓“识”而独立存在，这是彻头彻尾的主观唯心主义思想。但是，“阿赖耶识”说也有其认识根源，人们对社会历史现象的种种因果联系，特别是自然界后得性遗传的现象不能作出科学的解释，以至于无限地片面地夸大人的主观认识能力，来说明一切社会伦理道德现象，进而把外界客观事物消融在主观意识（精神性的“种子”）之中，而僧侣主义的立场，则更使这种主观唯心主义认识路线神秘主义化，终于成了宗教迷信的呓语。

玄奘论证唯识学说时在方法论上就运用了印度逻辑——因明学。因明学讲“量”，“量”就是人的认识。据说玄奘在一次五印度僧俗无遮大会上，为了论证“一切唯识”的唯心命题，提出了一个《真唯识量》：

① “业报轮回”：“业”，梵语为 karma，包括了身、口、意三方面的活动。佛教认为“业”发生后不会消除，而将引起善恶等报应，叫做“业报”。一切众生如果不求“解脱”，则永远在所谓“六道”（天、人、阿修罗、地狱、饿鬼、畜生）中生死相续，有如车轮旋转不停，所以叫做“轮回”。

“真故极成色，不离于眼识——宗；自许初三摄，眼所不摄故——因；犹如眼识——喻。”（见《因明入正理论疏》卷中，《大正藏》卷44，第115页）“宗”，命题。“因”，论据。“喻”，类比。“色”，有形质的事物。“初三”，指眼根界（肉眼器官）、色界和眼识界三个方面。“眼识”，视觉。这个三段论式的意思是，事物不离开眼识界（视觉）而独立存在，是大家共许的真实的命题；理由是佛教各派共同承认“初三”是三个方面，而眼根界并不包括其他二界；例如，就像眼识界也不包括眼根界和色界一样。这里值得注意的是，唯识宗认为识有“相分”（事物形相）和“见分”（认识能力）两个方面，一切事物都是识所变现出来的“相分”，所谓认识是由识变现出“相分”，然后再以识的“见分”去认识“相分”。如人的眼识先变现出山河大地、花草树木等的“相分”，再以自身的“见分”去认识这些山河大地、花草树木等。在他们看来，人的肉眼（“眼根”）并不能认识外界事物，它的作用是让眼识在视觉上变现出山河大地、花草树木等“相分”色来，而一切外界事物都只是“识”的一分、一个方面、一个内在的组成部分。这就否定了视器官即所谓眼根的物质性及其认识能力，而把一切外界事物归结为主观的识的派生物、附属物。

《真唯识量》的论证是错误的，它讲的视器官没有认识作用，这个前提就不能成立，因而它的结论也是唯心主义的。但应当指出，玄奘主张的唯识学说，是指事物不能离开意识而独立存在，并没有说只有意识，没有事物。他表面上承认事物并不虚无，而实际上坚持事物是意识所变现，这正是玄奘一派唯识宗的虚伪和狡猾的地方。另一方面，玄奘用因明学的推理方法来论证唯识学说，虽然他所论证的命题是唯心主义的、错误的，但是他所运用的逻辑推理形式，对于命题、论据、类比的分析，对论辩格式的推衍，以及对错误推理的揭示等，仍是对中国逻辑史的重要贡献。

三、华严宗的从“理事无碍”到“事事无碍”说

华严宗以宗奉《华严经》而得名，它的实际创始人是法藏(公元643年～712年)。华严宗的先驱者，一般是上溯为杜顺(法顺)、智俨，法藏以后的主要代表人物是澄观、宗密。宗密死后第四年，恰值唐武宗灭佛，华严宗也就随之一蹶不振了。

华严宗又称为法界宗，这是因为它的理论宗旨是依据《华严经》宣扬法界缘起论，尤其是宣扬从“理事无碍”到“事事无碍”说的缘故。

什么是“法界缘起”论呢?“法界缘起”论讲的是理、事以及理和事、事和事的相互关系的理论。按照这种理论，法界有四相，即四法界：事法界、理法界、理事无碍法界和事事无碍法界。事法界和理法界的二个“界”字含义不同，前者是“分”，即分限、分别、界限的意思；后者是“性”，即本性同一的意思。这表明华严宗的法界概念包含了事物的差别性和性理的同一性两个方面。而事法界，相当于纷纭杂陈的现象，即现象世界。理法界，相当于现象的本性、本质、本体，即本体世界。前者千差万别，后者同一无异。华严宗把世界区分为事和理两大类，从认识史角度来看，这对于人们区分现象和本质、存在和精神是有一定启示作用的。但是，它平列事、理两法界，在物质世界之外又虚构出一个本体世界，并进而提出一个“一真法界”，作为四法界的本原。如宗密所说：“统唯一真法界，谓总该万有即是一心，然心融万有，便成四种法界。”(《注华严法界观门》，《大正藏》卷45，第684页)这个“一真法界”或“一心”，就是彼岸世界的精神实体。这完全是一种宗教唯心主义的世界观。

“法界缘起”论的重心是“事事无碍”说。法藏说：“夫法界缘

起，……如帝网[1]该罗，若天珠交涉，圆融自在，无尽难明。”（《华严经明法品内立三宝章》卷下，《大正藏》卷45，第620页）这表明华严宗讲法界缘起，其真意在于说明宇宙间的一切和各类关系都是圆融无碍的。“四法界”侧重在理事无碍法界和事事无碍法界，但两者比较而言，更主要的则是事事无碍法界。法界缘起论是通过“理事无碍”落实到“事事无碍”，“事事无碍法界”是前三个法界的归结点。从隋唐佛教宗派理论发展史来看，三论宗、天台宗都依据二谛（真谛、俗谛）说对现象（事）和本体（理）的关系作过这样那样的唯心主义论述，华严宗则进一步讲具体事物、个别现象的相互之间的关系，也就是通过调和具体事物、个别现象的差别和矛盾，来论证宇宙间万事万物的大调和。这是华严宗理论的特色所在。

华严宗是怎样论证理事无碍，再进而论证事事无碍的呢？“无碍”是统一的意思。所谓理事无碍，是说有差别性的事物和“平等”的同一的理性，彼此交融无碍。为什么这样说？因为理是事的本体、事是理的显现，“理彻（贯彻）于事”，“事彻于理”，相彻相存，事就是理，理就是事，如塑造金狮子的金质与金狮子相，融为一体。这样就由“理事无碍”进到“事事无碍”。华严宗还用另一个说法来讲事事无碍，它把法界归于一真法界，归于一心，说事事都是一心的产物，在同一心里，事事都周遍含容，彼此无碍。这种事事无碍的关系，法藏称为“一即一切，一切即一”（《华严义海百门·种智普耀门第三》，《续藏经》第1辑第2编第8套第1册，第417页）。同一本体显现为各种各样的事物，是“一即一切”；千差万殊的事物的本质是同一的，是“一

① “帝网”，即“天帝网”。印度神话谓帝释天宫殿装饰的珠网，网上珠光交相辉映，彼此互相透视，重叠无穷。

切即一”。由此也可以说，任何一个事物都包括一切事物，每一事物都包含有其他事物。由此更进而说明，诸佛与众生交彻，“净土”与秽土熔融，彼岸世界与此岸世界相即相入，生死即涅槃，烦恼即菩提。这也就是华严宗宣扬事事无碍说的宗教实质。

华严宗“法界缘起”论接触到事物本质与现象的内在联系，涉及不同事物的同一性和差别性的相互关系，包含了某些辩证法的因素。但是华严宗抹煞了不同事物各自的质的规定性，各自具有的特殊规律，表现出它的形而上学和唯心主义实质。肯定差别性，但又片面夸大统一性，以致最终否定差别性，这正是它陷入唯心主义泥潭的思辨途径。

在圆融无碍思想的支配下，华严宗随着历史的发展，理论上的调和色彩愈来愈浓。它不仅调和原来佛教各宗各派，调和新形成的禅宗思想而且还积极调和儒家、道家的思想，强烈地表现出企图统一三教九流的倾向。如华严宗五祖、澄观上千门徒中号称独得妙传的唯一高徒宗密，充分肯定禅宗的明心见性、顿悟成佛的思想，竭力融会禅和教，认为佛内心的意向和佛言说的教义是完全一致的，他把所谓“直显心性宗”和“显示真心即性教”分别奉为“宗”(“禅”)和“教”的最高阶段，而把两者统一起来。宗密在《原人论》一书中，他还认为释迦、孔丘、老聃都是至圣。该书最后第四节更标节名《会通本末》，体现了“今将本末会通，乃至儒、道亦是”的“三教同源”的思想。宗密又在《佛说盂兰盆经疏》的序文中说：“始于混沌，塞乎天地，通人神，贯贵贱，儒释皆宗之，其唯孝道矣。”(《大正藏》卷 39，第 505 页)和儒家同声鼓倡孝道。他还以儒家经典《周易》的“四德”(元、亨、利、贞)配佛身的“四德”(常、乐、我、净)乃至以“五常”配“五戒”。在宗密以后，华严宗沿着这种圆融各派的趋势继续发展。

华严宗究竟为什么特别强调圆融无碍、事事无碍的思想呢？这主要有佛教思想发展和封建统治者理论需要两重背景。

印度大乘佛教两大派“空宗”和“有宗”传入我国后，分别演变成中国的隋唐佛教宗派，但是它们在理论上往往不能自圆其说，各种片面性的内在矛盾日益暴露，华严宗不满意于这种状况，从而将它们一概判为“偏教”。它认为唯识宗的识真境虚的主张是矛盾的，因为境由识所变，如果境不真，识怎能是真呢？空宗讲心境皆无，这样成佛的主体和成佛的境界也实际上被否定了，佛教信仰因此不就失去立足点和目标吗？正是为了摆脱这种理论上的窘境，华严宗提出事物虽假，本体是真，本体和事物相即相融，进而事事物物也圆融无碍的观点，以说明成佛既比登天还难，又能易如反掌，从而沟通世俗生活和宗教生活、现实世界和涅槃世界的关系，强调两者之间不是相互隔离、截然脱节的，以求取得宗教宣传的最大效果。

华严宗独创理论之形成，更重要的是社会政治原因。华严宗创始人法藏和女皇武则天的关系极为密切，可以说，是一个地地道道的御用神学家，他创立华严宗是直接配合武则天巩固个人统治地位的。当时武则天登上皇帝的宝座，是违背传统统治思想的，为了消除潜在的反抗性社会习惯势力，亟需制造新的“理论”根据。而圆融无碍、事事无碍的理论恰恰能够肯定现实社会基础的价值，美化武周统治的社会是和谐一致、其乐融融的。

四、慧能禅宗的净性自悟说

中国佛教禅宗实际是六祖慧能(公元638～713年)于中唐时期创建的，之前还够不上严格意义的宗派，后来则盛弘于晚唐、五代。禅，梵语全称是“禅那”(Dhyana)，意思是静虑，包括了修定(定)和智慧(慧)的两个方面。

慧能一派禅宗不仅与旧的禅学相异，而且和印度原来的佛教以及后来中国其他各个佛教宗派都有所不同，是世界佛教史上尤其是我国佛教史上一次空前的大改革。禅宗的根本主张就是强调精神的领悟，直指人心，见性成佛，也就是提倡单刀直入的顿悟。注重净性，强调自悟就是慧能一派禅宗成佛学说的理论基础。同时禅宗主张在人间体现所谓“成佛”的境界，还在教学方法上有许多创造，成为地道的中国货色。

慧能的著作有其弟子记录整理的《坛经》，在敦煌发现的、慧能弟子法海的记录本《坛经》，是现存《坛经》中最早的本子。据敦煌本《坛经》记载，看来慧能是一个佛性论者。他在流传广泛的“得法偈”中说：“菩提本无树，明镜亦无台，佛姓(性)常青(清)净，何处有尘埃?”(《大正藏》卷48，第338页)还说：“人即有南北，佛姓(性)即无南北，獦獠[1]身与和尚不同，佛姓(性)有何差别?”(同上书，第337页)强调佛性人人共有。慧能在论述成佛问题时又说：“我于忍(五祖弘忍，慧能的师父)和尚处，一闻言下大伍(悟)，顿见真如本性。……今学道者顿伍(悟)菩提，各自观心，令自本性顿悟”。(同上书，第340页)佛性就是恒常清净的真如本性，佛性也就是本心，一旦认识本心(本性)，就是顿悟。慧能还认为万事万物、一切现象都在自心(自性)之中，在自心中见到万事万物、一切现象，称为清净法身，也就是自悟成佛。人人本来自心具有的真如本性是万事万物、一切现象的根源。

人人本有真如佛性，人人只要对这种本性有所觉悟就可以成为佛，由此慧能又说：“自性迷，佛即众生；自性悟，众生即是佛。”(同

① “獦獠”，是当时对岭南土著的侮称。

上书，第341页)，“前念迷即凡，后念悟即佛”，(同上书，第340页)，“迷来经累劫，悟则刹那间”。(同上书，第342页)迷悟，即对佛性是觉悟还是不觉悟，是凡(众生)圣(佛)的唯一区别。人人都能成佛。成佛不是另有佛身，而是自性就是佛；成不成佛，只在一念之间。这种“见性成佛”、“顿悟成佛”的成佛学说，也称为顿教。

概括说来，慧能的净性自悟说的要点是：

(一)佛性，即真如本性，真如本性属于每个人的本心，心性相通，佛性为人人所普遍具有，是各人先天可能成佛的内在原因和共同根据；

(二)佛性是恒常清净的，即是善的，不是染污的。所谓善的，是人的内在的不变的真实的本质，可见这种佛性说具有鲜明的宗教道德色彩；

(三)真如本性显现，就能包含万事万物，这里佛性具有一切现象的本体的意义，相当于清净的精神实体，因此，真如本性说带有明显的客观唯心主义色调。同时，每个人真如本性的显现，包容万事万物，也就成为清净法身，成为佛，这是一种极端的宗教神秘主义；

(四)慧能竭力把所谓真如本性拉回到每个人的自心之中，强调每个人自己要去迷转悟，把实现成佛的途径，转移到对自我“本性”的觉悟上来，提倡内求于心；同时，人人又具有菩提智慧，这种先天的神秘的智力，是促使人人可能觉悟成佛的根据，从而又带有一定的主观唯心主义的色调。慧能的自悟学说，强调自性具足一切，又不执著一切，自在解脱，就成为佛，自性就是佛，这包含了从客观唯心主义出发转向主观唯心主义的思辨途径；

(五)自性就是佛，觉悟自性就是佛，迷悟在一念之间，这种觉悟是顿悟，这是最为方便、最为简易的快速的成佛法门。

慧能禅宗创立净性自悟，顿悟成佛的学说，所带来的第一个直接后果就是推翻了佛祖释迦牟尼的绝对权威。中国出家僧人自东晋道安以来都改姓释迦牟尼的释，可见佛的神圣地位。慧能主张明心见性，自性是佛，这就把人抬到佛的地位，或说把佛降低到人的地位。慧能以后有的禅宗领袖大骂佛是大杀人贼，佛骗了许多人入淫魔坑。创立临济宗的义玄，竟发出了“逢佛杀佛，逢祖杀祖，逢罗汉杀罗汉”方是解脱的呼喊。著名的天然禅师竟取木佛像，焚烧取暖，等等。这实际上等于破除了佛的偶像。这种情况对于佛教的发展前途有着重大的影响。

第二个直接后果是排除了佛教经典的神圣地位。对于一般教徒来说，佛经是绝对不可动摇和违反的。但是由于历代翻译的佛经浩如烟海，多数文辞艰深晦涩，名相繁多碎杂，以致义旨暗昧难明，加以中国僧侣后来又继承了两汉经学的烦琐习气，流为一种不切实际的章句之学，用以注疏佛经，结果是愈积久愈臃肿。到了隋唐时代，可说已达到登峰造极的地步，成为一种地道的经院哲学。以致愈来愈难学，愈学愈迷惑，出现了无法克服的理论危机。在这种背景下，禅宗向佛教经典权威挑战，文化水平很低的慧能说法的记录稿也前所未有地被尊为《坛经》，并以简易明快的新学说取代了过去各种烦琐的佛经注疏。禅宗甚至不主张专门学习和研究经典，以免为文字所障，也不大讲三世因果报应的迷信，根本否定有所谓西方极乐世界。慧能以后有的禅宗领袖还骂佛经是鬼神簿、毒药。禅宗把僧侣从经疏的桎梏中解脱出来，摆脱沉湎书本文字的生活，另求精神上的出路。这是从佛教内部沉重地打击了烦琐的经院神学，对于中国佛教思想的发展演变，产生了巨大的作用，以后并扩大影响到国外。

第三个直接后果是破坏了佛教出家僧侣平日生活的固有本色。慧能一派禅宗摒弃烦琐的宗教仪式和外来的佛教戒律，甚至公开反对拜佛、坐禅，否认修行必须出家。它还取消了旷劫不息的累世苦修，以为布施、供养、造塔、建寺等都没有任何意义，等等。这无疑是动摇了佛教的整个宗教生活的基础。

从我国古代思想发展史的角度来看，中国禅宗的创立是一次特殊的思想解放，产生了深远的复杂的思想影响。禅宗能在佛教宗派势力空前强盛、宗派思想严密控制的情况下，在宗教的限度内独立思索，大胆怀疑，勇于创新，尊重个人，相信自己，这对于广大佛教僧侣和深受佛教思想影响的人们来说，实在是起到了精神解放的作用，以致还启迪后来的某些进步的政治家和思想家，推动他们怀疑传统，反对权威，抨击封建专制制度，这都不完全是偶然的。

当然，禅宗虽然打击了传统的佛教教义，但是它毕竟还是宗教。它强调人人都有佛性，佛就在人心中，不必出家为僧，不必实行禅定的修行方式，同样也可以成佛，这实际上是扩大了禅的意义，扩大了修行的范围，使更多的人掉进佛教的陷阱。这正如马克思在评价欧洲马丁·路德的宗教改革时所说的："他把僧侣变成了俗人，但又把俗人变成了僧侣。"(《〈黑格尔法哲学批判〉导言》)禅宗以其特制的锁链长期地钳制人们的心灵，从禅宗发展历史的全过程来看，它所起的消极作用也是明显的。

试论中国佛教哲学的形成[*]

本文从文化发生学的角度考察了中国佛教哲学形成的根源与途径，认为中国佛教哲学是印度佛教文化与中国传统文化冲突与融合的产物。中国古代佛教学者通过译经、讲经、编撰佛典和判教立宗等途径使印度佛教传入中国，并且结合中国封建社会政治、经济、文化、地理等特定的“哲学生态环境”进行加工取舍，使印度佛教逐渐中国化而形成一种既不同于儒、道等中国传统哲学，也区别于印度佛教哲学的相对独立的中国佛教哲学体系。中国佛教哲学的形成，是中国本土文化与异域文化交流与融合的成功模式。

在中国历史上究竟有没有形成中国佛教哲学，是近百年来在学术界一直存在着不同看法的问题。这是涉及中印文化的冲突与融合、中印佛教哲学的联系与区别的重大问题，如何理论与实际相结合地加以探讨、阐明，实有其必要。本文试从文化发生学的角度，就中国佛教哲学的界说、

* 原载《中国社会科学》1991 年第 6 期。

中国佛教哲学形成的途径和根源三个方面加以论述，以期有助于推进问题的解决。

中国佛教哲学的界说

中国佛教哲学的形成是东方文化史上的重大现象，也是中国哲学史上的重要一页。印度佛教代表着印度古代文明和精神价值，它与中国固有的哲学风格、宗教观念、价值取向存在着巨大的反差。印度佛教哲学在与中国传统文化和哲学的相互碰撞、激荡、冲突、融合中，逐步转型，日趋中国化，形成了中国佛教哲学的新学说。这是古代东方中印两大文明古国的价值观念、思维方式的系统交流，是两种异质文化互相接触、影响、作用的成功模式。印度佛教的传入，给中国文化注入了新的血液，带来了新的活力和创造刺激。中国佛教学者吸收印度佛教哲学的养料，适应中国古代政治、经济的需要，依据中国固有哲学生命与智慧的方向、理路，创造出不同于印度的新的佛教哲学学说。中国佛教哲学不仅是隋唐哲学的重镇，而且也深刻地影响了宋明哲学的发展，丰富了中国古代哲学思想。在东亚佛教文化圈中，中国佛教哲学内容最丰富、最深刻，足以与印度佛教哲学相媲美。

中国佛教哲学是中国佛教学者阐发的哲学思想，属于中国哲学。在魏晋南北朝时代，中国佛教学者独立阐发的本无论、不真空论、神不灭论、佛性论、顿悟论等学说，构成了当时哲学思潮的重要内容。在隋唐时代，形成了佛教宗派，其中如天台、华严和禅诸宗的一系列哲学思想，更是一度成为时代哲学的主潮。这些宗派哲学，不论其发展势头，还是思想规模、内涵深度都超过了当时的儒家和道家的哲学思想，在中国哲学史上占有不可忽视的地位。中国古代思想主流的不断转型，先后形成了先秦子学、汉代经学、魏晋玄学、隋唐佛学、宋明理学和清代朴学。这些不同的学术形态，都包含了哲学思想；这些哲学思想又反映了中国哲学史的演变过程，构成了中国哲学史的基本内容。如果无视魏晋至隋唐佛教哲学中国化的性质和地位，中国哲学史在隋唐时代几乎就会出现断层，难以说明当时哲学发展的实际情况。

中国佛教哲学是中国古代最庞大、最复杂的宗教哲学体系，它是印度佛教传入中国以后形成的，是印度佛教与中国封建社会实际相结合的产物，也是中国历代佛教学者双向选择和自我组织的结果，是他们的思想创造和智慧的结晶。中国佛教哲学既是中国哲学的一部分，又是佛教哲学的一部分，然而它既不同于中国固有的传统哲学，也不是印度佛教哲学的翻版。

佛教是为追求人生解脱而创立的宗教，佛教思想的总出发点和归宿是为了成佛，达到解脱的境地。佛教哲学是为求得人生解脱所作的论证，是出世的哲学，超越的哲学。它着重论述人生的痛苦、现实的矛盾、世间的污秽，探讨摆脱烦恼、排除苦难的途径和方法，否定现实的人生和世界，追求永恒的、幸福的彼岸世界，或者说是理想的、自由的精神境界。一般说来，中国儒、道两个系统的哲学家都是肯定现实，认为现实是真实的，他们重视在现实世界和经验生活中寻找精神家园，塑造理想人格。可见，佛教哲学和中国传统哲学在精神旨趣方面是有很大区别的。中国化的佛教哲学深受中国固有的传统思维的影响，甚至大量吸取儒、道两家的哲学思想，表现为更加重视圆融、顿悟，强调返归本性，主张在现实生活中求得精神解脱。印度佛教在修持上重视考察现实的心灵活动，重视渐悟，又强调超越现实的人生和世界，争取在来世进入彼岸的佛国世界。这就表明，中国佛教哲学显然是不同于中国固有的传统哲学，也不同于印度佛教哲学的一种相对独立的哲学形态。

中国佛教哲学有其特定的对象和范围。中国佛教哲学是整个佛教哲学的一个分支，也是中国哲学的一个分支。研究中国佛教哲学的基本使命是，以历代中国佛教学者与宗派的重要著作和哲学思想为对象，阐明中国佛教哲学思想的重要命题、基本内容、源流演变和发展规律，以及理论思维的经验教训。中国佛教哲学的构成，是以著名佛教学者个人，尤其是以宗派的形式出现的。隋唐时中国佛教形成了天台、三论、唯识、华严、律、净土、禅和密八宗，其中的天台、三论、唯识、华严和禅五个宗派有着丰富的哲学思想，五个宗派中最富有中国人的创造性、与印度佛教哲学距离较大的是天台、华严和禅三个宗派。魏晋南北朝的著名佛教学者和隋唐以来的天台、华严和禅诸宗，是中国佛教哲学研究的主要对象，其他一些佛教学者和宗派的具有鲜明中国色彩的哲学思想也是研究中国佛教哲学的重要对象。中国佛教哲学的特定研究对象，决定了它与印度佛教哲学的区别，也决定了它与中国固有传统哲学的区别。

中国佛教哲学讨论的重大哲学问题，构成了研究、论述中国佛教哲学的基本范围。佛教是一种解脱论学说，着重阐明解脱人生苦难和成就佛果的根据、道路和方法，其中所包括的哲学思想是解脱论的理论基础。中国佛教哲学学者也是围绕追求人生解脱这个佛教主题，将印度佛教哲学理论与中国具体情况，尤其是与中国固有文化及其哲学相结合，阐发了一系列的哲学问题。第一是对人生主体的论述；第二是对人生所处环境的论述；第三是如何考察、认识人生和世界的问题；第四是如何根据前面三个问题的理论进行实践、修行成佛的问题。以上四个问题也就是人生论、宇宙论、认识论和实践论，构成了中国佛教哲学的体系框架。而每一个问题又包含了若干不同侧面、多重内容。人生论包括人生本原、因果、价值、形神、心性、佛性、道德伦理、理想境界等；宇宙论涉及生成论和本体论；认识论包含认识能力、直觉思维、真理论以及相关的方法论；实践论则主要是修持的方法、方式、步骤、时间等问题。上述四个问题是密切相连不可分割的，对于这些问题加以厘别，只能是相对的、也是困难的。如认识论和实践论可以说是同一问题，这两论和人生论尤其是人生论中的道德伦理等问题也是胶黏在一起的。又如人生论中的理想境界包含了彼岸世界问题，这也可以作为宇宙论中的一个问题来看。我们对中国佛教哲学问题加以分解，其主要目的只是为了论定中国佛教哲学的范围和为叙述的方便而已。

有一种观点认为，只有印度佛教哲学，没有中国佛教哲学。其理由主要是，中国佛学的根本问题、运思方法都是从印度来的，不是由中国哲学传统中出来的，中国传统文化的生命与智慧对中国佛学没有发生重大的影响，佛教并未中国化而有所质变。中国佛学虽然是中国人的佛学，但其义理是纯粹佛教的，只是印度佛学的继续发展，而不属于中国哲学传统的佛学①。还有的学者或许是传统儒学的情结太深，甚至带有以儒排佛的色彩，否定中国佛教哲学的存在和地位。我们认为这种观点只是看到中国佛学和印度佛学的联系，而没有看到两者的巨大差别。我们说，正是在中国传统文化和哲学的强大影响力的作用下，印度佛学在中国流传过程中，在体用观念、心性理论、伦理学说、修持方法和思维方式等一系列重大问题上的确发生了偏离，乃至性质的改变，有的甚至是与印度佛教教义完全相反的。这种情况分别在天台宗、华严宗、净土宗和禅宗几个中国化的宗派上有着程度不

① 牟宗三：《佛性与般若》，4～5页，台湾，学生书局，1989。

同的表现。我认为，凡是中国佛教学者撰写的与印度佛学完全相同的哲学内容，不应作为中国佛教哲学思想，而凡是与印度佛学内容不同的部分，包括继承后的发展、发挥、改造，以及离开印度佛学的独立创造，即印度佛学在中国的一切变异，都应视为中国佛教哲学。佛教在二千多年的流传过程中，主要形成了印度和中国两大系，这是佛教界公认的事实。佛教哲学的中印两大系的历史存在，也得到越来越多的佛教研究学者的肯定。

中国佛教哲学形成的途径

中国佛教哲学是怎样形成的？是怎样表现出自己的特殊精神面貌和中华民族哲学精神的？要了解中国佛教哲学的形成，就要考察在佛教中国化的历史进程中特定的媒介机制、接受机制和扩散机制，考察传播者、接受者所采取的途径和运用的方法，也就是要分析、总结佛教中国化的创造主体在客观条件的制约下是如何接受、如何改造，又如何创造的。概括地说，中国佛教学者主要是通过编撰佛典、判教立宗而使佛教哲学中国化的，同时也和翻译佛典、讲习经义密切相关。因为只有经过译经、讲习，全面深入地了解佛教各种典籍，亦即经过思想的消化理解，才能有所开拓、创造，建立起中国的独特的佛教哲学体系。从佛教中国化的艰难、复杂的历程来看，翻译经典、讲习经义、编撰佛典和判教立宗，就是中国佛教哲学得以形成的基本途径和基本方式。从这些途径和方式中，我们可以清楚地看到佛教哲学的创建者是怎样以中华民族固有的思想为本位，去接受和改造印度佛教哲学思想，创立和构筑中国佛教哲学体系的。

一、翻译经典

佛教经典的翻译，长期以来成为中国佛教传播运动的中心事业。这是建设中国佛教的基础工程，也是中国佛教哲学形成的一个特殊条件。它确定了中国佛教哲学的重要思想来源，也决定了中国佛教哲学的重要思想倾向。

佛教经典的翻译，自汉以来，迄至宋代，前后长达千年之久。译事先是以西域和印度的僧人为主。后来，中国僧人西行求法取经，回国后也从事翻译，并逐渐成为译经的主导力量。译事极为严肃认真，有一整套严格的程序。通常译场设置译官，分别担任九职：译主、证义、证文、书字梵学僧、笔受、缀文、证梵语(参译)、刊定和润文。由于翻译难度很大，为了提高质量或是其他原因，有的佛经重译多次。大量佛经被译成极为优雅的汉文，从而使佛教在中国文化系统中获得了立足之地，在中国文化土壤中生了根，并转化为中国文化的一部分。这是佛教中国化的一种重要表现。

佛教经典的翻译过程，也是佛教中某些思想中国化的过程。因为佛典的翻译受到佛典传入的特殊情况，如语言文字的不同、译者知识结构和社会文化背景的差别等条件的制约，从前导致了不仅是文字形式上的变化，也涉及某些思想内容的改变。

佛教创立于公元前六——前五世纪，约在公元一世纪前后传入中国内地，其间已相隔了五百年。佛教不同教派的佛典又因种种不同的机缘，交相混杂传入中国。这样，佛典翻译就反映不出佛学思想的演变轨迹，也就增加了阅读、理解和翻译上的困难。同时也为翻译时偏离印度佛教思想本意，渗入中国思想提供了契机。

佛教最初是经过西域地区传入的。这些地方的胡语使印度佛教传到西域就已经发生变化，再传到中国汉语地区，又发生进一步的变化。由于西域的胡语经典和后来直接从印度传入的梵文经典在语言文字等方面与中国文化和哲学存在着巨大的差异，这就给翻译带来种种困难。早在东晋时代，当时著名的佛教领袖道安就在《摩诃钵罗若波罗蜜经抄序》中，总结了翻译佛典有“五失本三不易”①的众多困难，即汉译佛典有五种情况容易丧失本来原意，有三种不易翻译的情况。“五失本”为：一是由于梵、汉文法不同，不得不使原语文词颠倒，以符合汉语语法；二是原典的文体质朴，修辞语较少，而汉语则好文饰；三是原典常有重复相同的语句，不嫌其烦，汉译则多删去此类重复语句；四是有的原典经文中夹杂注解，汉译则多删去此类夹杂注解；五是原典在说完一事再接着叙说另一事时，常常重复前述文词，汉译则多略去重复的部分。“三不易”为：一是佛典系依当时印度的语言、风俗而立，而要适合后代的语言、时俗，就会给翻译带来困难；二是圣人(佛)与凡人本来就距离很大，在翻译中，要使远昔圣人的玄妙思想适合后世凡人的时俗，是很不容易的；三是佛典流传久远，后人若以平凡浅识从事翻译，即使万分谨慎，也难免有误。道安总结的这八种情况，表明了佛典翻译，尤其是早期翻译失去印度佛典原意的必然性、严重性，揭示了在佛典翻译中中外古今的矛盾，这种矛盾就决定了译文内容必须作出适应当时中国语言与时俗的调整。这就给佛教中国化带来了需要与可能。事实上，当时的译经者为了使中国人能够看懂佛典，译经时不得不采取中国固有的，尤其是道家、儒家和阴阳家的名词、概念、术语，作出相应的翻译，从而导致原意的某些变异。更有甚者，译经者为了和中国儒家伦理道德相协调，常常通过

① 简称“五失三难”，详见《大正藏》第55卷，52页中、下。

选、删、节、增等方法，对佛典描述的人际关系进行调整，尤其是删去了论述父子、夫妇、主仆平等和性生活混乱的原文，从而背离了印度佛典的本来内涵。

译者的语言条件、知识结构和文化素质等主观因素，对翻译质量的高低具有决定意义。早期译经以西域和印度僧人为主。西域和印度僧人多数不通或者半通汉语，译经时，需有中国人襄助。这样，语言文字的沟通问题，始终是困扰翻译工作的一大难题。后来，中国僧人担任主译，他们一般都是汉梵兼通的，但精通梵语的程度毕竟又有所不同，这也不可避免地会影响对原文的理解。同样极为重要的是，参与译事的中国僧人的知识结构和文化素质，在翻译过程中也起了无形的然而又是十分重要的作用。中国佛教知识分子，通常在皈依佛门以前，都受过儒学和道学的教育，有着传统文化的深刻影响，他们原有的传统思想、价值观念和思维方式极大地左右着对外来佛教的理解和翻译，以致有时导致了印度佛教哲学思想的某些根本性变化。

因翻译而带来的佛教哲学中国化的典型例子就是吕澂先生列举的对"如性"概念的翻译。这个例子突出地反映了中国固有的哲学术语、思想方法和世界观对印度佛教哲学观念的理解和改造。这个例子十分重要且不易把握，特引说于此。吕先生说："例如，关于'如性'这一概念，当初译为'本无'。现在考究起来，这是经过一番斟酌的。'如性'这个概念来自《奥义书》，并非佛家所独创，表示'就是那样'，只能用直观来体认。印度人已习惯地使用了这一概念，可是从中国的词汇中根本找不到与此相应的词。因为我国古代的思想家比较看重实在，要求概念都含有具体的内容，所以没有这类抽象含义的词。所谓'如性'即'如实在那样'，而现实的事物常是以'不如实在那样'地被理解，因而这一概念就有否定的意思：否定不如实在的那一部分。印度人的思想方法要求，并不必否定不实在的那部分以表示否定，只要概念具有否定的可能性时就表示出来了。所以佛家进一步把这一概念叫作‘自性空’，‘当体空’。从这个意义上说，译成‘本无’原不算错。而且‘无’字也是中国道家现成的用语。要是了解‘本无’的来历，本来不会产生误解。但这种用意只有译者本人了解，译出以后，读者望文生义，就产生了很大的错误。最初把这一概念同老子说的‘无’混为一谈，以后联系到宇宙发生论，把‘本’字理解为‘本末’的‘本’，认为万物是从无而产生。这一误解并未因它的译名重新订正而有所改变。例如，以后‘本无’改译成‘如如’、‘真如’等，反而错上加错，以至于认为是真如生一切。……总之，我们不能把中国佛学看成是印度佛学的单纯‘移植’，恰当地说，乃是‘嫁接’。两者是有一定的距离的。这就是说，中国佛学的根子在中国而不在印度。”①

二、讲习经义

为了广泛传播佛教，使之根植于中国社会的土壤之中，佛教学者还采取讲习经义的方式。讲解经义和翻译佛经一样，是中国佛教不同于印度佛教的独特的专业化活动，不仅构成中国佛教的特色，而且也成为中国佛教哲学形成的途径之一。

据史载，南北朝时，讲经活动已十分盛行，规模也很庞大。为了使佛教深入人心，扎根社会，讲经不仅有明确的分工，还有一整套程式。如擅长歌赞(梵呗)和咏经(转读)、善于阐释佛教义理的僧侣，称为“经师”。讲解佛教经典的僧侣，称为“讲师”。协助讲师讲经，在讲师讲经时和讲师对话，使听者更加易于明白经义的人，称为“都讲”。

---

① 吕澂：《中国佛学源流略讲》，3～4页，北京，中华书局，1979。

随着讲经的进一步发展，还出现了“宣唱法理，开导众心”的僧人，他们用美妙动听的声音向信徒传教，这些人称为“唱导师”。这种专业化的分工，表明佛教宣传的正规化，它有助于提高传播佛教和使之根植中土的效果。

讲经人对经文的理解直接受个人的文化水平、传承关系乃至原有思想的影响，他们都是根据自己的所学所知讲解的。而听经人也多半是受过中国传统文化的熏陶，是借助于自己原有的中国文化思想素养去理解和接受经义的。可以说，这种讲经和听经，实际上是中国文化思想与印度佛教教义的比较对照、融合会通的过程。中国俗僧讲习经义，对于中国佛教哲学的形成具有直接的影响。

东晋初期，讲习经义主要采用固定格义和自由发挥两种不同的方式①。如康法朗、竺法雅等人，为了解释佛典中的“事数”，创造了“格义”的方法。事数，又作名数、法数，即名相，是带有数字的佛教名词，如四谛、五蕴、六度等。所谓“格义”，是“以经中事数，拟配外书，为生解之例。”②也就是把佛典中的事数和中国《老》、《庄》、《易》等典籍的相关概念进行比配，把相近的固定下来，作为理解、讲习佛教事数的规范。这样，就把佛教的名词、概念、范畴判定成为中国固有的近似的名词、概念、范畴，形成了统一的格式。格义方法的运用，常常导致与印度佛典义理相违：“然凡谕之者，考文以征其理者，昏其趣者也；察句以验其义者，迷其旨者也。何则？考文则异同每为辞，寻句则触类每为旨。为辞则丧其卒成之致，为旨则忽其始拟

① 僧叡在《毗摩罗诘提经义疏序》中说：“自慧风东扇，法言流咏以来，虽曰讲肄，格义迂而乖本，六家偏而不即。”(《大正藏》第55卷，59页上)格义和六家是讲肄的两种不同方式。

② 慧皎：《梁高僧传》，卷三《竺法雅传》，《大正藏》第50卷，347页上。

之义矣。”①意思是说，佛经文句不同，不具体把握其旨趣，一味执著格义的方法，拘泥于文字，以章句是务，就会造成迷误混乱。格义必然歪曲佛典原意。而我认为，这种歪曲实际上恰恰也就是佛教义理包括佛教哲学中国化的朴素表现和初级形式。

采用自由发挥方法的是东晋时期的般若学派。由于此派是自由讲论，又分裂为六、七个支派。这些派别的思想分歧，留待后论。这里只举例介绍他们自由发挥的程度和引起佛教哲学转型的后果。据载，般若学派的代表人物之一支敏度，存往江东之前，曾与一伧道人商量到南方以后怎样讲般若的问题，伧道人说：“用旧义往江东，恐不办得食”②，于是决定“共立心无义”。支敏度单独到了江东，大讲心无义。尔后，道人又写信提醒他说：“治此计权救饥尔，无为遂负如来也。”③支敏度为了博得江南名士的欢心以解决吃饭问题，自由发挥经义，不惜随意附和清谈玄学，于印度般若学外另立新论。再如，当时般若学派又一重要代表人物道安，长年来一直讲《放光般若经》，并注意和《光赞般若经》作对比研究，他在《合放光光赞略解序》中说：

> 其为经也，以如为始，以法身为宗也。如者，尔也，本末等尔，无能令不尔也。佛之兴灭，绵绵常存，悠然无寄，故曰如也。法身者，一也，常净也，有无均净，未始有名……④

道安在这里是以魏晋玄学的本末思维方式来理解《般若经》，他把

① 道安：《道行经序》，《大正藏》第55卷，47页中。

② 刘义庆：《世说新语·假谲第二十七》。

③ 同上。

④ 释僧佑：《出三藏记集》，卷七，《大正藏》第55卷，48页上。

“如”、“法身”视为根本、本体，是不符印度佛教本意的。《般若经》提倡空观，是破除现象和本体的实有，是否定本体存在的，或者说主张本体是空的。而道安则提倡“以无为本”的学说，把破除本体实有的般若学改造为本体是根本，本体是实有的本无说，从而极大地改变了印度佛教哲学的方向，改造了印度佛教哲学的内容，构成了具有中国特色的佛教本体论。

三、编撰佛典

随着佛教的长期流传，中国佛教学者由单纯的翻译转向进行独立研究，融会贯通，撰写了大量的著作。据统计，中国僧人的汉文佛典撰述共约六百部，近四千二百卷。这些著述不仅具有汉民族的形式，而且也程度不同地具有汉民族的内容，涉及宗教、哲学、伦理、文学、历史等诸多方面，表现了与印度思想不同的风格、色彩、特征。中国佛教学者的撰作是中国佛教哲学形成的重要途径和基本标志，历代中国佛教撰作记载着中国佛教哲学思想形成和发展的历程，成为我们探寻、开掘、研究中国佛教哲学的主要资源。

中国佛教撰作，有以下多种类型：

（一）章疏：中国佛教学者尊奉印度佛教经典，持诵研习，坚持不懈，同时在讲经时加以解释，阐扬和发挥佛典的思想。也有的佛教学者模仿中国传统的注经形式，热心于撰写章疏。这类著作在中国僧人全部撰作中数量最多，居第一位。章疏往往引用中国古典著作的语句和传统思想来注解原文，作出中国化的诠释，借以发挥自己的独立的哲学思想。例如，唐代华严宗四祖澄观撰写多卷本《华严经疏钞》，阐发《华严经》的圆融观念，发展了中国华严宗人的“四法界”说（详后），就是中国古代佛教哲学中极为重要的宇宙生成论、现象论和本体论的学说。

(二)论著：中国佛教学者重视创作，勤于写作，撰写了许多极其重要的论著。他们或为阐发总结佛经要义而作，或为发表独特见解而作，也有不少是在与儒、道两家争论中为“护法”而写的。这些论著包含着最丰富的中国佛教哲学思想，有的就是中国哲学的重要著作。如东晋时南方的佛教领袖慧远，与时人争论沙门应否礼敬王者的问题，撰写了《沙门不敬王者论》，其中有专章结合中国古代灵魂不灭的观念，论述形尽神不灭思想，强调人的形体有生有死，而人的灵魂是不朽不灭的，慧远这种形尽神不灭的观点，可以说，恰恰相当于释迦牟尼所抨击、拒斥的婆罗门教的观点，即认为不灭的灵魂可以寄寓于不同的躯体之中。原始佛教认为人的精神是不断变化的意识状态之流，没有永恒不变的实体性的灵魂存在，而慧远则是在中国传统的灵魂观念和实体性思想的支配下，去理解人的形神关系问题，从而导致了与印度原始佛教思想的背离，同时也丰富和发展了中国古代神不灭论的唯心主义哲学。

(三)经典：中国僧人还撰写了不少佛经。禅宗创始人慧能的《坛经》是中国僧人唯一公开称经的著作。这部著作是吸取佛教某些信仰因素，在中国儒，道传统文化的土壤中产生的。它在中国佛教史和中国思想史上占有极其重要的地位，影响之大，是众所公认的。此外，还有另一类疑(疑惑)伪经。所谓疑伪经是指中国汉族僧人编撰、选抄的佛经，不是译自胡语、梵文的汉文佛经。这些疑伪经达数百部之多。疑伪经的内容往往与儒、道、佛三教斗争有关，有的是为了迎合社会需要吸取儒道思想编成的。疑伪经实是佛教民族化的产物，其中包含了鲜明的中国化的哲学思想。比如《提谓波利经》是中国僧人为在家信徒撰写的，着重宣扬因果报应和持戒修行。此经把中国传统的阴阳五行学说、伦理纲常等与佛教教义结合起来，虽然这种结合不免生硬勉强，但却表现了中国佛教宇宙论哲学和道德哲学的某种特色。

（四）灯录：又称传灯录，系禅宗人创造的一种独特文体，记载禅宗历代传法机缘的著作，内容以记录言论的"语录"为主，也记载传承关系。重要的灯录有二三十种，其中包含禅师语录不下三百余种。语录大都为禅师口语，由亲随左右的佛门弟子笔录编集而成。语录中记述的是师徒传法心要、参悟验证、方便施行、参学所得等，集中地表现了禅宗的人生理想境界、心性思想、直觉思维，构成了中国佛教哲学的重要内容。

（五）善书：指宣传伦理道德、劝人为善的书。佛教善书往往糅进儒家道德观念，宣扬儒佛两家的伦理目标和生活规范。如明代名僧云栖袾宏（公元1535～1615年）的《自知录》，把人生的行为规范分为善、过两门，劝人去过从善，积累功德，以获得好报。这种通俗易懂的说教，比正规经典更易为民众所接受，所以影响很大。佛教善书，反映了中国僧人在重建适应国情的佛教伦理道德学说方面所作的努力和普及中国佛教伦理道德哲学的成就。

（六）史书：佛教史书记载了佛教历史的发展演变，是研究中国佛教史的基本资料。史书中，尤其是为中国佛教僧侣列传的纪传体史书，有总传、类传和别传等不同类型，记述了佛教代表人物的活动和思想，反映了历代佛教哲学家思想的产生和发展过程，对于我们了解佛教哲学家的思想内涵和特色，以及从整体上把握中国佛教哲学思想的形成和变化，都有着十分重要的史料价值。

四、判教创宗

隋唐时代，由于佛典的大量翻译，佛教研究成果的长期积累，佛教人才的普遍成长，中国佛教的创造力空前高涨；还由于国家的政治统一、经济繁荣，国力强大，为中国佛教学者的思想创造提供了良好的客观环境。随着这种种主客观条件的成熟，佛教各宗派相继成立。在隋唐佛教宗派中，有的是适应国情，结合中国固有文化，形成不同的传承关系和数理主张，也就是偏离乃至背离印度佛教教义而创立的。这些宗派领袖在创宗过程中，各自阐发了具有民族特色和民族精神的哲学思想。

中国佛教各宗派创宗所依据的经典，基本上是来自印度的。印度佛教不同派别的不同教义，不同经典的不同教理，一方面为理解、阐释佛教义理带来了某些困惑，另一方面，也为创立宗派带来了方便。为了解决困惑，创立宗派，中国佛教学者对印度佛教各类经典进行了统一安排，确定次序的先后和教理的深浅，并且把本宗所尊奉的经典置于最高的位置，这就是判教。中国佛教不同宗派的创始人，依据中国深厚的历史意识和价值观念，采取不同的标准、尺度，引导门徒去学习、研究自己所推崇的经典，推动本宗的发展。中国佛教的判教反映了中国人对印度佛教的思考的过程与选择的结果，体现了中国固有的历史哲学和价值观念的精神。

中国佛教哲学形成的根源

上面我们论述了中国佛教哲学形成的途径、方式，现在要分析的是中国佛教哲学形成的根源。所谓中国佛教哲学形成的根源，就是中国佛教哲学产生的根本原因，这种根本原因也可称为中国佛教哲学形成的“哲学生态环境”——地理、经济、政治和文化等环境。只有深入地考察中国佛教哲学形成的“哲学生态环境”，才能真正了解中国佛教哲学产生的根由、源头和必然性，有助于把握中国佛教哲学的内容和特色。

印度佛教传入中国后，作为一种在主题、主导思想方面与中国固有文化根本不同的异质文化，必然与中国固有文化发生碰撞、冲突，这就要求佛教传播者必须根据中国的客观环境，作出必要的反应。中国是一个土地广袤、人口众多的大国，又是一个历史悠久、具有高度文明的大国。当佛教由西向东，经过千山万水、流沙荒漠，传入中原一带时，面对的是和印度同样伟大、先进的文明古国。当时的中国社会是以关怀现实生活、重视道德实践为特征的儒家学说为主导思想。当时中国官方和文人中还广泛存在着华夏中心主义、中国中心观的思想，更增强了接受佛教的心理障碍。但是，中印两国文化的发展势能和达到的水平是相当的，两国文化的主题差异又为文化互补提供了机遇和条件，两国的不同价值观念对于一定历史时期的不同社会人群都具有相应的主导意义。这就是说，印度佛教文化与哲学和中国固有文化与哲学既有不相容性，又有相容性，即存在着把印度佛教文化与哲学加以改铸以适应中国实际需要的可能性。

中国佛教学者从事的佛教学术活动，就是在中印两种文化与哲学的冲突中进行调适。他们一方面受印度佛教文化的规范，另一方面又选择印度佛教文化。所谓选择，包含着排拒和吸纳两个方面，即排拒那些不适应中国国情的思想文化，吸纳那些适应中国国情的思想文化。也就是说，选择是有条件的，是受中国的种种复杂的因素制约的。选择的结果，就常常出现“郢书燕说”、“种瓜得豆”的现象，以至于背离了佛教思想的原意。中国佛教学者在对印度佛教哲学的选择过程中还进行整合工作，竭力把经过选择的和自己创造的佛教哲学思想，组织成为一个结构严密的、相对完整的哲学体系。因此，在整合构筑中，最充分地表现了中国佛教学者的创造力，而这种创造力也是受中国的固有文化和社会需要的制约，并受自身的主观条件规定的。

从思想渊源和思想特色来看，隋唐佛教宗派大体上可以分为两类：一类是依据印度佛典立宗，在教理上，几乎没有或很少发展的，如三论宗、唯识宗、律宗、密宗就是如此。三论、唯识两宗也有一定的创造，但多属于原有理论的推论性发展。另一类是将印度佛教经典和中国传统思想文化结合起来，或者是以中国固有思想为主结合印度佛教的某些信仰而创立的，这是通过多方选择、融合重构而综合创造的宗派，如天台宗、华严宗和禅宗就是如此。天台宗奉《法华经》为宗经，根据《法华经·方便品》，倡导方便法门，吸收道教的丹田、炼气等说法，宣扬先成神仙再成佛，从而和道教信仰相融合。天台宗人还吸取儒家的人性善恶观念，宣扬去恶从善，把佛教修持说成类似儒家的道德实践。华严宗奉《华严经》为宗经，此宗以《华严经》的圆融观念为依据，与融中国固有的诸说于一炉的包容思维相协调，提出宇宙万物之间、事物与本体之间圆融无碍的宇宙观。此宗还直接地把儒学和道家、道教思想纳入佛教思想体系，并在一定意义上沟通了儒、道、佛三家的人生理想境界和儒佛两家的道德规范。至于禅宗，这是在中国传统儒道文化的熏陶和影响下，受佛教解脱思想的启发，吸取佛教外壳、打着佛教旗号而创立的宗派。禅宗以性净自悟为宗旨，主张不立文字，教外别传，见性自悟，顿悟成佛，认为佛性本有，觉悟不假外求，不读经，不拜佛，不坐禅，行住坐卧，挑水烧柴，都可以悟道。后来更一度发展为呵祖骂佛，提倡超祖越佛。可以说，禅宗是中国儒家的性善论、良知说、人皆可为尧舜的观念和道家的任运自然的人生态度的宗教化。十分明显，在天台、华严、禅诸宗中，都蕴涵着丰富的中国佛教哲学思想，需要我们去开掘、整理、研究和总结。此外，净土宗的教义，可以说是与儒家思想和道教主张相呼应。儒家强调诚心、崇奉经典，为净土宗人的修持提供示范。道教所说的美好仙境，给佛教以巨大刺激，强烈地推动净土宗宣扬和追求西方极乐世界。

中国佛教哲学形成的根源，深究起来，主要有以下几个方面：

一、地理环境

不同的地理环境对于中国佛教哲学不同派别的形成是有一定影响的。首先，交通地理在中国佛教哲学形成方面起了一定的作用。佛教沿丝绸之路自西向东传播，沿线的重要都市都成为佛教僧侣聚居之地，也是佛教哲学思想最早产生之地。如道安、僧肇等人的佛教哲学思想在长安形成，就是一个突出的实例。其次，政治地理作用也是不容忽视的，如南北朝时代，主要是由于政治地理的隔离，致使南北两地佛教形成了分别重实践修持和重理论玄思的鲜明差别，并表现出两地佛教不同学派的不同哲学思想。又如，作为政治、文化中心的首都及其周围地区，往往是佛刹林立、高僧聚集之地，也是佛教宗派创立较多之地。在这些地区形成中国佛教哲学也是极为自然的事，如唯识宗、华严宗、净土宗、律宗和密宗，就是在唐代京都长安形成的。再次，都市与山林都是佛教寺院集中的地方，都市佛教多接近社会上层人士，山林佛教则多与下层平民为邻，前者重视义理，后者偏于修行。禅宗哲学思想的产生与山林环境相关，反映了平民百姓追求解脱的愿望，表现了素朴、简易的风格，只是后来一些禅师与士大夫交往，而愈来愈偏离了原来的思想轨道。

二、自然经济

佛教的发展必须凭借一定的经济助力，也必须与一定的经济制度相适应，经济是佛教赖以生存和发展的基础，也是佛教哲学形成的重要根源。中国佛教哲学是在中国封建自然经济基础上形成，换句话说，中国封建自然经济极大地决定了中国佛教哲学的发展趋势和思想性格。尤其值得注意的是寺院经济对中国佛教哲学的巨大影响。中国佛教寺院经济主要有两种类型，一是庄园经济，二是自耕经济，这是导致形成两类不同宗派哲学的重要因素。

佛教寺院经济在东晋十六国时期逐渐形成，并在南北朝时期获得进一步的发展。一直到唐代中叶，一些大的佛教寺院，基本上就是一座座封建庄园。这些寺院既是宗教组织，也是社会的和经济的组织。寺院庄园经济，包括农田、园林、果菜、畜牧、碾硙、手工业等多种内容，构成一种综合经营的自然经济体系。如北魏时昙鸾在山西创建玄中寺，孝文帝赐予寺庄，至唐代，德宗和宪宗也敕赐寺庄，以致共有方园一百五十余里的区域。又如南朝梁时郭祖深说："都下佛寺五百余所，穷极宏丽。僧尼十余万，资产丰沃。所在郡县，不可胜言。"[①]这实际上是南北朝寺院经济的真实写照。这里讲的丰沃资产包括田地、园林、资财、商业贸易。在唐代初期，如长安清禅寺，"竹树森繁，园圃周绕，水陆庄田，仓禀碾硙，库茂盈满"[②]。长安西明寺仅由唐高宗敕赐田园就有一百顷，净人百房，车五十辆[③]。到了武则天时期，更是出现了寺院"膏腴美业，倍取其多，水硙庄园，数亦非少"[④]，有的寺院所在地方"公私田宅，多为僧有[⑤]"的局面。寺院经

① 李延寿：《南史》卷七〇《循吏·郭祖深传》。

② 道宣：《续高僧传》卷二九《慧胄传》，《大正藏》第50卷，697页下。

③ 董诰等编：《全唐文》卷二五七，苏颋《唐长安西明寺塔碑》。

④ 司马光：《旧唐书》卷八九《狄仁杰传》。

⑤ 刘昫：《资治通鉴》卷二〇五，则天后天册万岁元年(695)。

济的高度发达，为隋唐佛教宗派的创立提供了充足的物质条件，使一些佛教大师有充裕时间去注释经典、阐发义理，组织、创造庞大的佛教思想体系、也推动这些佛教大师竭力缩小并调和佛教思想与中国固有文化、佛国世界与现实社会的距离、矛盾。如天台宗、华严宗的佛教哲学体系就表现出这种思想特征。

唐中叶以来，中国社会经济结构和阶级结构逐渐发生了深刻变化，上层僧侣地主的各种特权渐次丧失，寺院庄园经济渐趋衰落。又经唐武宗的灭佛事件，寺院经济遭受沉重打击。一些僧侣转向开垦土地，尤其是禅宗寺院，有的虽仍有田庄、山林等寺院领地，但禅宗僧徒，奉行“一日不作，一日不食”的原则，不断在南方山区开垦耕地，自垦自耕成为禅宗丛林经济的基本特征，农禅结合成为禅宗僧徒生活的基本方式。禅宗寺院的自垦自耕、自给自足的小农经济生产方式，决定了禅师追求自我满足的精神境界。禅师重视个体切身体验，强调自我的开拓奋斗，并将宗教生活与现实生活相结合，从现实生活中求得自我精神解脱。

三、政治结构

中国封建社会结构，尤其是社会政治结构具有与印度社会政治结构显著不同的特征。印度是多种姓的国家，人们按职业分为不同等级的四大种姓：婆罗门，是专门从事祭祀和文化教育的僧侣，为最高等级；刹帝利，即武士、王公贵族，从事政治和军事活动；吠舍，是从事商业贸易的平民；首陀罗，即苦力，从事各种繁重劳动，为最低种姓。后来各种姓又分化出三千多种亚种姓。此外，还有某些混血种，被称为“不可接触者”或“贱民”。不同种姓，世代相袭，互不通婚，互不交往。印度又是一个长期处于封建割据的国家，五六百个大小王国互相争霸，相持不下，长期分裂。印度部派佛教的分裂、大小乘佛教的斗争、大乘佛教内部空有两宗的对立，以及密教与显教的差异，都是和这种政治结构相关的。中国封建社会政治结构的特点，主要表现为君主专制的中央集权制、郡县制、官僚制和宗法制等。君主专制的中央集权制是中国封建政权组织形式，君主即皇帝，为国家元首，是世袭和终身制的，并被奉为神的化身。在长期的统一政治局面中，这种君主专制越来越强化，在明代达到登峰造极的程度。直到清朝被推翻，君主专制存在了两千多年。自秦至隋唐，君主还通过郡县地方政权组织来控制全国的统治。郡县制成为君主专制中央集权政权组织的一部分。为了配合郡县制，又实行以察举、科举方式产生政府官员的官僚制。为了维护封建政权、族权和夫权，在国家政权顶端皇室和社会基层实行由父系家长制演变而成的宗法制。君权主义的绝对性，要求将宗教事务置于国家管辖之下。自北魏和后秦以来，国家实行僧官制度，设置官吏、机构，管理全国佛教事务，如制定寺院建制、僧尼定额，发放度牒，编制僧尼户籍，任命下属僧官以及重要寺庙住持，还主持重要佛事活动，以及管理僧人日常生活等。

这就是说，中国的封建政治结构，是佛教赖以存在的政治环境。这种政治结构要求在意识形态领域里论证、美化、神化君权，要求全国臣民绝对忠君。对于佛教，也同样强调君权高于神权，佛教要服从政治，僧侣应向君主跪拜。封建宗法制还要求崇奉孝道。由此自然而然地导致中国佛教哲学重视论证现实，调和世俗现实和出世理想，在伦理观念上提倡忠孝，从而形成了与印度佛教显著不同的哲学内容。

四、文化环境

中国佛教哲学是印度佛教哲学的继承和发展，也是中国僧人在中国文化环境、氛围中的建树和创造。在佛教传入之前，中国文化与哲学已经有了高度的发展，中国先哲的哲学体系及其理论思辨足以与印度佛教思想相匹敌。中华文化的悠久传统渗透了中华民族的生活方式和思维方式，成为吸取外来文化的母本。与印度风貌极不相同的中国文化与哲学，极大地制约了中国佛教文化及其哲学的具体发展方向，影响了中国佛教哲学的主题、内容和特点。中国文化环境制约中国佛教哲学的因素主要有，中国文化的基本工具和重要载体语言、中国文化的重要构成要素儒学、道学和宗教观念等。

(一)语言文字的差异。语言是人类最重要的交际工具。汉语和印度梵语不同，梵文是拼音文字，由字母拼成，字母有 13 个元音，33 个辅音。书写以音节为最小单位。汉语则是单音节，不由字母拼成，缺乏语尾变化，也无所谓语格、文法上各种形式的变化。这样就难以通过单独的词来判断词本身的确切含义，而必须通过前后文的相关意思来判断其真实意思。又，语言同思维有着密切的联系，它是思维的工具，是思想的直接现实。语法的组织结构不同，又直接影响思维方式、方法。如印度逻辑和我国古代墨辩、名家逻辑就不相同。思想方法的不同，又大大影响文字的表达和思想的交流。这样，印度佛教经典经过汉语的翻译传播，佛教思想就被消融于古代汉语的思维形式之中，某些印度佛教思想的本来面貌也就变得面目全非了。

(二)儒学的正统地位。儒学是春秋末期孔子创立的儒家学说，并随着封建社会的发展经历了长期的历史演变。儒学的基本特点是宗师孔子，以孔子言行为最高标准；提倡仁义道德，维护君臣、父子、夫妇、兄弟等伦常关系。由于儒学符合封建统治阶级整体的、长远的、根本的利益，儒家创始人孔子被封建统治者尊为圣人，儒学的人文本位思想和道德伦理，成为中国传统思想文化的主要部分，自汉武帝采纳董仲舒的对策，罢黜百家，独尊儒术，直至“五四”运动以前的二千多年，一直统治着中国的思想界，影响极为深远。儒家学者对佛教徒不向皇帝行跪拜礼的超俗立场作了猛烈抨击，强烈地指责与中国家庭伦理和祖先崇拜相抵触的佛教徒的独身生活方式，批判佛教否定现世的出世思想。儒家学者还批评佛教的有神论和虚空论，反映了无神论与有神论、唯物论与唯心论的不同哲学立场。在这种情况下，为了求得自身的生存和发展，佛教不得不这样那样地和儒家思想妥协、调和。如寺院采取儒家提倡的家庭仪礼来祭拜已故的祖师，建立如父子相传一样的传法体系。在哲学上则竭力与儒家的心性论、道德观、境界说相协调，这都是受儒学的强烈影响所致。

（三）道家思想的深刻影响。道家是春秋末期老子创立的学派。战国中期，道家开始发生分化，庄子发展了道家学说，形成为庄学。同时，齐稷下学者又倡黄老道德之术，形成了黄老之学，后在西汉初年盛极一时。魏晋时，又出现崇尚老庄思想，发展黄老之学的玄学。老子的基本思想，是在哲学上以虚无无形的“通”为宇宙的本根，以柔弱因循为“道”的作用；在政治上主张实行无为而治，强调只有无为才能无不为。庄子进一步提出“道”是“虚无”的实体，是生成天地万物的根源，并由此推演出“万物一齐”的论断。庄子还主张人生的最后归宿，是游心于物外，不为世俗所累，即达到绝对自由的逍遥境界。黄老之学融合道家和儒、墨、名、法诸家的学说，以推行无为政治。在哲学上，黄老学派中有的以“道”为阴阳二气的统一物，有的则仍把“道”视为“虚无”的实体。魏晋玄学着重探究宇宙本体问题，以辩论“有无”问题为中心。玄学贵无派把“无”视为“有”的存在根据，提出“以无为本”的本体论命题。玄学家还强调在探讨问题、认识事物时，应着重把握思想义理，反对执著语言、物象，提出“得象忘言”、“得意忘象”的方法论命题。汉初的黄老之学，成为官方哲学。魏晋玄学则是当时的主导思想。道家思想在中国历史上的地位和作用仅次于儒学，它的宇宙论、本体论的思想影响，在相当长时期则超过了儒家。道学对于整个中国古代思想尤其是哲学思想的发展，影响极为深远。道家哲学深刻地影响了道教和佛教两大宗教思想的发展。汉魏晋时期的佛教，往往沿用道家思想来解释印度佛典，如用道家的“道”来表达“菩提”。两晋时期的佛教般若学，则更是佛教与魏晋玄学相结合的产物。隋唐时期的天台、华严、禅诸宗的思维路向和方式，一个重要源头就是道家思想。

（四）传统宗教思想的作用。印度是个多宗教的国家，绝大多数人都笃信宗教，人们认为信仰宗教是天经地义的，不信宗教倒是不可思议的。而中国的情况则不同，基本上没有国教，也没有出现全国性的宗教狂热。在佛教传入以前，中国形成的是以自然崇拜、祖先崇拜和天帝崇拜为特征的多神教。中国早期宗教是和巫术结合在一起的，掌握这种通神的巫术，就掌握了祭祀大权，进而也就掌握了氏族部落的大权。中国宗教的神灵世界是现实世界的理想化，神灵是现实世界、现实秩序的守护者。人们往往有了现实问题，才去求神灵保祐。这种实用主义的功利态度，决定了古代宗教发展的实用道路和理性道路。历史表明，中国早期宗教的上述特征，对于佛教在中国的传播和发展是不无重要影响的。与中国早期宗教的神异观念相适应，佛教传入之初，能够吸引中国人的就是它的神通、咒术，这种神通、咒术与人们追求自由与永恒的愿望具有交相感应的魅力。中国早期宗教的祖先崇拜、维护现实社会和功利性倾向等特征，也都深刻地影响了中国僧人对佛教思想的重建，这突出地表现在典型的中国化了的佛教宗派——禅宗的宗教思想和宗教实践之中。

中国最重要的传统宗教是以“道”为最高信仰的道教。道教渊源于古代的巫术，并沿袭方仙道、黄老道的某些宗教观念和修持方法而于东汉时形成。道教的基本教义是，相信人经过一定的修炼可以长生不死，羽化成仙。“道”是造化之本，神明之根，天地之元。“道”是神异之物，被人格化了的神。道“因修而得”，人们只要认真修道，就能与道相合而得道，得道而成仙，为此还提出了一系列道功和道术，如服食、行气、守一、外丹、内丹等神秘方术，以求得长生不死，度世成仙。在一定意义上也可说，道教是为了抵制、反对佛教而成立的宗教，道教依仗民族本位、传统和情感等优势，竭力排斥佛教。它很早就提出老子入夷狄为浮屠的传说，后来还撰写《老子化胡经》。道教以华夏的宗教文化排斥外来的佛教文化。佛教则反对夷夏论，竭力为自身辩护。佛教一面与道教斗争，一面也融合道教的某些教义。如天台宗人智颢就吸取道教内丹的说法。道教满怀长生不死的愿望和热切追求超凡的能耐，也深刻地影响了佛教宗派。禅宗和净土宗的理想境界可以说是和道教的成仙心理及理想境界相吻合的，当然形式上有所不同。

文化环境对于文化特性的变迁有着重要的影响，中国文化环境对于印度佛教哲学的改变和中国佛教哲学的形成也具有同样重要的影响。这种重要影响又是通过中国佛教上层知识分子，尤其是中国佛教思想家而发生作用的。中国佛教思想家是承担佛教哲学创造的主角，是把印度佛教与中国传统文化结合起来的代表。从形成中国佛教哲学的角度考察中国佛教学者，一般都有这些特点：第一，绝大多数在出家以前，是先受儒家学说的洗礼，再经道家思想的熏化，然后再接触、学习、钻研佛教理论，这种知识形成的层次、程序和结构，必然深刻地左右他们对佛学的理解和接受。也就是说，中国传统文化的价值取向、思维方式，必然深刻地影响他们对佛学的研究和创造。第二，约在唐代以前，绝大多数佛教学者是名门大族出身，原有社会地位很高，一般是因战乱频仍、政治动荡、官场失意、家境衰落而遁入空门的。他们在出家以后，多数仍与社会名士、官宦往来，交流学问。如晋代，名僧、名士往往并称。这种身世和社会背景，推动他们自觉不自觉地反映社会上层人士的特殊精神需要，创造出一种特殊的哲学。第三，一些富有创造性的佛教学者，往往是具有强烈的民族本位观念的人。他们不忘本民族的地位，不忘固有文化传统，而又思想敏锐，具有理论勇气，善于结合中国实际。他们根植于传统，又容纳外来文化。印度佛教本身的不断开合演变，具有圆融性和调和性的功能，也为这类学者阐发、创造新的佛教哲学思想提供了前提。

中国佛教哲学的历史演变*

中国佛教哲学思想的历史演变过程，在东汉以来的思想发展史上是颇为独特的。本文拟通过纵向考察，着重论述这一过程，并揭示各个历史阶段的争论焦点、中心问题和不同特征，以期对把握中国佛教哲学思想发展的内在逻辑和必然规律有所裨益。

一、"格义"式哲学的产生

东汉、三国、西晋是佛教在我国内地流传的最早阶段。这一时期，社会动荡不安，反映当时社会状况的文化思潮也处于不断调整和发展过程中。继西汉的黄老之学和儒家经学之后，东汉时谶纬神学兴起，随后玄学又成为魏晋时代思潮的主旋律。儒学独尊文化模式的崩解，文化向生动活泼的多元方向发展，为佛教思想的流传提供了一片沃土，也为早期中国佛教哲学的产生确定了方向、重点和风貌。

这个阶段佛教的传播活动主要是翻译印度佛经，所译

* 原载《历史研究》1992 年第 3 期。

经典主要是与时代思潮相呼应的禅学与般若学两类著作。由于历史条件和主观条件的限制，当时用以表达中国佛教哲学的方法主要是“格义”。所谓“格义”，就是量度（格）经文，正明义理，也就是用中国固有哲学的概念、词汇和观念来比附和解释印度佛教经典及其思想，由此也就形成了“格义”式的佛教哲学。

东汉、三国、西晋时代，带有鲜明的“格义”色彩的中国佛教哲学思想，主要表现在以下七个方面：

（一）佛是帝王、神仙。《理惑论》①说：“佛者，谥号也。犹名三皇神、五帝圣也。”把佛视为传说中的中国远古帝王。又说：

> 佛乃道德之元祖，神明之宗绪。佛之言觉也，恍惚变化，分身散体，或存或亡，能小能大，能圆能方，能老能少，能隐能彰，蹈火不烧，履刃不伤，在污不染，在祸无殃，欲行则飞，坐则扬光，故号为佛也。

这显然是与道家的理想人格相比附，并径直把佛等同于神仙。“佛”，意译为“觉者”。所谓觉有三义，指自觉、觉他（使众生觉悟）、觉行圆满，是佛教修行的最高果位。而《理惑论》所说“觉”的内涵和“佛”的含义与印度佛教原意是大相径庭的，实际上是中国儒、道两家理想人格的一种变相。

（二）佛教为黄老道术。《后汉书·襄楷传》载襄楷奏议云：

① 见《弘明集》卷一，题为汉牟融作，题名下又注：“一云苍梧太守牟子博传。”关于此书的真伪问题，国内外学者一直存在着两种不同的看法。从版本流传和有关著录来看，我认为是汉魏时代的旧帙。

又闻宫中立黄老、浮屠之祠。此道清虚，贵尚无为，好生恶杀，省欲去奢。

今陛下嗜欲不去，杀罚过理，既乖其道，岂获其祚哉！或言老子入夷狄为浮屠。

这反映了东汉后期社会上层对佛教的普遍看法。他们把佛教教义归结为“清虚无为”，和黄老之学相提并论。甚至以道融佛，视佛为老子的化身。

（三）禅法与清静无为。禅是佛教修持的重要方法之一，它通过静坐敛心，专注一境，以使身心轻安，观照明净，进而获得精神解脱。佛教宣传实践禅法可以获得神通——神异的智慧。佛教的神通魅力首先引起了中国佛教信徒的兴趣。与道家、神仙家的静心养气、胎息吐纳的修炼方法相互应和，东汉末年小乘禅法开始盛行。安世高译出小乘禅法书《安般守意经》，他袭用道家的术语，把小乘禅法归结为“清静无为”，还把佛教禅定译为“守一”①。康僧会（？～280年）作《安般守意经序》，对小乘禅学的义旨和方法又作了要目式的发挥，强调“心”的作用与转化，指出“心的溢荡”是情欲的表现、痛苦的根源，应当通过持息念的禅法，“摄心还念，诸阴皆灭”②，“秽欲寂尽，其心无想”③，使心复归于本然状态——清净无为，达到心外无法的无为境界，获得不可思议的神通妙用。这种与道家方术相通的禅法，是以

① “守一”的含义之一是，通过静心养神和节制情欲的修炼，达到长寿的目的。

② “诸阴”，即“五阴”，指色、受、想、行、识，佛教认为是构成人的五种事物和现象。

③ 释僧佑：《出三藏记集》卷六，《大正藏》第55卷，43页上、中。

瞑想为特征的精神现象学，反映了人类追求永恒和自由的美好愿望，对尔后佛教的实践哲学有着重要的影响。

（四）灵魂不灭、祸福报应观念与生死轮回说。印度佛教从缘起论出发，否定人的实体存在，既无肉身的“我”，也无灵魂的“我”，称为“无我”。认为人将根据自身的善恶行为，而受到报应，在过去、现在和未来三世中轮回。汉代有人对佛教的三世轮回说表示怀疑，《理惑论》为此特意用中国传统思想作了解释：“魂神固不灭矣，但身自朽烂耳。身譬如五谷之根叶，魂神如五谷之种实；根叶生必当死，种实岂有终亡，得道身灭耳。《老子》曰：‘吾所以有大患，以吾有身也。若吾无身，吾有何患！’”用植物的种子、根叶的比喻和老子的“无身”观念，去肯定灵魂的存在和生死轮回的必然。康僧会编译的《六度集经》说：“魂灵与元气相合，终而复始，轮转无际，信有生死殃福所趣①。”更是用中国的灵魂、元气和祸福报应观念去解释佛教的轮回报应学说，这都成为中国佛教人生哲学思想的重要萌芽。

（五）宣扬“仁道”的政治伦理观。康僧会在编译《六度集经》时，还吸取儒家的仁和、仁政学说，宣扬佛教仁道论。他说：“为天牧民，当以仁道。”②“诸佛以仁为三界上宝，吾宁殒躯命，不去仁道也。”③仁道被视为佛道的同义语，成为佛教的社会政治伦理的基本内容。为了配合仁道政治，康僧会还把“孝悌”、“孝亲”纳入佛教戒律之中，强调

① 康僧会编译：《六度集经》卷八《明度无极章》，《大正藏》第3卷，51页下。

② 同上书，47页上。

③ 康僧会编译：《六度集经》卷四《戒度无极章》，《大正藏》第3卷，18页下。

尽孝的重要性，要求人们做孝子、孝妇。康僧会在佛教初传时期将儒家社会政治伦理哲学融入佛教，此后这就一直成为中国佛教伦理哲学的重要特色。

（六）“诸法本无”的本体论观念。东汉支娄迦谶译出的小品般若《道行般若经》，把“空”译成“无”，“性空”译为“本无”，“诸法性空”译成“诸法本无”。“缘起性空”是大乘佛学的思想基础，强调一切事物都是因缘和合而生起的，因而是没有自性，是本性空寂的。而“本无”是道家的观念，“无”被佛家译为“有”的本体，成为本体论的范畴。“诸法本无”被理解为世界万事万物都是“本无”的体现，“本无”的产物。显然，这是由于译语困难和误解等原因而导致的哲学选择。“诸法本无”的译文，实际上标志了中国佛教本体论雏形的形成。

（七）调和佛与儒、道的宗旨。佛教传入，逐渐与儒、道形成冲突，西晋时道士王浮甚至作《老子化胡经》，谓老子西游化胡成佛，以佛为道教弟子，遭到佛教的猛烈回击，并引起长期的争论。但从总体来看，东汉至西晋的佛教学者，不仅在宗教、哲学观念方面与道家思想相调和，在政治伦理方面与儒家思想相协调，而且强调三家经典的基本精神是一致的。《理惑论》说：

> 吾既睹佛经之说，览《老子》之要，守恬淡之性，观无为之行，还视世事，犹临天井而窥溪谷，登高岱而见丘垤矣。《五经》则五味，佛道则五谷矣。吾自闻道已来，如开云见白日，炬火入冥室焉。

这里，将佛、道并列，同比作五谷，视儒家经典为五谷产生的五味，同时又强调三者精神一致。

从上述也可见，东汉至西晋阶段的中国佛教哲学思想内容是零散的、不成系统的，这种状况正表明了中国佛教哲学起步的艰难。但是这些哲学思想已经触及了人生和宇宙的根本问题，涉及儒、道、佛三者的关系，它不仅体现了中国佛教哲学思想的主要性格，而且还规范了尔后中国佛教哲学发展的基本方向，其哲学起点的意义是十分重要的。

二、玄学化哲学的流行

东晋十六国时代，南北对立，战争连绵，政治混乱。社会大动荡所形成的生命危机感，犹如达摩克利斯剑高悬在人们的心头，强烈的生命忧患意识促使人们从不同角度去寻求个体生命生存的意义和价值。正是适应时代的这种需要，中国佛教形成了第一个信仰高潮。此时，中国佛教思想从禅学急速地转向阐扬宇宙万物本性空寂的般若学，般若性空学说成为佛教哲学的热点。围绕着性空思想，中国佛教学者根据魏晋玄学的思路，发挥了各种不同的哲学见解。同时，随着佛教思想与中国固有观念冲突的激化，及佛教内外争论的展开，一些佛教学者也就争论的问题作出了各自的回答。由此，当时中国佛教哲学出现了多彩而又富有特色的内容。

(一)对“空”的玄学化理解。大乘佛教般若学认为，宇宙万事万物都是因缘和合而成的，因而没有自性，没有实体，是空的。从哲学上讲，这是对客观事物有没有真实性、永恒性的看法问题，是对本体和现象的关系的看法问题，是宇宙论和本体论的根本问题。东晋初年，佛教学者纷纷就自己的认识、体会，自由阐发对“空”的理解，从而形成了六家七宗的不同学说。这些学说中最重要的是三家：一是本无说，认为无(空)为万化之始，万物之本；二是即色说，主张“即色是空”，物质现象本身就是空的；三是心无说，强调主观的心不能执著外物，外物不一定是空无的。这些学说的共同特点是以“无”来解“空”，它们深受魏晋玄学的影响是显而易见的，这是一种佛玄合流的思潮。僧肇曾撰《不真空论》，批评上述观点不符合般若性空理论，认为“空”是指不真实而言，强调“不真”即空、“不真”故空的般若空论。应当说僧肇的观点是符合佛教般若学原意的，但是他在论证时所说的“审一气以观化”，则是源于《庄子·大宗师》“彼方且与造物者为人，而游乎天地之一气”的说法。论中批评“人以此为此，以彼为彼；彼亦以此为彼，以彼为此。此彼莫定乎一名，而惑者怀必然之志”，并进一步要求人们“悟彼此之非有”，这显然是受《庄子·齐物论》的齐彼此之说的影响，反映了吸取道家的语言思想以论证般若学“空”义的时代色彩。

（二）具有中国色彩的因果报应说。印度佛教思想传入中国，对一般人来说，最重要的是提供了一种使人耳目一新的生死观——因果报应、三世轮回说，“王公大人，观死生报应之际，莫不矍然自失”①。同时，这种学说也引起一些人的怀疑、反对。对此，当时的佛教领袖慧远特作《明报应论》和《三报论》专文给予回答，在家奉佛的士族孙绰作《喻道论》，郗超撰《奉法要》，也都积极肯定轮回报应说。他们把佛教的因果报应说与中国传统所谓“积善之家必有余庆，积不善之家必有余殃”的祸福报应观念、儒家的道德修养相协调，形成一种颇具中国特色的轮回报应说。这种人生哲学又转化为普遍的社会心理，在民间影响很大，并在历史上产生了多重的功能和作用。

（三）神不灭论的新论证。与因果报应说紧密相联系的是神不灭论。原始佛教宣传因果报应、轮回转世理论，但反对神不灭论，否定

① 袁宏：《后汉纪》卷一〇。

灵魂永恒说。这种理论上的矛盾，导致有的佛教派别提出“有我”说，实质上等于肯定灵魂的永恒存在，以作为承负因果报应的主体。这种“有我”理论后来又受到大乘佛教空宗的批评。中国佛教宣传神不灭论，也受到一些儒家学者的批评。针对这种批评，慧远在《沙门不敬王者论》中设专章《形尽神不灭》，罗含作《更生论》，郑鲜之(公元364～427)作《神不灭论》，进行反驳。他们运用历来的薪火之喻，强调“薪”生灭无常，“火”则永恒不灭，以论证人死而神永恒存在。慧远还引用道家的言论来论证：“庄子发玄音于《大宗》曰：大块劳我以生，息我以死。又，以人为羁，死为反真。此所谓知生为大患，以无生为反本者也。《文子》称黄帝之言曰：形有靡而神不化，以不化乘化，其变无穷[①]。”“形尽神不灭”也是道家“形有靡而神不化”观念的翻版。

(四)神格化的“法身”理念。佛教徒信仰佛教，归根到底，最关心的是成佛问题。佛的存在是怎样的？成佛的意义何在？这是涉及最高理想的问题。小乘佛教说释迦牟尼佛肉身灭而法身不灭。大乘佛教通常认为佛有三身：佛法、佛教真理的显现是法身；智慧、悲愿和功德的所成是报身；应物现身是应身。这里，法身是最令人困惑不解的。就法身的生成、真假、性质、形状等问题，慧远向鸠摩罗什讨教。鸠摩罗什认为，所谓佛身的一切相状都是因缘和合而生，是没有自性、毕竟空寂的。在慧远看来，鸠摩罗什的解说很难理解，法身是证得佛法的实有的人格神。他们之间关于法身等问题的讨论十分详细，后人汇编成《大乘大义章》一书，书中集中表现了中印佛教理想人格观念的重大差异。

(五)佛教与伦理纲常。佛教舍弃家庭，否定现世，在儒家看来是

---

① 慧远：《沙门不敬王者论》，《弘明集》卷五。

“无君无父”的悖逆行为。东晋王朝曾一度诏令“沙门应尽敬王者”，其后太尉桓玄又重申“礼敬王者”之议。慧远为此撰《沙门不敬王者论》，强调了在家奉佛与出家修道的区别，认为前者应奉上尊亲，后者则“不顺化以求宗”；再从根本上说，沙门又是“不违其孝”，“不失其敬”①的，佛教道德与儒家伦理纲常是一致的。《喻道论》和《奉法要》的作者站在居士的立场，也强调佛教的道德戒条与儒家伦理的一致性，并突出强调佛教的修持与儒家孝道的统一性。佛教这种与儒家伦理道德相结合的倾向，构成了中国佛教道德哲学的根本特点。

（六）佛教与儒家。慧远提出“内外之道可合而明”的方法论重要原则，并确立了佛教与儒家“出处诚异，终期则同”②的根本立场。孙绰从“体道”的角度，提出“周孔即佛”，“佛即周孔”③的命题，认为佛与周孔分别是治本（内）、治表（外）的觉者，内外名称虽有不同，救度众人，治理天下的目的是一样的。和魏晋玄学主要是用老庄思想糅合儒家经义的思路相一致，慧远调和佛、儒两家的原则和立场，标志了东汉以来佛教义理由主要和道家结合转向主要和儒家结合的重大思想转折，并成为后来中国佛教主流所遵循的根本宗旨。

与东汉、三国、西晋时代的中国佛教相比，可以看出，东晋十六国时代的佛教哲学，已由比附义理转为自由发挥思想，而这种自由发挥又受到魏晋玄学思维的体用模式的深刻影响。同时，佛教内外的思想争论日益增多并趋于激化，如六家七宗不同学说是佛教内部的争论，因果报应、神灭神不灭以及佛教与儒家伦理纲常的关系等问题是

---

① 慧远：《答桓太尉书》，《弘明集》卷一二。

② 慧远：《沙门不敬王者论·体极不兼应四》，《弘明集》卷五。

③ 孙绰：《喻道论》，《弘明集》卷三。

当时佛教与教外学者的一些争论焦点。在争论中，佛教和玄学一样，表现出了与儒家伦理调和的鲜明倾向。此外，在扩展哲学领域和深化哲学思想方面也大大向前推进了一步。当时对宇宙论、本体论、果报论、神不灭论、法身论等问题的探索，都表明中国佛教哲学在向广度和深度开拓。

三、学派哲学的兴起

南北朝是中国秦汉以后政局分裂持续时间最长的时期，也是中国佛教第二个信仰高潮时期。此时译出的佛经越来越多，讲习经论之风也越来越盛。不同经师、论师各立门户，重视师传，形成了涅槃、三论、成实、地论、摄论等诸多不同的学派。各派都着力宣传本派的哲学，并由此而产生了与教内外不同观点的争论。

南北朝佛教学派哲学的内容是多方面的，而其中心问题则是心性论。心性论学说在南北两地侧重点有所不同，在南朝为佛性论。佛性论阐述的是人有没有成佛的内在根据和成佛的可能，是否人人都有佛性，人性是善是恶及如何去恶从善、成就佛果等问题。在北朝为阿赖耶识说。阿赖耶识是梵语的音译，意译为“藏识”，可称为一种更深层的潜意识。大乘佛教瑜伽行派认为，阿赖耶识是宇宙万有的根本，变现万物的根源。阿赖耶识是净是染、是真是妄，成为南北朝佛教争论的重大问题。南北朝佛教学说重心的转移不是偶然的。晋代以来流行的般若学，宣扬万物皆空，教人不要执著，强调离开执著是佛教的根本出发点。这种学说与中国固有哲学思维并不合拍，中国佛教学者总是赋予“空”以这样那样的实体意义，肯定人死后有永恒的神或灵魂的存在。这种看法，在宣传佛性说的《涅槃经》传入之后，更加得到强化。涅槃学认为人人都具有天生的佛的本性，人人都能成佛，所以都应本着这种自觉，精进不懈。中国佛教学者更据此以建立成佛的主体性立场。当时的夷夏之争和神灭神不灭之争，也推动了佛教进一步与中国固有的哲学思维、观念靠拢。一方面维护神不灭论立场，一方面又超越形神关系的论辩，直说心性问题，从更深的层次，即不只是从形体与精神的关系，而从人的内在本质去阐述成佛的主体性，以维护神不灭论，巩固佛教的核心理论基础。而且这种人人都有佛性，通过修持可以求得死后成佛的学说，也更符合深受战乱痛苦的广大人民的迫切愿望。这种种情况，决定了佛教学说重心的转移。

南北朝佛教学派围绕心性论而展开的哲学理论以及其他富有哲学意义的思想，重要的有：

(一)关于佛性论和顿悟论的新解。南朝晋宋之际竺道生根据对《般若经》和《涅槃经》精神实质的领悟，就成佛的根据、方法、目的和境界等问题提出一系列新见解，形成了富有创新性的佛教思想体系。其中最具影响力的是佛性论和顿悟论。竺道生认为，佛性是众生成就佛果的本性(根据)，是人人具有的。当时传入的佛经并没有一阐提[①]成佛之说，他独具慧眼，首先提出一阐提也有佛性，也能成佛的观点。他还提出顿悟渐修说，认为成佛是一个以不二的智慧冥契不分的真理而豁然贯通的顿悟过程。谢灵运的《辩宗论》对此说结合夷夏之别和儒家学说给予补充说明，支持道生的观点。

(二)"神"与"佛性"的沟通。东晋以来，神灭与神不灭的争论仍在激化。在中国佛教学者看来，只有主张众生神明相续，才能成为佛，因此，都对神灭论思想不遗余力地给以反驳。他们强调神与物不同，它另有来源和去处，成就佛的法身就是神的独立存在形式。梁武帝还

① "一阐提"，梵语音译，意指断绝一切善根，不信佛法的人。

立“神明成佛”论，强调“神明”即精神或灵魂，它既是轮回报应的承担者，又是众生的佛性和成佛的主体，把神与佛性沟通起来，为鼓动众生信教成佛提供了论据。

（三）对于阿赖耶识的歧解。大乘佛教瑜伽行派的根本理念阿赖耶识传入我国以后，引起了南北朝一些论师的极大关注，并产生了种种不同的理解。摄论师认为阿赖耶识是妄识，但其中也有一部分净识，强调发展净识，对治妄识，以成就佛果。地论师分为南北两道，南道认为阿赖耶识就是“自性清净心”、“佛性”；北道则认为阿赖耶识是妄识，从而与摄论师的看法合流。

（四）真心本觉说和真如缘起说的提出。《大乘起信论》把成佛的基础安顿在众生的共有本性上，这种共同本性称为“真心”。真心是离开妄念而有其体的，是原来觉悟的。这种众生普遍具有的真心，也是宇宙万物的本体，是万物生成的根据。又称为“真如缘起”。这是以宇宙的心来统一阐明成佛论和宇宙论以及两者相关联的新学说，其影响甚为巨大和深远。

（五）关于二谛义的争论。二谛指真谛和俗谛。谛，谓真实不虚之理。真、俗二谛是佛教认识论、真理观的根本问题。南朝成实师和三论师都大谈二谛，认为这是对成佛有决定意义的问题。成实师主张二谛相即，三论师认为真谛离有离无，俗谛即有即无，只有综合两者才是中道。梁昭明太子萧统曾与道俗二十二家反复议论二谛问题。

（六）佛教瞑想实践的发展。瞑想是佛教实践的根本内容，包括坐禅、念佛等多种方法。佛教初传中国，它的瞑想法被视为神仙方术的同类。大乘般若学传入中国后，又把佛教瞑想从神异的实践提升为般若的观照。著名僧人昙鸾（公元476～542年）在研究般若思想的基础上，由信仰长生不老的方术转为虔诚的念佛修行，信奉弥陀净土，祈求永生西方极乐世界，体现了中国佛教的一种重要特色。它对民间乃至上层知识界发生了广泛的影响。

（七）佛教与儒、道。儒、道、佛三家的关系问题，仍然是南北朝思想战线的重大问题。此时儒、佛思想斗争的重点是神灭神不灭之争；再有，儒家指责佛教不忠不孝，紊乱纲纪，祸国殃民，受到佛教的抵制。此时佛、道两教的斗争甚为激烈。道士打着夷夏之别的大旗，猛烈攻击佛教，指责佛教入国破国，入家破家，入身破身，佛家也大力给以反击。一些佛教学者则强调道家的虚无和佛教的修空一揆，并提出三教同源、三教一致的观点，竭力调和三教的矛盾。

从中国佛教哲学发展的轨迹来看，南北朝时佛教的学风、方法和思想重心都发生了变化。讲经风气代替了清谈。“得意忘言”、“彻悟言外”的思维方法，一度又让位于寻章摘句、注释解读。深研经义，自立门户，创建学派，成为佛教的时尚。佛教学者的兴趣转向探求成佛的主体性，从宇宙的心或个体的心去寻求解脱之道。这就带来了修持方法、理想人格和最高境界等一系列重大问题的变化，并标志着中国佛教和中国哲学由探讨宇宙本体变为探究人类本体、人类本质的历史性转折。

四、宗派哲学的繁荣

隋唐盛世是军事强大、政治统一、经济发达、文化灿烂的时代，也是中国佛教信仰鼎盛的时代，中国佛教哲学进入了繁荣的时期。此时，佛教人才济济，自隋初迄至武则天时，可以说全国第一流的思想家绝大多数都集中在佛学界。这些佛教学者适应国家统一的需要，也循着组织异说，求同求通的趋势，纷纷创建佛教宗派。自隋代直至唐玄宗时，就形成了天台、三论、慈恩、华严、律、净土、禅、密诸宗，八宗争鸣，竞放异彩。宗派与南北朝的学派不同，“是有创始、有传授、有信徒、有教义、有教规的一个宗教集团”①。隋唐佛教宗派的形成是中国佛教成熟、兴盛的集中表现，也是佛教中国化的重要标志。

隋唐时代佛教理论的中心也是心性问题。当时一些富于理论色彩的宗派都重视对心性问题，尤其是佛性问题的论述。天台宗十分重视“心”即主体的作用，并对人性的善恶问题给予特殊的关注。慈恩、华严和禅三宗，都主张从主体活动、主观心性入路，以求成就主体的理想境界。但三宗对心性的论述又有重大区别，慈恩宗侧重于对个体现实生命的解剖和心理现象的分析，从经验的分解入路，以求转变意识，成就智慧，进入佛境；华严宗和禅宗则突出成佛的内在根据，肯定生命的本质是真心或佛心，并强调真心或佛心既能成就佛果，也能开出一切存在。真心是宇宙的心，与慈恩宗的个体的心不同，表现出两种不同的唯心路线和修持方法。

下面着重简述中国化的佛教宗派哲学思想的要点，以便借以窥视隋唐佛教哲学的主要特征。

（一）天台宗的止观哲学。天台宗创始人智𫖮建立了止（定）和观（慧）双修，即大乘佛教“空”的哲学与实践相结合的体系。他以空论哲学智慧为基础，把佛教实践系统化，并揭示了通过在哲学指导下的实践进而跃入深邃境界的途径。这就纠正了以往佛教学者对般若思想空泛理解的偏颇，推动了信仰实践的主体化，使佛教成为真正的中国宗教，因而具有划时代的意义。在哲学上，天台宗的中心思想是阐述宇宙万物实际相状的实相论。“一念三千”和“三谛圆融”两个命题是构成

① 汤用彤：《论中国佛教无“十宗”》，见《汤用彤学术论文集》，360页，北京，中华书局，1983。

实相论的两个主要层面。“三千”指三千种世间，表示宇宙万物。所谓一念三千是说三千种世间，宇宙万物，具在微细一念心中。又，表现每一现象的原理是圆融三谛(空、假、中)，空、假、中同时具于一念。空、假、中都是真实的，故称为三谛。三即一、一即三，三一圆通，无障无碍，是为三谛圆融。一念中呈现宇宙万物并同时观照每一事物的空、假、中，构成为天台宗观法修行的基础。天台宗的实相论具有鲜明的宗教认识论的内容，也具有宇宙论的意义。唐代天台宗人又吸取《大乘起信论》的真如说，以为真如即佛性，由此提出了无情有性说，强调一切无情的草木、山石、砾尘，皆有真如佛性。这是与当时佛教心性论思潮相呼应，把天台学重心转到心性论上来，对以后天台宗思想的发展有着重大影响。

(二)华严宗圆融哲学。华严宗主要在陕西终南山一带形成，真正创始人为法藏(公元643～712年)，着重于建立庞大的华严学哲学体系①。法藏华严宗哲学体系的中心是阐述佛所在的境界，强调佛境原为众生心地所具有，并指出观照佛境的方法。法藏的师父智俨首先以一与多(一切)相即相入的观点阐发成佛的境界——觉证的世界。法藏继承与发展师说，用“十玄”②、“六相”③等法门，系统、全面地阐发

① 法藏的同代人、华严学者李通玄(公元635～730年)在山西五台山一带阐发经义，应用《周易》来解释《华严》，并主张从自己的身心中找佛，着意追求成佛的实践方法，在法藏一系之外，别树一帜。

② “十玄”，指阐明佛教的十个玄妙法门，法藏认为这些法门是彼此互相关联、互相摄入而又周遍圆融的，进而说明宇宙万物之间也是互为条件、互相依存、相即相入、圆融无碍的错综复杂的统一关系。

③ “六相”，指事物的总相和别相、同相和异相、成相和坏相六种相状。法藏认为六相之间也是相即相入的圆融关系，以说明一切事物虽有自性，但又是融合无间，没有差别的。

了华严宗独特的世界观体系。后来澄观又明确提出理(本体、性空)、事(现象)、理事无碍、事事无碍的四法界说，阐明宇宙万物，相依相待，相即相入，圆融无碍，重重无尽，即世界万事万物大圆融、大调和、大统一的情景。澄观还把华严宗终南山系和五台山系的学风结合起来，并开创了融合华严与禅的新风。他在智俨、法藏的唯心说基础上进一步强调万有即是一心，一心容万有，推进了华严的唯心学说。宗密继承澄观的思想和学风，更加强调禅教的一致、并调和佛与儒道的关系。他还突出以灵知之心为宇宙万物本原的观点，给宋明理学以重大的影响。唐代华严宗哲学广泛地涉及了宇宙生成论、现象圆融论、认识论和主客体关系论等内容，思想内容丰富、深刻，形成了中国佛教理论思维的高峰。

(三)禅宗顿悟哲学。禅宗尊奉相传在北魏时来华传授禅法的菩提达摩为初祖，传至五祖弘忍后，分为慧能南宗和神秀北宗两系。后来北宗衰败，南宗特盛。慧能禅宗的思想纲领是性净自悟，就是说，人人本性清净，只因被妄念的浮云所盖而不能自悟；一旦妄念俱灭，顿见真如本性，自成佛道。这也就是慧能《坛经》的核心思想。慧能还提出“无念为宗，无相为体，无住为本”的悟道途径，要求排除一切杂念，不执著外界事物的相状，不在任何事物上定住，执为实有，从而灭除妄念，顿悟成佛。慧能的众生心性论和成佛方法论对尔后的整个中国思想界都发生了重大的影响。此后的禅宗南岳和青原两系都循此道路前进，在悟道实践上作出多姿多彩的发挥。南岳一系倡导“触类是道”的禅法，强调人在禅修生活中的任何行为都是佛道的自然流露。青原一系则提倡“即事而真”的禅法，主张在禅修时从个别的事象上去体悟真理。前者是从理看事，后者是从事看理，通过不同途径，达到理事圆融的境界。

从上述可知，隋唐佛教哲学是中国佛教哲学的巅峰，与以前佛教相比，其特点是：第一，佛教哲学体系化。隋唐一些重要的宗派都建立了博大的哲学体系，与以前多数佛教哲学家的学派缺乏哲学思想体系形成鲜明的对照。以前也有形成哲学体系的，如僧肇、道生等人，但只是由一些论文组成，规模不大。隋唐佛教宗派(除早期祥宗)都有相当数量的著作，内容涉及哲学的各个方面，而且十分系统，对于人生的本质、价值、解脱方法、理想境界以及相应地如何认识自然界和人类社会，都提出了一整套系统的学说。隋唐佛教宗派还吸取南北朝两地佛教之长，构成理论与实践相统一的哲学体系，这也显示出隋唐佛教哲学体系全面性的优点。第二，佛教哲学中国化。隋唐佛教宗派以我为主评判印度佛教经典的高下，禅宗甚至还在相当程度上贬低印度佛教思想。隋唐佛教宗派根据中国文化的总方向，吸取儒、道思想观念，又独立于儒、道之外，自主地创建佛教哲学体系，其哲学所表现出来的独立性、自主性和创造性，正是佛教哲学中国化的突出表现。第三，佛教哲学深刻化。隋唐佛教宗派哲学不仅具有结构体系和内容中国化的特点，而且还具有思想深刻化的特点。如天台宗的直观认识论、华严宗的圆融世界观和禅宗的心性论及直觉论，都具有相当的理论思维深度，反映了我国古代哲学家思维的深邃和智慧的精湛。

五、心性哲学的合流

自唐代中叶以来，中国封建社会开始向后期转变。从五代至近代一千多年历史的总体来看，统治阶级着重提倡的是儒学，对于佛、道两教则时而扶植时而限制。经过对三教的长期比较和深刻反思，新儒学——理学被确定为社会正统的主导意识形态。理学家们吸取佛教的心性理论，援佛入儒，更加内倾于心性的探求与修养，着意建构一种新型的主体人格理想，以适应维护社会纲常秩序的需要。

五代是中国佛教由盛变衰的转折期，其后直至近代是佛教的延续期。主客观条件的变化，引起了佛教宗风、学风的历史性转变。在佛教内部，由繁芜转入简易，由义理与修持并重转为侧重修持，由纷歧、争辩趋于融会、调和。在佛教的外部关系上，则更自觉、全面地融摄儒、道。在这种学风的推动下，佛教理论的兴奋点越来越集中于阐述心性问题，并归结为与儒、道合一的心性论。佛教学者在所谓“不昧本心”的共同思想基础上，阐扬儒、道、佛“三家一道”的理论，把佛教与儒、道合一的心性论以吸三教合一论推衍到极致，从而确立与儒、道合流的佛教道德精神境界论，这成为五代以来佛教哲学思想的中心论题。

五代以来的佛教哲学思想，比较重要的是：

（一）文字禅与看话禅。禅宗思想在宋代的重要发展表现为出现文字禅与看话禅。在禅教一致思想和文人学士的影响下，宋代禅师走上从文字上追求禅意的路子。禅师们既要用文字解说禅意，又要避免直截了当地道破语中真意，于是创造了所谓“绕路说禅”的方法，即竭力在文字语言技巧上下工夫来解说禅法，这就是文字禅。看话禅是把祖师语录中的某些语句作为“话头”（题目）来参究，以求真解。这是矫正文字禅只从文字中求理解的方法，倾向于自发地产生觉悟的非理性主义。当时还有一种反对看话禅的默照禅，主张静坐看心，求得心地的解脱。

（二）两种“观心”法门的对立。宋代天台宗所以分裂为山家和山外两派，主要是“观心”问题上的理论分歧所致。山外派受华严宗的影响，认为事物的实相就是真心，观照实相就是观心，是真观心，离开实相去观心，是妄观心，是不对的。山家派则认为，观心是把所要观的道理集中在心上来观，也就是以无明妄心为对象，来观照佛教妙理，即主张妄心观。两派笔战不休，波澜起伏，后来山家派影响超过了山外派，成了天台的正宗。

（三）三教同心说。儒、道、佛三教合一说流行甚久，并形成了多种不同的说法。大约在唐代以前，多是从所谓不同功能的角度，即儒治世、道治身、佛治心来立论的，或是从培养理想人格——成圣、成仙、成佛可以相通来立论的。唐代以来，儒、道、佛三家各自为了重建新的理论，在心性学说上的交流、交融日益增多。宋、明时代，佛教学者不仅重视与《周易》、《老子》、《庄子》三玄的融通，而且特别注意与论及心性问题的《中庸》、《大学》等“四书”的沟通。他们还进一步在同心的基础上统一了儒、道、佛三教，真可说：

> 学儒而能得孔氏之心，学佛而能得释氏之心，学老而能得老氏之心，……且儒也、释也、老也，皆名焉而也，非实也。实也者，心也。心也者，所以能儒能佛能老者也。……知此乃可与言三家一道也。而有不同者，名也，非心也。①

如上所言，儒、道、佛三家所不同的是名称，相同的是心，是本心。心是成就儒、佛、道的共同根据，三家都以“不昧本心”为宗旨，以“直指本心”为同道。由此看来，所谓三教合一的“一”就是指“本心”。把三教最后归结为本心的同一，的确是从根本上调和了三教，即可谓泯灭了三教的实质性差异。

（四）唯识新论。由于一批散失了的唯识学典籍重见于世的推动，

---

① 紫柏大师：《紫柏老人集》卷九《长松茹退》。

和将佛学与自然科学相比附思潮的影响，唯识学在近代得到复兴，并成为一代佛教学者和研究者探研与争论的热点。欧阳渐把大乘有宗的唯识和法相加以区别，得到章太炎的赞赏，却受到太虚法师的批评。章太炎作自视“一字千金”的《齐物论释》，以唯识释齐物，以齐物明唯识，遭到了熊十力的批评。熊氏提出“新唯识论”，援儒入释，又受到欧阳渐等人的否定。太虚也欲建与熊氏不同的“新唯识论”，以调和唯识学与现代科学的理论。十分有趣的是，谭嗣同竟论定儒家典籍《大学》是“唯识之宗”，把唯识学的八识与《大学》的致知、诚意、修身、正心等一套主张比附融合，成为沟通儒、佛的典型论述。

六、小　结

综上所述，我们可以就中国佛教哲学思想的历史演变得出以下一些看法：

（一）中国佛教哲学思想的历史演变，经历了形成、鼎盛和衰落三大阶段，凸现出一种博大的哲学体系由低潮到高潮再退潮的普遍发展历程，也反映了宗教哲学在古代中国——中央集权的封建大帝国所经历的曲折道路。

（二）中国佛教哲学思想的历史演变，决定于深刻、多元的内在原因，其中最重要的是，中国的文化环境和价值取向决定了中国佛教哲学思想的构造原则、发展方向、民族风貌和时代特色。中国佛教哲学思想无疑是中国佛教学者经过长时期消化，真正把握印度佛教的基本精神之后的巨大创造，但其所以能够超越外来的佛教，重构哲学思想，创造出中国化的宗教哲学理论，其内驱力在于中国历史的需要，其根源在于中国社会的土壤。

（三）中国佛教哲学思想的主旋律和真精神，在于追求成就人生最高的理想价值世界。印度佛教哲学的基调是宣传一切皆空，否定存在（包括个人生命在内）的客观性、真实性。这种思想与中国固有哲学的基调——承认存在的客观性、真实性是旨趣迥异的。天台、华严和禅诸宗的大师们，沿着其先驱开辟的道路，自觉地吸取了中国固有的思维方式，运用圆融的思想方法，把理想价值世界和现实世界统一起来，强调理想寓于现实之中，主张回归现实，从现实中实现理想；也就是立足现实，消解对立，超越现实，成就理想。这也正是形成中国佛教哲学思想的发展轨迹。

（四）要成就人生的最高理想境界，关键在于认识、重塑和完善主体世界，也就是认识、改造和提升人心、人心的本质（本性）问题。这样，心性论就日益成为中国佛教哲学思想内容的重心。在中国佛教史上，先后展开争论的重大理论问题大体是因果报应之辩、神灭神不灭之争、佛性问题的纷争、真心说与妄心说的对峙、性善论与性恶论的对立，最后统一为主张与儒、道两家同一本心的三教心性合一论。这一切基本上都是围绕心性问题而展开的。

（五）中国佛教心性论是阐述心的本性（自性）的理论，它的重心不是论述心的本性是净还是染的心理和生理问题，而是阐明成佛的可能性，开悟人心的理论根据。因此，天台、华严和禅诸宗都重视“观心”、“见性”，或观真心，或观妄心，或明本心，复本性。尽管法门不一，但贯穿其间的共同点是较多直接的感悟，也就是直觉方法。可以说，理智的直觉思维是中国佛教在心性论基础上构筑主体理想价值世界的基本方法。

中国佛教哲学的现代意义*

中国佛教哲学在当代社会，在世界现代化进程中，还有没有价值？如果有，又有什么样的现代价值？这是研究中国佛教哲学必须回答的问题。传统只有经过价值重建才会有鲜活的生命力，我们又需要通过怎样的现代转换工作，以建构中国佛教哲学的现代价值，进而发挥其现代作用？这是研究中国佛教哲学现代价值应该说明的问题。

佛教，作为对人类的终极关怀提供的解脱之道，是一个庞大复杂的信仰体系、哲学体系，也是价值体系。佛教逐渐成为亿万人民的精神信仰，已延续2500多年，在中国也有2000多年的漫长历史，这表明佛教的持久活力与恒久价值。但是，我们也应当看到，佛教在未来社会如何重建价值并发挥作用，这既是一个艰巨而重大的理论问题，又是一个严肃而迫切的实践问题。

佛教的命运决定于对社会的关怀，佛教的现代价值决

---

* 原载张志伟、干春松主编：《在人大听国学》，南昌，江西人民出版社，2009年。

定于对21世纪人类社会的作用。自从人猿相揖别以来，人类社会取得了空前的进步。当代人类在不断取得进步的同时，又拥有毁灭地球、毁灭自然的手段。人类社会的进步应归功于人类自身，人类社会的问题也出自人类自身，威胁人类社会生存和发展的敌人也是人类自身。同时我们还应当看到，现代化涉及物质生活、制度规约和思想观念诸多层面，当前人类社会存在的信仰危机、道德堕落、良心丧失等负面现象，表明人文精神的严重失落，这为具有宇宙整体理念、追求生命超越的宗教人文精神的佛教哲学，提供了调整人的心灵，进而调整人与人的关系、人与自然的关系的历史契机。

我们认为，要对中国佛教哲学进行重估、重建，阐发其现代价值，就需要深入分析当代人类社会的基本特点，以及未来社会的基本走向；需要深入厘清中国佛教哲学资源，揭示其对当前和未来的社会具有真实意义的基本理念和基本原则；需要把佛教哲学基本原理与社会实际结合起来，进而对当代人类社会的基本矛盾的解决方向、方法提供有意义的参照意见。

一、21世纪人类社会的基本特点与基本矛盾

自从18世纪60年代"工业革命"以来，以机械化、电气化为特点，以工业化为标志的现代化，在世界各国的发展极不平衡，有的国家已完成或基本完成工业化，实现了从农业社会向工业社会的转变，有的国家却仍处于传统农业社会。20世纪70年代以来，世界发展又发生重大转折，知识经济崛起，工业经济衰落。一些发达国家进入非工业化的发展轨道，工业部门向知识产业转移，工业社会向知识社会转变。知识社会与过去以资本和资源为财富来源的情况不同，知识成了核心生产要素，比资本、土地等其他传统生产要素具有更高的附加

值。知识经济时代的来临，标志着以知识化取代工业化的新现代化，将日益主导未来人类社会的发展。

知识经济与工业经济在生产、流通和分配等环节上都有重大的差别，知识经济的特点是信息化、网络化和全球化。工业经济和知识经济的发展，尤其是知识经济及其全球化等特点，给人自身、人与人、民族与民族、国家与国家以及人与自然的关系，都带来了广泛而深刻的影响，推动了人类社会的新发展。

由于现代化的巨大成就，人们生活的物质条件不断完善，生活方式不断更新。当今世界，物质财富和人们物欲同步快速增长，有人在追求外在物质财富时往往忽略自身的内在价值和精神生活，甚至在富裕、舒适的生活中丧失了人性和价值。物质生活提升，精神生活下降；科学知识增多，道德素养欠缺。这种丰富的物质生活与匮乏的精神生活的反差现象将普遍而长期地存在。精神的空虚，心灵的贫困，是一种人文精神危机，一种价值危机。它成了当今人类进步的重大障碍，也成了人类社会诸多问题的根源之一。人们的欲望、需要是受一定的价值观念支配的，如果人们的欲望需要长期停留在物质享受的层面上，就会形成恶性消费，同时又带来恶性开发，从而影响社会的可持续发展；同时也带来精神生活的低迷，国民素质的下降，从而影响人自身的全面发展。

由于工业经济的成就和知识经济的发展，不同国家、不同地区的经济正在走向全球化。经济全球化推动了世界经济的发展，也似乎预示着全人类休戚与共、祸福相依的时代的来临。但是，跨国企业掌控了当前经济全球化，这些企业的迅速扩张，造成了贫富差距的增大。尤其是经济全球化对发展中国家既带来了发展机遇，也造成了巨大冲击，南北贫富差距日益扩大。发达国家拥有全球生产总值的86％和出口市场份额的82%，而占世界人口绝大多数的发展中国家，仅分别占有14%和18%。富者愈富，贫者愈贫。历史和现实已经反复证明，贫富悬殊的世界是一个不稳定、不安全的世界。贫富不均、强弱不等的格局，一方面使富者、强者易于异化为霸权主义者，另一方面贫者、弱者也易于产生不满和仇恨，从而构成为社会动荡不安、纷争不已的重要根源。

在缺乏正常的国际社会政治经济文化新秩序制约的情况下，经济全球化还将带来或增加一系列社会紧张。诸如，人们为争取工作岗位而展开的竞争，为争取优秀人才而造成的人才竞争。又如，不同国家在经济全球化深入发展的形势下，竭力争取发展本国经济，从而使国与国之间的竞争加剧。此外，由于历史或现实的原因造成的种族冲突和民族抗争，此起彼伏，层出不穷，有时甚至演成局部战争。

经济全球化进程的加速和全球信息网络化的形成，必将加速推动东西方文明和价值观的碰撞和交融，也必将使不同宗教的交往和会遇日益频繁。宗教与宗教之间的会遇，一方面是有助于彼此的对话、交流、沟通、了解、尊重、关怀，一方面是某些极端基本教义派走向宗教狂热，唯我神圣，唯我独尊，排斥“异端”，排除异己，挑起教派冲突、宗教纷争，甚至诉诸暴力，以求一逞。宗教常常与现实的国际斗争和冲突相交织，是国际关系和世界政治中的一个重要因素。如何转换极端基本教义派的理念，化解宗教冲突，也是摆在世界宗教徒面前的一项重大课题。

现代科学技术空前进步，人类在科学的宏观方面已推进到180亿光年之遥的宇宙，在科学的微观方面已日益揭示出基因的秘密。科学技术是一把“双刃剑”，它可以用来为人类造福，如果人们的人文精神被扭曲，不能理智地利用科学技术，它也可以毁灭人类。人类在征服自然、改造自然方面取得的成就越来越巨大，与此同时，自然界也在增大报复人类的力度，生态失衡、环境污染、气温升高、人口爆炸、能源危机、食品短缺等诸多难题，也正在日益困扰人类。这是21世纪人类社会的又一重大矛盾。人类将地球和大自然作为征服对象，付出了巨大的代价。人类，也不得不努力进一步寻找和开发新的科学技术来缓解因无序开发自然所带来的负面作用，并大力提倡人文理念，增强保护自然环境的意识，以维护人类与自然的协调关系。

二、中国佛教哲学的基本理念

结合21世纪发展趋势来审视，我们认为中国佛教哲学适应人类社会需要的理念是比较多的，其中最为重要的是以下几个基本理念。

1. 缘起

佛教有一个专门的颂，称为“法身偈”，常刻在佛像、佛塔的内部或基座上，内容是：“若法因缘生，法亦因缘灭；是生灭因缘，佛大沙门说。”“佛大沙门”是对佛陀的尊称。这是宣扬宇宙万法依因缘而生灭，包括物质方面的外境与精神方面的心识，都由“缘”即原因或条件的和合而生起，缘集则法生，缘去则法灭。这是缘起论的基本思想。缘起是佛教最基本的观念、最根本的教理，显示了佛教对宇宙与人生、存在与生命的根本看法。缘起思想是佛教的具体教说和重要理念，是因果、中道、圆融、平等、慈悲等的哲学基础。换句话说，佛教的各种具体教说和重要理念都是缘起思想的展开。缘起论有别于无因论、偶然论、神造论和宿命论，是对宇宙万物的生成演变和世界的本来面目的比较合理的论说。缘起论是佛教独特的世界观，是佛教区别于其他宗教、哲学的最大特色和根本特征。

佛教缘起思想自身包含着两个重要的理念，这就是“关系”和“过程”，缘起思想是一种关系论、过程论的世界观。

《杂阿含经》卷十云：“此有故彼有，此生故彼生。……此无故彼无，此灭故彼灭。”“此”和“彼”是在互动关系中构成的不可分割的整体，也就是说，任何一个事物都是在众多条件的规定下，在一定关系的结合中，才能确定其存在。事物不能自我形成和孤立独存；事物在关系中确定，在关系中存在，事物是关系的体现。《杂阿含经》卷十二说：“譬如三芦，立于空地，辗转相依，而得竖立。若去其一，二亦不立；若去其二，一亦不立。”这是说由相依互存而得缘起，缘起就是因缘条件的相依互存，就是不同条件组成的相依互存的关系。这种缘起事物是关系的思想，包含了事物是和合共生的理论、互相联系和同一整体的理念。中国佛教进一步发展了缘起论，如天台宗的“性具”说、“十界互具”说，华严宗的“性起”说、“事事无碍”说、“一即一切，一切即一”说，都强调一事物与其他事物之间是互相涵摄而不碍的，事物之间是共同为缘的缘起关系。从理论思维层面而言，这是对宇宙共同体原理的朴素而天才的猜测。

缘起是一种关系，也是一个过程。事物既然由原因或条件的组合而生起，是缘集则成，缘去则灭，也就是说，缘起是一个过程。佛教认为，由于宇宙万物是缘起，因此都有生、住、异、灭四相，是一个不断变异的过程。人也同样，处在生、老、病、死和生死流转的过程之中。应当承认，这种过程理念包含了运动、变化、发展的思想，应视为辩证思维的表现。

2. 因果

缘起讲因缘和合而生起“果”，缘起法所说的也就是因与果的关系。能生结果者为原因，由原因而生者为结果。因果是在前后相续的演变中，彼此关涉的和合中存在。有原因必有结果，有结果必有原因。一切事象都依因果法则而生灭变化。这种因果律是佛教用来说明世界一切事物相互关系的基本理论。

基于缘起法则，佛教进一步阐发了因果报应的思想，以解说各类众生的身心活动与结果的关系。这种思想，在伦理方面就展示为善有善报、恶有恶报，即善因乐果、恶因苦果之说。这一学说为广大信徒的去恶从善的道德修持提供了坚实和有效的思想基础。

佛教认为，众生的身心活动不仅会给自身的生命带来果报，而且还会为生命生存的空间、环境带来果报，由此又把果报分为“正报”和“依报”两类。所谓正报是指依过去的业因而招感得的众生的身心，即具体的生命存在，是直接的果报主体，正体。所谓依报是，指依过去的宿业而招感的众生生命存在所依止的外物、环境，包括衣物、房宅、国土、山河，以至整个环境世界。简言之，正报指众生，众生世间；依报指众生所依托的处所，即国土世间。与依报相关，佛教还认为，时代背景、生活环境、国土、山河等是多数众生所共同招感的果报，称为“共报”。佛教的这些果报思想，表现了对主体世界与客体世界、主观世界与客观世界相互联系的缘起关系的洞察、体认，表现了种种众生共同活动的结果的关注，表现了对自然环境、生活环境、生态环境的关怀。

天台宗人还从修持实践的角度，提出“因果不二”说，宣扬在因位的人与在果位的佛，在本质上并无差别，鼓励凡夫修持成佛。又提出了“依正不二”说，认为就佛来说，佛身是正报，佛土是依报，佛身与佛土不二，正报与依报不二，两者共摄“一念三千”，而归于一心。这是从境界论的层面，阐发理想人格、神格与理想境界的一致性。

3. 平等

佛教是宣扬和提倡平等的宗教，其平等的含义概括起来有四个层次：

(1)人与人之间的平等。《增一阿含经》卷三十七云："我法中有四种姓，于我法中作沙门，不录前名，更作余事，犹如彼海，四大江河皆投于海而同一味，更无余名。"认为古印度社会的婆罗门、刹帝利、吠舍和首陀罗"四种姓"应是平等的，反对以种姓、等级论人的贵贱高下，强调以道德的高低、智慧的深浅论人的成就大小，主张提升道德、智慧的修持素质以进入人生理想境界。佛教的四种姓平等的主张，体现了人权平等的思想，是古印度反对种姓歧视和阶级压迫的特殊的人权运动，是与现代社会的人权平等的要求相一致的。

(2)众生平等。众生，指有生命的存在。佛教通常以十界中佛以外的从菩萨到地狱的九界，尤其是从天到地狱的六道为众生。佛教认为不同众生虽有其差别性，但众生的生存、生命的本质是平等的，还特别强调一切众生悉有佛性。《涅槃经》称："一切众生悉有佛性。一阐提人谤方等经，作五逆罪，犯四重禁，必当得成菩提之道。须陀洹人、斯陀含人、阿那含人、阿罗汉人、辟支佛等，必当得成阿耨多罗三藐三菩提。"从理论上肯定一切众生皆有佛性，即在成佛的原因、根据、可能性上是平等的。佛教讲众生虽以人类为重点，但众生平等的思想则是对人类中心主义的警告和排斥。

(3)众生与佛的平等。佛教宣传生佛不二、生佛一如的思想，认为众生与佛在本质上都具足真如佛性，迷妄的众生并不灭其真如佛性，觉悟的佛也不增加其真如佛性。就同样具有成佛的可能、基础这一意义来说，众生与佛是平等不二的。这与有的宗教视人神为二，称人是神所造成或从神流出的说法是迥异其趣的。

(4)众生与无情的平等。"无情"，即无情感意识，不具精神性的东西，如中国佛教天台宗就宣扬"无情有性"说，认为草木花卉、山川大地都有真如佛性，大自然的花香树绿、风动水流，都是佛性的体现。在同样具有佛性这一点来说，无情之物与众生并无本质区别，彼此是平等无二的。应当说，这是对自然界生物和无生物的尊严的确认，是对自然界万物的敬重、悲切和摄护。

佛教的平等观是基于缘起的学说，是建立在因果平等上的。众生与佛同具真如佛性，是在成佛的原因方面平等；众生与佛都能成就佛果，进入最高理想涅槃境界，是在结果方面的平等。众生与佛因果平等，无有差别。佛教的这一因果关系平等思想是就可能性而非现实性，就可然性而非已然性而言；是为其解脱论提供理论根据的。

佛教的平等观体现了生命观、自然观与理想价值观的统一。佛教强调宇宙一切生命的平等，关爱生命，珍惜生命，尊重生命；又主张无情有性说，敬畏自然，珍爱自然，摄护自然；还宣扬众生与万物以解脱为终极目标，以进入清净、美妙、庄严的佛国净土为最高理想。这都表现了佛教平等观意义的广泛性、普遍性和神圣性。

近现代平等观重视天赋人权的平等、人在法律面前的平等，这与佛教提倡人在解脱方面的平等，实可构成互补的关系。由此看来，晚清间康有为、谭嗣同等人，高举佛教平等大旗，推行变法维新运动，也绝不是偶然的。

4. 慈悲

佛教在缘起、平等的理念基础上，认为在宇宙生态大环流中，一切众生可能曾经是我们的亲人，山河国土则是我们生命的所依，我们应当怀着平等的心态，报恩的情愫，慈悲的心愿，给予众生以快乐，拔除众生的痛苦。慈悲就是对众生的平等、深切、真诚的关怀和爱护。

佛教宣扬“三缘慈悲”的思想，把慈悲的对象定为三种，进而归结为三类慈悲。

悲有三种：一、众生缘悲，缘苦众生，欲为济拔。……观诸众生十二因缘生死流转，而起悲心……二、法缘悲，观诸众生俱是五阴因缘法数，无我无人，而起悲心……三、无缘悲，观诸众生五阴法数毕竟空寂，而起悲心……慈亦有三：一、众生缘慈，缘诸众生，欲与其乐。二、法缘慈，缘诸众生但是五阴因缘法数，无我无人，而起慈心。三、无缘慈，观一切法毕竟空寂，而起慈心。

这是相对地分别以众生、诸法和空理为对象而起的三类慈悲，是建立在缘起性空思想基础上的慈悲分类。

在三类慈悲中，以“无缘慈悲”为最高的类别。《大智度论》卷四十云：“慈悲心有三种：众生缘、法缘、无缘。凡夫人，众生缘；声闻、辟支佛及菩萨，初众生缘，后法缘；诸佛善修行毕竟空，故名为无缘。”佛教提倡的“无缘大慈”、“无缘大悲”，是对对象不起区别的绝对平等的慈悲，是体悟真如平等的空理而生起的慈悲。

慈悲是佛教的特殊理念，它与有些流派提倡的仁爱、博爱相通又不尽相同，慈悲是不受等级、阶级的限制的，也是排除狭隘的偏私性的。佛教的慈悲还富有实践性，重视对人的关怀、对人间的关怀、对社会的关怀，由此而大力从事社会福利、民间公益事业，在历史和现实社会中都发挥了滑润剂的作用，为弱势群体，为下层劳苦大众缓解了困难，减少了痛苦，带来了希望。

5. 中道

这是超越有无(空)、一异、苦乐、爱憎等二边之极端、偏执，而不偏于任何一方的中正之道。中道是佛教的根本立场和基本特色。释迦牟尼反对婆罗门教的神我说，在理论上提出“此有彼有，此生彼生”、“此无彼无，此灭彼灭”的缘起法则，由此而强调“离于二边，说于中道”，也就是依缘起说不有不无，不一不异，不常不断，不来不去。在实践上，释迦牟尼提出“八正道”，既反对快乐主义，也反对苦行主义，提倡不苦不乐的中道行，即人的思维、言语、行为、意志、生活等，都应当合理适度，持中不偏。

空与有是佛教对宇宙人生的两种基本看法，佛教教法可以说不出空、有二义，在释迦牟尼后，佛教内部逐步演化为空有两宗。在小乘佛教，俱舍一系是有宗，成实一系为空宗。大乘佛教也分为两大系统，中观学派为空宗，瑜伽行派是有宗。空有两宗都认同缘起性空的基本理论立场，只是随着这一基本理论的展开，相对而言，空宗比较强调诸法性空的一面，有宗则比较强调诸法作为缘起现象的有的一面。

关于空的论定，是基于缘起说。由于万法是缘起的，是在关系中确定的，因此是“无我”性，即没有自性，没有实体性，也就是本性、本质是空的，这是空的本义。与此相关，万法既然是在关系中确立的，也必然是一个互动的变化过程，具有“无常”性，生灭无常，也是空。由此也可以说，由缘起而性空，缘起即性空，缘起与性空是同义语。由此又可以说，由缘起而性空，空是否定构成万法的恒久的实体存在，否定万法的实体性。这是对万法无自性、无实体状态的表述，空不是纯然虚无。空是空却、排除对实体的执著，空本身不是实体。中观学派讲空，还含有否定一切成见、定见的意思。在中观学派看来，一切分别、见解都是相对的，是不可能符合绝对的最高真理的。就道理来说，空是一种理，是最高的绝对的真理，体悟、把握空理，具有空智，就进入空境，即理想的寂灭境界。

空又分为人空与法空两种。人空又名我空，是主体的人无自性；法空，是客体的法无自性。关于诸法有无实体问题，即对缘起与实有、事物与自性、现象与本质的联系与区别的看法，是一个非常复杂的问题。虽然从整体来说，佛教各派都认同缘起性空说，但是部派佛教说一切有部就主张法体恒有，在一定意义上承认事物存在的各种要素的实在性。大乘瑜伽行派提出诸法的遍计所执、依他起和圆成实三性论，认为在依他起性的诸法之外，另有圆成实性的真如实体。中国佛教天台宗、华严宗认为依他起性的诸法之相与其所依的实体是统一的，诸法即实相，排除在诸法之外另有实体之说。天台宗、三论宗又有小乘佛教主“析空”与大乘佛教主“体空”之说。析空是指分析事物的构成要素，最后从中找不到该物自己，该物并无实体存在，只是假名，是空。体空是不对事物进行析散，而是认定当体性空。中国佛教学者肯定体空说优胜于析空说。

与从缘起法的本质一面论定空不同，从缘起法的现象一面论定则是有。诸法都是依因仗缘而生，表现为千差万别、纷纭繁杂的现象。这些现象呈现在人们的面前，且在时空中各有其独特形相和持续性质，并产生特定的作用和影响，这是有。有与空(无)对扬，表示现象、存在之意。佛教对于有，还作假有、实有、妙有的区分。假有是指虚假不实的有，是虚假地施设种种名相以指述具体事物。通常所讲现象世界，都属于假有，实有是真实的有，但说一切有部主“三世实有”，瑜伽行派则持诸法实性常存，两者的实有意义也并不相同。至于妙有，有的佛教学者以实有真如本体为妙有，有的佛教学者则以破除执著空后所见的不空为妙有。

从上述可知，就缘起法的现象一面看是存在，是有，就缘起法的本质一面看是非存在，是空(无)。有与空是对一事物的两面看法。一切现象的有，当体即是空；空是现象有的空，离有以外没有空。智𫖮说：“一色一香，无非中道。”“一色一香”即一草一花。一切平凡事物，都体现着最高真理的中道。智顗又说："中以不二为义，道以能通为名。"中道是远离对立状态，远离有(常)空(断)二边，契合有空不二的最高真理。中道是不偏不倚的正见，有见(常见)与空见(断见)是褊狭的边见。中道是要排除有空二执的谬误见解。如有见会陷于灵魂不灭说，空见则会堕于诸法皆无的虚无主义，以致破坏佛法，危害更大。中道说要求看到现象与本质两方面，确立两端不离不二的思维框架，这是提倡两点论，不走极端，重视观察事物的全面性，防止片面性，包含了辩证思维的合理因素。

6. 圆融

在缘起、中道的理论基础上，中国华严宗和天台宗都着重阐发圆融的理念。华严宗宣扬本质与现象、现象与现象的圆融无碍，天台宗则宣扬空、假、中三谛同时成立，即空即假即中，互相融合。圆融是中国佛教宇宙观和真理观的重要理念，同样是能够相容和谐、调和适应的方法论基础。圆融要求尊重事物的不同因素，尊重差异各方的共存共荣。按照佛教圆融观来看待世界，世界是一个丰富多彩的、多元化的统一整体。按照圆融理论，各个国家、各个民族的不同文化并无高下之分，也并不存在相互冲突的必然性，各自不同的文化特性，都应获得尊重，我们认为，当前地区一体化和经济全球化迅速发展，保护各个国家和民族地不同文化特性尤为重要，这是建设和谐世界的要素之一。

中国佛教在流传过程中，不仅融入了中国传统文化之中，而且又保持了自身的特质，成为中国传统文化儒、道、佛三大组成部分之一。中国佛教内、外部圆融成功实践的经验也值得总结、阐扬。

中国佛教内部的圆融，主要表现为：一是教相判释，二是中印异质文化融合，三是诸宗合流。教相判释即判教。佛教经典浩如烟海，且又大小乘不同派别的学说混杂一起介绍过来，在教义内容上多有不一致之处。中国佛教各宗派普遍采用判教方式，把各经典加以综合、融通，依说法的时序、对象、内容和形式的不同进行排列，成为一种顺序过程，而不致产生矛盾。关于中印文化，印度佛教追求未来，重在来世的安顿，中国文化奉行忠、孝、仁、义之道，重在现实的关照，两种文化的基质不同。而中国佛教运用中道圆融精神，使两者互相融合，成功地实现了佛教中国化的整合。又与判教学说相适应，唐代以后各个宗派之间融合倾向也日益增强，先是实现禅教一致，次是各宗与净土的合一，再是以禅净合一为中心的各派大融合，这也是中国佛教历久不衰、没有被边缘化的重要原因。

中国佛教外部的圆融，表现为与中国社会政治、伦理道德、价值观念、信仰习俗等多方面的融合会通。如佛教鼓吹“仁道”的政治，宣扬佛教的存在需要“国主”的支持。佛教主动调整有违中国伦理道德的话语，宣扬孝顺父母，尊敬君主，以求与中国伦理道德观念相协调。佛教综合因果报应论与中国固有报应观念融合，提出新的生死价值观，并结合中国平民的习俗与需要，结构以观音、弥勒等菩萨信仰为重点的神灵崇拜体系。佛教与中国固有文化的圆融，也可以说集中表现为与儒、道的圆融。佛教与儒、道有冲突有融合，但融合是主要的。相对而言，佛教与儒家的融合重在伦理道德层面，而与道家的融合则重在哲学理念层面。最值得注意的是，佛教不断提出儒、道、佛三教“同源”、“一体”、“一道”、“一致”、“合一”等说法，并把三教合一定位在心性上面，强调儒、佛、道三者是名，三者的心是实，心是成就儒、佛、道理想人格或神格的根据，因三教的心有其共同之处，心也就成为三教合一的融会点，进而“不昧本心”就成为三教的共同宗旨。佛教揭示与儒、道圆融的中心是心性论，这对于认识中国佛教乃至中国哲学、文化的特质，都有重要意义。

三、中国佛教哲学的现代意义

以上论述表明，人与自我、人与人、人与自然的三组基本矛盾在当代人类社会，有的改变了形式，有的则是更加尖锐了。中国佛教哲学的现代意义在于：其重要原理日益得到充分阐发，并经创造性诠释后其作用开始彰显；佛教哲学思想能够化解人类社会的基本矛盾，有助于提升人类的精神素质，减少人类的现实痛苦，促进人类社会的和平共处和共同发展。

1. 关注人与自我的矛盾，提升人的精神境界

佛教以其人生的解脱之道，对人在宇宙中的地位，人的本质、价值、理想等，都有系统的论述，其中的无我观和解脱观更是对于世人的自我观念的转化、心理的调节、心灵的完美，具有参照、借鉴意义。

佛教根据万法和合而生的缘起论，提出了无我观。无我的“我”是指常住、整一而有主宰作用的自体(本体)，这个永远不变的本体，就是我。佛教否定有实体的我、灵魂的存在，排除有我的观念。无我是佛教的基本观念。无我观的主要内容是无我执、无我见、无我爱、无我慢等。佛教所讲的我执是指执著我为实有，即对于自我的执著。我见是执著有实我的虚妄见解。我爱是对自我的爱执，也即我贪。我慢是指以自我为中心的傲慢心态。由我执必然带来我见、我爱和我慢。佛教认为我执是万恶之源，烦恼之本，主张无我，无我执。无我执要求消除在认识、欲望和心理诸方面的偏执、错误，用现代眼光来诠释，无我观包含着精神生活高于物质生活、人格价值高于生命价值、社会利益高于个人利益等思想。当前，社会上有的人成了生理需求、

物质欲望的奴隶，奉行拜金主义、享乐主义、极端个人主义，甚至贪污腐化、盗窃走私、吸毒卖淫……这是人性的扭曲，人格的堕落，人类的悲哀。佛教的无我观有助于缓解对现实境遇的执著，对治物欲横流，淡化享受，淡泊名利，提高精神境界。

佛教解脱观的实质是生命意义的超越，精神境界的提升。这种对超越和提升的追求，使人能以长远的终极的眼光客观而冷静地反思人生的历程、审视自身的缺陷，并不断地努力规范自己，提高境界；也有助于在个人心理上产生安顿、抚慰、调节、支撑、激励等诸多功能，从而缓解甚至消弭人的种种无奈、焦虑、烦躁、悲伤和痛苦。

佛教认为解脱是个人的业报，是善业所得的乐果。一个人若能遵循因果法则，就会确立向上的价值取向，自觉地克服反道德的心理因素，使自己人心向善，除恶为善，从而有助于净化人心，完美人生，扩而大之，也有助于提升社会道德，完善社会秩序。

2. 协调人与人的矛盾，维护世界和平

这里讲的人与人的关系，也就是人与他人、人与社会、人与民族、人与国家的关系。从世界范围来看，当前人与人的关系重要问题有二：一是由于民族、宗教、领土、资源、利益冲突等因素引发的局部动乱冲突，此起彼伏，某些地区的人民正在遭受战争的苦难；与此同时，不仅上述传统安全问题没有解决，更有甚者，近年来恐怖主义等各种非传统安全问题又日趋严峻。二是南北贫富差距更加扩大，世界上还有相当一部分人生活贫困，甚至衣不蔽体，食不果腹，饥寒交迫，难以度日。从理论层面来看，佛教的一些基本理念，对于化解这些问题，也具有一定的现实意义。

上述两个问题中，和平与和平共处是最大的问题。众所共知，20世纪的两次世界大战，人类自戕，残杀生灵数以千万计，如果21世纪再上演世界大战，人类有可能同归于尽。要避免战争，就要消除产生战争的根源，而战争的根源之一即是人类不懂得共依共存、自利利他的缘起之理，不重视沟通、和解，不尊重他人生命。佛教的平等理念强调人人本性的平等、人格的平等、尊严的平等。平等意味着尊重，意味着和平。佛教的人我互相尊重的思想，有助于人类和平共处，追求共同理想，建设人间净土。和平来自对人我平等的深切体认，和平从平等中确立，建立在平等基础上的和平是真正的、巩固的和持久的和平。佛教的慈悲思想体现了对他人的同情、关爱，也是远离战争，呵护和平的。佛教的慈悲济世和“五戒”、“十善”均以“不杀生”为首。杀生被认为是最大的罪过，要堕入地狱。佛教强烈地反对杀生，突出地表现了佛教尊重生命、尊重他人的崇高品格。自从太虚法师大力倡导人间抚平教以来，中国佛教一直关注世界和平，渴望世界和平，呼吁世界和平，维护世界和平已成为当代佛教弘法的重要内容之一。佛教在推动和维护世界和平问题上发挥了独特的、不可替代的重要作用。

南北贫富悬殊问题，一部分人的生活贫困问题，不仅直接关系到弱势群体和下层劳苦大众的生存，还将因此而构成动乱的根源，并直接威胁到地区和平和世界和平。佛教的平等慈悲观念对化解这些问题提供了方向。佛教一贯重视慈悲济世，帮助人解除痛苦，给人以快乐。佛教的布施是重要的修持法门，即以慈悲心而施福利于人，施与他人以财物、体力和智慧，为他人造福成智。当前两岸佛教都着力发扬菩萨“不为自身求安乐，但愿众生得离苦”的大慈大悲精神，充分发挥佛教的慈善救济的功能，扶贫济困，施医送药，赞助“希望工程”，教化失足者和罪犯等，使受救济者既得到物质的援助，也得到精神的提升。

此外，一些人的自私自利、损人利己、贪瞋愚痴、欺瞒诈骗等思想行为，也严重影响了现代人际关系的和谐与诚信。在这方面，佛教的道德规范，如“十善”的不偷盗、不邪淫、不妄语、不两舌、不恶口、不绮语、不贪欲、不瞋恚、不邪见，都具有直接的对治意义。应当说，佛教“五戒”中的前四戒，即不杀生、不偷盗、不妄语和不邪淫，似可以作为当代人类正在探讨建立的普世伦理的重要参照。

可以预见，若能高扬佛教的去恶从善、平等慈悲、自利利他的伦理准则，以及相关的具有社会伦理意义的道德规范，使之普及于民众之中，渗透到各类人际关系之中，必将有助于缓解人与人之间的冷漠、对立乃至敌对的关系，有助于建立人与人之间的友爱、和谐与诚信的关系。

3. 调适人与自然之间的矛盾，促进共同发展和可持续发展

现代人类社会面临的最大问题是和平与发展。如果说，维护世界和平需要协调人与人之间的关系，那么，共同发展、可持续发展则不仅要协调人与人之间的关系，而且还要调适人与自然之间的关系，使人类赖以生存与延续的自然生态环境得到全面的良好的保护。大量事实表明，在现代化的进程中，人类有时也会走上一条与自然相抵触的道路，对自然界的过度开发，甚至是野蛮的掠夺，正严重地破坏人与自然的和谐，改变人类生息长养的生存环境，从而也就严重威胁到人类自身的生存。

当前有识之士已经意识到环境问题的严重性、迫切性、尖锐性，但是在认识深度上有待提高，在价值取向上有待调整，而在这些方面，佛教哲学思想也有一定的参照价值。

首先，作为佛教哲学基石的缘起论，强调一切事物都是由众多原因、条件和合而成，任何事物都不是孤立存在的。中国佛教天台宗、华严宗还宣扬宇宙万事万物的互相依存、互相渗透、互相圆融的思想。应当肯定，这都是精微的思想，对宇宙和人类社会的认识有着独特的意义。比如，人类生存的地球村，由大地、海洋、天空以及各种动植物等所构成，如果大地退化，海洋毒化，臭氧层日益变薄，动植物种群不断消失，地球母亲的存在也就成问题了，人类也就难以生存了。我们认为，佛教的缘起论和有机整体论的世界观，可以为当代的环境哲学提供理论基础。

其次，佛教的依正果报论，强调众生生命的生活环境，包括山河大地、国土家园，以至整个环境世界，都是众生行为带来的报应。佛教还宣扬“心净即国土净”的思想，提倡报国土恩。这其间包含的主体与环境不可分离，主体精神活动引起主体与环境的变化的思想，环境的改善有待于众生主体主观世界的净化的观点，以及尊重自然、善待自然的情怀，都是具有启发性的。

再次，佛教基于缘起论而高唱的尊重他者、尊重异类、尊重生命、众生一律平等、众生悉有佛性、众生皆能成佛的众生平等观，从根本上承认他类生命的生存权利，这不仅和那种滥杀异类，任意糟蹋环境，破坏生态平衡的行径不同，也有别于那种以为保护环境是人类对弱者的怜悯、恩赐的观点。佛教的众生平等观，既和“人类中心主义”不同，也有别于“环境中心主义”、“生物中心主义”。基于众生平等的理念，佛教还提倡素食、放生等行为，这既有益于人们的身体健康、精神康泰、清心少欲、澄心静虑，也有利于保护濒临灭绝的物种，维护生态平衡。可见，若将佛教众生平等的理念应用、落实于生态学，无疑将有助于建立完整的生态伦理学说。

最后，佛教的理想论是以众生升入极乐世界为最佳理想境界。极乐世界，被描绘为环境优美、空气清新、草木茂盛、鸟语花香，这体现了佛教对理想生态的设定，蕴含着丰富的生态学内容。自古名山僧建多，佛教徒历来喜好依山傍水建筑寺庙，寺庙与山水融为一体，山明水秀，青松翠柏，梵殿宝塔，肃穆幽静。即使是建立在喧嚣闹市里的庙宇也是花木葱郁，清净幽雅。可以说，佛教是重视环保、摄护生态的楷模。

总之，当今人类社会的现代化及其引发的基本矛盾的变化，关乎整个人类的命运和世界的发展，值得我们高度重视。如何处理好人与自我、人与人、人与自然的关系，既涉及社会、经济、制度，也涉及科学技术，又涉及人类的心智。佛教有其因袭讹传、穿凿附会的谬误思想，佛教哲学也不能解决人类社会的基本矛盾与诸多具体问题，但是它可以从某些方面提供世俗社会政治、经济、法律所缺乏的解决思路，这就是高度重视人自身的心灵建设，以调整人的价值取向，改变人的心态，转换人的意识，提升人的智慧，从而有助于人类社会诸多矛盾、问题的解决。由此，我们还想再次强调，佛教哲学要充分发挥其社会功能，就需要深入挖掘自身的思想资源并作出应机应时的阐释，需要不断加强对现代社会的关注、关联，需要对社会新出现的重大问题作出及时的应对。我们认为，佛教哲学无疑是具有现代价值的，而佛教哲学价值在现代社会的真正落实和充分展示，关键在于人们的努力，也有待于人们的努力。

心从"正见"始*

——兼论佛教正见与世界和谐

问题的提出

首届"世界佛教论坛"的主题是"和谐世界，从心开始"。这个主题的设定很有创意，笔者体会它至少包含三方面的意义：一是凸显出建设和谐世界的重要性；二是强调和谐世界要从个人做起；三是个人要从正心开始。这个主题不仅体现了佛教重视"心"的功能、作用的传统优势，而且与法律、制度规定等对人的外在规范相比较，佛教的"正心"对人的行为的约束和调适，是内在的、第一位的，"从心开始"有助于从根本上确立世界和谐的思想基础。

"从心开始"，也可以说就是从认知开始，就是从树立"正见"开始。

"见"是对事物的见解，有正见、邪见、恶见等的不同。"正见"是对事物的正确见解。为什么说"和谐世界，从心开

* 原载《中国民族报》2006年4月25日06版，《今日中国论坛》2006年第5期等7家报刊。

始”，而“心”又要从树立“正见”开始呢？具体说是：“见”是主体意、口、身活动的支配者，“正见”是支配意、口、身活动，决定主体各种活动、行为正确方向的主导思想。佛教有“八正道”之说，“正见”为“八正道”之首，就含有以“正见”统帅后面七项的意思。这种安排是释迦牟尼对佛教徒八项修持活动相互关系所作的正确分析，可见“正见”在修行中的重要，由此也可见心立“正见”的重要。佛教“正见”是对宇宙、社会、人生的见解，其中包含了丰富的人生感悟、体验，也是人类生存与发展的特定智慧结晶。其丰富的内涵对人类社会建设与发展的走向，对建设和谐世界，都有值得借鉴之处；历史事实证明，在中国，佛教不仅没有发动过战争，而且对于推动中华民族的大融合、社会秩序的稳定、中国与周边国家的睦邻关系，乃至人与自然环境的和谐等方面，都发挥过积极作用，这是与佛教具有思想文化方面的“正见”直接相关的。

如果“和谐世界，从心开始”，而“心”从“正见”始的提法是可以成立的话，那么又如何树立“正见”呢？笔者以为当前最重要的是要做两件事：一是关注和分析人类社会矛盾的实际情况，明确有哪些不和谐之处；二是着力结合社会实际阐扬佛教哲学的核心思想，使佛教“正见”在建设和谐世界中发挥作用。

关注的焦点

建设和谐世界，需要和谐思想。佛教的“正见”对于建设和谐世界无疑具有理论的借鉴意义，而要真正实际发挥佛教“正见”对和谐世界建设的作用，其前提性的条件之一是要力求密切地关注和把握当代人类社会面临的矛盾、问题，只有这样才能有的放矢地进行对话，进而建设一个持久和平、共同繁荣的和谐世界。

人类社会矛盾形形色色、错综复杂，然而归结起来，主要是三类基本矛盾：人与自我的矛盾、人与群体(他人、民族、国家、社会)的矛盾以及人与自然的矛盾。工业经济和知识经济的发展，尤其是以全球化为特点的知识经济的发展，给人类社会各类矛盾带来了广泛和深刻的影响，导致了人类社会矛盾的新发展。

上述矛盾的形成，原因有三：一是利益的不同；二是制度的差异；三是观念的缺陷。如在思想观念方面，面对如何看待人的精神生活与物质生活的关系、个人利益与群体(集体、民族、国家)利益的关系、国家与国家之间的关系，人与自然的关系，以及不同地区、不同国家的文明、文化、价值观念的关系等问题。如何调适思想观念，以缓解乃至化解人类社会的矛盾及其根源，以建设和谐世界，是人类面临的共同课题。正是在这一方面，佛教可以发挥其独特的作用。我们认为，佛教的命运决定于对社会的关怀，佛教的现代价值决定于对当今世界的作用。如果佛教能直面社会，揭示社会的焦点问题，指出问题的症结，阐扬有助于建设以和平、发展、合作为特点的和谐世界的积极理念，就能为人类社会的健康发展作出自身的独特贡献。

切入的重点

当代人类社会存在的三大矛盾、问题，为具有宇宙整体观念、追求生命超越的宗教人文精神的佛教思想、佛教“正见”，提供了调整人的心灵，进而调适人与群体的矛盾、人与自然的关系的空前的历史契机。

我们认为，在丰富的佛教思想文化资源中，对于人类社会矛盾、问题的“正见”就是佛教哲学思想精华。汤用彤曾说，佛教是宗教，也是哲学。佛教哲学是佛教对宇宙、社会、人生的基本看法，佛教的世界观、社会观和人生观可以作为人类认识世界、社会、人生的借鉴。在佛教哲学体系中，我们认为当前应当着重把阐扬其理论基石缘起论，以及在缘起论基础上形成的核心性的哲学范畴，诸如缘起、因果、平等、慈悲、中道、圆融等，作为推动人们在心灵深处树立“正见”，关切社会，建设和谐世界的重要切入点。

缘起 这是佛教最基本的观念，最根本的教理。缘起论认为宇宙一切事物都是因缘聚合而生，因缘散失而灭。这一学说是在既反对“无因”论；也反对“邪因”论（如神创说）的过程中形成的，是对宇宙万物的生成演变和世界的本来面目的合理的论说。缘起论自身包含着两个重要的理念：“关系”和“过程”。缘起思想是论定事物是诸多因素的组合，凡事都是一种关系；既是关系组合，就是不断运动变化的，也即凡事都是一个过程。无疑这是深邃的哲学思想。佛教缘起论为和谐世界的建设提供了重要的理论基石。缘起论的万物由因缘聚合而生，即缘起共生的思想，逻辑地肯定世界的多样性，肯定世界的多极格局，由此也必然提倡多边合作、和谐共赢的主张，也必然否定自我中心和单边主义的思维。当前世界不同国家的经济上的互相依赖越来越深，正如有些美国学者所说的，没有中国的支持，美元也许已经暴跌，美国经济即使不出现萧条，或许也已经陷入衰退。又如世界性难题南北贫富差距，是与广大发展中国家在经济上长期处于被剥削的地位，无法分享全球经济繁荣成果直接相关的。要解决这个问题，就必须加强国际合作，采取措施促进世界经济秩序合理化，尤其是发达国家要保证发展中国家平等利用资源和分享财富的权利，帮助贫穷国家的经济发展。再如环境恶化、自然灾害、某些疾病的爆发性流行等一系列全球性问题，也只有各国通力团结合作才能妥善解决。我们认为，世界各国尤其各国领导人若能确立起缘起观念，建立缘起共生的共识，就能在行动上采取平等协商、团结合作的态度，共同解决全球性的问题。

因果 由缘起直接推导出因果观念和因果法则，即有因必有果，有果必有因。这一法则，反映在伦理方面，则有善有善报、恶有恶报的惩戒规条。佛教包括因果报应在内的因果理论，强调因果相连，要求人们的行为必须考虑带来的后果，反对各种恶因及给自身及社会带来的恶果，提倡做各种善因，以给自身和社会带来善果，鼓励人心向上，人心向善。应当肯定，这从根本上说是有利于个人道德操守、社会秩序稳定以及人与自然关系的和谐的，是有利于人类社会的可持续发展的，是有利于和谐世界建设的。

平等 佛教的平等观是基于缘起的学说，是建立在因果平等上的——众生与佛同具成佛的因“真如佛性”，也同能成就佛果，进入涅槃境界。由此又肯定人与人之间的平等、不同类众生之间的平等，乃至众生与“无情”(山川大地、草木花卉等无情感意识的事物)之间的平等。佛教平等观体现了生命观、自然观与价值观的统一，具有理论意义和现实意义；它可以作为处理人与人、民族与民族、国家与国家等相互关系的基本准则，从而成为维护世界和平的思想基础。和平从平等中确立，和平来自平等。因为平等意味着互相尊重，易于建立互信与合作；平等意味着互相理解、谅解，进而导致互相宽容，友爱，不致兵戎相见；平等意味着消弭嗔恨、仇视，有助于从思想观念上消除战争产生的根源；平等还意味着消除根深蒂固的人类中心主义、树立与自然和谐共生的理念。佛教还以“不杀生”作为全部戒律的首戒，确立非暴力的原则。和平是和谐世界的重要特点，佛教是和平的宗教，是保卫世界和平的重要力量。

慈悲 这是与平等观念直接联系着的理念，是大乘佛教提倡的对众生的平等一如的深切关怀。慈是给众生以快乐，悲是拔除众生的痛苦。慈与悲结合在一起的心愿，即慈悲心是维护众生平等，建设和谐世界的重要心理基础。每当某一国家、地区发生特大自然灾害时，世界各国人民慷慨解囊，给予无私援助，是人类同情心、慈悲心自发的生动体现，而佛教徒往往站在援助行列的前头，并做出了重大的贡献，是内在慈悲心的实际表现。佛教的慈悲理念有助于化解人们的妒忌心、仇恨心、复仇心，有助于缓解弱势群体的痛苦，有助于减少恐怖主义和战争的发生。

中道 这是在缘起、平等等理念基础上形成的涉及认识论与真理论、伦理观与境界观的重要理念。中道是远离两个事物的对立状态、远离有无、断常等对立见解，这被认为是认识事物的中正之道，也被认为是反映事物的实相，即最高真理。在修持上，远离苦行与快乐两端的不苦不乐中道，被视为正确的道路，坚持中道必得解脱，由此也可以说，中道是最高境界。中道思想是佛教能够兼容并蓄、协和诸方、适应变化的方法论基础。在当前，佛教中道理念对于从思想方法上克服极端主义、单边主义、霸权主义都是有益处的，是有助于人际和谐、国际合作的。例如，贸易争端是国际冲突的根源和表现之一，近几十年来，解决这类争端的国际惯例是，在世界贸易组织的框架下，通过谈判、协商和互相妥协来解决，这是国际社会的一大进步，从思维方式来说，是与佛教的中道观相一致的。

圆融 在缘起、中道的思想基础上，中国天台宗和华严宗都着力阐发圆融的理念。华严宗宣扬本质与现象、现象与现象的圆融无碍，天台宗则宣扬空、假、中三谛同时成立，即空即假即中，互相融合。圆融是中国佛教宇宙观和真理观的重要理念，同样是能够相容和谐、调和适应的方法论基础。圆融要求尊重事物的不同因素，尊重差异各方的共存共荣。按照佛教圆融观来看待世界，世界是一个丰富多彩的、多元化的统一整体。按照圆融理论，各个国家、各个民族的不同文化并无高下之分，也并不存在相互冲突的必然性，各自不同的文化特性，都应获得尊重。我们认为，当前地区一体化和经济全球化迅速发展，保护各个国家和民族的不同文化特性尤为重要，这是建设和谐世界的要素之一。

佛教具有丰富的哲学范畴体系，这里讲的六个范畴只是其中一部分，是笔者初步思考的结果。我们认为，上述佛教哲学范畴可以为建设和谐世界提供某种理论基础，这种理论基础不是唯一的，不是排他的，但它是重要的、值得阐扬的。从这层意义上来说，佛教的缘起论为和谐世界的建设提供了世界观的基石，因果论则提供人们行为规范的理论基础，平等观是处理人际关系的思想基础，慈悲观为世界和谐提供心理基础，至于中道观和圆融观则为建设和谐世界提供方法论基础。

落实的要点

心从“正见”始，要使佛教“正见”在建设和谐世界中发挥作用，关键是要落实，要实践。而要落实，除关注人类社会矛盾的实际情况外，就阐扬佛教哲学的核心思想来说，当前最重要的也是要抓两件事：一是对佛教哲学范畴进行现代的诠释，并加以创造性的转化；二是使佛教哲学理念成为人们的共识。

首先，佛教哲学范畴并不能简单地搬来直接论证和谐世界的建设，若要把佛教哲学范畴与建设和谐世界有机结合起来，发挥其对建设和谐世界的启导作用，就应当对佛教哲学范畴进行创造性的转化。所谓创造性转化大约有这些要求：运用现代语言对佛教哲学范畴作出当代人易于听懂看懂的表述；对佛教哲学范畴进行新的诠释，包括推导出合乎逻辑的引申义；结合社会实际问题，有针对性地阐发范畴涵义；阐扬范畴中所包含的真理因素、智慧成分、合乎社会发展内容，即阐发范畴中所包含的积极的理论思维成果；提出符合客观实际、适应时代需要的新范畴。我们认为，若能如此，佛教哲学范畴发挥作用的空间就会越来越大。

其次，佛教哲学理念为佛教徒所认同，但世界上还有绝大多数人信奉其他宗教或不信仰宗教，这就需要谋求共识，力求使上述佛教核心性哲学理念成为人们的共识，当前存在的突出问题之一是不同宗教、不同文明之间缺乏有效的沟通、对话，缺乏相互尊重、理解。我们要尊重彼此文化的特性和差异性，同时要加大佛教哲学理念的宣传、阐扬、交流的力度，运用中道、圆融理念，在“求同存异”的原则下，谋求一定的共识，并吸取其他宗教、其他文明的相关理念，互动互补，发展彼此认同的共识。在求得共识的基础上，积极实践，不懈努力，共同为建设美好的和谐世界而奋斗。

佛教生态哲学与现代生态意识*

摘要： 佛教是一个以超越人类本位的立场和追求精神解脱为价值取向的宗教文化体系，其中蕴含着丰富的生态哲学思想。佛教缘起论为人类与自然的互相依待、互利耦合提供哲学基础，佛教宇宙图式论为生态共同体理念提供参照，佛教因果报应论符合生态循环的基本要求，佛教普遍平等观则直接论证了生态平衡原理，至于佛教环境伦理，实践表明是有利于生态建设的。阐扬和演绎佛教生态哲学思想，有助于提高人们的现代生态意识，推动中国生态现代化的进展。

小引

自18世纪进入工业文明以来，人类对生态环境的破坏日益严重。19世纪70年代，德国生物学家赫克尔提出了“生态学”这一名词。20世纪60年代以后，生态环境问题引起了人们的普遍关注，并逐渐从观念、理论和制度等方面

---

* 原载《文史哲》2007年第4期，《新华文摘》2007年第22期。

进行反思。20 世纪 80 年代德国学者胡伯提出现代化与自然环境互利耦合的生态现代化理论。生物之间、生物与非生物环境之间究竟应当是怎样的关系？人类究竟应当怎样对待自身以外的其他生物和自然环境？现代化与自然环境是一种什么样的关系？这是生态学说的基本问题，生态哲学就是从世界观、人生观的角度回答这些问题。

保护资源，保护环境，保护生态，关系到整个人类和地球的命运。努力把握人与自然之间关系的平衡，寻求人与自然的和谐发展，是保障可持续发展的基础。理论指导实践，思想支配行为。人类要处理好生态问题，就应当转变和端正生态理念。佛教是一个为一切众生提供解脱的宗教文化体系，其中蕴含着丰富的生态哲学思想。我们若从生态学的视角来诠释、演绎佛教的相关哲学思想，不仅将有助于丰富生态学说，而且也有助于提高人们的现代生态意识，推动中国生态现代化的进展。

一、佛教缘起论与生态构成

佛教修持实践是以追求人生精神解脱为目的，所谓解脱就是从种种烦恼中脱却开来，在精神上臻于自由自在的境界。这种修持解脱是以佛教所理解的宇宙人生真实为依据的，而宇宙人生的真实意义又是从缘起现象上作出的价值判断。释迦牟尼创立佛教时，印度思想界流行着两种因果论：一是认为宇宙是从一种总的原因转变、演化为复杂万象，是因中有果说；二是认为事物是多种原因积累而成，是因中无果说。佛教别树一帜，提出“缘起论”，主张一切现象都是由于互相依待、互相作用，也即由于一定的条件或原因而形成的。也就是说，既不是一因生多果，也不是多因生一果，而是互为因果。缘起是佛教对宇宙人生的根本看法，是佛教理论的基本观念。缘起论是佛教思想体系的哲学基石。

佛教《杂阿含经》卷第十对缘起思想的典型表述是："此有故彼有，此生故彼生。……此无故彼无，此灭故彼灭。"[1](第2卷，67页)此是彼的缘(条件或原因)，彼依此而起，彼也依此而灭。这是说，任何事物都因条件或原因而存在，都因失去条件或原因而消失。条件或原因又有主次之分，这分别称为"因"，指直接的主要的条件或原因，与"因"相对的"缘"则指间接的次要的条件或原因。由此在《杂阿含经》卷第二中，缘起又表述为："有因有缘集世间，有因有缘世间集；有因有缘灭世间，有因有缘世间灭。"[1](第2卷，12页)就是说，世间万法皆由因缘聚集而生起，也由因缘离散而消失。缘起展现为时空两个方面，从空间上看是一种有无状态，从时间上看是一种生灭过程。大乘佛教中观学派还认为，由于世界万有是依缘而起，不能独立决定自身的存在，要由因缘决定，因此是没有独立的自性，也就是本性是空即性空的。《中论》云："众因缘生法，我说即是无(空)。"[1](第30卷，33页)缘起涵蕴性空，缘起即性空，二者一体两面，相即不离。

上述佛教缘起思想包含了多重含义：

其一，条件互依——因果关系论。缘起现象决定于条件，由互相依待、作用的条件而生起，是个别条件相互关联的结果，是由"彼""此"构成的互相依存、互不分离的因果关系。也就是说，一切事物都是关系的存在，都是因果关系的存在，离开因果关系就不存在任何事物。《华严经》里有"因陀罗网"的说法，谓帝释天宫中有一张张持开来的巨大宝网，网上结附着众多宝玉，这些宝玉熠熠生辉，互相映发，形成为无限的反映关系。中国华严宗人进一步提出"因陀罗网境界"的法门，因陀罗网景象譬喻缘起万有间可以互相涵摄，以至于重重无尽地相即相入，而互不相碍。华严宗人还从哲学上把这种境界归结为

“事事无碍法界”。事事即种种缘起的事相、事物。事事无碍即一事物与其他一切事物之间互相交摄而不相碍。事物之间的关系是共同为缘的缘起关系，和谐关系，事物都无自性(空)，互不排斥，相即相入。

其二，生灭无常——事物过程论。佛教缘起论既讲“此生故彼生”，又讲“此灭故彼灭”，是生灭并举的。一切缘起现象都是依因托缘而起，因缘时时在变，因果关系时时在变，有生有灭，生生灭灭，没有常住性。这也就是佛教思想的重要命题“诸行无常”的意思，强调的是缘起现象随着因缘的状况而起伏，变化不停，成住异灭，无一间断。生灭无常是与缘相关、由缘的变动引起的动态过程，进而又可以说，缘起现象是一个过程，一切事物都是不断变化的过程。

其三，缘起性空——现象与本性相即论。一切现象的存在都依赖于因缘，因此是空虚无主，没有独立的自我、不变的自性，即“无我”的。佛教思想又一重要命题“诸法无我”，就是这个意思。此中的我，即指独立的实体、不变的自性。无我就是空，空性。由此可见，缘起的存在有两个层面，就存在的现象而言是有，就存在的本性而言是空。有与空统一于缘起事物之中，绝不相离，这也就是佛教所谓的“色(物质)不异空，空不异色；色即是空，空即是色”的意思。

缘起性空说还宣扬“空”成就“有”的思想。《中论》云：“以有空义故，一切法得成。”[1](第30卷，33页)这是说，空由缘生而来，空否定对缘起事物固定实体、不变自性的执著；空本身也不是实体。由于无实体，无自性，才能表示缘生的意义，进而才能成就一切缘起事物。事物若是具有固定实体、不变自性，就不是缘生，就不能缘起。也就是说，若没有空，就没有缘生，就没有一切缘起事物。没有空也就没有有。实体、自性的非存在，即空为事物的缘生提供可能，而一切缘起事物是这种可能成为现实的表现。

从生态学视角来诠释上述佛教缘起论的思想，我们可以得出这样一些思想启示。诸如，由缘起论推导出生态是一定条件、原因互相依持、互相作用的结果的论点，由此又昭示我们：个人、人类和社会都不是独立存在的，而是与自然紧密相连的关系存在。损害自然，就是损害人类自身，破坏自然，就是破坏人类自身的存在。由此还昭示我们：如何防止人为的生态破坏，如何维护正常的生态平衡，如何完善相关条件、因素以利于生态提升，是人类应尽的职责，也是人类保护自身应尽的职责。缘起论所蕴含的过程思想则告诉我们，生态是随因缘条件的改变而不断变化的，人类应当预见这种变化，并参预其中，尽力防止生态的恶化，尽力推动生态的良性发展。至于缘起论排除缘起事物本性实有的思想，笔者认为这是把事物的条件性与真实性、现象与本性、相对与绝对对立起来，是难以认同的。但是，性空思想肯定了条件性与真实性、现象与本性、相对与绝对的差别，强调了事物的条件性、相对性、暂时性则有其合理的一面，事物的本性既有实有的一面，也确有空无的一面。就实践意义来说，“无我”论直接否定了人类中心主义，有助于破除人的优先性、优越感，提倡以虚怀若谷的心胸对待万物，这是有利于克服人与自然的疏离，增进人与自然的和谐的。

二、佛教宇宙图式论与生态共同体

佛教倡导从现实的苦难世界进入彼岸的幸福世界，并从平面与立体的角度描绘了宇宙结构图式，佛教具有独特的宇宙论的眼光和视野。

这是怎样的一个世界呢？

据中国佛教学者的有关著作《经律异相》、《法苑珠林》（两书均见

《大正藏》第 53 卷）和《法界安立图》（见《续藏经》第 1 辑第 2 编乙第 23 套第 4 册）论述的内容来看，佛教宇宙图式论的主要进路是：中国→南洲（南瞻部洲）→大地→三界→大千世界→佛刹。中国疆域广阔，有四水、五岳，居于南洲的东部。南洲为四大洲之一，是佛祖释迦牟尼教化的世界。四大洲为一世界，世界大地以须弥山为中心，外有多重山水。大地由水轮支撑，水轮由风轮支撑，风轮由空轮支撑。众生所居的世界有层次之分，称为三界：欲界，为具有淫欲和贪欲的众生所居；色界，虽脱离淫欲和贪欲但仍有物质生活的众生所居；无色界，是厌离物质生活而修持禅定的众生所居。世界是无限的，一千个世界名小千世界，小千世界的千倍为中千世界，而千倍的中千世界为大千世界。大千世界也通称为佛刹（佛土）。大千世界无限，佛土无边无量。

佛教还描述佛所居的世界，如阿弥陀佛的西方极乐世界和毗卢遮那佛的华藏世界，都是心无烦恼、幸福安乐、环境优美、生态和谐的世界，其中还突出强调了水质优良、矿藏丰富、鸟兽众多、林木茂盛、花草芬芳、空气清新等优美的、绿色的、无污染的自然环境（参见《称赞净土佛摄受经》），是佛国世界的本质属性。

佛教宇宙图式论虽然表现出历史与宗教的种种局限，但是作为古代宇宙论学说的历史遗产，其中也包括了某些合理的思想：第一，佛教宇宙图式论关于地理区域、空间结构及其多重层次、不同物体和不同生命在不同空间的分布，不同世界的相互影响和作用，以及对理想世界的描述，都是对世界生态的整体性、无限性、有序性的重要猜测，对于我们认识世界生态有着启示意义：人类与其他生物是互为一体的，物质与生命是互相关联的；第二，佛教宇宙图式论表现了超越人类和现世的思想立场，和人生向上不断追求的自觉与热情，反映了人类内心深处追求理想生存环境的共同愿望，这对于建构人类与自然和谐的生态世界也是有启迪作用的。

三、佛教因果报应论与生态循环

在缘起论的基础上，佛教还宣扬因果论。因指原因、因缘，果指结果、果报。《瑜伽师地论》卷第三十八云：“已作不失，未作不得。”[1](第30卷，502页)已作的因在未得果前不会自行消失，未作的因亦不会得果。此种因果之理，俨然不乱。宇宙万物都受因果法则支配。佛教进一步强调，作为因果律的一种表现方式是，善因必产生乐果，恶因必产生苦果。《佛说无量寿经》卷下云：“天地之间，五道分明。恢廓窈冥，浩浩茫茫。善恶报应，祸福相承。”[1](第12卷，277页)这也称为因果报应，是佛教用来说明世界一切关系和支配众生命运法则的基本理论。

因果报应，也作因果业报。“业”指业因，“报”是果报。因果报应的关键是“业”，业决定报应的性质。早期佛教的“业感缘起”论，就宣扬世间一切现象与有情众生的生死流转，都是由众生的业因所生起的。业是行为的意思，展开说分为三个方面，即身(行为)、口(言说)、意(意识)，合称三业。业的性质有三类：善、恶和无记(中性，非善非恶，不生果报)。佛教强调业是召感果报的力量，也称为业力。业力作为前世或前时所表现的行为招引结果的力量，由此而引起生死“流转”或解脱“还灭”(灭，涅槃)，也就是说，由于业力性质的不同，众生或在六道(六凡)中轮回流转，或是还灭，即修道证得涅槃，获得解脱。这是说众生行为的善恶不同性质带来两种不同趋向、前途：一种是流转的，不应当的；一种是还灭的，应当的。佛教强调众生应当变革流转的生活，开辟新途径，向上寻求真正的常乐我净，这种向上的自觉是因果报应思想对众生修持实践的本质要求。

佛教为了阐明因果报应论，还把缘起的万事万物概括为三类即“蕴”、“处”、“界”三科，并以此说明，人生现象是由主客观两方面交织而成，受因果观律支配的。蕴，积集之意。构成众生生命和周围环境的色、受、想、行、识五种要素的集合，称为五蕴。处，认识器官作用于被认识的对象的所涉处，即眼等六根与色等六境，合称十二处。界，界别。六根为内六界，六境为外六界，眼识等六识是六识界，合称为十八界。五蕴、十二处、十八界都说明人的生命主体和客观现象。这里我们以五蕴为例来说明人生现象的缘起。五蕴的主观客观两边分别是开头的色和最后的识，两边发生交涉作用的是中间的受、想、行。识与色的接触产生感觉、感受，不同感觉、感受决定思想，思想再决定意志、意向。在人生的这种五蕴缘起现象中间，客观影响了主观，影响好恶心理的形成，主观也摄取客观的资源来丰富自己的生活，并反作用于客观。好恶心理支配行为，行为变革对象。人的受、想、行是客观影响主观的结果，而变革了的客观是人的行为带来的结果。主客交织，形成为相应的互为因果关系，这种因果关系构成人生现象的基本内容，支配人生的前途和命运。由此佛教强调人们要端正思想，树立道德责任，按照因果报应原理，认识客观，对待客观，变革客观。

人生现象由主客观因素交织而成，而人既是个体的存在，又是社会群体的一员，这样人的业也分为两类：自业和共业。自业是自己个人造的业自己得果报，也称不共业；共业是众人共造的业，即具有社会意义的共同的业。共业召感共同果报，也称共报。这种由诸多众生所共同召感的果报，主要指众人的共同生存环境，包括社会环境和自然环境。由此果报也分依、正二报。正报是指由业所召感而得的众生身心，即个体生命的存在。依报是众生生活所依的国土、山河等整个环境世界。道世在《法苑珠林·三界篇·述意部》云："寻世界立体，四大所成；业和缘合，与时而作。"[2](卷第2，32页)世界由地、水、火、风"四大"所成；众生业力与因缘相配合，随时而作。正报、依报都是众生业力所得的果报。天台宗湛然在《十不二门》中还提出依正不二的思想，认为就佛来说，作为正报的佛身与作为依报的佛土是不二的，都归摄于一心。这反映了对主体生命与客观环境和谐统一的追求。

佛教因果报应论不是处在主体与客体的分离和对立中，而是在两者的相依和统一中来论述众生生命及其生存环境的。也就是说，就人类来说，人的行为是主客观因素作用的结果，而行为又召感主客两方面的报应。这是昭示人们，生命主体与生存环境虽有差别，但两者又是不可分割的不断运动的统一体。生命是生命主体与客观环境相互影响、作用的结果，而客观环境也是不断受到人类行为的影响、作用而改变自身面貌的。生物与非生物环境间通过能量流动和物质循环而相互作用构成了生态系统。因果报应理论包含着人类与环境互为因果，人类作为生态系统的一员通过自身行为而与环境融为一体的思想，这在客观上揭示了生命主体与生存环境的辩证关系，在生态学上具有理论参照意义。生态系统中生物与非生物之间存在着一定的运行机理和调控机理，而通过自我调节达到生态平衡即反馈调节是维护生态系统的主要方式和基本要求。佛教因果报应思想要求众生从事善业，要求人对自然的索求必须与人对自然的回馈相平衡，反对掠夺资源，破坏环境，符合生态系统的反馈调节要求。生态系统的自我调节有其一定的限度，超过一定的限度，就会引起生态失调，甚至导致生态危机。佛教劝导人类不要造恶业，就生态问题而言实有警世意义。

四、佛教普遍平等观与生态平衡

佛教把宇宙万物大别为两类，一类是具有生命的东西，生命指有情识(感情与意识)而言，原作“众生”，后作“有情”。一类是不具有情识的东西，如草木瓦石、山河大地等。佛教的两个命题——“众生平等”和“无情有性”，集中地体现了佛教的普遍平等观。

众生平等。佛教通常把众生归结为六凡四圣“十法界”(十界)。六凡，即凡夫的六个层次，由低到高是地狱、饿鬼、畜牲、阿修罗、人、天。四圣是四类证得圣智者，即声闻、缘觉、菩萨、佛。这十类众生虽有凡圣即迷误之别，迷或悟的程度也有所区别，但《法华经》卷一《方便品》宣扬“十界皆成”思想，认为十界的众生都能成佛。以《法华经》为立宗主要经典的天台宗更宣扬“十界互具”思想，认为从地狱界至佛界的每一界都具备其他境界，十界中任何一界，都具足十界。这是说，众生虽有不同，但又都具有佛性，这是无区别的。由于各界同具佛性，因此各界之间能够交渗互具。由于不同众生同具佛性，因此众生之间是平等的。众生平等包含人与人之间的平等、人与一般动物的平等、人与罗汉乃至佛的平等，其涵义是十分广泛的。

无情有性。天台宗人湛然在所作的《金刚錍》中，系统地论证了无情有性说，宣扬草木瓦石、山河大地等无情识的东西也有佛性。其论据主要有二：一是依据色心不二，即物质与心识相即不离的道理，提出众生成佛时，其生存所处的国土和环境也都同时成佛；二是从本体论的角度，以宇宙万有皆具同一的真如本体的观点，将宇宙万有的本性即法性与众生的心性等同起来，进而论证草木瓦石等也具有真如性，即佛性，也都能成佛。

禅宗有些禅师也主张无情有性说。所谓“青青翠竹尽是法身，郁郁黄花无非般若”[1](第51卷，441页)，是说翠竹是佛法之身，黄花是般若智慧，也就是称翠竹黄花都有佛性。苏轼在庐山东林寺曾作偈云：“溪声便是广长舌，山色岂非清净身?”[3](卷第17，1146页)此处溪声指东林寺山门前虎溪的潺潺流水之声，山色指庐山美丽的迷人景色。这里的广长舌和清净身是佛显现的形相。偈的意思是说水声山色都是佛身的显现，都有佛性。有的禅师还宣扬“无情说法”，如杨岐方会说：“雾锁长空，风生大野。百草树木，作大狮子吼。演说摩诃大般若，三世诸佛在你诸人脚跟下转大法轮。若也会得，功不浪施。”[3](卷第19，1230页)意思说，百草树木、脚下大地，自然界的一切都是诸佛的体现，都在说法。这也就是说，无情不仅有佛性，而且无情也就是佛身，也在弘扬佛法。

以上两方面的论述表明，佛教主张有情和无情，即宇宙万物都具有佛性，都是平等的，用现代语言来诠释，也就是世界生态的因子是平等的。这里的平等观念有两层认识意义：一是每一个生物和非生物都有生存的权利，这是一种自然权利，也是生态权利。由此又可作出这样的推论：只有这种权利得到维护，只有各个生命体之间、生命体与非生命体之间互相依持、互相作用，才能保证、维持整个生态系统的稳定和平衡。二是每一个生物和非生物都有内在价值——佛性。佛教认为，佛性是宇宙万物普遍具有的本性，是向上提升成佛的可能性，佛性对万物来说，并非此有彼无，也无高下之分。虽然，草木瓦石佛性之说是我们难以认同的，但是这种说法在客观上也提示我们，宇宙万物都有自我调节、自我革新、自我提升的内在机制，这是有助于尊重自然，敬畏自然，防止人为地践踏生态，破坏生态，从而推进生态的结构和功能的稳定的。

佛教的普遍平等观有助于提升人们的现代生态意识。比如在认同宇宙万物普遍平等理念的基础上，就能由平等心进而产生同情心、爱护心、慈悲心。佛教关于众生平等和万物都有佛性的主张，也直接否定了人类至上的观念，否定了人类有权征服自然的观念，把人们从人与自然绝对对立的主客二分思维框架中解放出来，有助于确立人与自然和谐、现代化与自然环境互利耦合的心理思想基础。

五、佛教环境伦理实践与生态建设

佛教是非常重视道德责任感的教派，具有丰富的伦理思想，其中也包含了环境伦理的思想因素。环境有社会环境与自然环境之别，这里所讲的佛教环境伦理主要是指人对自然环境、对自然界其他生物与非生物的行为规范和行为模式而言。

如上所述，佛教对人与自然的关系作了如下的定位：人是自然的一部分，是参与自然衍化的一部分，人不是绝对的实体存在，而是缘起关系的存在；人与自然万物是平等的，要尊重自然；人要有积极向上的自觉，要有道德操守，为完美生态作贡献。由此，佛教进一步形成了独特的环境伦理实践模式。

（一）破我执，断贪欲。“我执”，执著实我。佛教认为众生本是五蕴积聚而成，若妄执具有主宰作用的实体“我”的存在，并进而执著身外的事物为我所有，就会形成妄想分别，即为我执。我执被视为是万恶之本，谬误之源。我执在心理上表现为贪著之心及执取之欲望，在认识上表现为无明（无知），贪欲与无明成为众生不断轮回流转痛苦的根本原因。贪欲产生执取外物的意向，这种意向决定“业”即行为的性质，是一种以自我利益为中心的巧取物质、掠取自然的恶行。佛教破我执，断贪欲的主张，是为了灭除众生轮回流转之苦，获得解脱，客观上也有利于生态建设。《维摩诘所说经》卷上云：“随其心净则佛土净。”[1](第 14 卷，538 页)佛土的清净决定于心的清净，心的染净与环境直接相关。我们认为，欲望有不同的类别、性质，正常的、积极的、健康的欲望是进步的驱动力，反常的、消极的、贪婪的欲望则是一种破坏力量。佛教对于欲望的态度为人类如何正确对待自然提供了一种重要的参照，有助于排除人类的自我中心主义和单边征服自然的欲望，有助于排除贪欲，节制欲望，进而有助于自然环境的有效维护。

(二)不杀生、放生和护生。不杀生戒是佛教戒律中的首戒，即首要的道德规范。不杀生，指不杀人，也指不杀鸟兽虫蚁，还指不乱折草木等。广而言之，也就是不得杀害一切生命。同时，不仅自己不能杀生，也不能教唆他人杀生，甚至连起意杀生也是犯戒。不杀生戒，还不单指戒杀的行为、意念，也指不得持有杀生的器具。《大智度论》卷十三云：“诸余(余，疑为衍文)罪当中，杀罪最重。诸功德中，不杀第一。世间中惜命为第一。”[1](第 25 卷，155 页)认为杀生是最重的罪恶，不杀是第一功德。佛教不杀生戒的思想根据，一是万物互依缘生，同为一体，彼此平等，不能互相杀害；二是生死轮回观念把人与其他生命连在一起，这是更深一层的不杀生理由。佛教认为其他众生是自己过去世的父母等亲人，彼此具有“血缘关系”，怎能杀亲人呢？所以在佛教看来戒杀也是孝顺的一种表现。

佛教由不杀生戒又衍化出“放生”的传统。所谓放生是用钱买来被捕的鸟禽鱼龟等动物，将其放回山林湖池，使之重获生命自由。但是社会上也有一些不肖之徒利用佛教徒放生之机，滥捕野生动物出售牟利，破坏了山林江河的生态。佛教界反思放生带来的某些负面影响，在坚持放生的同时，又提倡“护生”，倡导运用各种有利于野生动物生存的手段、方式，积极保护野生动物。

一个以不杀生为首戒的宗教自然也是提倡和平、反对战争的宗教。战争不仅直接带来人类的互相残杀，而且也必然带来生态的严重破坏。佛教富有反对战争的传统，在当代，呼吁和平，制止战争，更是佛教的重要实践活动。

在阶级社会，不杀生戒的社会作用是非常复杂的，该戒对古代农业生产的作用也是多重的。然而从总体来看，佛教戒杀的主张，体现了生命的平等观和自由观，这是一种崇高的精神境界。佛教尊重生命、尊重自然的理念，不仅有助于维护生态平衡，而且也有助于培育人的平等心、慈悲心，进而也有助于和谐社会、和谐世界的构建。

(三)素食。佛教《大乘入楞伽经》卷第六云："凡杀生者，多为人食。人若不食，亦无杀事，是故食肉与杀同罪。"[1](第16卷，624页)这是说，人为满足口腹之欲而食肉是导致杀生的基本原因，要实行戒杀律，就要改变以动物为食物的肉食习惯，提倡以植物为主要食物的素食。这种饮食方式是实行戒杀的重要保证。佛教倡导素食，其主观动机，是恪守不杀生戒，培育修行者的善良慈悲心理，保护动物。从客观效果来看，不仅保护野生动物资源免遭破坏，也有利于恢复动物品种的多样性；肉食动物的饲养需相应的土地、饲料和水等，自然资源的消耗量大，素食来源植物的生长所消耗的自然资源相对较小，有利于土地和水等的节约利用与保护。此外，多食谷物蔬果豆制品菌类等食品，也确有益于人的身体健康。

(四)惜福、报恩。福，通常指福分，福气，是享受幸福生活的命运。佛教依据不断向上追求解脱的立场，认为惜福也是一种获得解脱的行为，强调要正确对待自己的福分，主张即使有十分福气，也只能享受二三分，甚至主张以惜福代替幸福。惜福就是要珍惜福气，要求人们正确对待消费、享受，要求节约衣、食、住、行等一切生活资源，合理使用和积极保护自然资源，树立正确的、适度的、节约的消费观。

在万物缘起而有和互相依存的思想基础上，佛教还提出“知恩报恩”的主张。在应报的多项恩德中，有互相联系的两项是报“天下恩”和“国土恩”。“天下”，相当于世界。“国土”，所在国的土地。天下和国土是众生的住处，生存环境。众生因获得天下、国土的自然资源与社会资源而生存，当知天下和国土的恩德，应当尊重、敬畏、感恩天地，尽力报恩。当代中国佛教提倡信徒积极参与环境保护，植树造林，美化环境，保护自然资源，竭力避免自然资源的透支，这也是报天下恩和国土恩的具体实践。

小　结

（一）长期以来，随着工业化、现代化的发展，人们对大自然的无休止的索取、掠夺、践踏，造成各类资源的枯竭，森林面积锐减，荒漠化面积扩大，物种消亡加速，全球气候变暖，乃至疯牛病、禽流感等疾病流行，地球已经越来越不堪人类需求的重负，越来越面临生态恶化带来的毁灭的可能，人类也面临着生态失衡后的死神威逼。严峻的现实，要求人们从根本上对人类的生活方式、价值取向和对待自然的态度进行深入反思，确立人与自然和谐相处、良性互动的两全其美的格局。

（二）佛教以超越人类本位的立场和重精神解脱的价值取向，观察和探究宇宙与人生的真实本质，从而以独特的视角，阐发了宇宙发生论、结构论以及人生规律和道德责任，为人类处理与自然的关系提供了另一类型的理念，为认识人类生活的意义、人类生命和其他生物的生命意义提供参照，有助于人们改变价值观念，调整生命方向，转换生活态度，缓解人与自然的紧张关系，增进人与自然的和谐，现代化与自然环境的互利耦合。

（三）佛教生态哲学为解决生态问题提供新的思路和启示，而要使之落到实处，落实于行动，还必须对佛教生态哲学思想进行缜密分析，揭示其合理而有效的因素，运用现代语言，结合具体实践，阐扬佛教生态哲学的合理思想，并广泛宣传、动员群众，变为群众的生态意识和自觉行动。这种转化工作是佛教生态哲学思想能否发生实际作用的关键所在。

参考文献

[1][日本]高楠顺次郎等编，大正藏[M]，东京，大正一切经刊行会，1979。

[2]释道世撰，周叔迦、苏晋仁校注，法苑珠林校注[M]，北京，中华书局，2003。

[3]普济撰，五灯会元[M]，北京，中华书局，1984。

附记：在写作本文过程中，宣方同志提供了若干参考资料，特此致谢。

中国佛教心性论哲学范畴网络*

佛教心性论是着重阐述心与性的关系、心的本质以及心性的作用、意义的学说。从根本上说，就是论述人的本性的理论，即人性论。佛教教义最关切的问题是人类受苦的根源以及如何解脱痛苦的途径，而对解脱问题的探讨，始终是与主体精神世界（知、情、意）的核心即心性问题相关联的。佛教对于心性的意义，不只从它和烦恼的关系上去立论，而且更从具备所谓成佛的因素方面去阐扬。一般地说，佛教心性论具有心理自然、道德修养、宗教情感、宗教实践和万物本原多个层面的含义，涉及心理学、生理学、伦理学、主体论、价值论、实践论、境界论和本体论等广泛领域，是佛教学说，尤其是佛教主体价值论的根本内容。

从人类文明发展史的角度看，佛教心性论实质上是一种在主客观世界中追求自觉和自由的学说。这种学说在历史、地理和宗教等因素的制约下具有非常复杂的内容，而

* 原载《中国哲学史》创刊号，1992 年 10 月。

其中所反映出来的人在宇宙中的主体作用，人的主观能动性，人对主观世界的开拓和完善，精神对主客观世界的觉悟等方面的思维成果，同样蕴含着人类的深邃智慧，值得开发、借鉴。

中国佛教学者继承了印度佛教心性论的概念、范畴、命题和思想，并加以发展，进而构成了带有鲜明民族特色的复杂而庞大的佛教心性论体系。要从整体上剖析和把握中国佛教心性论思想，最根本的途径之一是找出心性论体系的哲学范畴，揭示其涵义与实质，并分析范畴之间的相互关系。也就是要通过研究心性论体系的思想元素及其相互关系，来把握整个体系的结构与内容。

中国佛教心性论哲学范畴网结是以心和性两大范畴为基点，向多方面展开的：心的内在外在展开，性的内在外在展开，以及心性的联结展开。这种辐射式的展开涉及了心性论的各个方面，从面交织成心性论不同层次的范畴网络结构。

心性是一，还是二？这是佛教内部长期探讨争论的问题。归纳起来大致有两种说法。一种认为心与性是既有区别又有联系的两种概念，心为性的载体，性是心的本质。另一种认为，心与性相通，心指本心，性指本性，本心与本性是一而二，二而一的概念，同指众生本有的不变的真实心性。所以“明心”和“见性”是一回事。讲心就是讲性，讲性也就是讲心。这两种说法也有共同之处，就是心性连说。心性是指心的本性，或指心即本性，需要精细地察别。为了叙述的方便，我们先将难以分开的心性姑且分为心和性两个方面来论述，然后再加以综合论述，以展现心性论范畴体系的基本面貌。

一、心范畴的展开

在中国佛教哲学中，“心”是一个极为重要的范畴，是主体性的标志，成就佛果的关键。多数中国佛教学者认为，心虽有认识区别事物的功能和作用，但心既不是一块白板，也不是一面镜子，而是人性(尤其是佛性)的真正承担者。因此，心也就是性，心性合一。人们应当返回自己的心灵世界求得自我觉悟，实现自我内在超越，成就自身的理想人格。下面我们将要通过心范畴的展开以展示有关心的含义、性质、类别、价值和功能的概念范畴内涵。

印度佛教所讲的心大约有以下一些不同的意义、指谓：(一)“肉团心”，即物质的心、心脏。(二)相对于物质(色)和肉体(身)而言，指“缘虑心”，即具有思考作用的心，也就是指精神活动中的意识活动与内容。(三)指“如来藏心”，即宇宙万物中的具有真实本性的真心。一些教派认为，众生就具有这种能开显自己佛身的自性真实心。(四)指核心、中心。佛教重要经典《般若心经》所标的“心”，就是取般若皆空的心髓精要之意。以上第一、第四两项不具哲学意义，也是佛教使用较少的。第二、第三，两项则具有哲学意义，与佛教心性论直接相关。又，上述第一、二项的区别是相对的，佛教通常视心为心理和生理两种成分组成的复合体，是意识及其“根”亦即相当于现在所说的心脑细胞的合成体。这种人体的心是动态的连续体，并非永恒的实体。印度佛教论心，其目的是为了对治众生，视心为一整个物事，以揭明心无独立的自体，从而破除神我观念。然而它又强调心的功能和作用可以扩展到无尽的方面，且能延展到人的寿命终了之后，这又使心带有实体性的意义了。

印度佛教通常把“心”的结构分为两个方面：心王和心所(心数)。心王是指六识或八识的识体而言，心所指从属于心王的种种复杂作明。前者是精神主体，后者是精神作用。前者从总体把握对象，是具有综合性的精神作用，后者则取对象的整体或部分，具有细微的精神作用。心王与心所的关系是，心所从属于心王，其作用也与心王相应而同时存在，至于二者如何相应，以及异同关系，则大小乘佛教各有异说。我国梁武帝把心分为体用两个方面，认为心的体是不变的、明净的，而心的用是变化的、污染的。

印度佛教还根据不同情况对心进行不同的分类，如分为二心、三心、四心、五心、八心乃至六十心等。其中有的又从不同角度再作出不同的分类。但最重要、最常见的是将心分为真心与妄心，这也是中国佛教学者所最重视的分类。真心与妄心也称为净心与染心、清净心与烦恼心。认为真心是自性清净而又恒常不变的心，妄心是虚妄不实而又生灭变化的心。中国佛教不同派别对真妄二心的说法也不尽相同。如地论师以第八阿赖耶识为真识(真心)，而摄论师则以前八识为妄心，另立第九识阿摩罗识为真心，楞伽师又会通上述对立的二说。又如《大乘起信论》提出一心而有染净二分的说法。也有持人心或真或妄一分说的。对于真心与妄心，印度和中国佛教不同派别赋予其不同的内涵，如真心是无烦恼，或不贪执，或不谋划等。妄心是烦恼，或贪执，或谋划等。真心妄心直接关系着所谓能否成佛的根据，因此佛教学者都极为关注这个问题。

真心除清净心外，还有菩提心、如来藏等同义的名称。菩提，是指断绝世间烦恼而成就涅槃的智慧，菩提心即是成佛的种子。如来藏，是指一切众生的烦恼身中，所含藏的自体本来清净的如来(佛)。如来藏虽含在烦恼中，但又不为烦恼所污染，具有本来清净和永恒不变的本性。中国佛教多数学者认为，真心即人心，是万有的本源，成佛的根据，因此最为重视真心。如禅宗的自心、本心、平常心和佛心诸说就极大地发展了佛教的真心说。所谓自心，即众生自身的心。所谓本心，是说众生的自心是本来如此，本来清净的。平常心是说众生当前的心本来就是觉悟的，这种具体而平俗闲常的心就是佛心。佛心是指即心是佛。可以说，禅宗的这种思想是佛教心性论的重大变革与发展。

以上是就心本身的内涵而展现出的一些重要范畴。根据佛典所述，由心向外展开的关系主要有四个方面：一是精神领域内部，心与意、识、神的关系；二是心与外界万物，即心物的关系；三是心与万物的理(本质、本性)的关系；四是心与佛的关系。

心与意、识。上面提到小乘佛教说一切有部认为心、意、识三者只是同义而异名，并没有本质区别。后来提倡八识说的大乘唯识宗则加以区分，认为“心”是第八识(阿赖耶识)，是产生一切事物的根本识。“识”指前六识，“意”专指第七识。心与意、识的关系是，心为精神的主体，意、识为精神的两种不同作用。意、识都从属于心主体。认为意、识的区别是，意是思维度量的作用，侧重于记忆、计量、执著，以我执为特征；识是了知识别的作用，通过分析、分类，对外境对象具有认知的作用，即以了别为特征。佛教不同典籍对于心、意、识三者的具体解释也不尽相同，对于三者与八识的相应关系说法也有区别。此外，识有广义狭义之别，有专指前六识的，或指第八识的，也有泛指全部心理活动的，如“万法唯识”的识即是广义的。

心与神。中国佛教学者一直主张神不灭论，尤其是东晋以来发生神灭、神不灭之争以后，更为明确坚定。认为精神与心不能分离，因此经常是心神连用。如若分开用，则心与神同义，神为心的别名。如说“妙神”、“妙识”、“神识”、“识神”，就是同指微妙的心。又如《宗镜录》说的“识精”即识知精明，就是指众生的真心。在中国佛学者看来，不灭的“神”即神妙的心，是众生成佛的主体。

心与物。一般地说印度佛教根据缘起论认为，心与物即意识与物质是相辅相成的关系，任何一方都不能单独存在，而且心与物都是空无自性的，表现了二元论与空论的倾向。大乘佛教唯识宗转而强调“唯识所变”，认为物质是意识的变现。所谓“唯识”有两重意义：一是不离，即万物都不离识而存在；二是人们所见的种种事物都是由于主观妄念所产生的种种差别、种种境相，表现出唯心论的立场。此外，佛教虽然并不主张心或意识是唯一的存在，但是由于佛教的宗教实践的需要和方法特征，总是特别强调心的主体性和整体性，而倾斜于唯心论。

中国佛教学者特别强调人心、真心是万有的本原，因而尤为突出心的作用。如天台宗有“心具三千”说。“三千”即泛指宇宙万物，认为宇宙万物都能存在于众生日常的刹那心中，强调万物摄于自心，高扬心的主体性、包容性的功能。禅师也说心是“物我同根”的根，无限广大的万物都不能置于自心之外，从这层意义上看，可谓“心外无物”，或者说“心即世界”。中国佛教主流派所讲的心既具有万物本体的意义，又是指个人自心的觉性、灵明、道德意识，并认为万物不能离开这样的心而存在，而这样的心离开万物也不能存在。

心与理。“理”，指事物的本质、本体、道理、真理。从心的本质出发思考，就会推演出心与理，即心与事物的本质是否同一的问题。中国唯识宗认为心与事物本质并不相同，心不完全等同于理。心与理是不一不异的关系，就是说二者既有区别又互相关联。天台、华严和禅诸宗认为，事物内部含有如实本性、本质，从而倾向于认为心与理是等同的，主张反本归源，求得解脱。这是三派与唯识宗的主要分歧所在，也是中国传统心性学说中争论的重大问题。

心与佛。一般来说，印度佛教认为众生心的本质是清净的，具有所谓成佛的可能，并有依心成佛的说法。但大乘唯识宗认为有一部分人(一阐提)，心地邪恶，断了善根，永不能成佛。中国佛教多数派别也认为众生都能成佛，热心宣传《华严经》的“心、佛及众生，是三无差别”的观念。如天台、华严和密诸宗就提倡这种思想，强调佛心与凡心为一，主张即身成佛。禅宗更进一步主张“即心即佛”，认为无论众生心，佛心，其心体无异，心即是佛，若不了解即心即佛的道理，就犹如骑驴而觅驴，不识自心是佛，也难以成佛。如前所述，后期中国佛教学者还以心去沟通儒佛道三教，强调心是能佛、能儒、能道的基础，是三家同道的根据。

二、性范畴的展开

佛教言“性”，多指体的意思，指本来具有的无所谓变的实体、本质。如“法性”为事物的实体、本质，“心性”为心的实体。性通常与“相”(形相)相对，有时性与相也可以互用，如“诸法实相”，即谓诸法实性。所谓性通常有三种意义：一是不变不改的性质，也就是本来具有、不依因缘而起的自存本性；二是各类事物所具有的性，“性分”；三是指绝对的真理，真实无妄的理性。此外，佛典中所讲的性，有时指德的意思。如善、恶和无记三性的性字就是德的意思，即指德性而言。性还指男女的爱欲。佛教认为这是妨碍修持的行为，所以出家信徒有“淫戒”之制，在家信徒有“不邪淫戒”的规定。只是到了后来，密教认许了爱欲行为的教说。我们这里所讲的性，是佛教通常所指的体的意义。上面提到，在佛教哲学中，心与性是紧密联系在一起的，这里要讲的性主要指心的性，心的本性、本质。在中国佛教尤其是禅宗看来，众生的本性是生命真正的主体，是众生的真正自我。性既离不开众生而存在，又被视为独立的绝对的实体；性是人之为人的根据，又是人之成佛的真因。下面我们以众生的本性、素质为中心来展开论述性范畴。

法性与心性。性，作为事物的自体本性，首先是指法性而言，如前所述，法性是指事物恒常不变的本质。心性是众生心的本性，实际上也可以说是法性的一种。心性虽以法性为基础，但又有所不同：法性是万物的本性、本源，心性是众生的本性、当体，也就是所谓成佛的真因(佛性)。佛教着重论述的是心性，但也时常论及法性，有的佛教学者还以心性代法性。

凡性与佛性。佛教认为宇宙间存在着凡圣两大生类，他们的本性各有不同。凡，凡庸，指凡夫。佛教通常是用来指六道轮回中尚未得佛法的有情众生。圣即圣者，指以佛为代表的得道者。凡性是指使众生之所以成为凡夫的本性。对于凡性的内涵规定，印度部派佛教内部说法不一，大乘瑜伽派以烦恼、邪见而未证真理为凡性，认为只有永断烦恼、邪见才可成为圣者。佛性有两种意义，一是指佛陀的本性；二是指众生成佛的可能性、质地、原因、种子，在这层意义上，佛性被视同孕育如来(佛)的胎藏，所以也称“如来藏”。佛性、如来藏还被视为遍于宇宙的本体和万物的本源，又具有本体论和本源论的意义。中国佛教诸宗派曾就佛性的内涵与分类问题所进行的辩难，构成了心性论体系的重要内容。北本《涅槃经》卷七称，一切众生悉有佛性，凡夫以烦恼覆盖而不显，如若断除烦恼即显佛性。天台宗人还根据北本《涅槃经》卷二十八所说，谓一切众生无不具有三因佛性：正因佛性——事物实相的理体；了因佛性——观照的智慧；缘因佛性——功德善根，内外的条件。与此相关，中国佛教主流派十分重视“凡圣一如”即“佛凡一体”的观念，认为凡圣的本性、生命的本质并无区别，仅由于意知活动的迷悟而不同罢了。此外，唯识宗则主二佛性说，一是以众生所依的理体为佛性；二是以众生第八识中的无漏种子为行佛性，此佛性有的众生具有，有的众生则无，不具者永不成佛。

性净与性觉。佛教对于众生的心性有净、觉二说，印度佛教倾向于性净说，中国佛教则倾向于性觉说。心性本净，是指人的心体本来是寂静、寂灭的，后起的烦恼虽能覆蔽心性，但不是心的本性。性净通常又分为两种；一是心性原寂静，没有杂染；二是经过努力修持，远离一切烦恼而得寂静。性净说始于原始佛教，然而大力倡说的是部派佛教中的大众部，后为大乘教佛性与如来藏说的源头。心性本觉，是指人的心体本来智慧光明、真实觉知，没有迷惑妄念。此说《大乘起信论》有系统的阐述。性净相对于烦恼而言，觉性则相对于愚痴而言，且直接与觉悟成佛相联系，由此并在成佛问题上引出一系列重大的新说。

性善与性恶。也作性净与性染。这是佛教对心性所作的又一道德价值判断。佛教认为恼乱身心不得安宁的烦恼是恶，要求得解脱，就应当断尽烦恼，证得菩提。烦恼与菩提是众生内心的一大矛盾。中国佛教多数派别持众生性善说，而天台宗人则主张众生和佛同具善，善恶是天然的性德，佛也不断性恶，一阐提也不断性善。性恶说成为此宗的重要特色。

性有与性无。性，指佛性。性有，指有佛性。性无，即无佛性。这是关于佛性的范围问题，曾引起佛教，尤其是中国佛教内部的长期争论。争论的焦点，一是众生是否都有佛性？一般是持肯定立场的，也有一种观点认为一部分人是没有佛性的。二是无情识的木石是否也有佛性？有的主张万物有性，有的则反对“无情有性”说。

性本有与性始有。这是关于佛性的形成问题，也是主张一切众生悉有佛性的教派内部长期争论的一个重大问题。本有说强调佛性常住不变，即佛性是众生与生俱有、本来固有的。始有说则认为佛性是众生经过修持而后有的，是后天修成而始有的。这种争论不仅直接涉及众生佛性的形成问题，而且也涉及对成佛原因、修持方法和成佛境界等一系列问题的分歧。

性的体、相、用。佛教通常将性分为体与用两个方面，而《大乘起信论》对众生心性的内在结构与功能提出新说，认为众生自心包含三个方面：一本体(体)；二所显现的相状、现象与特征(相)；三作用(用)。该书称此三者无限广大，故有体大、相大、用大的“三大”之说。

性与情。情，指情绪、情感，是人与外界接触感于事物而生起的带有冲动性的心理反应，通常指七情。佛教对七情的解释多种多样，一般来说，多指喜、怒、哀、乐、爱、恶、欲。七情中包括欲，即指欲望，其实情与欲应是并立的两个概念。欲有四欲、五欲，或六欲之说。如五欲指“财、色、名、食、睡”，即金钱欲、性欲、名誉欲、饮食欲和睡眠欲。性与情是两大心理现象，是心性论的两个重要范畴。佛教认为，性是本性，是本来寂静或本来觉悟的。情是心因所感而起的表现，是是非之主，利害之根。性与情既有区别又有联系。中国佛教学者有的以已发为情，未发为性，认为情是性阻塞不通的心理表现，并不是性的本质流露。佛教认为，如何调解感情，统御情绪，控制欲望不仅是一种生活艺术，心理的平衡术，而且也是直接关系到修持成佛的大问题。佛教一般都主张节制情欲甚至彻底灭除情欲，强调拔断情根，闻道见性。

性与理。这是与上文所述的“心与理”的问题密切相关的。理，是指法性，本质而言。亦即指合乎本性，顺通无阻，不为事物所累的真理、理性、理智。从心的本性来讲，性与理异同的问题是中国佛教各宗派讨论的大问题，也是儒学所探讨的大问题。竺道生早就提出众生见理与心性流露是一致的说法。中国佛教学者还以情与理分别为性的阻塞或顺通的两端，并称作天理与人情的对立，理与情构成了心性中的深层矛盾。有些中国佛教学者也和儒家学者一样，强调“穷理尽性”，主张以天理胜人情(欲)。

性具。性，指人的真实本性。具，具有、具足。前面所述天台宗的“心具三千”说和佛与众生同具善恶(“性具善恶”)说，即是“性具”思想。天台宗认为，人心的本性圆满具足宇宙万物，包括因果、迷悟、善恶的各种现象，彼此互不混淆，是为“性具”。所以此宗也认为，在修行中众生本性互具六凡四圣，既具有佛界的善法，也具有其他九界的恶法，佛与众生无根本区别。

性起。性，真实本性，指佛的本性。起，生起。华严宗人从佛果的境界说性起。认为在成佛境界上，一切事物都从性而起，也就是一切事物顺其真实本性而显现，并顺应众生的条件、能力而起作用。又，众生心中本来具足悟的本性，而当下显现万象，也称性起。

性具说和性起说分别是天台宗和华严宗的独特学说，着重讲的是心性的功能、作用，偏属于宇宙论、境界论和认识论的内容。

三、合　论

综上所述，佛教把心性视为存在范畴，并作出系统的展开与论述，是具有巨大的理论意义的。它阐述了什么是人的本质，什么是成佛的根源问题，从而为佛教的所谓成佛理论奠定了基础。心性理论还为佛教确立了道德主体论的立场，提倡众生返回自己的心灵世界，以成就其最高理想人格，这又具有宗教实践意义。

佛教对于心范畴的论述，主要是从三个方面展开的。一是从地位、功能、作用和结构的角度，把心分为心王和心所两个方面，并从理论上概括出心的体、用两个层次，或体、相、用三个层次。二是从性质上对心实体作出价值判断和价值分类，把心分为真心与妄心两类，或作净分与染分两类。真心与净心、清净心、菩提心、如来藏心相应，是所取角度不同而实质相同的概念。由真心又衍生出自心、本心、平常心的概念，并给佛教思想带来深刻的变化。至于阿赖耶识的真妄问题，即与真心、妄心的关联问题，在佛教内部也有长期的争论。三是从心与精神现象、客观事物、佛三者的关系展开。心与意、识二者的关系被视为体与用的关系。在中国佛教学者看来，神与心是同义范畴，并喜用妙神、妙识、神识、识神、识精的概念，以表述微妙的心。关于心与物的关系，主要有心物不二和唯心所变的命题。由心物关系进而又衍出心与物理，即物所含的道理的关系，中国佛教学者多倾向于心与理等同说。心作为成佛的主体与佛果、佛境的关系是非常重要的问题，中国佛教主流派持心佛不二、即心即佛的观点。

佛教对心性的性范畴所作的阐述更加丰富多彩。在类别上，把性分为凡性与佛性，并着重就佛性进行多方面的详尽的评述。佛性不仅被视为众生成佛的内在质地，而且被升华为宇宙万物的本源。在性质上，把性分为善、恶、无记(中性)三类，并着重论述性善与性恶的对立。从总体上说，佛教肯定人的本性是善的，因而有心性本净与心性本觉，即净(寂)与性觉之说，并成为佛教心性论的基调。中国天台宗人对性恶思想有所发展，提出了性具善恶说。佛教各派对佛性的存在范畴与形成问题分歧颇大，争论的焦点是众生是否都有佛性，动物以外的事物，如木石之类是否也存在佛性，佛性是怎样具有的，并由此又出现了性有与性无、本有与始有的概念。中国佛教学者不仅确定了性的体、相、用三要素的内在结构，还就性与情、性与理的关系作出民族化的阐述，出现天理人情和穷理尽性的说法。中国佛教宗派非常重视性的功能、作用。天台宗和华严宗联系佛教理想境界论和宇宙论，分别提出了性具说和性起说，禅宗则提出见性以成就佛境说，这都表现出了中国佛教心性论的理论特色。

根据上面对佛教心性范畴的论述，可列简表以展示心性范畴体系网络。表中的符号——表示直接展衍，……表示直接联系，—→表示两者相通或相同。表见下页：

在中国佛教心性论体系网络中，心、性、真心、妄心、阿赖耶识、平常心、佛性、善、恶、净、觉、情、理都是最重要的哲学范畴，也可称为基本范畴。所谓基本范畴是指具有决定性乃至终极性的地位，并且是其他概念、范畴、命题、思想的依据和支点。抓住上述基本范畴，无疑对于把握整个佛教心性论体系具有关键性功能。

上述基本范畴和其他一些范畴作为构成佛教心性论体系的要素，是众生修持得道获得解脱所必须把握的重要环节，因而都有独特的价值规定和功能作用，即和一般哲学范畴不同而有其自身的特殊性格。这些范畴具有以下的某一特性或几重特性：(一)道德性。心性是指人的心和性的关系问题，道德是关于人的行为规范问题，两者不同。而佛教心性范畴都有鲜明的道德主义倾向，它以善恶道德观念作为判断心性的标准，以去恶从善的道德主义方法作为心性修养的途径。佛教对于心所作的真心与妄心的基本分类，其真妄即善恶，净染也指善恶。真妄、染净、善恶都指价值而言。佛教以性善性恶为基本分类，并在此基础上派生出若干重要范畴。至于佛性，其实就是善性的一种形象化的表述。(二)绝对性。佛教为了论证和实现成佛理想的需要，赋予心性中正面成分以绝对、永恒的属性。中国佛教主流派都强调真心、善性、佛性、本觉是众生本有的、不变的、不改的，从而为众生都能成佛的理论提供了坚实的基石。(三)相对性。为了论证和实现成

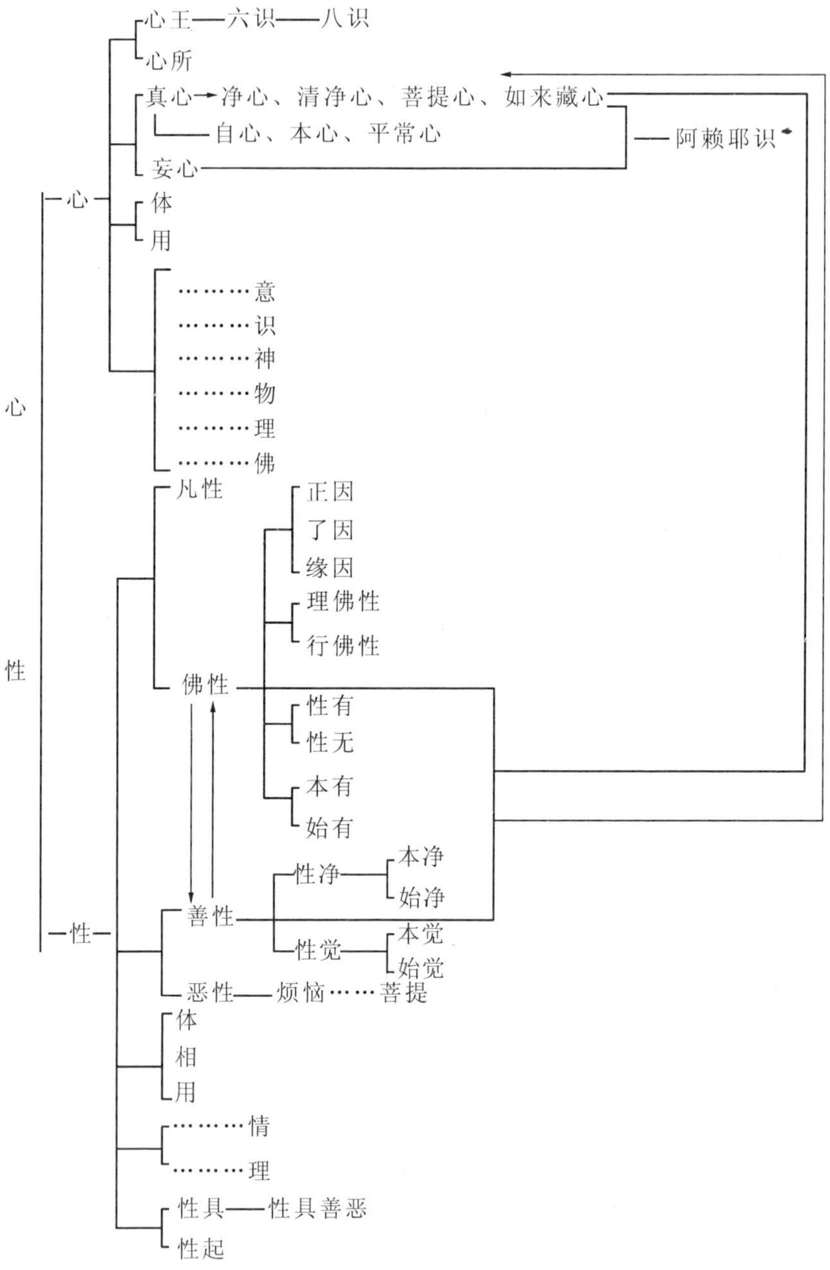
心
性
心
心王——六识——八识
心所
真心→净心、清净心、菩提心、如来藏心
自心、本心、平常心
妄心
阿赖耶识
体
用
意
识
神
物
理
佛
性
凡性
佛性
正因
了因
缘因
理佛性
行佛性
性有
性无
本有
始有
善性
性净
本净
始净
性觉
本觉
始觉
恶性——烦恼……菩提
体
相
用
情
理
性具——性具善恶
性起

佛理想的需要，佛教又赋予心性中负面成分以相对、可变的属性。认为妄心、恶性、烦恼都是分别相对真心、善性、菩提而言，是可以转化、消融的，是可以用以正克负，以善止恶的方法加以克服的。禅宗甚至认为，只要体证烦恼本空，也就是当一念烦恼产生时，能及时觉察，以正见观照它从缘而生，本无实体，本来清净，烦恼也就转为菩提。(四)自然性。所谓自然性是指顺其自然、自由自在的意思。禅宗所讲的自心、本心，尤其是平常心，都有顺从本心、本性自然发露的意义，以为人心本始状态的自然呈现就是佛。

佛教心性范畴体系也是庞大的结构功能系统。它的基本范畴以及其他范畴相互间存在着复杂的关系主要是：(一)逻辑性。如上所说，心性论以心与性两大范畴为主，分别从内在外在两方面展开，心和性又连结展开，通过派生、推衍、推理等逻辑地展示出不同层次的范畴，并构成了心性论范畴体系。(二)互释性。由于心和性存在范畴时而异义，时而同义的复杂情况，由心和性派生出的范畴，有的在内涵上是可以互相解释、通用的。如真心不仅和清净心、菩提心、如来藏具有互释关系，而且和佛性也具有互释关系。(三)对立性。佛教的宗旨在于教化众生修持成佛。众生本不是佛，因而与佛构成对立两极；众生能成佛而又与佛构成统一两极，这就决定了众生心性的两重性、对立性；正面和负面、向上和向下。如众生心性中的真与妄、染与净、善与恶、自性与烦恼等就是。(四)圆融性。如上所述，佛教肯定众生与佛的统一性，而中国佛教尤其是禅宗更把这种统一性推向极致，主张即心即佛，实质上消融了对立范畴的矛盾，为众生的顿悟成佛、现身成佛提供了理论根据。

试析华严宗哲学范畴体系*

华严宗是在唐代形成的重要佛教宗派之一。它运用一系列哲学范畴来构筑宗教唯心主义体系，哲学理论非常丰富，哲学思辨达到了中国佛教的顶峰。探讨华严宗的哲学范畴体系，是一个有意义的新课题。本文试就这方面作一初步尝试。

从华严宗佛教哲学理论架构来看，它所特别重视和突出运用的范畴是法界（法性）与一真法界（一心）、理与事、性与相、一与多、一与一切、一念与九世、相即与相入。在这个范畴体系中，法界是范畴体系的始点，一真法界是终点，而理与事则贯通其中。法界与一真法界、理与事、性与相是整个范畴体系中的骨干范畴。性与相是和理与事相应的范畴。华严宗讲的“性”有性质和本性两重基本含义，而在三性中的遍计所执性又相当于现象的相，圆成实性则相当于本体的性。华严宗讲的相包含总别、同异和成坏三对范畴。由相的范畴又导引出一与多、一与一切的范畴。

* 原载《哲学研究》1985年第7期。

一与多和一与一切两对范畴的含义基本上是一致的。阐述事、相范畴的还有“十玄”和“六因”所包含的一系列范畴。下面着重简要地剖析这些范畴的意义和内容，并尽可能地揭示出这些范畴之间的内在关联。

(一)“法界”与“一真法界”

“法界”是华严宗哲学范畴体系的起点。“法界”，是梵文意译，印度佛教的常用名词，其含义很多，主要有四：一是，“法”，事物。“界”，分界、类别。“法界”，泛指各类事物；二是，指意识所缘虑的对象；三是，指事物的本原、本体；四是，成佛的原因、根据。华严宗人是在后两种意义上使用的。智俨和法藏均用以阐明世间和出世间的根源，法藏还把“法界”视为佛性，即成佛的内在原因。后来澄观系统地提出“四重法界”说，先把法界分为理、事两类，再推演出理事无碍和事事无碍两类，并把事事无碍法界归结为法界缘起的理论重心，视为认识的最高境界，

“一真法界”是指一切万有的“本源真心”。所谓“真心”是清净不坏、平等无差别的，它随缘不变，不变随缘，而展现万物。若果众生觉悟则现佛法净土，若果迷妄则现世法秽土。而迷悟所现虽有不同，但其本体则同属“一真法界”。《华严经》以性清净不坏、平等无差别之法界为“一真法界”。封建最高统治者对于《华严经》的“一真法界”的唯心主义思想十分赞赏，如《御制大方广佛华严经序》说：“盖闻万法唯一理，贯万古唯一心。心也者，万法之源，众妙之体，灵明不昧，清净空寂。”(见万有文库本：《大方广佛华严经[一]》)华严宗非常重视“一真法界”，而且越来越把一切万有和成就佛果归结于“一真法界”。智俨融汇空有两宗，提倡真妄唯识的观点。法藏根据《华严经·十地

品》的“三界虚妄，但是一心作[①]”的观点，在《华严经探玄记》第十三卷中列出十重唯识观，将阿赖耶识缘起和真如缘起统一于法界无尽缘起，倾向于一切唯心。法藏把“一真法界”视为“自性清净圆明体”，所以又称为“真心”、“净心”，还称为“如来藏”，认为一切众生本来藏有清净的如来法身，即先天具有的“佛性”，是为众生成佛的根源。法藏还认为心是形成万物的原因，他说：“尘是心缘，心为尘因。因缘和合，幻相方生。”“尘是自心现；由自心现，即与自心为缘。由缘现前，心法方起。”(《华严经义海百门》，见《大正藏》第 45 卷，第 627 页。以下引文凡引自《大正藏》第 45 卷，不再注明篇名和卷次)“尘”，客观事物。“心”，主观认识、心理作用。“心”是客观事物形成的基础(“因”)，心和客观事物相和合、相接触，形成世界种种幻相。法藏认为心为客观事物形成的原因，这是唯心主义的思想。这种思想的特点是，心还需和尘相接触而后形成幻相，从而表现出复杂的面貌。澄观也以“一真法界为玄妙体”，是宇宙万物所依之而起的性体。法藏力主一心为万物的本原，澄观则强调万物就是一心，由于心融万物，而成四种法界，也就是说，四种法界最终归结为一心。宗密把理法界归于本心，“理法界也，原其实体，但是本心。”(第 684 页)他还强调真心是本来觉悟的，是一切众生都具有的，“一切有情(众生)皆有本觉真心，元始以来常住清净，昭昭不昧，了了常知，亦名佛性，亦名如来藏。……但以妄想执著而不证得，若离妄想，一切智、自然智、无碍智即得现前。”(第 710 页)众生的心是灵知之心，是妙心，是佛性。一心是万有的本体，众生的本原。华严宗人把法界归于“一真法界”，即归于一心，而越来越陷入唯心主义的泥潭。

---

① 此系旧译本的译文，新译本译作“三界所有，唯是一心”。

(二)理与事

印度佛教《华严经》提出"理"与"事"相对的观念，作为"佛智"之一，以证明佛性是一个整体。然最早阐述"理"与"事"的关系的是《庄严经论》，而详加阐发的是《佛地经论》。唐玄奘在翻译《佛地经论》和《成唯识论》时，把"真如"固定为理体，从而使以往对"理"的含混理解得以确定。玄奘法相唯识宗为了说明佛教究竟解脱道理，即众生的本体"真如"要由迷境转为悟境，应用"理"和"事"来说明体与用、性与相的关系。认为"理"明显一分，"事"也清净一分，直到"理"全明，"事"纯净，就达到佛教实践目的，获得解脱。

华严宗人智俨用"理""事"来贯通和说明圆融无碍的学说。法藏也吸取法相唯识宗的思想，用"理""事"来阐明世间的一切现象和成佛的最高境界。华严宗人所讲的"理"不是指事物的规律，而是指事物的本性、本体。澄观说："理法名界，界即性义，无尽事法同一性故。"(第672—673页)"同一性"即共同本质。理法界是无尽事物的同一实体。"事"包含事物、事情、智慧、修行等复杂内容，而主要是指物质现象和物质作用。华严宗认为每一事中都含有十对内容：(1)教义：言教与义理。(2)理事：理体与事象。(3)境智：所观的对境与能观的智慧。(4)行位：修行与所得果位。(5)因果：修行与达到的境界。(6)依正："依"，依报，指众生所依处的国土；"正"，正报，指依住于正报国土的佛、菩萨和一切众生。(7)体用：体性与作用。(8)人法：主体与客体。(9)逆顺：逆法教化与顺法教化。(10)感应：随应不同根机的种种应化和感得应理的当机众生。每一事物的十对内容，同时相应，圆融无碍。

关于理事的关系，法藏肯定为体用、本末的关系，他说："事虽宛然，恒无所有，是故用即体也，如会百川以归于海。理虽一味，恒自随缘，是故体即用也，如举大海以明百川。”(第 635 页)理是体，事是用，体用相即。又说：“尘空无性是本，尘相差别是末。”(同上)“尘空无性”指理，“尘相差别”指事。理是本，事是末。后来澄观根据《华严法界观门》，在《华严经疏钞玄谈》第六卷中进一步提出十门五重关系的学说(见《续藏经》第 1 辑第 8 套第 3 册)。五重关系是：(1)相遍：“理”完整、普遍地存在于每一个“事”中，“能遍之理，性无分限；所遍之事，分位差别。一一事中，理皆全遍。”(第 652～653 页)这就是说真理不可分割，寓于每一事中。同时，“事”虽有分限，但全同于“理”，“有分限之事于无分限之理，全同，非分同。”(第 653 页)“事”以“理”为体，任何一微细的事物都摄无边真理。(2)相成：无“理”不成“事”，无“事”不成“理”，犹如由水而成波，由波而成水。(3)相夺：“事”是“理”的表观，是虚幻的，所以“事”应归属于“理”。万有唯有一理体，事灭则理显，此是由“理”以夺“事”。同时，“理”也不离“事”而存在，离“事”也无“理”，“理”也应属于“事”。“理”随缘成“事”而“理”隐，此是由“事”以夺“理”。(4)相即：由上述三层关系推知“理”与“事”相即，无差别的理体即差别的事象，差别的事象即无差别的理体，犹如水即是波，波即是水。(5)相非：一切事物本身自体的特质不变，各有差别，“理”非“事”，“事”非“理”，彼此相非不即，犹如水非波，波非水。华严宗通过理事关系的论证，以图说明物质世界的虚幻，本体世界的真实，两种世界虽有差别而又互相统一，没有矛盾，从而说明世俗生活和宗教生活并不截然脱节，众生和佛也是无障无碍的。

法藏在《华严经探玄记》第一卷阐述事事无碍的原因有十个：(1)“缘起相由故”：事物相对而起，是相对的。(2)“法性融通故”：万物一体。(3)“各唯心现故”：万物都是心的显现。(4)“如幻不实故”：非实体。(5)“大小无定故”：无固定性。(6)“无限因生故”：无尽的原因所形成。(7)“果德圆极故”：佛教性果至圆。(8)“胜通自在故”：具有绝对自由的神通力。(9)“三昧大用故”：禅定的巨大作用。(10)“难思解脱故”：不可思议的悟境所现。这是从事象分析和佛教修持两个方面去说明事事无碍的原因。

在上述十个原因中，法藏认为第一、二个原因最为重要，他将第一个原因“缘起相由故”再分为十义：(1)“诸缘各异义”：谓事物的体用各不相同，即事物的差别性。(2)“互遍相资义”：谓万物互为因缘，相资相待，任何一物皆遍于他物，即近于事物的普遍性。(3)“俱存无碍义”：谓上述差别性与普遍性具足而无妨碍。(4)“异体相入义”：异体的事物能够相容。(5)“异体相即义”：异体的事物能够相即不离。(6)“体用双融义”：体与用互摄，相融无碍。(7)“同体相入义”：任何一事物具足一切事物的本性，同体间相入无碍。(8)“同体相即义”：同体的事物相即不离。(9)“俱融无碍义”：异体同体相即相入，互融无碍。(10)“同义圆备义”：由具融无碍进而可知一切万有圆融无碍(详见《华严经探玄记》)。这是对佛教缘起范畴的具体阐发，是对事物之间的种种复杂关系的论述。

(三)性与相

和理事范畴相应的、同一层次的范畴是性相。“性”，通常指现象不依条件而是固有的永恒不变的本质、本原，常称为法性。“相”，通常谓由条件和合而起、呈现于人的面前，可以分别认识的现象，也称为法相、事相。

“性”是指体，同时也指性质。法藏吸取《摄论·所知相品》的三性思想，来阐明万物缘起的根据。他认为就事物的性质而分，每一事物都有三性："遍计所执性"，由于众生内心对各种现象的"虚妄分别"，以致"周遍计度"，普遍地对万事万物加以分别计较，用名词概念来确定各种事物的区别，并把这样一些对事物的区别执著为客观事物的真实存在；"依他性起"，"他"，指缘起的缘。谓一切事物依因缘而生起；"圆成实性"，一切事物的"实性"，和由对"实性"的认识而得的圆满功德。法藏又从本末两方面来考察每一种性，《华严一乘教义分齐章》卷四说："'真'(圆成实)中二义者：一不变义，二随缘义；'依他'二义者：一似有义，二无性义；'所执'中二义者：一情有义，二理无义。"(第499页)由"不变"、"无性"和"理无"三义的同一而立"本三性"的无异义。又由"随缘"、"似有"和"情有"的同一而立"末三性"的无异义。"本三性"是表示一切事物即真如，"末三性"是表示真如即一切事物，"本三性"和"末三性"也是相即一体的。也就是说，三性六义，举一全收，性无障碍，三性同一，三性一际。

在法藏的"三性六义"的学说中，包含了不变与随缘、似有与无性、情有与理无的对立观念，概括起来就是包含常与无常、有与无(空)的两对范畴，这些对立范畴是相对的、圆融无碍的。从哲学的角度来考察，"三性六义"学说，除了唯心主义之外，主要是体现相对性的思想，六义各各相对，而又互不矛盾，相对中包含绝对。在法藏看来，万物的相对性来自"三性六义"，每一性的相对原因，正是缘起说的理论前提。他也正是以这种理论来说明真如与万有、彼岸世界与此岸世界的融通无碍的。

关于"相"，法藏分为六种，并提出"六相圆融"的命题。《华严经》认为修行过程的不同阶段之间的关系具有"六相"。"六相"又是理解经文的格式。华严宗据此进一步提出一切缘起现象也具足六相的说法。

“六相”指总、别、同、异、成、坏。法藏说：“总相者，一含多德故；别相者，多德非一故，别依止总，满彼总故。同相者，多义不相违，同成一总故；异相者，多义相望，各各异故。成相者，由此诸缘起成故；坏相者，诸义各住自法不移动故。”（第507页）这是说，事物的全体是总相；事物的各部分是别相。事物及其各部分都由原因和条件和合而起是同相；各部分各自独立是异相。各部分和合成此事物，则此事物成是成相；各部分若不和合而只是各部分，则此事坏，为坏相。法藏在《华严金师子章》中以金狮子为比喻，谓狮子是总相，眼、耳等差别是别相。眼、耳等同一缘起而形成狮子是同相；眼、耳等各不相同是异相。眼、耳等诸根和合而成狮子是成相；眼、耳等各自独立而不和合为狮子是坏相。在《华严一乘教义分齐章》中，法藏还以房舍和椽、瓦为比喻，来说明六相。总、同、成三相，指全体、整体；别、异、坏三相，指部分、片断。前三相也指无差别，后三相则指差别。整体与部分、无差别与差别，相即相入，圆融无碍：离总无别、离同无异、离成无坏。总即别、别即总。同即异，异即同。成即坏，坏即成。这是用整体与部分、同一与差别、生成与坏灭三对范畴六个方面来说明，一切现象虽然各有不同，但是又都可以融合无间。

“性”与“相”的关系，华严宗认为是融通无碍的。佛教中观学派主张一切现象（相）无自性，是性空的，而幻想也是存在的。唯识宗认为一切现象（法相）无非是“唯识真性”的体现。华严宗也主张一切现象都无自性而空，幻相宛然而有，同时强调性相圆融，空有无碍。法藏说：“真该妄本，妄彻真源，性相通融，无障无碍。”（第499页）这是说，真妄互相贯彻，真包括了妄，妄中也可以看到真的源头。性是真，相是妄。性相互相贯通，圆融无碍，二者是同一的。

(四)一与多，一与一切

一与多，一与一切，还有一与十，是华严宗人在相同意义上使用的范畴。《华严经·初发心菩萨功德品》有“一切中知一，一中知一切”(第453页)的说法，华严宗人由此而宣扬“一中多，多中一”(“一中一切，一切中一”，“一中十，十中一”)，和“一即多，多即一”(“一即一切，一切即一”，“一即十，十即一”)的命题。一与多的范畴涉及本体与现象、“一心”与万有的关系，而主要是就现象与现象的关系讲的，即是和“六相”说密切相联系着的。法藏为了总结“六相”说作了颂文，说：“一即具多名总相，多即非一是别相，多类自同成于总，各别体异现于同；一多缘起理妙成，坏住自法常不作，唯智境界非事识，以此方便会一乘。”(《华严一乘教义分齐章》)“一”为总相，“多”是别相。一具多是总，多非一是别。多由于性同(体同)而成为总，各别(相)由于体异而显为同。这就是由总别联系到一多，总由别成，别即是总，同样一由多成，多即是一。法藏在《华严一乘教义分齐章》卷四等文中，还从两方面论证一与多的相入相即关系：一是就事物的“异体”关系来论证，如一与十，一作为十的基础，包含有十的因素，能使十容纳于内，为“一中十”，进而无一就无十，“一即十，何以故？若无一即无十故。”(第503页)同样，一是相对于十存在的，属于十的因素，所以说“十中一”，进而无十就无一，由此又说：“十即一，何以故？若无十即无一故。”(第504页)二是就事物的同体关系来论证，十由十个一组成，所以说“十中一”。再是，每个一的“自体”都是性空，是相同的，所以“十即是一”。同样，以十作为“自体”看，一的本身即含有十的“自体”在内，所以说，“一中十”。再是，一是构成十的因素，而一和十的“自体”都是性空，所以说“一即是十”。总之，在法藏看来，

“一全是多，方名为一；又多全是一，方名为多。”“一尘中显现一切，而远近彼此宛然。十方入一尘中，远而恒近；尘遍十方，近而恒远。”（第630页）

一与多是古代哲学史上极富有思辨性的问题，它反映了简单与复杂的数量关系。一是数目的起点，多是一的叠加，又一是一个单位，多是杂多。从“质的量”角度说，一与多是相对的，一中有多，多中有一。法藏从数量关系、因果关系、异同关系阐述了一与多的相容相即的关系，包含了比较丰富的人类认识成果。同时，也应看到，法藏对于一与多的论证，是为宗教实践提供理论武装，是为了说明整个佛教的全部教理和实践是一个整体，众多的学派、法门和整个佛教是一与多的相容相即关系；也是为了说明众生在修持中断灭惑障是一断一切断，成就功德是一成一切成，一位一切位，即通过个别法门，在一念中圆满成就悟解。

（五）一念与九世

华严宗人为了论证事事无碍，一多相即，还从时间方面作论证。法藏说：“刹那之间，分为三际，谓过去、现在、未来。此三际各有过、现、未来；总有三三之位，以立九世，即束为一段法门。虽则九世，各各有隔，相由成立，融通无碍，同为一念。”（《华严金师子章》）“三际”：三世。“一念”，即一刹那，极短暂的时间。意思是，刹那之间分为三世。三世又各分为三世，合为九世。九世各各不同，而又互相联系，相继成立，圆融相通，无障无碍，同在一念之中。九世即是一念，一念即是九世。《华严经义海百门》也说：“由一念无体，即通大劫[1]；大劫无体，即该一念。由念劫无体，长短之相自融，乃至远近世界，佛及众生，三世一切事物，莫不皆于一念中现。……经云：或一念即千百劫，千百劫即一念！”(第630页)一念和大劫同是无体而相即，时间的长短互融，由此世间和出世间、远近世界以及过去、现在、未来的事物都在一念中显现。

(六)相即与相入

这是华严宗人表述一切现象圆融无碍的两种形式，是体现无尽缘起主要特征的一对范畴。相即，就是不二，同一的意思；相入，是互相渗透，互相包容的童思。法藏在《华严一乘教义分齐章》卷四等文中，从体用、空有、自他、同异等角度来阐述相即相入范畴。

相即，是着重从体上讲的。法藏用“自他”、“空有”来阐述其含义，认为自他双方互废自己，或“废己同他”，或“摄他同己”，泯灭自性差别而同一于对方，称为相即。具体说是，在一切缘起事物中，“他物”是作为形成某物“自体”的条件而存在，这样，就“自体”来说，“他物”就失去了独立的自性，由此可以说“自体”是“有”，“他物”是“空”，这叫做“自”即是“他”。反之，由于某物的“自体”是由“他物”的条件所构成，离开“他物”，“自体”就不能成立，由此可以说“他物”是“有”，“自体”属于“空”，这叫做“他”即是“有”。相即又有同体与异体的不同，是分别指同体事物与异体事物的空与有的相即同一。

相入，是着重从用上讲的。法藏用“自、他”、“有力、无力”来阐述其含义，认为在一切缘起事物中，如果某物“自体”的力用强大，“他物”的力用消失，某物就具有摄取“他物”入于自身的优势。反之，

---

① “劫”，梵文音译“劫波”的略称，意为极其久远的时间。

“他物”的力用强大，也能摄取某物入于自身之内。自他双方根据作用的不同，可以互相容摄。同时，被摄取的一方虽入于他物之内，但并不失去原有的本性，不同于消失自性差别的相即关系，是谓相入。相入也有同体与异体的不同，任何一事物具足一切事物的本性，因而相入无碍，如同体相入，差异的事物互相包容，称为异体相入。

从中国佛教教义发展史来看，华严宗自我标榜为“圆教”，即自宗的教义是圆满无碍的，而其他宗派被判为是偏颇不正的“偏教”。华严宗不满意空宗的某些主张，以为心色皆无，一切皆空，那就有连成佛的根据和佛国天堂也逻辑地被否定的危险。他们也不满意唯识宗的某些观点，以为能变为境的识是真实的，而所变的境是虚妄的，这在理论上难以自圆其说。他们认为，最为圆满的说法是，客观现象是假，本体是真，同时本体和现象又相即相入，现象和现象也圆融无碍。他们以为这样就是摆脱了空有两宗的理论矛盾和窘境。其实，这种宗教教义的具体说法的变化，并不能解决矛盾，摆脱窘境。现象是怎样由本体派生出来的呢？真实的本体又怎么派生出虚假的现象呢？虚假的现象又怎么能和真实的本体圆融无碍呢？不同的现象之间又怎么能圆融无碍呢？华严宗人的以本体为真实，现象为虚假的客观唯心主义立场，必然导致一系列的谬误。或许他们也意识到这种种左右支绌的理论困难，后来就愈来愈强调本体就是“真心”、“净心”、“本心”，而且这种“真心”本体就存在于众生的心中。现象和本体的关系，现象和现象之间的关系，都在众生的心中解决，一切唯心，随心所变，这是求助于自我意识来解决矛盾，取消矛盾。华严宗的客观唯心主义理论遇到困难，就用主观唯心主义理论来解决，这样就始终是在唯心主义圈子内兜来兜去，因而也就不能真正解决困难，克服矛盾。

从中国古代认识发展史来看，华严宗的性起缘起理论虽然是神学唯心主义的，但是它在阐述宇宙生成和描绘宇宙图景时，也不时地透露出辩证的思想火花，比如普遍联系的观念，一体性、整体的观念和相对性的观念等。他们揭示了本体和现象，现象和现象之间的多重的复杂的联系，如果我们剔除宗教性的内容，就可以发现有值得认真总结的合理因素。他们把宇宙视为统一的整体，又强调万物的相对性，彼此相资相待、相入相即，这是曲折地反映了客观辩证法。华严宗的又一个理论贡献是，运用和阐述了一系列哲学范畴，丰富了古代哲学范畴史。他们通过理事、体用、本末、性相、一多、相即相入等范畴的阐发，程度不同地揭示了本质和现象、一般与个别、同一与差别、相对与绝对、整体与部分、原因与结果等若干对立范畴的内涵，这都是人类认识史上的积极成果，值得我们重视和批判地继承。

十分重要的是，在看到华严宗哲学思想的合理因素时，还应看到它的谬误，分析造成谬误的认识根源。华严宗宣扬宇宙万物由"一心"生成，宇宙是大调和的整体，"一即一切，一切即一"，而本体真实，现象虚假，众生应当超脱世俗世界，进入佛国天堂。这一华严宗基本义理是完全错误的。形成这种错误理论的原因很多，从认识论的角度来看，主要是：(1)把现象的变动性与真实性对立起来，进而把现象和本质割裂开来，是华严宗陷入唯心主义的重要根源。唯物辩证法认为，事物的本质和现象，是既有区别，又密切联系的。本质决定现象，现象表现本质，甚至连假象也是本质的表现。华严宗认为，既然现象是由因缘条件和合而成，是有生灭的，就是无自性的，不真实的，这是把现象形成的条件性和真实性对立起来。华严宗人还把本质规定为永不变化的绝对的东西，从而和不真实的现象对立起来，歪曲了本质和现象的内在联系，这样就错误地得出了本体真实、现象虚妄的唯心主义结论。(2)歪曲个别与一般的辩证关系，是华严宗无限夸大现象与现象之间的统一的重要根源。华严宗人看到了个别与一般是对立的统一，这是正确的。但是，华严宗人把一般(理)视为第一性的决定性的东西，把个别的事物说成是第二性的、虚妄的东西，从而陷入了唯心主义。同时，他们还以为一般是完全地包括一切个别事物(“理”遍于“事”)，而个别也能完全地包括在一般之中(“事”遍于“理”)，这样就必然导致夸大矛盾统一的“理事无碍”和“事事无碍”的结论。(3)片面夸大事物之间的同一性，导致华严宗人陷入“一多相即”的诡辩。华严宗人看到了事物的同一性和差别性的统一，但是他们不懂得世界是多样性的物质的统一，不同的事物都有自己的质的规定性，各有具体的特殊规律，是不能无条件地相入相即的。他们承认差别性，而又夸大同一性，实际上否认和抹煞了事物之间以及部分和整体的差别，陷入了诡辩。

华严宗宣扬唯心主义形而上学是宗教宣传的需要，也是唐王朝统治的需要。他们宣称“理事无碍”、“事事无碍”，是为了说明佛国净土和世俗社会、佛教生活和日常生活是相入相即的、圆融无碍的。“一即一切，一切即一”，一粒尘土中也有“佛国”存在，众生在现实生活中都可以进入“佛”的境界，从而把人们从苦难的现实引向虚无飘渺的天国。这样，一方面可以吸引更多的信徒，扩大本宗势力；一方面又可以减少反抗唐王朝的势力，以利于巩固封建统治。

华严宗的哲学理论在中国思想史上的影响是深远的。它的思维模式、论证格局，特别是一套常用范畴，如理事、性相、体用、本末、一多等，长期地影响着唐以来的思想发展。它的哲学思想的一些观点是尔后一些唯心主义流派理论的张本，如理事说与程朱理学是一脉相通的，而心包含无限空间和无尽时间的观点，又和心学的主观唯心主义有着思想渊源的关系。

禅宗精神*

——禅宗思想的核心、本质及特点

在中国佛教史上，禅宗是中国禅师依据中国思想文化，吸取并改造印度佛教思想而形成的颇具创造性的成果，在东亚思想文化史上产生了巨大的作用和影响。禅宗经历了准备、兴盛和衰落的过程，历史悠悠，流派众多。自达摩迄至道信、弘忍以来，有牛头宗的兴起和南宗北宗的对立，南宗内又有荷泽、洪州、石头等诸宗的竞起，洪州、石头两宗又衍出临济、沩仰、曹洞、云门、法眼五家的分立，门叶繁茂，家风各异，兰菊争艳，异彩纷呈。禅宗主流标榜不立文字，教外别传，直指人心，见性成佛。其间不同流派或云即心即佛，或谓非心非佛，或言即事而真，或称本来无事，还有诸如扬眉、瞬目、叉手、踏足、擎拳、竖佛、口喝、棒打甚至呵祖、骂佛等类机锋，其教学与禅修的方法还有语录、公案、古则、话头、默照以及云门三句、黄龙三关、临济三玄三要、四料简、四宾主、四照用、曹

---

* 原载《哲学研究》1995 年第 3 期。

洞五位等，五花八门，纷然杂呈，令人眼花缭乱，困惑难解。究竟如何认识禅宗？禅宗的根本精神是什么？这是研究禅宗首先遇到的重大问题。我想，若要解决这个问题，必须了解禅宗的思想核心、本质及其特点。

一

中国古代封建社会，以高度的中央集权专制和分散的自然经济为基本特征。自中唐以来，这种社会格局的内在阶级紧张、中央与地方摩擦、民族之间冲突，渐趋激化，适应破产农民和失意的士大夫的精神需要，禅宗获得了广泛的社会基础和普遍流传。禅宗为解救人生的苦难而产生，也在解救人生的苦难中发展，形成了一套人生价值哲学体系。禅宗思想体系包括本体论、心性论、道德论、体悟论、修持论和境界论等思想要素，其中最主要的是心性论、功夫论和境界论三大要素，分别阐明了禅修成佛的根据(基础)、方法(中介)和目的(境界)三个基本问题。从这三大思想要素的相互关系来看，心性论是禅宗思想体系的核心内容。

禅宗把自心视为人的自我本质，认为苦乐、得失、真妄、迷悟都在自心，人生的堕落、毁灭、辉煌、解脱都决定于自心。自心，从实质上说是本真之心，也称本心、真心，也就是佛性、真性，正如唐代道宣在《高僧传》中介绍菩提达摩新禅法时所说的“含生同一真性”，此真性为人人所平等具有。由此，禅宗在传法时讲“以心传心”，即师父不依经论，离开语言文字直接面授弟子，以禅法大义使弟子自悟自解，这也称传佛“心印”。“自心”是众生得以禅修成佛的出发点和根据，是禅宗的理论基石。

禅宗也以“自心”为禅修的枢纽，提倡径直指向人心，发明本心，发见真性，以体认心灵的原本状态，顿悟成就佛果。也就是说，禅修是心性的修持。从中国禅宗的发展来看，禅师们都把修持功夫专注于心性上，如达摩、慧可、憎璨重视坐禅守心，道信、弘忍重视“心心念佛”、“念佛净心”。牛头法融主张“无心”，也是心性的弹修功夫。北宗神秀的禅法，其弟子普寂归结为“凝心入定，住心看净，起心外照，摄心内照”。（见《荷泽神会禅师语录》）南宗慧能提倡单刀直入，自证于心，自悟本性。神会认为灵智是人心的体性、本质，强调开发灵智。马祖及其门下派生出的沩仰和临济两宗，提倡直指本心，强调平时的言语举动、日常生活表现都是本心的自然流露，由此而有屙屎放尿、著衣吃饭、走路睡觉、运水搬柴等都是佛事之说，认为都可以从中体悟真理。石头希迁及其门下衍化出的曹洞、云门和法眼三宗，重视一切尽由心造的唯心论，认为人的心灵是圆满完美的，只要心地自然，就会佛法遍在，一切现成。由此可见，虽然禅宗各派在修行的方式、方法、风格上各有不同，但是，或为了启导心地的开悟，或顺应心地的自然展现，或求得心灵的自由，各种禅修实践都围绕着心性进行，这是一致的。

禅宗还把禅修的目的、追求境界、成就佛果落实在自心上，强调佛从心生，自心创造（成就）佛，自心就是佛。如道信提出的“念佛心是佛”的命题，就是专念于佛，心心相续，以求心中见佛。如此，心与佛相融无别，佛就是心，心就是佛。神秀主张“离念心净”，并认为净心的呈现就是佛地。慧能宣扬“我心自有佛，自佛是真佛；自若无佛心，向何处求佛?”（《坛经》）“见自本性，即得出世。”（同上）认为人的自心、自性就是成佛的内在根由，就是佛的本性。成佛并不是另有一种佛身，众生的自心、自性就是佛。众生只要认识自我，回归本性，当即成佛。在慧能看来，佛就是众生原始心灵、内在本性的人格体现，就是本心、本性的觉悟者，并不是外在于众生的具有无边法力的人格神。慧能门下及其后来的临济、曹洞等五宗都宣扬“即心即佛”的思想，“即心”，此心；“即佛”，就是佛心，就是佛。认为众生当前的现实心就是佛之所在。有的禅师还强调“即境是佛”，“触境皆如”，“境”，指事、物。眼前的事物就是佛“真如”之所在。这是从理与事相即的角度，即把理事两边统一起来，以求禅境。这里的“理”是指性理，心性的“理”，性理是指一切事物的本质和根源。实际上就是以心性(佛性)与事境相统一，以事境为心性的体现作为禅修的境界。还有的禅师鼓吹“本来无事”、“无心可用”，这是强调人心本来是清净的，而心清净就是佛。所谓心清净就是从主观上排除执著佛法和万物为实有的观念，排除把心视为能实生佛法和万物的实有心的观念。可见，仍是“即心即佛”的变相。简言之，所谓涅槃，所谓佛，就是本性的护持，心态的复原，心灵的升华。

从上述禅宗的根据、方法和目的三方面思想来看，都是围绕心性展开的，心性是禅宗禅理的基础、禅修的枢纽和禅境的极致，心性论是禅宗思想的核心。研究禅宗，必须着重研究禅宗的心性思想。

二

从禅宗思想体系的内涵、结构、核心来看禅宗的基调是以心性论为基点，通过心性修持获得心性升华的心性学说，是一种摆脱烦恼、追求生命自觉和精神境界的文化理想。贯穿于禅宗心性学说、文化思想的本质内容是：自然——内在——超越。

禅宗吸取中国道家的“自然”观念来诠释人的生命自然状态、人的自性。道家把自然规定为万物的本质、本性，是不假人为、自然而然、本来如此的真实存在。“僧家自然者，众生本性也”。(《荷泽神会禅师语录》)禅宗认为,“自然”就是众生本性,也就是佛性。这也就是把佛性界定为自足完满、纯真朴实的生命本然。人的本性既然是自然的,也就是内在的,是内涵于人身的本质性存在,既非外在的神灵所赋予,又非通过超越经验、违背人性的作为所获得的,同时也是各种外在因素所不能消灭的。人的内在自性是生命的主体、成佛的根据。人的现实感性生活是自性的外在作用和体现,人转化为佛是自性的发现,是由此而生的精神境界的显现。人的自性是内在的又是超越的,因为内在本性是清净、圆满、纯朴、觉悟的,是离开一切现象,有别于人的外部表现的。如何实现超越?禅宗认为修禅成佛,就是见性成佛,就是向自己心性去体认,识得自性便成佛道,便是实现了超越。禅宗强调佛就在心中,涅槃就是生命过程之中,理想就是现实生活之中。这样,禅宗就把彼岸世界转移到现实世界,把对未来生命的追求转换为内心反求。由此禅宗反对舍弃现实感性生活扭曲自性去寻求超验,而是强调“佛法在世间,不离世间觉”(《坛经》),要求在日常生活中发现超越意义,实现理想精神境界。禅宗公案中的“世尊拈花,迦叶微笑”(《法演语录》卷下)就是提倡心灵沟通,要求会心体悟。禅宗要求以“饥则吃饭,困则打眠,寒则向火,热则乘凉”(《密庵语录》)中体会禅道,从“青青翠竹,郁郁黄花”(《祖堂集》卷三)中发现禅意。禅宗要求从青山绿水中体察禅味,从人自身的行住坐卧日常生活中体验禅悦,在流动无常的生命中体悟禅境,从而实现生命的超越,精神的自由。

禅宗提倡内在超越,这种超越意识的具体内涵是什么呢?我们认为包括了超越对象、超越方法和超越结果几个方面,这里着重论述超越对象和超越结果。

为了追求解脱,成就佛道,禅宗设计了一套消解人们心灵深处的紧张、矛盾、障碍，超越二元对立的方案。人是自然的一部分，又是从自然中分裂出来的独立实体，向往与自然同样具有永恒性、无限性，向往与自然的同一是人类最深沉、最根本、最强烈的内在愿望。生命现实与美好愿望并非一致，生命短暂与时间永恒、生命个体与空间整体、生命主体与宇宙客体等一系列人类所面临的矛盾，是禅宗的超越对象，超越目标。

人生短暂与宇宙永恒的矛盾最能激发人内在心灵的不安与痛苦。了脱生死大事是佛教也是禅宗的最基本目的。禅宗以“无生”思想来泯灭生死界定，超越生死的时间界限。“几回生，几回死，生死悠悠无定止。自从顿悟了无生，于诸荣辱何忧喜。”(《永嘉证道歌》)“无生”，指一切事物是无实体的、空的，由此也是无生灭变化的。这是要求转变观念，从生灭的现象中看到无生无灭的本质。生灭是短暂的，无生无灭是永恒的，从悠悠生死中了悟无生，就是在短暂中体认永恒，消除短暂与永恒的隔阂。

个体生命的认识和实践等多方面的有限性与宇宙空间的无限性的矛盾，也是引人困惑不安的永恒性课题。禅宗通过无限扩张个体心灵的作用来摆脱个体生命的局限，进而消除有限与无限的矛盾。“心境明，鉴无碍，廓然莹彻周沙界。万象森罗影现中，一颗圆光非内外。”(同上)这是说只要人的心境明净透彻，就能周遍宇宙万物，从而在内心实现泯灭内外的超越，使有限与无限在个体心灵中相即圆融。

由生命与万物、主体与客体的矛盾而引发的物我、有无、是非、善恶、真妄、苦乐等一系列的差别对立，是又一使人产生烦恼、痛苦的根源。这也是禅宗大师们所着力寻求解决的一大问题。他们继承道家的思想，通过直观宇宙本体(道、无)来寻求解决问题的途径。他们宣扬“本来无一物”(《坛经》)、“本来无事”以消解矛盾，称“体诸法如梦，本来无事，心境本寂，非今始空。……既达本来无事，理宜丧己忘情，情忘即绝苦因，方度一切苦厄。”(《禅门师资承袭图》)即一个人了悟万物如梦如幻，一切皆空，做到忘却情欲，超越自我，也就不存在生命与万物、主体与客体的对立了。为此，他们特别强调“无念”的重要性，“念”，指妄念，要求人们不被纠缠于种种差别的妄念所迷惑。

从上面的论述，我们可以看到，禅宗是通过心性、心理、认识、观念等范畴，即在主观精神领域转变生灭的观念，扩大心的作用，泯灭情欲，排除妄念等内在活动来消解人的基本矛盾，排除心灵的紧张，克服人的意识障碍，从而实现自我超越的。

实现自我超越，就会出现不同层次的超越结果：(1)在泯灭种种矛盾的禅修过程中，会使人的情感得以宣泄，烦恼得以排除，痛苦得到缓解；(2)禅修具有心理调节的功能，这种功能的增强，使得人们的心绪趋于稳定，心态归于平衡；(3)禅宗把涅槃理想落实于现实生活中，强调在日常生活实践中实现人生理想，这会使人居安乐道，使人满足、愉快、兴奋，平添生活情趣；(4)禅宗尊重宇宙万物自然本性的自发流露，又提倡从统一和谐的视角超越地审视宇宙万物，这会使人从对自然、对宇宙万物的感性直观中获得一种特殊的愉悦体验，即审美经验，从而极大地提高人们的生活意境；(5)禅宗超越短暂与永恒、有限与无限、主体与客体的对立，使人由悲叹人生短暂、渺小、孤独转而提升为体验不朽、伟大、和谐，从而提高人的主体地位，并把人格尊严高扬到极致；(6)在肯定人的主体地位和人格尊严的基础上，禅宗进一步确立人的内在本性与超越佛性的终极合一，从而使每个人获得真正认识和极终安顿：我是自然本性未曾扭曲的我，一旦对自然本性自我发现，整体体悟，我就与宇宙万物和谐共存，我就与宇宙同在，我就是佛。这些超越结果，禅师们自然会因根机差异和修持程度而有所不同，有的可能达到某个层次，或某几个层次，也有的可能同时达到上述全部超越境界。

三

禅宗的思想特点主要是相对于印度佛教、中国佛教其他宗派的差异性而言，禅宗内部不同派别的思想也有差异，这里是从总体上论述禅宗的思想特点，主要有：

1. 直指人心，不立文字。佛教其他各派都重视心性修持和经典教化在由凡转圣中的作用，禅宗却有所不同。它在心性修持上提倡单刀直入，径直指向当下现实的人心，体验清净本性，见性成佛。不重视经典和言教，废除坐禅，排斥繁琐名相辨析，否定绝对权威，反对偶像崇拜。这种简易明快的禅修道路和方法是禅宗思想的根本特点。

2. 成就理想，不离现实。其他佛教派别普遍地排斥现实生活，而禅宗却肯定现实生活的合理性，认为人们的日常活动是人的自然本性的表露，洋溢着禅意，人们要在平平常常的感性生活中去发现清净本性，体验禅境，实现精神超越。这种寓理想于现实中，在现实生活中成就理想的主张使禅修具有最为接近世俗生活的优长，具有十分明显的活用和实用价值。

3. 继承传统，不断创新。禅宗除继承佛教外，最重视结合中土固有的传统思想，是最典型的中国化佛教宗派。如它继承道家的道、无、自然、无为无不为等范畴、命题和思想，也和道家一样具有鲜明的超越差异、对立、矛盾的意识。同时，禅宗不仅创造了一系列生动活泼、丰富多彩的现实超越方法，而且又否定了道家“游于尘垢之外”的脱离现实生活的超越道路。如上所说，禅宗主张在现实的感性生活中实现心理、观念、精神的超越。禅宗是继承道家，又超越道家，这也是它的影响作用在唐末以来一时超过道家的原因所在。

综合以上对禅宗思想的核心、本质和特点的简要评析，我们似可以回答以下的问题：

1. 什么是中国禅宗的禅？中国禅宗的禅是一种文化理想，一种追求人生理想境界的独特修持方法，或者说是一种生命哲学、生活艺术、心灵超越法。

2. 什么是禅宗精神？回答是超越精神。超越是禅宗思想的本质，超越现实矛盾、生命痛苦，追求思想解放，心灵自由，是禅宗追求的理想目标，它如一条红线贯串于整个禅宗思想体系之中。

3. 如何评价禅宗？禅宗的修持方法、生活态度、终极关怀、超脱情怀，对于人的心灵世界、精神生活是有不可否认的正面意义的。在历史上，它对破产农民和失意士大夫、知识分子起到一定的思想解放作用，吸引了大批破产农民聚集山林，过着农禅并重的生活，同时，也深受一些思想家、文学家、艺术家的欢迎和赞赏，从而推动了思想文化的发展。在当前社会转型期中，出现了某种价值取向失衡，道德水准下降，拜金主义、享乐主义和极端个人主义盛行的倾向，我们若能重视吸取禅宗的超越精神的合理内核，无疑有助于端正人们的价值坐标和道德规范，提高人们的文化品位和精神境界。与禅宗的这种积极作用相联系，禅宗对客观环境和客观矛盾的悲凉超越，对物质生产和物质生活的消沉冷漠，则又是和人类的物质需求相悖的。我们认为，人们面对大自然大宇宙，也应当以现实的人文精神为主导，永不满足，不懈求索，依靠智慧与创造、知识与科学的力量，不断战胜苦难，求得人类幸福。如果精神上的自我超越，变成精神上的自我满足，进而丧失了进取精神、开拓精神与奋斗精神，是既不利于实现人生的价值与光华，也不利于推动社会的进步与发展的。

性净自悟[*]

——慧能《坛经》的心性论

慧能(公元638年～713年)与自达摩以来几代多是知识分子的禅师们的最大区别是，他给已流传百余年的禅法带来了十分明显的变化。达摩以来本以《楞伽经》为印证，到道信时就已开始采用《金刚经》等多种经典为典据，而慧能更以文句简单且又透彻地发挥无相、无住思想的《金刚经》来代替《楞伽经》，以摆脱烦琐名相的思想束缚，转而提倡单刀直入的顿教。

现在研究慧能思想的主要根据是《坛经》，此经是经过后人不断改订的，并不完全代表慧能的思想。但是，它大体上体现出慧能提倡的舍离文字义解，径直彻悟心源，以期一举断除人生迷惑的根本主张。《坛经》后为南宗传法的

---

* 原载《哲学研究》1994年第5期，又载《智慧的探索——中国哲学1995年》，上海，上海人民出版社，1996。

根据，影响极大。现存有代表性的《坛经》有四种版本①，其中敦煌本成书最早，相对来说也就比较近真。因此，以敦煌本《坛经》为根据来分析慧能思想也许是比较可靠的。下面，以敦煌本《坛经》②为主，重点揭示一下慧能心性论的范畴、内涵、结构和特点。借以窥视其心性论体系的全貌和实质。

一、心、自心、本心与自本心

《坛经》在论述有关心的学说时，运用的概念有心、自心、本心、自本心、妄心(邪心、毒心、迷心)和直心。揭示这些概念的内涵、结构与相互关系，是研究慧能心性论的重要环节。

“心”主要是指人们的心理活动、精神现象、个人的内在生命的主体。“自心”和“心”是内涵相同的两个概念，但在使用上，自心更显示出重视自我精神主体的语言色彩。《坛经》认为，人心的本来的原始状态是清净的，而人心的当下现状在觉悟的情况下是清净的，一般众生却往往是迷妄的。这也就是说，“心”的范畴里面，包含了“本心”和“妄心”的对立，也可以说心的内涵具有本心和妄心的两层结构。与此相联系，“心”的内涵还具有体和用的两层结构。

“本心”的“本”是本来状态、本来如此、本来清净的意思。“本心”也就是“净心”。所谓净即清净，所谓清净是指佛教菩提般若的智慧，

---

① 《坛经》本子，一是《南宗顿教最上乘摩诃般若波罗密经六祖慧能大师于韶州大梵寺施法坛经》，即敦煌写本《坛经》；二是唐僧惠昕编的《六祖坛经》，为第二个古本；三是宋初契嵩编的《六祖大师法宝坛经曹溪原本》；四是元代宗宝编的《六祖大师法宝坛经》，此本流行最广。

② 据日本1934年森江书店铃木真太郎、公田连太郎校订本，见石峻等编《中国佛教思想资料选编》，第2卷第4册，4～31页，北京，中华书局，1983。以下凡引该书，只注明《坛经》和各节序号。

“菩提般若之知，世人本自有之，即缘心迷，不能自悟，须求大善知识示道见性”（《坛经》一二）。这就是说，佛教的菩提、智慧、觉悟就是众生的本心，就是众生的心的本质。慧能十分强调“本心”的重要性，说“不识本心，学法无益；识心见性，即悟大意”（《坛经》八）。他还反复强调要“还得本心”、“契本心”（《坛经》一九、四十），也就是提倡人心的自我回归。由此看来，《坛经》所说的本心是心（自心）的深层内涵，是心的内在的本质，也正是在这个意义上，即从心（自心）的本质意义上说，心、自心，主要是指本心而言。而本心是包括人在内的、所有有情识的众生乃至菩萨、佛普遍具有的，可称为宇宙的心。慧能是把众生普遍的心即宇宙的心与众生个体的心相合为一的。可以说，这也是慧能的识心见性，顿悟成佛的理论前提。

《坛经》认为，众生的心理活动、精神作用有两种不同的性质、方向和结果。“世人性本自净，……思量一切恶事，即行于恶；思量一切善事，便修于善行”（《坛经》二十）。这是说，众生的心有善恶即净妄、智愚、迷悟之别。因此，应当“自净其心”（《坛经》三五）。否则，有“妄心”、“迷心”、“邪心”、“毒心”将走入迷途。《坛经》还多次提到“直心”（《坛经》一四、三四、三五）这一概念。直心是指真直无虚假的心，这被认为是佛教修行之本，进入道场之路。慧能提倡行直心，以自净其心，回归本心。他的“但行直心，于一切法，无有执著”（《坛经》一四）的说法，促使后世禅师把禅法融会在日常生活中，进而形成一种任远自然的禅风。

《坛经》还从体用关系的视角来表述心的内在结构。它认为本心是心的体，现实在活动的心是心的用。用又表现为善心和恶心两类，善心与本心是一致的，恶心与本心是相违的。这就是说，心的体与用，既有一致性，又有非一致性的，严格地说，恶心及其行为不是众生本心的真实作用。但是，慧能又比以往任何禅师都更加强调本心就在众生当前现实心中，就在自心之中，也就是强调净心就在妄心之中。《坛经》说：“何不以于自心顿现真如本性。”（《坛经》三十）又说：“自色身中，邪见烦恼，愚痴迷妄，自有本觉性。”（《坛经》二一）甚至更明确地说：“净性在妄中。”（《坛经》三六）“淫性本是清净因”（《坛经》五三）。慧能认为本心与现实心，真心与妄心，虽然层次或性质有所不同，但彼此又是体用一如的关系，众生不应离妄另去求真，而是要即妄求真，或者说是即妄显真。这也就是“呈自本心”（《坛经》八）的禅法。“自本心”即众生自家的心，自家的本心，是众生自心与本心的统一体。慧能认为，呈自本心，即悟证佛法，也就可以成佛。

二、性、自性、本性与自本性

与心密切相连的“性”，在《坛经》中出现的频率最高，是全书的中心概念。“性”包含法和众生两方面，一是讲“法性”、“自法性”；一是讲“本性”、“自本性”、“真如本性”、“本觉性”、“菩提性”、“佛性”、“净性”。这两方面又在众生成佛的根源上统一了起来。

“性”，指一切事物的性质、本质。就众生来说，性是指生命的本质、主宰。性也称“自性”，“性含万法是大，万法尽是自性见”（《坛经》二五）。性含一切事物，或者说，一切事物都是自性的显现，这里讲的性就是自性。

与自性密切相关的“本性”也是《坛经》中经常使用的重要概念。按字义来说，本性即固有的德性。所谓本性主要是指本来具有的般若智慧。如说：“有智慧者，自取本性般若之知”（《坛经》四），“本性自有般若之智”（《坛经》二八），“菩提般若之知，世人本自有之”（《坛经》一二）。《坛经》又说：“无住者，为人本性”（《坛经》一七）。“住”，系缚。

“无住”是指心不执著于一定的对象，思想不受任何束缚，自由无碍，实质上这是般若智慧的体现。《坛经》强调所谓禅就是不执著外界事物的形相，以保持内在本性纯一、不乱。“见本性不乱为禅，……外离相曰禅，……外若著相，内心即乱，外若离相，内性不乱”(《坛经》一九)。慧能提倡“自见本性”(《坛经》一六)，而“见自本性，即得出世”(《坛经》四二)。强调众生若证见自我本性，也就获得解脱、成就佛果了。

《坛经》有时讲“真如本性”，有时讲“真如净性”。所谓真如本性或真如净性是指真实不变的本性，是强调本性的真实不变，实际上与本性是同一概念。和本性、真如本性相应的概念还有“本觉性”(《坛经》二一)。本觉是指众生先天具有的般若智慧。再是“菩提性”(《坛经》三六、三一)。菩提，就是觉悟、智慧、觉智，菩提性也就是觉性、本觉性，也就是真如本性。

上面曾引《坛经》“见自本性，即得出世”的话，该经还说：“但于自心，令自本性常起正见，烦恼尘劳众生，当时尽悟。”(《坛经》二九)这两段话的意思是一致的。文中的“自本性”是指众生自我的清净本性，它强调的是本性，同时又统一了自性和本性，强调自性的固有清净本性。与自本性相关的还有“自法性”的概念，自法性即法的自性，也称法性。慧能认为“自法性有功德”(《坛经》三四)，众生身上的自法性就有三身佛(法身佛、化身佛、报身佛)，“向者三身在自法佛，世人尽有”(《坛经》二十)。这里说的众生自法性也就是“自本性”，即众生本有的清净自性。

《坛经》也多次出现“佛性”这一重要概念。所谓佛性即“佛种性”(《坛经》三二)，指众生成佛的可能性、因性、种子。慧能强调佛性本质的永恒清净，谓“佛性常清净”(《坛经》八)，又强调佛性的普遍存在。显而易见，慧能所讲的佛性也就是众生的本性，也就是生命的本然。由此又可见，《坛经》也是用中国固有的自然主义思想传统来创造性地阐释“佛性”的，把佛性界说为人的本性、人的生命本然状态。这也就减弱了佛教的宗教精神，增加了人本精神，从而引发了佛教的面貌乃至实质的深刻变化。

在简要评介上述概念之后，我们还要对《坛经》的“自性”概念的含义、性质和功用作一比较集中、全面的论述，以便进一步把握慧能心性论的实质和特色。

（一）从《坛经》“自性”概念的性质方面看，归结起来，有以下五点：

1. 自性是清净性。《坛经》说：“自性清净”（《坛经》一八），“自性常清净”（《坛经》二十）。清净相对污染、烦恼、妄念、迷惑而言，清净性是清净、洁净的性，是无污染、无烦恼的性。

2. 自性是真如性。《坛经》称自性“即自是真如性”（《坛经》二七）。所谓真如性就是真实如此的本性。这是强调众生本来就具有真实如此的清净本性。

3. 自性是智慧性。《坛经》说：“本性自有般若之智”（《坛经》二八），这是认为众生的自性或本性是一种高级智慧，由此而能“心开悟解”，觉悟成佛。

4. 自性是空寂性。《坛经》认为众生应当“本源空寂，离却邪见”（《坛经》四二），这里讲的本源，也就是自性。自性是空寂的，离却如生灭、来去等多种邪见的。“性本无生无灭，无去无来”（《坛经》四八），“性”是无生灭、无去来的超越时空的绝对品性。慧能的“菩提本无树，明镜亦无台；佛性常清净，何处有尘埃”的偈语（《坛经》六·八），就是认为：佛性的空无一物就是清净性。所以《坛经》又说：“净无形相，却立净相，言是功夫，作此见者，障自本性，却被净缚。”(《坛经》一八)清净是无形相，如果以净为相，把自性当作一种追求的具有形象的对象，就是一种执著，也就失去了清净性。

5. 自性是含藏性。《坛经》说：“自性含万法，名为含藏识。”(《坛经》四五)自性具有含藏万事万物的性质和功能，从这方面说，自性是含藏识，是包容万事万物的心识实体。

(二)从《坛经》“自性”概念的功能方面看，归结起来，有以下四点：

1. 含容万法。《坛经》说：“心量广大，犹如虚空。……虚空能含日月星辰，大地山河，一切草木，恶人善人，恶法善法，天堂地狱，尽在空中，世人性空，亦复如是。”(《坛经》二五)

“性含万法是大，万法尽是自性见。”(《坛经》二五)所谓“万法”包容四个内容：一是佛法；二是人的善恶行为；三是人转生的不同境界；四是自然界。即包括人间、地狱、佛境和自然界整个宇宙。“万法尽是自性见”，是说宇宙整体都是自性的显现。在慧能看来，众生的自性既能含藏也能显现宇宙万事万物；含藏主要是就众生对万事万物的认知意义来说的，显现是就众生觉悟时的境界意义上说的。而这两种意义的提升，无疑可以归结出以自性为宇宙万事万物本体的世界观意义。

2. 观照万法。《坛经》说：“自性心地，以智惠观照，内外明彻。”(《坛经》三一)意思是说，自性具有的智慧能观照一切，使内外都明莹透彻。众生“自性不能明”，是由于“妄念云盖覆”(《坛经》二十)。为了灭除妄念，当起自性智慧进行观照，“汝若不得自悟，当起般若观照，刹那间妄念俱灭”(《坛经》三一)。自性般若智慧观照的结果，也就是上面所说的在自性中显现万法。这又一次表述了自性的巨大认知功能。

3. 思量自化。《坛经》说："不思量，性即空寂，思量即是自化。思量恶法，化为地狱；思量善法，化为天堂。毒害化为畜生，慈悲化为菩萨，知惠化为上界，愚痴化为下方，自性变化甚多，迷人自不知见。"(《坛经》二十)"思量"，思念度量，也就是意识活动。慧能认为，众生的思量活动就是自性的变化，这种变化沿两个相反方向进行，思量恶法就变为畜生，甚至堕入地狱；思量善法就上升到天堂，甚至成为佛。这种种不同变化和不同结果，都是自性的作用。

4. 生三身佛。《坛经》说："向者三身，在自法性，世人尽有。……见自法性有三身佛，此三身佛从性上生。"(《坛经》二十)"三身"指法身、化身、报身三身佛。慧能认为三身佛就在众生的自性中，或者说三身佛是从自性生出的。他又说："三世诸佛，十二部经，亦在人性中，本自具有。"(《坛经》三一)"三世"指过去、现在、未来。"三世诸佛"泛指一切佛。"十二部经"，指所有佛经。这是进一步讲所有佛、所有佛法都是人的自性本来具有的。所以，慧能进一步总结说："佛是自性作，莫向身外求。自性迷，佛即众生，自性悟，众生即是佛。"(《坛经》三五)意思是，自性是众生成佛的根据，它具有生作佛的功能，关键是自性的迷悟，众生对本有自性的迷悟是众生或佛的分界。

从以上两方面分析来看，《坛经》所讲的"自性"是一种具有清净智慧和功德、超越各种具体规定而又圆满具足的宗教道德实体，也是内在生命主体，也是显示万事万物的本体。换句话说，自性不仅是众生意识、行为和命运的支配者，又是众生成佛的内在根据，而且具有显现一切现象的本体的意义。可以说，以自性为核心的《坛经》心性论，具有心理、道德、宗教、哲学等多重的意义。

从上述《坛经》给自性所作的本质规定来看，慧能是把理想人格和人类的原始本性、把应该和当然、把未来和现实统一了起来，这样，自性作为人心内在的完美的心性实体、道德实体，带有一种抽象的本质论形态，而其实质是一种先验的性善论。慧能认为众生的恶行是对自性的迷妄，并非自性的本质表现，他突破了以往禅学中的人性善恶二元论，而突出了人性的本净即至善的性质，进而把自性与佛视为等同意义的概念，自性悟即佛，佛即自性的人格体现。正如唐代柳宗元所指出的，慧能的禅法是“其教人始以性善，终以性善，不假耘锄，本其静矣”(《赐谥大鉴禅师碑》，《全唐文》卷 587，5933 页，中华书局影印本，1982 年 8 月版)。慧能禅法是由始到终都是性善，本其寂静，不另造作。

《坛经》说：“一切万法，本元不有，故知万法本因人兴。”(《坛经》三十)“故知一切万法，尽在自身中，何不从于自心顿现真如本性。”这是从人及其自心与万法的关系，从人及其自心为万法的本体的角度，强调自我显现自性的意义。也就是以宇宙本体论为基础，进而为众生提供宗教觉悟，解脱成佛的实体根据。自性既是宇宙的本体，又是人类的本体。作为宇宙与人类共同体的自性，是众生成佛的唯一依据。自性的迷悟是凡夫或佛的分界，觉悟自性是众生的理想目标，由此慧能把成佛定位于众生内在主体世界的开发，排斥任何与人性相分离的异己力量的作用。十分明显，这是明确地以人自身为宗教实践的主体、依据、准则和理想，是对人的主体性的高扬，对人的主观能动性的肯定，对人的深层意识的开掘。

三、心地性王与心性同一

作为慧能《坛经》主要思想范畴的心与性，两者的关系是多方面的，归结起来是对立、统摄、依存和同一的多重关系。

《坛经》就心与性的关系作了一个“心地性王”的独特比喻：“世人自色身是城，眼耳鼻舌身即是城门，外有五门，内有意门。心即是地，性即是王。性在王在，性去王无。性在身心存，性去身心坏。”(《坛经》三五)这是以城喻人身体，城地喻心，城王喻性。意思是王是全城的主宰、主导，性是身心生命的绝对精神主体，性犹为地，所以名为“心地”。慧能认为性是心的主宰、主导，心是被性所统摄的。性是身和心即身体和心灵两个方面的维系者，性若离去，身心也就坏灭。这就是说，众生的身、心与性具有三重关系：一是身、心与性三者是对立的；二是性对心具有统摄的关系；三是身心对性具有依存的关系。“性在身心存，性去身心坏”，性可离开身心而去，可在身心坏灭的情况下独立永存，这里涉及形神关系问题。联系“法身离色身”(《坛经》三五)等说法，实是一种变相地宣扬形灭神不灭的思想。再从心地性王的比喻看，王无地也不成其为王，所以，性与心又有互相依存的关系。

慧能在强调心对性的依存关系的同时，也十分重视从心地开发本性，他说：“自心地上，觉性如来。”(《坛经》三五)“心地无非自性戒，心地无乱自性定，心地无痴自性惠。”(《坛经》四一)又说：“吾常愿一切世人，心地常自开佛知见，莫开众生知见。”(《坛经》四二)“知见”，见解。“佛知见”即佛的智慧。“众生知见”，是众生的世俗见解。这些话的意思是，性就是觉性、自性，性在心中。众生要在自心中做到无非、无乱，无痴，觉证本性，开显佛智。慧能这种心性论思想与原始如来藏说颇为一致。原始如来藏说认为，一切众生身、心中都隐藏着永远不变的自性清净的如来法身；慧能也认为众生身心中有觉性如来。如来法身与觉性如来、如来藏与性、自性，实质上是相同的，而且两种说法的运思路数也是相同的。

由性对心的统摄、心对性的依存关系又可以过渡到心性的同一关系。从《坛经》的思想内容来看，也经常是将心与性的概念等同使用的。这种心性同一的思想是在两种意义上说的：一是就众生的证悟的解脱来说，心与性是同一的。《坛经》说："识心见性，即悟大意。"（《坛经》八）"识心见性，自成佛道。"（《坛经》三十）所谓"识心"是不向外寻求，而直观自心。所谓"见性"，是无须分析思虑，而觉知自心具有的自性（佛性）。这里的直观自心和觉知自性实际上是同一修持功夫，同能达成佛的境界。王维的《六祖能禅师碑铭》把慧能的禅法思想归结为"举足下足，长在道场；是心是性，同归性海。"（《中国佛教思想资料选编》第二卷第四册，第75页，中华书局，1983年6月版）"性海"，指本性深广如海，即成佛之境。后两句是说，不管是识心还是见性，都会归于本性之海。这和上引《坛经》的话是一致的。由此可见，就众生成就佛道来说，心就是性，性就是心，心与性是同一意义的东西。二是就含容万物来说，心与性也是一样的。上引《坛经》关于含容万法的二段话，就是从一定意义上强调，万事万物都是心或性所显现的。这里，心性两者和万事万物的关系是相同的，两者实为同一精神实体。心性同一，也就是自心与自性同一，本心与本性同一，由此《坛经》第五三就有"自心自性真佛"之说，同经第一六又有"自识本心，自见本性"之论。

四、自心是佛与本性顿悟

《坛经》心性论的思想旨趣是论述成佛的根据、途径和方法，主要是阐扬自心是佛与本性顿悟的理念，即单刀直入的顿教。

关于自心是佛，上面已经论及，这里再集中地加以简述。《坛经》第五二说："我心自有佛，自佛是真佛；自若无佛心，向何处求佛？"

同书第四二说："见自本性，即得出世。"这就是说，众生的自心，本性就是成佛的内在根由，就是佛的本体。成佛并不是另有一种佛身，众生的自心、本性就是佛。众生只要认识自我，回归本性，当即成佛。在慧能看来，佛就是众生原始心灵、内在本性的人格体现，就是众生本心、本性的觉悟者，而并不是外在于众生的具有无边法力的人格神。

《坛经》还宣扬"自心顿观真如本性"(《坛经》三十)，"言下便悟，即契本心"(《坛经》四十)，也就是"当起般若观照，刹那间，妄念俱灭，即是自真正善知识，一悟即知佛也。"这称作"本性顿悟"(《坛经》三一)。"本性顿悟"的要义有二：一是"但于自心，令自本性常起正见，烦恼尘劳众生，当时尽悟。犹如大海，纳于众流，小水大水，合为一体，即是见性。"(《坛经》二九)这里是讲见性的内容和意义，强调见性是本性生起正确的见解，使个体与宇宙整体合而为一，犹如小水大水，同归于大海，合为一体一样。二是讲见性的时间问题，认为众生运用般若直观，在一刹那间，灭除妄念，显现真如本性，契合本心，也就顿悟成佛。犹如乌云尽扫，日月自现，光明智慧，无所不照，而没有内外彼此的区分，不需积累，也不受限制，只要一念相应就得以呈现即顿悟的，以进入当下与本初、瞬间与永恒、个体与整体统一的精神境界。

在中国禅宗心性思想发展史上，《坛经》心性论思想占有最重要的地位。《坛经》宣扬自性清净，不假外求。众生只要现起般若智慧，一旦妄念俱灭，顿见清净自性，就能自成佛道。《坛经》着重把成佛的根据方法、途径和境界都设置在现实的人心之中，成佛在自心中实现，在现实生活中发现(不是创造)超越的意义，现实性即超越性。这也就是把对死后生命的追求转变为对内心的回归，把彼岸世界转移到现实世界。这就极大地提高了人们生命主体的地位，从而为冥思遐想，发挥主观能动性开辟了广阔道路，也为禅宗在中国的大发展奠定了坚定的思想基础。《坛经》的心性合一、心境合一、体用合一、形上形下打成一片的理论与实践，实质上是高扬一种宗教道德形上学的道路。这就为理学的形成提供了先行的思想素材。理学开出道德形上学的路子，就是强调人心的仁义是与生俱来的生命自然，仁义之心，这种生命的本然仁义之心是义理之性，道德理性，是内在的；同时它又是价值源头，是超越的。在人的生命本然中，内在性即超越性。因此，对心性本体的追求在日常生活和道德修养中即可实现，这是学习禅宗又是超越禅宗。

论南顿北渐*

中国佛教的顿渐指修行者见悟道理的迟疾。所谓南顿北渐，指顿悟与渐悟，是慧能与神秀分别在南北两地弘传的禅法。本文追溯中国佛教晋宋之际的顿渐分野，依次论述重渐修渐悟之神秀系统，主顿悟渐修的慧能、神会系统，倡无修顿悟的洪州、石头二宗和五家，并从顿、渐学说的理论根据、运思理路、禅修方式和终极境界上概括了南顿北渐的特点。

中国佛教所讲的顿渐是指修行者见道悟理的迟疾，即时间的快慢、过程的长短而言。而见道悟理包括修持和觉悟两个方面，也就是既有修持的顿渐（顿修和渐修），又有觉悟的顿渐（顿悟和渐悟）。唐代禅学史上所谓的南顿北渐的顿渐是指顿悟与渐悟，为两种不同的觉悟方式和觉悟过程。顿悟是突然的、当下的觉悟，是不经次第、阶段而直下证入真理，契合真性的觉悟。渐悟是不断修习，渐次悟入，运用种种权宜方法，经历由低到高的阶段，进而把握

* 原载《世界宗教研究》2000 年第 1 期。

真理，体悟真性。史载：

> 第五祖弘忍大师在蕲州东山开法，时有二弟子：一名慧能，受衣法，居岭南为六祖；一名神秀，在北扬化。其后神秀门人普寂者，立秀为第六祖，而自称七祖。其所得法虽一，而开导发悟有顿渐之异，故曰南顿北渐。①

由此看来，所谓南顿北渐，是指慧能与神秀分别在南北两地传法的殊异禅风，是在开导发悟上的迟疾之别。慧能与神秀二系也称南北二宗："天下散传其道，谓秀宗为北，能宗为南。南北二宗，名从此起②。"

南北顿渐的分立，始于神会对神秀一系禅法的抨击："师承是傍，法门是渐。"③此后更形成争夺法统的紧张形势："顿渐门下，相见如仇仇，南北宗中，相敌如楚汉。"④从南北二系势力消长的形势来看，在7世纪下半叶和8世纪上半叶，神秀一系的禅风，几乎笼罩了中国北方，其势力与影响远在慧能一系之上。只是在8世纪中叶，尤其是在9世纪中叶会昌灭佛后逐渐衰退，约至9世纪末趋于衰亡。慧能一系到了8世纪，在南方迅速发展起来，马祖道一与青原行思等人尤其是临济、曹洞等"五家"，更把慧能禅宗推向一个新的阶段，更鲜明地

---

① 普济：《五灯会元》卷四，《荐福弘辩禅师》，上册，225页，北京，中华书局，1984。

② 赞宁：《宋高僧传》卷八，《神秀传》，《大正藏》第50卷，756页上。

③ 裴休问；释密宗答：《中华传心地禅门师资承袭图》，见《续藏经》，第1辑第2编第15套第5册，434页。

④ 宗密：《禅源诸诠集都序》卷上之二，《大正藏》第48卷，402页上。

张扬顿悟法门的禅风。马祖道一与青原行思二脉作为慧能一系的主要代表，后来日益成为中国禅风的主流，一直延绵至清朝。

以下，我们将论述南北二系“发悟”的根据、对象、方法和境界，并比较南顿北渐的异同。在此之前，我们还拟简要地追述一下晋宋之际的顿渐分野，并着重论述竺道生的顿悟说。

一、晋宋之际的顿渐分野

中国佛教的顿渐对立始于晋宋之际。东晋时的般若学者，一般都偏于以渐悟为基础的小顿悟说。他们把成佛的步骤、方法与菩萨修行的“十住”阶次联系起来，认为在菩萨修行的十个阶位中，达到了“七住”，也就是对“无生”①法有了坚定的认识，就是彻悟了，然后再继续修持下去，就能成佛。这是渐进式的顿悟，称为小顿悟。如支遁、道安、慧远、僧肇等都持这种观点。竺道生(？—434 年)不同，他认为“七住”内没有彻悟的可能，只有到“十住”的最后一念“金刚道心”，也就是具有了犹如金刚般坚固、锋利的能力时，一下子断尽一切妄惑，才能得到正觉，成就为佛，这叫大顿悟。竺道生的顿悟说，为一时的骇俗之论，是中国佛教学者创造的中国化新禅道。

竺道生把般若学和涅槃学结合起来，提出了顿悟成佛说。顿悟说的根据是一切众生皆有佛性，一切众生莫不是佛的思想。他说：“既云三乘是一，一切众生莫不是佛。”②又说：“以神通力接诸大众，皆

---

① “无生”，意为因缘和合的一切事物无真实性，或者说，没有有自性的实在东西在生。

② 《法华经疏》2 卷《见宝塔品注》，《续藏经》，第 1 辑 2 编乙第 23 套第 4 册，408 页。

在虚空，所以接之者，欲明众生大悟之分皆成于佛，示此相耳。”①道生认为，众生既具有佛性，且莫不是佛，那么，在大悟即顿悟时就能成佛。在竺道生看来，所谓成佛就是体悟真理。竺道生在《大般涅槃经集解》序文中说：“夫真理自然，悟亦冥符，真则无差，悟岂容易？不易之体，为湛然常照，但从迷乖之，事未在我耳。苟能涉求，便返迷归极，归极得本。”②慧达在《肇论疏》中也论及竺道生的大顿悟，说：“第一竺道生法师大顿悟云，夫称顿者，明理不可分，悟语极照。以不二之悟，符不分之理。理智恚释，谓之顿悟。”③这都是说，悟的对象是真理，而真理是完整不可分割的；悟的方式是冥符，冥符是直觉式的契合，是不二的。“以不二之悟，符不分之理”，那么，众生的觉悟只能是突然顿悟。竺道生说：“佛理常在其心，念之便至矣。”④又说：“一念无不知者，始乎大悟时也。……以直心为行初，义极一念知一切法，不亦是得佛之处乎？”⑤由于众生本有佛性，佛理常在心中，因此众生的觉悟就在一念之间。在一刹那间豁然开解，无所不知，这就是大悟，就是顿悟。

慧达在《肇论疏》中还论述了竺道生对“悟”与“信”的界定，文说：“见解名悟，闻解名信。信解非真，悟发信谢。理数自然，如果就（疑为熟字）自零。悟不自在，必藉信渐。用信伪（疑为伏字）惑，悟以断结。悟境停照，信成万品，故十地四果，盖是圣人提理今（疑为令字）

① 《法华经疏》2卷《见宝塔品注》，《续藏经》第1辑2编乙第23套第4册，408页。

② 《大般涅槃经集解》卷一，见《大正藏》第37卷，377页中。

③ 《续藏经》，第1辑第2编乙第23套第4册，425页。

④ 《注维摩诘经》卷第六，见《大正藏》第38卷，389页上。

⑤ 《注维摩诘经》卷第四，见《大正藏》第38卷，365页上。

近，使夫（疑为行字）者自强不见（应为息字）。”[1]这是说，竺道生认为，对佛理深有所得的见解是“悟”，听闻所得的佛教知识是“信”。悟解是真，信解是非真。然而悟解不能自然产生，必须依靠信解的积累，灭除妄惑，才能生悟。一旦发悟，顿成正觉，信解也就凋谢脱落了。这也就是说，竺道生认为修行是由信到悟的过程，由渐修到顿悟的过程，顿悟不是凭空而悟的。关于顿悟的境界，竺道生说：“悟夫法者，封惑永尽，仿佛亦除，妙绝三界之表，理冥无形之境。形既已无，故能无不形，三界既绝，故能无不界。”[2]这是说，修持者一旦顿悟，就能超越物质界和精神界，达到无所不在的精神境界。

大顿悟说是竺道生把佛教般若学空观与涅槃佛性说加以整合的新成果，就其独创性来说，主要体现了与中国传统思维方式的结合。竺道生冥符“理”的顿性说的理论进路，实是道家的复归自然，儒家的尽心知天，亦即返本归源的思路。也就是说，顿悟说是在中国传统思维方式主导下的产物。这表明中国传统思维方式对中国佛教学者的深刻影响，也表明顿悟说既适应了中国民族性格，又符合中国佛教信徒的修持要求。

二、神秀一系：重渐修渐悟

神秀（约公元606～706年）一系的禅法主渐修渐悟。神秀认为，戒行禅修都离不开心，并说众生的清静心是觉悟的基础。清净心是与染污心相对立而存在的，是透过超越的分解过程而显现的。在世俗生活中，由于众生本有的清净心为染污心所遮蔽，显示不出，因而不能

① 《续藏经》，第1辑第2编乙第23套第4册，425页。

② 《注维摩诘经》卷第二，《大正藏》第38卷，343页上。

觉悟成佛。神秀强调，应该拂拭、排除染污心的作用、影响，也就是要制伏、泯灭一切情欲和世俗认识，以显示出清净心的光明、寂静，这是一方面。另一方面是，众生还应当观心，即直观内省，以观照、觉察清净心的存在，来实现心灵自觉，这也就是“看净”。这两方面的禅法就是离念看净，或除妄显净。此系认为，排除俗欲，离开妄念，克尽染心，显露净心，是一个渐进的过程，有一定的程序，需要次第修行，才能达到。也就是说，神秀一系是修持规范化、程式化的禅法，是渐进的觉悟方式。

神秀弟子张说在描述神秀一系禅风时说：“其开(示禅)法大略，则专念以息想，极力以摄心。其入也品均凡圣，其到也行无前后。趣定之前，万缘皆闭；发慧之后，一切皆如。”[①]“息想”、“摄心”，就是要杜绝一切心思活动。这就是说，通过坐禅习定，闭绝思虑，心地和平，禅定生慧，一切也就如理(真理)如法(佛法)了。宗密也把神秀禅法归结为“息妄修心宗”，并将其特点总结为“拂尘看净，方便通经。”[②]“尘”，即不净，也称客尘，尘垢。尘埃能附着于他物，使之污染，烦恼也能染污心灵，故以尘垢喻指烦恼，“拂尘”也是比喻。“看净”是静坐观看象虚空一样的净心。意思是说，象拂拭尘埃不使染污才能保持事物(如镜子)的洁净一样，修持者也只有不断排除烦恼，观看净心，才能保持心灵本性的明净，这是渐修的方法。慧能《坛经》所

① 《唐玉泉寺大通禅师碑》，见《中国佛教思想资料选编》，第2卷第4册，351页，北京，中华书局，1983。

② 《圆觉经大疏钞》，卷三下，见《续藏经》，第1辑第14套第3册，277页。文下解释云：“拂尘者，即彼本偈云：‘时时须拂拭，莫遣有尘埃’是也。意云众生本有觉性，如镜有明性，烦恼覆之，如境之尘。息灭妄念，念尽即本性圆明，如拂尘尽镜明，即物无不极。”

载神秀的偈句“身是菩提树，心如明镜台；时时勤拂拭，莫使有尘埃”，[①] 正体现了“拂尘看净”的思想。“方便通经”是把禅修的方便法门与经教会通起来，即通过广泛援引和自由解说经典为禅法提供理论根据。

“息想”、“摄心”、“拂尘”，就是“离念”。神秀禅修的最主要法门就称为“离念门”。这是会通《大乘起信论》以“心体离念”为佛的本质而提出的。《大乘起信论》说：“所言觉者，谓心体离念。离念相者，等虚空界，无所不遍，法界一相，即是如来平等法身。依此法身，说名本觉。”[②]神秀一系就据此主张离念，以直观心灵的原本真实性。“念”，此指分别意识。念头，即“妄念”。“离念”就是不起念，消灭念，就是排除分别的意识、念头，如受赞叹不自喜，被打骂不怨恨等。离念也就是“无心”，心与虚空合体，无限广大，毫无执著，名“等虚空界”。离念也是恢复本觉，离念就是觉。总之，离念以后，心境虚空，广大无边。这就是“看净”，即观看一切事物都不可得。离念看净的结果，是“净心”。神秀在《大乘无生方便门》中说：“诸佛如来有入道大方便，一念净心，顿超佛地。”[③]所谓净心，就是对一切事物都不见不取不执著，能做到净心也就顿然达到佛地了。净心和离念是密切相连的，离念是“方便”、手段，净心是目的、目标。只有离念，才能净心。达到离念境地，就是净心的呈现。后来神秀的弟子普寂等

① 慧能：敦煌本《坛经》(六)，见《中国佛教思想资料选编》，第2卷第4册，6页，北京，中华书局，1983。

② 《大正藏》第32卷，576页中。

③ 《大正藏》第85卷，1273页下。

人把神秀禅法发展为“凝心入定，住心看净，起心外照，摄心内证”①之说。他认为入定看净是禅修的“方便”，也就是离念；外照内证是净心的体用。外照是因性起相，内证是摄相归性，体性与形相相即，是为净心的呈现，也就是进入佛地。

神秀还从“观心”的禅修角度出发，把念佛与“观心”融为一体，提倡“正念”念佛。他在《观心论》中说：

> 夫念佛者，当修正念。〔了义〕为正，不了义即为邪。正念必得往生净国，邪念云何达彼？佛者觉也，所为觉察身心，勿令起恶。念者忆也，谓坚持戒行，不忘精勤。了如来义，名为正念。故知念在于心，不在于言。……既称念佛之(之，原作云)名，须行念佛之体。若心无实，口诵空言，徒念虚功，有何成益？……念从心起，名为觉行之门；诵在口中，即是声音之相。执相求福，终无是乎？②

神秀强调，念佛在心不在口，应修正念，排除邪念。所谓念佛的正念是“觉察身心，勿令起恶”，“坚持戒行，不忘精勤”，这也就是把念佛与去恶从善，除妄显净的“观心”统一起来，神秀把念佛纳入了“观心”的禅修之中了。

神秀一系奉行以心为宗的禅法，不仅把念佛纳入“观心”之中，而

① 《荷泽神会禅师语录》，《中国佛教思想资料选编》，第2卷第4册，89页，北京，中华书局，1983。

② 《大正藏》第85卷，1273页上。

且“方便通经”，涉及多种经论。相传神秀门下的“五方便”门，① 就是依据五种经典，开显出五种方便法门：一是依《大乘起信论》而立的总彰佛体门，也称离念门。该论说心体离念而成佛。离念就无心，无心就无色，如此色心清净，是为佛体。二是依《法华经》开智慧门，经讲开示悟入佛之知见，通过无念不动，从定发慧，以开发众生本有的佛知见。三是依《维摩经》显不思议解脱门。因该经强调菩萨于不动中说法，定中有慧，是不思议，又说无思无想为解脱。四是依《思益经》说心不起离自性为正性门。该经说心不起即无心，无心即无境，要求从无心无境方面，即离开自性的视角去认识一切现象及本质(“正性”)。五是依《华严经》见不异门。该经讲一切存在无异(无差别)，若具有无差别的智慧，自然无碍解脱。“五方便门”的禅法表明，神秀门下对佛教经典，尤其是与《般若》相近的经典的重视，拓宽了依持经典的种类，扩大了禅法的范围；突出“离念”在禅修中的关键作用。由离念而无心，由无思无想而无色无境，由不异而无碍，由无碍而解脱，就是神秀一系禅修的基本理路。总之，这都是属于“渐”的禅修方法。

从上述神秀一系的禅法看来，虽然也有顿悟的思想，说一念顿超，悟在须臾，但更多的是讲渐修。他们强调离念，主张离妄乃真，而不是即妄而真，这就是认为禅修是一个渐入的过程。息想、摄心、拂尘，都是慢功，没有浪漫色彩。神秀一系主张运用种种方便，点滴领会，日积月累，逐渐贯通，最后豁然大悟。也就是说，神秀一系是采取渐修的修行方法，渐悟的觉悟方式，是在渐修、渐悟的基础上再跃入顿悟，或者说是积渐修渐悟为顿悟，这和慧能一系提倡的单刀直

① 宗密：《圆觉经大疏钞》卷三之下，见《续藏经》，第1辑第14套第3册，277页。

入，见性成佛的顿悟法门是不同的。

三、慧能和神会：主顿悟渐修

慧能的顿教主张，是针对神秀一系的渐教而建立的。他反复地对顿渐的意义及其根据作出重要的界说。他说“法无顿惭”①，“法即一种”②，“法无不一”③，这里所讲的“法”是就认识论上的本性而言，指每个人的自心都有不变的真如本性。慧能的话意思是，就禅修的最后根据，即每个人的自心都有真心来说，是无顿渐区别的，南北两宗都是一样的。从这层意义上说，“教即无顿渐”④，即无顿渐教法的区别。他还明确地指出：“世人尽言南能北秀，未知根本事由。……法即一宗，人有南北，因此便立南北。”⑤认为自己与神秀的心性理论基本是相同的，只是人在南北两地，便立南北两系。那么，为什么又言顿渐呢？慧能说：“何以渐顿，法即一种，见有迟疾，见迟即渐，见疾即顿。法无渐顿，人有利钝，故名渐顿。”⑥又说：“法无顿渐，人有利钝，迷即渐契，悟人顿修，自识本心，自见本性。”⑦这是说，人有利钝迷悟之分，根机有上下优劣之别，因而在彻见自心真性上也就有快疾迟慢的不同，这就是顿渐的根由。在慧能看来，所谓顿渐，就是见性的过程长短和时间快慢的区别。顿渐的区别实是由修行人的素质所决定的，利根，即素质高，悟道就快；钝根，即素质低，悟道就

① 慧能：敦煌本《坛经》[一六]。
② 同上书，[三九]。
③ 同上书，[三五]。
④ 同上书，[三六]。
⑤ 同上书，[三九]。
⑥ 同上书，[三九]。
⑦ 同上书，[一六]。

慢。慧能虽然强调人的素质高低对悟道的迟速起决定的作用，但又指出顿渐修证的基本准则——无相、无念、无住是相同的；另外，既有顿渐区别，相应地，修证方法也就有不同，慧能提倡“自性顿修”①，声称“惟传顿教法”②，这也就是说，慧能关注的是为利根人设计、提供的顿悟法门。

顿悟是慧能禅宗的根本法门。顿悟，悟什么呢？怎样悟呢？慧能提出了“于自心顿现真如本性”③的命题，认为顿悟的对象、内容是众生的真如本性。这种本性是含藏在众生自心里的。顿悟的方法是于自心顿现本性，也就是说，不是离开自心去觉悟，而是于自心上实现觉悟；不是改造本性后觉悟，而是本性显现就是觉悟。实现的方式是“顿现”，是顿然的，即刻就觉悟。《坛经》反复强调说：“若识本心，即是解脱”④，“见自本性，即得出世”⑤，此处所讲的“本心”与本性是同一含义的概念，故此《坛经》也说：“识心见性，自成佛道。”⑥慧能把众生的自心、本性与佛道三者沟通、等同起来，强调顿现自心的本性即成佛道，这表明他所重视的是如何使迷失在世俗情欲和一般认识中的心灵由迷转悟，直见自我本性，快速地显现众生本来具有的与佛相同的心性。

以心性本净，见性成佛为思想基础，在修持实践方面，慧能淡化了“戒、定、慧”三学中戒的重要性，并把戒定位为“无相戒”，“无相”

---

① 慧能：敦煌本《坛经》[四一]。
② 同上书，[三六]。
③ 同上书，[三十]。
④ 同上书，[三一]。
⑤ 同上书，[四二]。
⑥ 同上书，[三〇]。

是不具有相对的形相，“无相戒”是以离开一切定相的、坚固不坏的佛心为戒体的戒，是与禅合一的以见自性佛为内容的戒。慧能强调“以定惠（慧）为本”①，并对定慧作出新的解说。《坛经》云：“何名为禅定？外离相曰禅，内不乱曰定。”②扩大了禅定的范围。王维《六祖能禅师碑铭》说：“定无所入，慧无所依。”③定，并无固定形式，不限于坐禅，也不必念佛，只要心不散不乱，坐卧行住就都是定。慧，并无特定依恃，不是先有定而后有慧，定慧是一体的。这也就是“定惠（慧）等”④，定就是慧，慧就是定，实质上，这是否定了由定发慧，是以慧代定，突出了智慧在修持中的决定作用。《六祖能禅师碑铭》在叙述慧能的定慧思想后紧接着说：“大身过于十方，本觉超越三世。”⑤“大身”，即法身。这是以一心为法身，说此心的心量广大无边，犹如虚空。“本觉”，指众生先天具有的般若智慧，“超越三世”，就是顿悟。这是说，众生本来就具有般若智慧，人们只要一念心相应，就会实现顿悟。本觉的超越既不必要什么积累，也不受时间的限制。《坛经》[三一]云：“当起般若观照，刹那间妄念俱灭，即是真正善知识，一悟即至佛地。”若能生起般若观照，刹那间妄念俱灭，就是真正趋入佛道的人，再一念悟就体知佛了。“前念迷即凡，后念悟即佛。”⑥这是慧能对众生的警告与期待，从这句话来看，可以说，坐

---

① 慧能：敦煌本《坛经》[一三]。

② 同上书，[一九]。

③ 石峻等编：《中国佛教思想资料选编》，第2卷第4册，75页，北京，中华书局，1983。

④ 慧能：敦煌本《坛经》[一三]。

⑤ 石峻等编：《中国佛教思想资料选编》，第2卷第4册，75页，北京，中华书局，1983。

⑥ 慧能：敦煌本《坛经》[二六]。

禅、念佛、守心等一系列禅修方法，都只剩一念之转了，凡夫与佛的区别就在于一念之差，观念的转化成为禅修的根本。慧能为禅宗的顿悟说确立了基本观点。

慧能的禅修法门展现为“无念、无相、无住”三个方面。《坛经》[一七]云：

> 我此法门，从上以来，顿渐皆立无念为宗，无相为体，无住为本。何名无相？无相者于相而离相，无念者于念而不念，无住者为人本性。念念不住，前念今念后念，念念相续，无有断绝，若一念断绝，法身即离色身。念念时中，于一切法上无住，一念若住，念念即住，名系缚。于一切法上念念不住，即无缚也。此是以无住为本。善知识，外离一切相是无相，但能离相，体性情净，此是以无相为体。于一切境上不染，名为无念，于自念上离境，不于法上生念。若百物不思，念尽除却，一念断即死，别处受生。学道者，用心，莫不思法意，自错尚可，更劝他人迷，不自见迷，又谤经法，是以立无念为宗。即缘迷人于境上有念，念上便起邪见，一切尘劳妄念，从此而生。然此教门立无念为宗，世人离见，不起于念，若无有念，无念亦不立。无者无何事，念者念何物？无者离二相诸尘劳，念者念真如本性，真如是念之体，念是真如之用。自性起念，虽即见闻觉知，不染万境，而常自在。

上引“无念为宗，无相为体，无住为本”是《坛经》的实践纲领，是渐顿两种法门都要遵守的禅修准则。无念是不起相对的念相、分别心。慧能认为，人心是活动的，也是需要活动的，念就是心的一种动相。但念有净念与妄念之分，所谓无念，不是不起念，而是心应不起虚妄分别的念想。无相是不具有相对的形相，不执取对象的相对相、差别相。无住是指没有任何住着、执着的心灵状态。《金刚般若波罗蜜经》云："菩萨于法应无所住。"①"诸菩萨摩诃萨应如是生清净心：不应住色生心，不应住声香味触法生心，应无所住而生其心。"②强调不住着于任何对象、不执取任何对象。在禅修中不起妄念、不作分别相，不执取任何对象，这三者是密切联系的，同为般若智慧的要求、作用和表现，其实质是强调从主客体空寂的基础上实现主客体合一，以实现精神的超越。这也就是慧能提倡的禅修的根本方法——顿法。

神会（公元668，一说686～760年），是慧能晚年的弟子，荷泽宗的创始人，建立慧能禅宗的得力人物。他继承、弘扬和发展了慧能的顿悟法门，在禅宗史上占有重要的地位。

神会批评神秀一系的渐悟法门说，从菩提达摩以来"六代大师，一一皆言单刀直入，直了见性，不言阶渐。"③"性"，指佛性、本觉、净心。"见"，性的显现、发露。认为从菩提达摩以来，历代大师都讲一下子发露出性，顿时彻见佛性。显然神会是打着历代大师的旗号，推行顿悟主张。神会讲的顿悟就是"直了见性"，围绕这一中心思想，他还从十一个方面详尽地阐发了顿悟的意义："事须理智兼释，谓之顿悟，并不由阶渐，自然是顿悟义。自心从本以来空寂者，是顿悟。即心无所得者为顿悟。即心是道为顿悟。即心无所住为顿悟。存法悟心，心无所得，是顿悟。知一切法是一切法为顿悟。闻说空不著空，

① 《大正藏》第8卷，749页上。

② 同上书，749页下。

③ 神会：《答崇远法师问》，见《中国佛教思想资料选编》，第2卷第4册，112页，北京，中华书局，1983。

即不取不空，是顿悟。闻说我不著[著下脱我字]，即不取无我，是顿悟。不舍生死而入涅槃，是顿悟。”①以上论述都是“直了见性”思想的展开和具体化，其思想要点有四：一不是渐进式、阶段式的悟；二是心空无所得，包括事理兼释、心无所住、不取不空和不取无我，都是无所得的意思；三是即心是道，“知一切法是一切法”，也就是心合乎道的意思；四是“不舍生死而入涅槃”，意思是即身成佛。在这些顿悟义中，“自心空寂”，“心无所得”占有突出的地位，也就是说，所谓“直了见性”主要是要直了显现心的空寂性，做到心无所得。这是融会般若学空观和涅槃学佛性说的思想表现。

与“不舍生死而入涅槃是顿悟”的思想相一致，神会还明确地提出今生顿悟成佛说。中天竺梵僧伽罗蜜多三藏弟子康智圆和神会之间有这样的对话：“智圆问：‘一切众生皆云修道，未审修道者一生得成佛道不?’和尚答言：‘可得。’又问：‘云何可得?’答：‘如摩诃衍宗’，恒沙业障，一念消除，性体无生，刹那成道，何况一生而不得耶?”②神会认为大乘宗人，重重业障，一念消除，即顿悟佛道，今生成佛。这和印度佛教主张长期修习，逐渐成就佛道的思想，形成鲜明的对照。

怎样达到“直了见性”，实现顿悟呢？神会认为，应以“无念”为根本法门，从“无念”入手。宗密记述神会荷泽宗的教义说：

> 诸法如梦，诸圣同说。故妄念本寂，尘境本空。空寂之心，灵知不昧，即此空寂之知是汝真性。任迷任悟，心本自知，不藉

---

① 宗密：《荷泽宗神会禅师语录》[二一]，见《中国佛教思想资料选编》，第 2 卷第 4 册，87～88 页，北京，中华书局，1983。

② 宗密：《荷泽宗神会禅师语录·补遗》，见《中国佛教思想资料选编》，第 2 卷第 4 册，107～108 页，北京，中华书局，1983。

缘生，不因境起。知之一字，众妙之门。由无始迷之，故妄执身心为我，起贪瞋等念，若得善友开示，顿悟空寂之知。……故虽备修万行，唯以无念为宗。[①]

神会提倡“无念为宗”，神会的禅也称为“无念禅”。神会说：“不作意即是无念”，[②]“作意”，用心、注意，住心执取，是为虚妄。不作意即无妄念，也即无念。无念不是一切念都无，而是无妄念。神会在回答“何者是大乘禅定”时说：“不用心[不看心]，不看静，不观空，不住心，不证心，不远看，不近看，无十方，不降伏，无怖畏，无分别，不沉空，不住寂，一切妄相不生。”是大乘禅定。[③] 这里讲的大乘禅定和无念禅是一致的，可以说，不生一切妄相，就是无念。神会还进一步结合《金刚经》的无相理念来解释无念，他说：“不取于相者，所为如如。云何所谓如如？无念。……是无者(无下脱念字)，即是般若波罗蜜。……见无念者，名为实相。”[④]这是说无念即真如，即般若，见无念即为实相。这样，无念既是主体最高智慧，又是客体真实本相，是两者的合一。所以，神会又说：“法无去来，前后际断，故

① 宗密：《禅源诸诠集都序》卷上之二，见《大正藏》第48卷，402页下～403页上。

② 宗密：《荷泽宗神会禅师语录·补遗·与拓拔开府书》，见《中国佛教思想资料选编》，第2卷第4册，107页，北京，中华书局，1983。

③ 宗密：《荷泽宗神会禅师语录·补遗》，见《中国佛教思想资料选编》，第2卷第4册，108页，北京，中华书局，1983。

④ 宗密：《荷泽宗神会禅师语录》[一四]，见《中国佛教思想资料选编》，第2卷第4册，84～85页，北京，中华书局，1983。

知无念为最上乘。”[①]由一切存在本性皆空，故知无念是成佛的最上乘禅法。此外，据宗密上述所论，神会一面说无念，一面又讲灵知（空寂之知，般若直觉），主张“知之一字”为“众妙之门”，视知为心体本有，重视灵知的发露。这也是定慧等同思想的体现。

慧能和神会提倡顿悟，也讲渐修。《六祖能禅师碑铭》说：慧能“教人以忍”，并“以为教首”，就是教人忍耐，只正视自己的过失，不计较他人的错误，一心奉行“无相忏悔”，勤于修持。神会更发挥说：“夫学道者须顿悟渐修。……譬如母顿生子，与乳渐渐养育，其子智惠（慧）自然增长。顿悟佛性者，亦复如是。”[②]这是说，修持者顿悟后还必须渐修，就如母亲生出婴儿后，还必须用乳汁一点一点喂养，婴儿才能长大，智慧也才增长。宗密也说：“真理即悟而顿圆，妄情息之而渐尽。”[③]认为顿悟真理后，还要逐渐修持以灭尽妄情。顿悟渐修说影响深远。明代禅师德清在《答郑昆岩中丞》中说：“所言顿悟渐修者，乃先悟已彻，但有习气，未能顿净，就于一切境缘上，以所悟之理，起观照之力，历境验心，融得一分境界，证得一分法身，消得一分妄想，显得一分本智，是又全在绵密工夫，于境界上做出，更为得力。”[④]又说：“此之证悟，亦又深浅不同。若从根本上做工夫，打破八识窠臼，顿翻无明窟穴，一超直入，更无剩法，此乃上上利根，所

① 道原：《景德传灯录》卷28《京洛荷泽神会大师语》，见《大正藏》第51卷，439页中。

② 神会：《答崇远法师问》，见《中国佛教思想资料选编》，第2卷第4册，112页，北京，中华书局，1983。

③ 普济：《五灯会元》卷2《圭峰宗密禅师》，上册，109页，北京，中华书局，1984。

④ 憨山德清：《憨山老人梦游集》卷一，见《续藏经》，第1辑第2编第23套第2册，113页。

证者深。其余渐修，所证者浅。”[①]这也是说顿悟后需继续渐修，以息尽习气，渐进于佛境。又，德清也认为，在证悟上，顿悟为深，渐修为浅。这也是受慧能、神会思想影响的表现。

四、洪州、石头二宗和五家：倡无修顿悟

慧能以后，经门下南岳怀让、青原行思而各传马祖道一、石头希迁，分别形成洪州宗和石头宗，此后又经一二传而先后衍出沩仰、临济、云门、曹洞、法眼五家。这些后继禅家沿着慧能的“但行直心”，“不着法相”[②]的禅修之路，日益将禅的意味渗透到日常生活之中，形成了一种随缘任运的态度。与这种禅修的态度相联系，不少禅师还把慧能的顿悟法门推向极端，提倡无修顿悟法门，成为了禅风的主流。他们一方面排斥曲折漫长的禅修之路，提倡直截了当地把握成佛的根源——本心，在教学与体证上重视返照、返本工夫，以求一悟而发明心地，并认为念起即落，念头歇了，直下便是本心的显露。一方面又强调本心不是空洞的，日常的行住坐卧、见闻觉知都是本心的流露、表现、作用，这样，随顺自然的平常行为，就既是禅修的方法，也是禅修的境界。

马祖道一门下常用“顿悟法门”教人，如百丈怀海(公元720年～814年)就和门下有这样的问答：“问：‘如何是大乘入道顿悟法要？’师曰：‘你先歇诸缘，休息万事，善与不善、世出世间，一切诸法并皆放却，莫记、莫忆、莫缘、莫念。放舍身心，全令自在。心如木

---

① 憨山德清：《憨山老人梦游集》卷一，见《续藏经》，第1辑第2编第23套第2册，113页。

② 慧能：敦煌本《坛经》[一四]。

石，口无所辩，心无所行。心地若空，慧日自现，如云开日出。'"①“歇诸缘”，主观不“攀缘”外在对象。“休息万事”，主观不涉及一切事物。这也就是不作记忆缘念，“心如木石”一般不为万事所动，如此歇了念头，不被境惑，就能“心地若空，慧日自现”，显露心源，自是解脱。简言之，所谓顿悟就是妄想不起，显现本心。马祖道一的又一嗣法弟子大珠慧海著《顿悟入道要门论》载有：“问：‘欲修何法，即得解脱?’答：‘唯有顿悟一门，即得解脱。’云：‘何为顿悟?’答：‘顿者，顿除妄念；悟者，悟无所得。'"②强调只有顿悟法门才得解脱。所谓顿悟就是顿然泯除妄念，心一无所得，也是返归、显露空寂的心源。慧海又展开说明：“问：‘此顿悟门，以何为宗，以何为旨？以何为体？以何为用?’答：‘无念为宗，妄心不起为旨，以清净为体，以智为用。’……‘无念者无邪念，非无正念。’……‘念有念无，即名邪念；不念有无，即名正念。念善念恶，名为邪念；不念善恶，名为正念。乃至苦、乐、生、灭、取、舍、怨、亲、憎、爱，并名邪念；不念苦、乐等，即名正念。'"③说明顿悟法是以无念为宗，无念是无邪念，并不是无正念，所以无念也就是正念。正念不作有与无、善与恶等的对立分别，是破除对两边的执著，彻悟两边皆空，心无所得。正念也就是无念，就是顿悟，就是解脱。马祖道一另一弟子南泉普愿也以不起分别心为顿悟成佛的关键。史载，“南泉和尚，因僧问云：‘还有不与人说底法么?’泉云：‘有。’僧云：‘如何是不与人说底法?’泉云：

① 百丈怀海：《百丈怀海禅师广录》，见《续藏经》，第1辑第2编第24套第5册，401页。

② 《续藏经》，第1辑第2编第15套第5册，402页。

③ 同上书，421页。

'不是心，不是佛，不是物。'"[①]南泉的三句"不是"，史称"南泉三句"。这三句是说，当前对心、佛、物不起分别的心，即是觉悟的表现，是成佛的所在。这是不能以言说来表达的。心、佛、物是对立的三极，是众生成佛要面对的三个基点：心，即我，是追求成佛的主体；佛是追求的理想目标；物，即世界，是众生的生存环境，也是成佛必须直面、认识、对待的对象。主观意识不起三者的分别，把对立的三极视为统一的存在，即心即佛即物，三者互不相离。有这样的顿悟就是佛。这是从哲学的高度确立心与佛、心与物的关系，进而统一三者的关系，具有重要的理论意义。

马祖道一宣扬无妄想妄念，当下本心显现即是顿悟的思想，并进一步提出本心就是平常心的观点。他示众云："道不用修，但莫污染。……若欲直会其道，平常心是道。"[②]平常心即生活中所具有的根本心，也即见于平常的起居动作之心，是与禅道、真理一体的、不相离的。南泉普愿以此命题接化赵州从谂，故又作"赵州平常心是道"。史载："南泉因赵州问：'如何是道？'泉云：'平常心是道。'州云：'还可趣向否？'泉云：'拟向即乖！'"[③]"趣向"，即造作，违反了平常心的表现。相传赵州于言下顿悟，心如朗月。对此，慧开作颂云："春有百花秋有月，夏有凉风冬有雪；若无闲事挂心头，便是人间好时节。"[④]"平常心是道"这一命题，突出显示了平常的心与超越的道的内在统一，强调平常的行住坐卧，应机接物，都是真实的禅。日常生活中处处有禅，头头是道，物物全真。应该说，这是禅学思想的一大发展，

---

① 南泉普愿：《无门关》，见《大正藏》第48卷，296页中。

② 道原：《景德传灯录》卷二十八，见《大正藏》第51卷，440页上。

③ 南泉普愿：《无门关》，见《大正藏》第48卷，295页中。

④ 同上书，295页中。

为顿悟学说提供了新的理路和方法。“平常心是道”后来成为禅林中的习惯用语，影响很大。

马祖道一不仅高唱“平常心是道”，他还高扬“道不用修”的命题[①]。“道不用修”命题的意义是说：（一）提倡“自识本心”，不假外求。（二）强调“触类是道而任心[②]”。（三）排斥佛教的修持实践。下面略作论述。

禅学史上马祖道一点化大珠慧海的故事，生动地说明了自识本心，不假外求的禅法：

> “越州大珠慧海禅师，建州朱氏子。依越州大云寺智和尚受业。初参马祖，祖问：‘从何处来?’曰：‘越州大云寺来。’祖曰：‘来此拟须何事?’曰：‘来求佛法。’祖曰：‘我这里一物也无，求甚么佛法？自家宝藏不顾，抛家散走作么！’曰：‘阿那个是慧海宝藏?’祖曰：‘即今问我者，是汝宝藏。一切具足，更无欠少，使用自在，何假外求?’师于言下，自识本心。”[③]

由这个故事来看，马祖道一的“道不用修”，就是不用“抛家散走”向外四处寻求。因为“自家宝藏”“一切具足”。这个“自家宝藏”是什么呢？就是自我，就是自己的本心。马祖道一认为只要体认“自家宝

① 获得马祖道一印可的丹霞天然禅师也提出了“无道可修，无法可证”的命题，见普济：《五灯会元》卷五，《丹霞天然禅师》，上册，263页，北京，中华书局，1984。

② 《续藏经》，第1辑第14套第3册，279页中。

③ 普济：《五灯会元》卷三，《大珠慧海禅师》，上册，154页，北京，中华书局，1984。

藏”，“自识本心”，就是悟道，“我”也就是“佛”了。

“道不用修”，又可表述为“触类是道而任心”。马祖道一认为，人的各种行为(“触类”)也即扬眉、瞬目、弹指、举手、投足等，一言一行都是佛性的表现，佛道的体现。所以他又提倡纵任心性，不必刻意去做修善断恶的佛事。《景德传灯录》卷第六《大珠慧海传》载：“源律师问：‘和尚修道，还用功否?’师曰：‘用功。’曰：‘如何用功?’师曰：‘饥来吃饭，困来即眠。’曰：‘一切人总如是，同师用功否?’师曰：‘不同。’曰：‘何故不同?’师曰：‘他吃饭时不肯吃饭，百种须索；睡时不肯睡，千般计较，所以不同也。’”①这是说，禅修用功，就是在“饥来吃饭，困来即眠”的一切日常生活中用功，除却“百种须索”，“千般计较”，随顺心性，纯任本然。

“道不用修”，淡化甚至否定了佛教原有的修持方式、方法，乃至禅修的内容、目的，自然也就无视甚至排斥佛教的戒、定、慧“三学”。

戒律是对信徒的基本要求和规范，持戒是修行成佛的起点。但在宋·契嵩本和元·宗宝本的《坛经》中，有这样的记载：说慧能在得五祖弘忍的衣法后，离开黄梅南下，历尽艰辛，“后至曹溪，又被恶人寻逐，乃于四会避难猎人队中，凡经一十五载，时与猎人随宜说法。猎人长令守网，每见生命，尽放之。每至饭时，以菜寄煮肉锅。或问，则对曰：‘但吃肉边菜’。”②自南朝梁代以来，中国僧人都严格遵守不吃肉的素食规定。这里，《坛经》的“但吃肉边菜”一句，就表现了

① 《大正藏》第51卷，247页下。

② 慧能：《六祖大师法宝坛经》，见《中国佛教思想资料选编》，第2卷第4册，35页，北京，中华书局，1983。

对于戒律的全新态度，实是破戒的宣言。“但吃肉边菜”的故事，敦煌本《坛经》和有唐一代其他禅宗文献，均未见记载，应属后代禅师所增添，为他们破戒制造历史根据。破戒的出现不是偶然的，自马祖以来，自然主义的修持态度，必然导致持戒的淡化。史载：“洪州廉使问曰：‘吃酒肉即是，不吃即是？’师曰：‘若吃是中丞禄，不吃是中丞福。’”①马祖认为，廉使官人不必受吃与不吃酒肉的约束，只要任其自然，自由生活就是福禄。马祖道一后二传、沩仰宗创始人之一仰山慧寂更公开宣称：“不持戒”：“问：‘和尚还持戒否？’师曰：‘不持戒。’曰：‘还坐禅否？’师曰：‘不坐禅。’公良久，师曰：‘会么？’曰：‘不会。’师曰：‘听老僧一颂：滔滔不持戒，兀兀不坐禅。酽茶三两碗，意在镢头边。’”②这是说，既不持戒，也不坐禅，勘破戒律禅定，一切任其自然，回归自我，就是禅修，就能成佛。

禅定是佛教的基本修持方式之一，坐禅是禅修的一个主要方式，历来为佛家所重视。但是，如上所述，自慧能始就宣扬“外离相为禅，内不乱曰定”，扩大了禅定的范围，他对坐禅也作出了新的界说：“何名坐禅？此法门中，一切无碍，处于一切境界上念不起为坐，见本性不乱为禅。”③以杂念不起、本性不乱为坐禅，突破了坐禅形式上的规定和要求。慧能弟子南岳怀让又进一步贬低、否定坐禅，著名的“怀让磨砖”的故事，就是排斥坐禅的。它以磨砖不能成镜为喻，说明坐禅也不能成佛。在南岳怀让来看，坐禅其实是一种取相、执著，而

---

① 普济：《五灯会元》卷三，《江西马祖道一禅师》，上册，130页，北京，中华书局，1984。

② 普济：《五灯会元》卷九，《仰山慧寂禅师》，中册，534页，北京，中华书局，1984。

③ 慧能：敦煌本《坛经》[一九]。

“禅非坐卧”、“佛非定相”，是不能执着的。怀让还以牛驾车，车不会动，牛会动为例，说明成佛在于自我，自识本心。怀让强调坐禅并不能成佛，反对坐禅，实是马祖道一“道不可修”主张的先导。马祖道一的门下百丈怀海，虽然也在法堂上坐禅，但是他又说：“自古自今，佛只是人，人只是佛。亦是三昧定。不用将定入定，不用将禅想禅，不用将佛觅佛。”①“人只是佛”，即心是佛，这就是三昧定，不必另行修持禅定。显然，自怀让以来，坐禅修定受到了很大的冲击。

慧学也是佛教修行者必须致力修习的最基本的学问之一，佛教历来重视理论思维和观照人生。佛是佛教智慧的体现，佛教经典是佛教智慧的主要载体，看经、读经、念经，是佛教徒必修的功课，是增强信念、提升智慧的基本途径。依据《楞伽经》“宗通”和“说通”相对的说法，禅宗“五家”自居于教外别传，认为禅法的密意不能透过经典文字、语言教说来传达，只能用以心传心的直接体验方式来传达。他们还认为，以文字言说来传达佛法，是教内系统；禅是以心传心，另有“心印”，属于教外系统，故是教外别传。应当指出，自菩提达摩以来，还是一直主张藉教悟宗的，并非与教绝缘。大约自马祖道一和石头希迁以后，一些禅师才以为依赖言教是远远不够的，至于寻章摘句地去理解言教，更是无从见到佛性，不能真正成佛的。由此他们还以激烈的言辞贬斥言教，以启导禅修者反求自心，见性成佛。如百丈怀海说：“只如今求佛求菩提，求一切有无等法，是名运粪入，不名运粪出。只如今作佛见、作佛解，但有所见、所求、所著，尽名戏论之

① 赜藏主持编：《古尊宿语录》卷一，上册，16页，北京，中华书局，1984。

粪[①]。”认为求佛求菩提智慧等是“运粪入”，而真正解脱成佛是要“运粪出”，也就是排除种种向外的贪求。怀海再传弟子、临济宗创始人义玄，更是明确地提出“不看经”的主张。史载：“师(临济义玄)与王常侍到僧堂，王问：‘这一堂僧还看经么?’师曰：‘不看经。’曰：‘还习禅么?’师曰：‘不习禅。’曰：‘既不看经，又不习禅，毕竟作个什么?’师曰：‘总教伊成佛作祖去!’”[②]认为看经坐禅不是成佛的方法，而不看经不坐禅却能成佛作祖。相传龙潭崇信的大弟子德山宣鉴，因常讲《金刚般若》而被誉称为“周金刚”。他曾肩担《青龙疏钞》出蜀向不读经的禅师挑战，后经崇信开导点拨，彻悟到依赖言教不是自证，于是就烧掉了疏钞[③]。总之，马祖和石头以后的禅师主张自由运用经典，绝不能为经典文字所拘束；认为文字言教，并不能知佛性，不能见本性，不能成佛，而只有直指人心，才能见性，才能成佛。这正如《黄檗山断际禅师语录》所云：“祖师西来，直指人心，见性成佛，不在言说。”[④]还应当指出的是，自马祖道一和石头希迁以来，禅宗顿悟法门和持戒、坐禅、读经等修持实践的实际运作情况是非常复杂的，绝不是说此后所有的禅师都一律不持戒、不坐禅、不读经了。在这个问题上，我们认为应当注意以下几点：

第一，慧能一系的顿悟法门并不是笼统地排斥持戒、坐禅和读经的。一般而言，他们主张对守戒持灵活态度，并非主张绝对地不守

---

① 赜藏主持编：《古尊宿语录》卷二，上册，24 页，北京，中华书局，1994。

② 普济：《五灯会元》卷十一，《临济义玄禅师》，中册，649 页，北京，中华书局，1984。

③ 普济：《五灯会元》卷七，《德山宣鉴禅师》，中册，372 页，北京，中华书局，1984。

④ 《大正藏》第 48 卷，384 页上。

戒。禅师们扩大了禅的范围，主张把禅渗透到日常生活之中，反对一味坐禅求佛，强调求佛要向自心内求，并不是简单地取消坐禅。禅师们主张不读经是反对寻章摘句地对待经典，并非根本不读经典，不尊崇经典。

第二，佛教传入至禅宗五家分门立户，已有八个多世纪的历史，持戒、坐禅、读经等传统修持方式，一直成为广大佛教徒的共识和自觉的实践，即使是五家的禅师们也是难以排拒，不可能轻易否定的。

从历史事实看来，如大珠慧海著《顿悟入道要门论》，其间引用经典在十五种以上，看来他是一位博学的禅师。临济宗创始人义玄，曾广泛探究戒律及经论，深有所得。曹洞宗创始人之一洞山良价曾寻绎大藏，编撰有《大乘经要》一书(已佚)。云门宗创始人文偃对戒律和教义，造诣精深。又如曹洞宗天童正觉禅师提倡的默照禅，就是提倡以打坐为主要修习方式的禅法。正觉后经数传，至天童如净，更是强调“参禅即坐禅”的禅修宗旨，以至影响了其门下日本道元禅师进一步提出“只管打坐”的主张。于此可见，持戒、坐禅、读经，作为佛教的基本修持方式，仍为不少禅师们所运用。也就是说，此时禅宗虽标榜顿悟，事实上却是或明或暗地也在走渐悟的路子。

第三，自道信、弘忍以来，包括神秀在内，对于戒律威仪和经典研习已渐趋淡化。至于慧能一系，自马祖道一和石头希迁以来，尤其是五家成立以来，与顿悟法门相应，在修持方式上更是发生了重大的变化，不坐禅、不读经，更有甚者，还否定佛法，这种修持方式方法，一度成为禅门的风气。中国佛教史上的这一重要现象，也是值得我们深入研究的。

五、小　结

神秀一系“北渐”与慧能一系“南顿”有什么分歧，区别何在呢？两者是否也有共同之处呢，以下我们拟从顿渐两说的理论根据、运思理路、禅修方式和终极境界的视角，就上述问题作一小结。

南顿北渐两种见道成佛的方式，同是建立在心性的基础之上的，两者也都以众生本来具有的不变的真如本性为成佛的根据，也都认为众生因迷妄颠倒而不能觉悟，倘若能去掉迷妄颠倒，显现真性，就能得到解脱。就是说，两者在觉悟成佛的最后根据和基本思路方面是一致的。至于真性与妄念、佛性与人性的关系，以及如何显现真性，排除妄念，怎样看待现实表现这些问题，两者的看法和主张就不完全相同，甚至是完全不同的了。

关于真性与妄念、佛性与人性的关系，神秀一系认为，真性与妄念都是实在的，彼此是对立的，此系还把念与杂念等同起来，强调不起念，远离念，消除念。慧能和神会也主张真性与妄念的二元分别，但是与神秀一系不同，认为念有正念与妄念之分，妄念应该排除，而正念则不可无。再是神会认为，妄念是本来空寂，不待消灭的。至于马祖道一一系的禅师们还更加强调众生的本性与表现是不相分离的、完全统一的，从而消除了佛性与人性的对立和界限。上述“南泉三句”即是强调泯灭心、佛、物三者的分别，以表示即心是佛的思想。这种本性与表现、佛性与人性趋于合一的思想，对于禅宗思想的理论根据和禅宗修持的方式方法，都带来了巨大变化，并产生了深刻的影响。

关于修持方式和觉悟方式，按照一般逻辑推论，顿悟前必须有渐修的积累，顿悟后也还必须继续修持。就历史事实而言，自菩提达摩以来，中经慧可、僧璨，直至道信、弘忍，实际上都是重视渐修，主张“拂尘”，以逐渐离开杂念，直至消灭杂念；提倡“看净”，观照净心，为此他们强调要长期坚持坐禅，以求看到净心——清净无垢的心灵。至于觉悟，神秀一系虽也有顿悟思想，但实际上是偏于强调循序渐进，强调觉悟要有阶段性，属于渐悟的一类。神秀一系比较忽视持戒和读经，而重视禅定，重视由定发慧。慧能、神会师弟则主张单刀直入，直了见性。认为了悟自心本性是一刹那的事，不需经过种种阶段，是顿然觉悟。由此在修持上也不重视禅定，而是强调“定慧等”，实际上是重在以慧摄定。慧能、神会，尤其是神会重知(智慧)与神秀重行(禅定)，表现出禅修方式上的差异。慧能、神会认为顿悟后应通过渐修来巩固顿悟的成果，进而积累功德，成就为佛。马祖道一以来的禅宗僧人，在统一本性与念虑、佛性与人性的基础上，强调见闻觉知都是佛性的表现，从而提倡一种顺从自然，随缘任运的“无修”方式。至于五家禅宗更是强调走教外别传的道路，他们也批评神会的重“知”思想。这不仅有别于慧能、神会的主张，而且与神秀一系禅修方式的反差也就更大了。

终极境界，是直接与心性思想相关的。大体而言，神秀一系重在心性的“清净”，慧能在肯定心性“清净”的基础上，偏重于心性的“空寂”，马祖道一以来则又在心性“清净”、“空寂”的基础上，进一步强调心性的“自然”。与上述心性思想的变化大体相应，神秀一系认为，众生成佛是漫长遥远的事。慧能则认为，众生若认识本心，即得解脱。马祖道一以来的禅师进一步强调即心即佛。这其间的变化，又与上述禅师所奉持的典籍直接相关。神秀一系归旨于《楞伽经》，慧能、神会归旨于《金刚经》，马祖道一则依托于中国老庄的自然主义来融合佛教的心性思想、空观思想。这种依恃典籍的变化也是很明显的。

如来禅与祖师禅*

本文梳理佛教文献中对如来禅与祖师禅的相关论述，概括出两种禅法的主要含义，并且指出：其区别在于藉教悟宗与教外别传、真心体用与自心显用、渐修顿悟与无修顿悟、人格理想与艺术境界四个不同的方面；其历史界限为从菩提达摩至弘忍是如来禅，从慧能至禅宗五家形成前是由如来禅向祖师禅的过渡形态，五家的形成标志着禅宗进入祖师禅阶段；祖师禅的提出与流传是受中国固有文化影响的结果，具有深刻的思想文化背景和重要的历史文化意义。

在中国禅宗史上，从如来禅为最上乘禅的提出到祖师禅的崛起，这一过程集中地反映了慧能禅宗一系的分化与演变，具有深刻的思想文化意义。中国古代禅师对如来禅与祖师禅的指称并不一致，且有的语焉不详，有的语意含

* 原载《中国社会科学》2000 年第 5 期。

混，以至影响了后人对如来禅和祖师禅两个名称的含义、两种禅法的差异，以及两者历史的分限的理解和认识，论说五花八门，莫衷一是，直至今天仍困扰着对禅宗史的深入研究。本文拟在充分理解古代禅师的有关用语及其思想原意的基础上，试图探讨和厘清以上诸问题，以求对如来禅与祖师禅的再认识。

一、何谓如来禅？

就现存的佛教文献来说，最早出现如来禅这一名称的经典，是南朝刘宋时求那跋陀罗译的《楞伽经》(全称为《楞伽阿跋多罗宝经》)。该经卷二称禅有四种，并列举了愚夫所行禅、观察义禅、攀缘如禅、如来禅四种名目①。这四种禅也称为凡夫所行禅、观察相义禅、攀缘如实禅、如来清净禅②。据《楞伽经》讲，愚夫所行禅，是指闻声、缘觉和外道修行者了知"人无我"的道理，体察到人身的苦、无常、不净的相状，而进入"无想定"、"灭尽定"的境界。观察义禅，是既已懂得"人无我"的道理，也观察"法无我"的意义。攀缘如禅，是谓若执著前二种禅境，分别二种"无我"，仍是虚妄之念；若能了知两种"无我"是虚妄之念，不令生起，契合于"如来藏心"，则为攀缘如禅。如来禅是"谓入如来地，行自觉圣智相三种乐住，成办众生不思议事"③。这里的"圣智"，是指圣者的智慧，佛的智慧。"自觉圣智"是自悟的如来智慧。这是说，如来禅是指已经获得如来智慧，成就了佛果，而住入如来地，受用法乐，又示现不可思议的妙用以普度众生。《楞伽经》总结

---

① 《大正藏》第16卷，492页上。

② 同上。又菩提留支译《入楞伽经》称四种禅为愚痴凡夫所行禅、观察义禅、念真如禅、诸佛如来禅。见《大正藏》第16卷，533页上。

③ 《大正藏》第16卷，492页上。

了禅的四个类型或四个层次，把“人无我”、“法无我”亦即空寂的思想与“如来藏心”统一起来，以具备自觉圣智的如来禅为止观的最高层次，又以契合“如来藏心”的攀缘如禅为阶梯，这就直截指示了佛家修持实际的究竟和源头——如来藏清净心，启发当时一些禅师另辟返归清净心的禅修途径。中国禅宗的思想实导源于此①。

自菩提达摩以来，中经慧可、僧璨、道信、弘忍，至慧能，据现存有关文献来看，他们几乎都没有论及如来禅。禅宗内部最早论及如来禅的是慧能的弟子神会。神会说：

> 有无双遣，中道(亦)亡者，即是无念，无念即是一念，一念即是一切智，一切智即是甚深波若波罗密，波若波罗密即是如来禅。是故经云：佛言，善男子，汝以何等观如来乎？维摩诘言，如自观身实相，观佛亦然。我观如来，前际不来，后际不去，今即无住。以无住故，即如来禅；如来禅者即是第一义空。②

“波若”，当作般若。神会以般若智慧为如来禅，这和《楞伽经》以具备自觉圣智为如来禅有相通之处，然而，神会所讲的智慧是有无双遣的般若中道，这和自觉圣智泛泛而谈的如来智慧又并不等同。神会还以无念、无住为如来禅，这与慧能的“无念为宗”、“无住为本”思想相呼应，实是肯定了慧能的禅法为如来禅。

《历代法宝记》云：“东京荷泽寺神会和尚，每月作坛场，为人说

① 吕澂：《中国佛学源流略讲》，369页，北京，中华书局，1977。

② 神会：《荷泽神会禅师语录》，见石峻等编：《中国佛教思想资料选编》，第2卷第4册，96页，北京，中华书局，1983。

法，破清净禅，立如来禅，立知见立言说为戒、定、惠(慧)，不破言说，云：正说之时即是戒，正说之时即是定，正说之时即是惠(慧)。说无念法，立见性。”①清净禅是九种大乘禅法之一，是菩萨以上阶位长期修行后达到的禅境。这里是以顿悟说的立场，来称赞神会破神秀的清净禅而立如来禅，肯定神会的如来禅是立知见、立言说的，言说即是戒、定、慧，并强调知见、言说与顿悟是一致的。

宗密是历史上第一个对禅宗史进行系统总结的佛教学者，他对禅法的内涵、类别、高下，对禅宗各派的传承系统、理论主旨、修行方法以及深浅得失都作了深入的评述。他把禅法分为五类，即五个层次，将如来禅置于最上等级。他在《禅源诸诠集都序》卷上之一中说：

> 禅则有浅有深，阶级殊等。谓带异计，欣上厌下而修者，是外道禅。正信因果，亦以欣厌而修者，是凡夫禅。悟我空偏真之理而修者，是小乘禅。悟我法二空所显真理而修者，是大乘禅。(上四类，皆有四色四空之异也。)若顿悟自心本来清净，元无烦恼，无漏智性本自具足，此心即佛，毕竟无异，依此而修者，是最上乘禅。亦名如来清净禅，亦名一行三昧，亦名真如三昧，此是一切三昧根本。若能念念修习，自然渐得百千三昧。达摩门下展转相传者，是此禅也。②

宗密在这里把禅分为五等：第一外道禅，是把境分为上下两种，厌弃在下的经验世界，欣慕在上的超越世界，也就是厌弃世间，企求摆脱

① 《大正藏》第 51 卷，185 页中。

② 《大正藏》第 48 卷，399 页中。

现实的苦难，希求天上的悦乐，把心定止于在上之境，从而造成一心的分裂。第二凡夫禅，没有外道禅的那种“欣上厌下”的分裂，此禅信仰因果报应，使心定止于善行以求善报。由于心定止于善行在先，希求获得果报在后，这样，心也有先后二境，同样存在难以定止下来的缺陷。第三小乘禅，知我为空，不求善行必有善报，但不知法空，而将心定止于法上，也是有所偏。第四大乘禅，知我空，也知法空，能于一切境观其空，使心与境(空)冥合为一，但还不是最高层次的禅法。第五如来禅，宗密认为这当是最上乘禅。他指出，这种禅法的特质在于：肯定人人自心本来清净，本具佛性，本无烦恼，自心与佛毕竟无异；在这种基础上，众生经过禅修，若顿悟自心本来清净，使本来清净的自心得以呈现，众生就是佛了。这是在强调如来禅的本源——清净本心，如来禅的修持方式——顿悟。修持这种如来禅，既能直接把握修持的源头，又能顿然快速觉悟。与前面四种禅法相较，如来禅是最上等的禅法。宗密还明确指出，如来禅是菩提达摩门下代代相传的禅法。

宗密在《中华传心地禅门师资承袭图》中把禅宗分为牛头宗(法融一系)、北宗(神秀一系)、南宗(慧能一系)，又由南宗分出荷泽宗(神会一系)和洪州宗(马祖道一一系)。在《禅源诸诠集都序》中，宗密又把禅宗分为由低到高的三宗：一是修心息妄宗，指北宗；二是泯灭无寄宗，指牛头宗；三是直显心性宗，指洪州宗和荷泽宗。宗密虽然把洪州宗和荷泽宗并列为禅宗的最高层次，但是又强调荷泽宗比洪州宗更高一筹。首先，宗密认为荷泽宗是慧能南宗的嫡系，而洪州宗则是傍出。他说：“荷泽宗者全是曹溪之法，无别教旨。为对洪州傍出故，复标其宗号。”[①]在荷泽宗人看来，马祖道一一系并非嫡传只能算是“傍出”，只有荷泽宗一系才是正统，才是南宗真正的代表。其次，在禅法的理论和实践方面，宗密认为，洪州宗承认真心或真性是众生成佛的本源，这是正确的，正因如此，才与荷泽宗同被列为“直显心性宗”。但是，“洪州意者，起心动念，弹指动目，所作所为，皆是佛性全体之用，更无别用。全体贪、瞋、痴，造善造恶，受乐受苦，此皆是佛性。”“朝暮分别动作，一切皆真。”[②]据此，宗密评论说：“真心本体有二种用：一者自性本用，二者随缘应用。……今洪州指示能语言等，但是随缘用，缺自性用也。又，显教有比量显、现量显。洪州云心体不可指示，但以能语言等验之，知有佛性，是比量显也。荷泽直云心体能知，知即是心，约知以显心，是现量显也。洪州缺此。”[③]宗密认为，洪州宗把一切行事，一切修持，乃至一切现象都等同于佛性本体，这是“随缘应用”，是“比量显”，也就是佛性需经过外援而有的推知作用，而缺乏“自性本用”、“现量显”，即缺乏佛性的直接显现作用。也就是说，这种缺憾妨碍了对真心本体的认识、体悟，甚至会以现象代替本体，以为现象之外别无本体，从而导致在修持上误入歧途。宗密的这种批评，必然引发洪州宗人的强烈反弹。时移斗转，到了11世纪，洪州宗犹如燎原之火，传遍了大江南北，并自认为慧能南宗的“嫡传”，而此时的荷泽宗却被说成“傍出”。洪州宗人提出祖师禅以贬低如来禅，就是和禅宗内部这一分歧的历史背景直接相关的。

与宗密同时代的、曾获得马祖道一门人怀海印可的黄檗希运禅师

---

① 宗密：《中华传心地禅门师资承袭图》，见《中国佛教思想资料选编》，第2卷第2册，460页，北京，中华书局，1983。

② 同上书，465页。

③ 同上书，470页。

也有对如来禅的论述。他说："夫学道者，必须并却杂学诸缘，决定不求，决定不著。闻甚深法，恰似清风届耳，瞥然而过，更不追寻，是为甚深入如来禅，离生禅想。从上祖师唯传一心，更无二法。指心是佛，顿超等、妙二觉之表，决定不流至第二念，始似入我宗门。"①希运在心即是佛的思想基础上，强调排除杂学诸缘，不求不著，顿入如来禅。希运对如来禅是充分肯定的，他对如来禅法门的解说和神会、宗密的思想也是一致的。

仰山慧寂(公元841～890年)是由洪州宗分衍出来的沩仰宗创始人之一，他首先提出与如来禅相区别的祖师禅的名称，并把如来禅作为与祖师禅相对举、在层次上低于祖师禅的禅法，相应地，他还对如来禅的内涵作了新的解说。史载：

> 师(仰山慧寂)问香严："师弟近日见处如何?"严曰："某甲卒说不得。"乃有偈曰："去年贫未是贫，今年贫始是贫。去年贫，犹有卓锥之地，今年贫，锥也无。"师曰："汝只得如来禅，未得祖师禅。"②

从仰山慧寂、香严智闲师兄弟的对话内容来看，香严对"贫"的认识在时间上有从去年到今年，在内涵上由无地进到无锥的变化过程，就禅法来说，这种变化大约与渐悟方式相应。若这一解说得以成立，似可说仰山禅师是以渐悟指称如来禅，以顿悟为祖师禅的觉悟方式。仰山

---

① 黄檗希运：《黄檗希运断际禅师宛陵录》，见《古尊宿语录》卷三，上册，46页，北京，中华书局，1994。

② 道原：《景德传灯录》卷十一，《袁州仰山慧寂禅师》，见《大正藏》第51卷，283页中。

不仅把祖师禅与如来禅加以区别，而且还肯定祖师禅高于如来禅，这在中国禅宗史上是第一次。

自仰山以来，如来禅与祖师禅对举的观念日益为禅宗各派禅师所认同，一些禅师重视把握、区别两种禅法，如北宋时临济宗杨岐派禅师法演(公元？—1104年)就关注两种禅法的区别，常问门徒："还说得如来禅么？……还说得祖师禅么？"①上述仰山慧寂区分如来禅与祖师禅的说法，后来成为禅门的参禅公案。例如，临济宗石霜楚圆禅师对仰山的公案作了这样的开示："大众，还会么？不见道：'一击忘所知，更不假修持。''诸方达道者，咸言上上机。'香严恁么悟去，分明悟得如来禅，祖师禅未梦见在。"②这里的"一击忘所知"是联系到禅宗史上的"香严击竹"公案进行开示。这个公案是说香严拜沩山灵祐为师，一日灵祐对香严说，我不问你平日的学习心得，只想问你在未出世时的本来面目是什么样。香严连进数语，都不契理，又遍检所集诸方语句，也没有一言可以酬对，于是就焚烧所集语句，泣涕辞去。后偶于山中芟草，以瓦砾击竹作声，廓然省悟。便归堂沐浴，焚香遥礼沩山，赞云："和尚大悲，恩逾父母。当时若为我说却，何有今日事也？"③石霜楚圆禅师评论香严击竹省悟是"一击忘所知"，意思是，悟则悟了，但是仍有言语知解，悟得的只是如来禅，而不是祖师禅。

值得注意的是，后出的《坛经》北宋契嵩本和元代宗宝本对如来禅的界定和肯定。经唐中宗李显神龙年间，中宗据神秀等人的荐举，派

① 法演：《法演禅师语录》卷中，见《大正藏》第47卷，656页下。

② 普济：《五灯会元》卷十二，《石霜楚圆禅师》，703页，北京，中华书局，1984。

③ 道原：《景德传灯录》卷十一，《邓州香严寺智闲禅师》，见《大正藏》第51卷，284页上。

内侍薛简南下，驰诏迎请慧能进京。薛氏见到慧能后，二人有一段对话，“薛简曰：‘京城禅德皆云，欲得会道，必须坐禅习定，若不因禅定而得解脱者，未之有也。未审师所说法如何？’师曰：‘道由心悟，岂在坐也！经云：若言如来若坐若卧，是行邪道。何故？无所从来，亦无所去，无生无灭，是如来清净禅。诸法空寂，是如来清净坐。究竟无证，岂况坐耶？’”①这段对话反映了宋代以来《坛经》增补者的观点，是针对神秀一系坚持坐禅方式而发的，并以心悟与坐禅相对立。增补者依据般若思想，强调不来不去、不生不灭就是如来清净禅，如此坚持诸法空寂，也叫如来清净坐。在增补者看来，慧能的禅法是如来禅，而坚持坐禅是邪道。这也反映了此时禅宗内部有些禅师对如来禅的推崇和对神会、宗密的如来禅观点的认同。上述“无所从来，亦无所去，无生无灭，是如来清净禅”云云，在敦煌写本《坛经》原本（法海本）和惠昕本中都没有记载，而当代有些学者以此为据，谓慧能认为自己的禅法是最上乘的如来清净禅，看来这种说法是难以成立的。

从以上佛典和历代禅师对如来禅的论述来看，关于如来禅的意义，概括起来，重要的约有六说：（一）佛地的禅定，此为《楞伽经》所说。（二）般若波罗蜜、无住、第一义空，此为神会偏于以般若智慧来言如来禅。神会的如来禅重视立知见、立言说。（三）顿悟自心本来清净，宗密以此为如来禅，希运也持这一说法。（四）渐悟空无为如来禅，慧寂首创此说；慧寂并置如来禅于祖师禅之下，使如来禅的意义发生重要变化。（五）以立语言知见为如来禅，楚圆此说符合神会、宗密的界说，但含有贬义。（六）不来不去、不生不灭为如来禅，此为后

① 慧能：《六祖大师法宝坛经·护法品第九》，见《中国佛教思想资料选编》，第2卷第4册，61页，北京，中华书局，1983。

出契嵩本和宗宝本《坛经》所言，其思想与神会对如来禅的界说是一致的。以上表明，如来禅的意义是多种的、复杂的、不断演变的。总体说来，禅宗内部先是以般若智慧和顿悟清净本心为如来禅的本质规定，祖师禅名称提出后，强调以主张渐悟和言说为如来禅的特征，并偏于贬斥。

二、何谓祖师禅？

禅宗史上论及祖师禅的重要史料，除上面提到的仰山慧寂对香严智闲禅师的评论，后来还有香严禅师与仰山慧寂的又一段对话："复有颂曰：'我有一机，瞬目视伊。若人不会，别唤沙弥。'仰山报沩山曰：'且喜闲师弟会祖师禅也。'"①"机"是禅修时心灵产生的一种能力。"伊"指佛法。香严颂文的意思是说，我的心灵，眨眼间就能直觉到佛法。也就是说，这种直觉是应缘接物，一如无心道人，是不存在知见又不废视听的，若不会这种禅法，就如同未受具足戒的沙弥。香严禅师的颂文，这次得到了仰山慧寂的肯定，认为也是得到祖师禅的真传了。根据颂文"我有一机，瞬目视伊"就是祖师禅的立义，显然，仰山慧寂是以不作分别，当下顿悟为祖师禅的本质规定的。

石霜楚圆禅师发挥仰山慧寂的祖师禅说，进一步阐发祖师禅的长处。他说："且道祖师禅有什么长处？若向言中取，则误赚后人，直饶棒下承当，辜负先圣。万法本闲，唯人自闹。"②"赚"，骗。他认为如来禅"向言中取"，是误导甚至是欺骗后人，有负先圣。万法本来无

① 普济：《五灯会元》卷九，《香严智闲禅师》，537页，北京，中华书局，1984。

② 普济：《五灯会元》卷十二，《石霜楚圆禅师》，703页，北京，中华书局，1984。

事，只是庸人自扰。这就是说，祖师禅的长处是离开言语文字的，是靠自心体悟，当下即是，这里说的"万法本闲，唯人自闹"即一切现成的思想，实是祖师禅的理论基础。

后来，修祖师禅的禅师还进一步提出过祖师关的说法，强调修禅者必须要参透祖师禅机的关门，领悟祖师禅法的关口。《无门关》云："参禅须透祖师关，妙悟要穷心路绝。祖关不透，心路不绝，尽是依草附木精灵。且道，如何是祖师关？只者一个无字，乃宗门一关也。"①这里说祖师关的核心问题就在一个"无"字上，这个"无"字的内涵是什么呢？就是无一切相对相状，无一切相对差别，无一切相对格局。过祖师关，就是过"无"字关，就是离却言语知解，断绝思维活动，也就是"穷心路绝"，超越相对分别。只有这样，才能当下体证悟得，才算是进入了祖师禅的境界。

为了突出祖师禅的渊源有自，历史久远，禅门还提出"拈花微笑"的公案、"西天二十八祖"的说法和"祖师西来意"的机语。"拈花微笑"公案是说"世尊昔在灵山会上，拈花示众。是时众皆默然，惟迦叶尊者破颜微笑。世尊云：'吾有正法眼藏，涅槃妙心，实相无相，微妙法门，不立文字，教外别传，付嘱摩诃迦叶。'"②这是一则在宋代以后才流传的故事。这里的"正法眼藏，涅槃妙心"是指佛的内证法门，也即不能以言说表达，只能以心传心的甚深微妙法门。"拈花微笑"被祖师禅奉为"以心传心"方式的典型，是传授佛法真理的典范。中国禅师把创立佛教的教主释迦牟尼说成是不立文字、教外别传的创立者。实际上，不立文字、教外别传这种说法只是中国祖师禅法的要旨，是

① 《大正藏》第48卷，292页下。

② 慧开撰，弥衍宋绍编：《无门关》，见《大正藏》第48卷，293页下。

与释迦牟尼的法门迥异其趣的。

与拈花微笑的公案相应，中国禅师还提出“西天二十八祖”说。“西天二十八祖”是指印度依次传承禅法的有二十八位祖师，灵山法会上得释迦牟尼心印的迦叶被推为一祖，阿难是二祖，直至菩提达摩为二十八祖①。菩提达摩是西天第二十八祖，同时又是东土初祖。菩提达摩后，依次相传为慧可、僧璨、道信、弘忍、慧能，总称为“东土六祖”。宋代以来，禅宗通过编排历代祖师的传授关系，以表示祖师禅自佛祖释迦以来，代代相承，法脉不绝，为祖师禅的源远流长制造了历史根据，同时它的编排的虚拟性又为祖师禅的形成演变增添了历史迷雾。

菩提达摩既是从西方印度来中土传播禅法的初祖，他从西方印度传来的密意，即是禅的真消息、真精神。“祖师西来意”究竟是什么？这个问话，成为祖师禅开悟的机语，重要的公案。祖师禅认为，禅的真髓是强调人人具有成佛的心，而自心及其觉悟成佛，是要个人亲证，而不能以言诠来表示。所以，禅师们对于“如何是祖师西来意”的提问，通常是给以不着边际的回答，以示“西来意”只能意会，不能诠释，从而启发提问者转向自我内心的体悟。

在仰山慧寂以祖师禅与如来禅对举以前，马祖道一的门下庐山归宗寺智常禅师已将一味禅与五味禅相对扬，一味禅正是通向祖师禅的重要一环。史载：“师（智常）因小师大愚辞，师问：‘什处去？’云：‘诸方学五味禅去。’师云：‘诸方有五味禅，我这里有一味禅，为什不学？’云：‘如何是和尚一味禅？’师劈口便打，愚当下大悟，乃云：‘嗄！我会也，我会也。’师急索云：‘道！道！’愚拟开口，师又打，即

① 契嵩：《传法正宗记》，见《大正藏》第51卷，716～744页。

时趁出。”①这里所说的“五味禅”是指前述宗密禅师在《禅源诸诠集都序》卷一中所归纳列举的五种禅。智常禅师贬斥五味禅为五味驳杂不纯不净的禅，高扬一味禅是纯正无杂的最上乘的禅。智常禅师不让小师大愚开口，开口便打，就是在暗示禅是不能言说的，这就是祖师禅的本质所在。

以上祖师禅禅师关于祖师禅意义的论述，概括起来要点是：（一）主张当下顿悟，凡提倡渐悟的，都不属于祖师禅。（二）强调教外别传，不立文字，主张经教、知解和言诠的，不是祖师禅。（三）提倡参透祖师关，斩断一切思念活动，凡参禅时心路不绝者，不算祖师禅。（四）以心传心，师资相承，凡不属东土六祖系统和慧能一系的，不列入祖师禅。祖师禅的这些意义既是互相联系的，又是相对独立的，如凡提倡渐悟的，都不属于祖师禅，但又不等于凡主张顿悟的就都是祖师禅，只有既主张当下顿悟，又强调不立文字，教外别传的，才是祖师禅。教外别传，不立文字，是祖师禅最重要、最本质的核心规定，是祖师禅与其他禅相区别的主要标尺。

三、如来禅与祖师禅的禅法区别

如来禅与祖师禅是既有联系又有区别的两种禅修形态，而祖师禅又是在如来禅的基础上形成的，也主要是针对如来禅提出的。那么，如来禅与祖师禅的主要区别点何在呢？根据祖师禅禅师的有关论说，并结合祖师禅的习禅表现可以看出，两者的主要区别点大约有以下四个方面：

---

① 庞蕴：《联灯会要》卷四，《庐山归宗智常禅师》，见《续藏经》，第1辑第2编乙第9套第3册，250页。

（一）藉教悟宗与教外别传——宗旨不同。如来禅禅师重视从佛教经典出发理解佛学和禅。他们或奉《楞伽》，或尊《般若》，或诵《金刚》，主张用经教发明心地，只是在构成信仰以后，才不再凭借言教。他们也主张“不离文字”，强调知解。如慧能是听闻经义后“言下大悟”的。慧能也重视说法，其弟子还集录《坛经》传世。祖师禅则以“教外”自居，打出“教外别传”的旗帜，以与“教内”依据经籍的诸教派相区别，也表示与禅宗内部藉教悟宗的宗旨不同。《佛果圆悟禅师碧岩录》第十四则云：“禅家流，欲知佛性义，当观时节因缘，谓之教外别传，单传心印，直指人心，见性成佛。”①在祖师禅看来，佛教的真髓，禅法的密意，不是任何经籍文字所能契合的，也不是任何教说所能表露的，只能是直接地以心传心的体验方式来传达。这种对语言文字的超越性才表现出真正的禅法和更高的理境。祖师禅认为，以文字言说来传达的佛学和禅法，是教内系统，以心传心则是在教之外，是教外别传。祖师禅的斗机锋，打手势，参话头，乃至棒喝等奇诡动作，甚至呵佛骂祖等超常言行，就是表示以心传心的种种不可言说的禅修形式和手段。

（二）真心体用与自心显用——禅源差别。禅源即禅的本源，指众生本来具有的真心、本性、佛性，这是最高主体性，是众生成佛的根据。如来禅与祖师禅都认同众生本来具有佛性，这一点是相同的，然而对佛性的体与用，或者说对真心、佛性作用的看法则不完全一致。如来禅强调真心的体与用的区别，强调真心的用是依恃真心本体的作用，据此而预设一超越的分解，通过分解以显示超越的真心，显示真心本体的作用。祖师禅不同，它把真心、佛性和自心、自性等同起

---

① 《大正藏》第48卷，154页下。

来，以自心、自性表示众生本来具有的超越的真心、佛性，全面地、充分地肯定自心、自性的意义和作用，认为语默动静，作恶造善，乃至全部贪、瞋、痴都是佛性的作用、表现。祖师禅强调作为真心、佛性的自心、自性的当前的觉悟，排除显示超越的真心、佛性的分解功夫。

（三）渐修顿悟与无修顿悟——方式歧异。自菩提达摩以来，如来禅并不排斥顿悟，而是主张通过渐修以达到顿悟的境界，为此提倡坐禅、看心、看净等渐修方式。祖师禅不讲渐修，而主张无修，所谓无修就是顺其自然，随缘任运，无修而修，修而无修。史载："王常侍一日访师（临济义玄），同师于僧堂前看。乃问：'这一堂僧还看经么？'师云：'不看经。'侍云：'还学禅么？'师云：'不学禅。'侍云：'经又不看，禅又不学，毕竟作个什么？'师云：'总教伊成佛作祖去。'"①这是在自心显用、平常心是道的思想基础上，进一步主张无事是贵人，提倡不看经，不坐禅，而在日常行事中随时体悟禅的境界，提倡生活就是禅，无修即是修的平俗化的禅修模式。

（四）人格理想与艺术境界——境界的偏离。如来禅与祖师禅通过不同的禅悟方式而使个体生命意义飞跃，进入宗教境界、道德境界、哲学境界与艺术境界。如来禅与祖师禅都追求禅修成佛的境界，这点是相同的。然而如来禅更偏重于宗教道德的修持，欲望的排除，观念的调整，人格的提升，而祖师禅则把终极理想落实在现实生活中，强调现实生命就是佛性的体现，主张在现实活动中获得情趣和美感、自得与满足，在感性直观中获得一种特殊的审美愉悦体验，从而在心灵的深处发挥、提升出一种灿烂的意识境界。

---

① 赜藏编：《古尊宿语录》卷四，74页，北京，中华书局，1994。

以上是我们根据有关的资料对如来禅与祖师禅的区别所作的概括，而从禅宗发展史来看，由于对祖师禅的界定不够明确，以致如来禅与祖师禅的区别，一直成为一些禅师的一大困惑。《潭州沩山灵祐禅师语录》在论及仰山慧寂勘定香严会祖禅师后，有这样的附录："玄觉云：'且道，如来禅与祖师禅是分不分？'长庆稜云：'一时坐却'。云居锡徵云：'众中商量，如来禅浅，祖师禅深。只如香严当时何不问如何是祖师禅，若置此一问，何处有也？'"①这里把玄觉禅师和唐末五代长庆慧稜禅师以及宋代云居清锡禅师的话组织在一起，表现出一种因难以区分如来禅与祖师禅而取消两者分别的倾向。

迄至明末，临济宗汉月法藏禅师还关注如何抉择如来禅与祖师禅，并就两者的界说作了明确的区分："祖师禅者，透十法界之外，不堕如来之数，故曰出格。如来禅者，起于九种法界，堕在十法界之顶，犹是格内。欲知格内格外之分，须在一事一物上分清十法界诸种之见，直到极顶方是如来地位，祖师禅又从佛顶上透出。"②法藏禅师以十法界为格局，认为祖师禅是超出十法界的极顶佛的界限，而如来禅则以如来佛为目标，是在十法界之内。如来禅与祖师禅的区别就是"格内格外之分"。法藏禅师把祖师禅视为在境界上超出或高丁成佛的禅法，如此，在理论上必然带来困难：佛教以佛为觉悟者，为十界之最上等，也即达到了最高境界者，而"从佛顶上透出"的"出格"，应是高于佛的更高境界了，在佛教看来，这种境界是不存在的。通常禅宗讲超佛越祖是指超越佛与祖师的权威，显露众生自家本具的佛性，并

① 《大正藏》第47卷，580页中。

② 弘储撰：《三峰藏和尚语录》卷六，《禅宗全书》第52册，621页，台北，文殊文化有限公司，1990。

不是说在成就的果位上超越佛，在达到的境界上高于佛。“出格”，是超越佛的境界，实际上也就游离于佛教之外了。此外，法藏还认为，要达到格内格外之分，就必须在具体事物上分清十法界的不同知见、见解。法藏的这一看法和传统的祖师禅反知见、反见解的主张也是不一致的。由此看来，法藏禅师对如来禅与祖师禅的区分，虽然简要明快，但是并不符合以往禅宗祖师区分如来禅与祖师禅的主流界说。

现代太虚法师(公元 1889 年～1947 年)在《中国佛学特质在禅》①一文中，把菩提达摩至五家的禅分为三个发展阶段和三种禅修形态：从菩提达摩到慧能的禅为“悟心成佛禅”，慧能以后至五家禅宗之前为“超佛祖师禅”，五家禅宗称为“越祖分灯禅”。从名称的角度言，“悟心成佛禅”实即如来禅，而后两种禅均可称为祖师禅，因为祖师禅自然是“超佛”的，而“越祖分灯”也是祖师禅的分灯，并没有越出祖师禅法的轨道。把太虚法师提出的三种禅法名称归结为如来禅与祖师禅两种也未尝不可，这样也许更为简要、明确。不过，从历史的角度而言，太虚法师提出从菩提达摩至五家禅宗的禅法存在着三个阶段，可以看出其间禅法的演变，又给人以重要的启示。

四、如来禅与祖师禅的历史界限

在禅宗学说史上，宗密禅师明确指出如来禅是禅法中最上乘禅，并认定从菩提达摩以下直至洪州宗均属如来禅。仰山慧寂提出了祖师禅的概念，他实际上还把重渐悟的神秀一系列入如来禅。在唐武宗会昌五年(845 年)灭佛以后，一些禅师确把教外别传、不立文字作为祖

---

① 张曼涛主编：《现代佛教学术丛刊》第 2 册，《禅学论文集》，1～111 页，台北，大乘文化出版社，1976。

师禅的根本特征，从而更鲜明地表现了祖师禅与如来禅的区别。祖师禅禅师还有西天二十八祖、东土六祖说。由此，古代禅师通常认为祖师禅传承是指菩提达摩传入禅法始，经慧能下及五家七宗，或是指慧能、马祖一系的禅法。也有近代禅师依据如来藏清净心的思想，把菩提达摩至慧能均归属于如来禅。

当代学者对如来禅与祖师禅的历史界限的看法分歧也很大。除了认为两者等同不作区别的看法之外，重要的看法有：(一)菩提达摩以前所传的禅，无论是小乘禅，还是大乘禅，都是如来禅，菩提达摩是禅宗的开山祖师，所传的是直指心源、见性成佛的禅法，是有别于如来禅的祖师禅。(二)慧能以前所传的是如来禅，慧能、马祖一系开出直指本心、见性成佛的顿悟的禅法，是为祖师禅。(三)洪州宗、石头宗成立前是如来禅，提倡教外别传，不立文字，直指人心，见性成佛的洪州宗、石头宗是祖师禅。有的还认为只有禅宗五家才是真正的祖师禅。还有的学者从广义和狭义两方面界说如来禅与祖师禅①，认为广义的如来禅包括印度佛教的禅法及其在中国的传播，直至慧能南宗创立以前的禅法，狭义的如来禅则指神秀一系和宗密的禅法；广义的祖师禅是指慧能一系的禅法，狭义的祖师禅则指慧能本人的禅法以及保持慧能禅法风格的禅法，这主要是指荷泽宗神会和大珠慧海的禅法。这些分歧看法，反映了区分如来禅与祖师禅的根据不同，也反映了对有关禅师禅法的认识差异。这些分歧的焦点集中在慧能禅法的归属问题上。牟宗三先生在《如来藏与祖师禅》一文中认为，慧能是“将《般若经》与空宗之精神收于自心上来，转成存在地实践地‘直指本心，见性成佛’之顿悟的祖师禅”，而神会则是“以如来藏真心系统为背景

① 详见董群：《祖师禅》，6～17页，杭州，浙江人民出版社，1997。

而来的如来禅”[1]。对于牟先生的这种看法，唐君毅先生则持有鲜明的疑义和异议[2]。

划分如来禅与祖师禅的历史界限，是一个十分复杂的问题。我们认为，中国禅宗从如来禅到祖师禅是一个历史演变的过程，其间并不存在绝对的界限，但如来禅与祖师禅在禅修的途径、方式、方法以及风格上也确实存在着差别。如上所述，我们以为应从古代禅师的论述和实践中概括出区别点，这种区别点集中表现在是否主张在日常行事中随时体现佛性与禅境，尤其是，是否标榜“教外别传，不立文字，直指人心，见性成佛”的宗旨。就总体而言，凡是提倡这种宗旨的是祖师禅，而如来禅则是和这一宗旨不符合或基本上是不符合的。

应当指出的是，自菩提达摩始，禅门就已主张见性成佛了，他在《略辨大乘入道四行》中说，一切众生都具有清净的真心真性，只是在现实生活中，这真心真性为烦恼所蔽，不能显了罢了。他教人彻底排除虚妄的烦恼，回归本身自有的真心真性。菩提达摩提出了见性成佛的思想，但还没有明确提出直指人心的说法。慧能则进了一步，他宣扬“悟入顿修，自识本心，自见本性”，“一切万法，尽在自身中，何不从于自心顿现真如本性”[3]。这种顿修、顿现的说法显然已有“直指人心，见性成佛”的思想，也就是提倡单刀直入的顿教。同时，慧能虽也讲“法以心传心”，但又多次重复强调自己闻说《金刚经》，言下大

---

① 张曼涛主编：《现代佛教学术丛刊》第 52 册，《禅宗思想与历史》，96 页，台北，大乘文化出版社，1978。

② 唐君毅：《致张曼涛的信》，同上书，111～112 页。

③ 慧能：敦煌本《坛经》，见石峻编：《中国佛教思想资料选编》，第 2 卷第 4 册，9、15 页，北京，中华书局，1983。

悟，顿见真如本性，以此来开导门人①。慧能并不排斥经教，这与禅宗后来的“教外别传，不立文字”的主张有所不同，而他的自识本心、自见本性的思想又与“教外别传，不立文字”的主张相通。按照自识本心、自见本性思想的逻辑要求，成佛并不必依赖经论的权威，不必经过任何言说的分解方式，据此后来的禅宗五家最终形成“教外别传，不立文字，直指人心，见性成佛”的禅修路线，至此祖师禅真正进入了成熟阶段。

根据以上判别如来禅与祖师禅的标准，以及由如来禅发展为祖师禅的历史进程，我们认为菩提达摩至沩仰、临济、曹洞、云门、法眼“五家”的禅法似可分为三个阶段：从菩提达摩至弘忍是如来禅，从慧能至禅宗五家形成前是由如来禅向祖师禅的过渡形态，五家的形成标志着禅宗进入了祖师禅的历史阶段。

为什么说从慧能至五家形成前是由如来禅向祖师禅的过渡形态呢？这是因为从慧能至五家形成前的禅法背景复杂，很难直接归入如来禅或祖师禅的范畴。例如慧能，他的基本思想是性净顿悟，或者说是真心自悟；在修禅上，他重视藉教悟宗，也不笼统地排斥读经、念佛、禅定，这都是与如来禅相类似的。同时，慧能又主张自识本心，自见本性，顿悟成佛，还鼓吹“定慧等”，扩大了禅定的范围，并有把“定”融入于“慧”的倾向，这又是与祖师禅相近的。从慧能至五家形成共有四、五代法系，其间是不断演变的过程，也是祖师禅成分越来越多的过程。如黄檗希运明确说的：“祖师直指一切众生本心本体，本来是佛，不假修成。”“祖师西来，唯传心佛。直指汝等心，本来是

① 慧能：敦煌本《坛经》，见石峻编：《中国佛教思想资料选编》，第2卷第4册，5、8、16页，北京，中华书局，1983。

佛。”[①]相比较而言，慧能较后继者较多如来禅色彩，而他的法嗣如马祖道一、百丈怀海、黄檗希运等则越来越富祖师禅的风格。至于有人把慧能说成是祖师禅，而把他的门下神会说成是如来禅，我们认为是不恰当的。实际上，慧能的单刀直入、直了见性的顿教法门应是神会举扬起来的，神会和慧能应同属从如来禅向祖师禅的过渡阶段，同是兼具如来禅和祖师禅两种色彩的禅师。

一部禅宗史昭示人们：沩仰宗的问世，标志着祖师禅的形成。此后祖师禅禅师更日益鲜明地高举“教外别传，不立文字，直指人心，见性成佛”的旗帜，不持戒，不诵经，不念佛，不坐禅，强调任其自然，自性自度，动辄扬眉瞬目，行棒行喝，甚至超宗越格，呵佛骂祖。在唐末、五代和北宋时代，祖师禅蔚然成风，一度成为禅宗的主旋律，影响广泛而深远。直至明代文人在评论北宋时代亲炙禅法的两大著名诗人苏东坡和黄庭坚的禅法时还说：“黄、苏皆好禅，谈者谓子瞻是大夫禅，鲁直是祖师禅，盖优黄而劣苏也。”[②]子瞻和鲁直分别是苏东坡和黄庭坚的字。苏氏主禅净皆修，黄氏则嗣临济宗支派黄龙祖心禅师的禅法。从谈者的评论可看出，明代文人认为祖师禅高于大夫禅，在禅法上黄庭坚优于苏东坡。

禅宗五家都以日常行事为禅的生活，也主张不滞文字，离开言句，但是实践这些主张的具体方法则是灵活多样、各不相同的。如五代末期，在禅宗中影响极大的派系法眼宗，其创始人清凉文益就是重视经教，提倡认真看经的，他对《华严》很有研究，并以《华严》的理事圆融说

---

① 黄檗希运：《黄檗希运断际禅师宛陵录》，《古尊宿语录》卷三，上册，40、41页。

② 袁衷等录《庭帏杂录》卷下，见《丛书集成初编》第0975册《郑氏规范》，11页，北京，中华书局，1985。

为中心来讲禅。他既不凌空谈禅，又不滞着于文字，对当时祖师禅的缺陷和丛林的时弊起了一种补救作用。后来，约在两宋之际，从曹洞宗演化出的默照禅，提倡以打坐为主的寂默静照，并与从临济宗演化出来的看话禅相对峙，从此结束了祖师禅主导禅宗天下的历史。

五、祖师禅提出的思想背景及其流传的文化意义

祖师禅是中国佛教中唯一标榜“教外别传”的流派，是佛教中国化的最突出的典型。祖师禅的提出具有深刻的思想文化背景，祖师禅的流传具有重要的历史文化意义。

祖师禅既是禅宗禅法的逻辑发展，也是中国固有文化影响的结果。中国禅宗吸取了印度佛教的真心真性思想，进一步把真心真性与自心自性等同起来，强调生心起念，一举一动，善恶苦乐都是佛性的表现，突出了自心自性的作用与返归自心自性的意义。这就势必导向摆脱经教功能、排斥文字语言的禅修轨道。中国儒家倾向于人性本善，重视心性修养，道家也认为人性自然，提倡返本归源。儒道两家也都偏重于直觉思维，重视在现实生活中提升自我，实现理想。在这种文化背景下，具有中国固有文化素养的禅师们，就自觉不自觉地融合了中印两国的相关思想，创造出祖师禅禅法。祖师禅是在佛教的框架内融入了中国的民族思维、民族性格、民族追求，呈现出强烈的主体思想和鲜明的世俗倾向，表现了异于印度佛教的重要特色。

自由批判和独立判教是祖师禅形成的又一重要思想文化背景。佛教是开放的、创新的体系，内部不同派别的自由论争，相互诘辩，不断推动了佛教学说的新发展。祖师禅的提出就是与慧能一系批判神秀一系的渐悟法门直接相关的，也是与洪州宗一系批判神会、宗密的重知见的禅法直接相关的，没有这种学术上的自由批判，也就没有祖师

禅的出现。独立判教是中国佛教学者的一大优长，宗密禅师把佛教禅法判为五类或五等，后来洪州宗一系禅师又把宗密所判的五类禅称为五味禅，把它贬斥为五种杂交的禅法，而与一味清净的禅相区别，其实一味禅实质上就是祖师禅。所以，在一定意义上说，祖师禅也是判教的结果。由自由批判和独立判教而形成祖师禅的史实看，禅师的性格，一是具有反教条、反传统、反权威的批判精神；二是在佛教修持上追求快速、纯一，排拒缓慢、多杂，这就比较适应中国古代苦难深重的劳动者的需求，符合民众的愿望和民族的心理。从这一角度考察祖师禅的形成和流传，对于了解中国民众宗教信仰取向和民族心理结构，是有着重要意义的。

禅宗祖师地位的提高与民间祖先崇拜的影响，是祖师禅形成与流传的又一重要因素。禅门讲究传承、嗣法，若没有师承关系，没有得到祖师印可证明，这样的禅师是没有地位的。从菩提达摩到弘忍的传承是一代一位领袖，一位祖师只能印可一位弟子。慧能废除衣钵传授制度后，是由祖师用一定的方式判定弟子是否得到正法，哪位弟子若获得祖师的印证，也就被认为得到了传授。这种传授制度，突出了祖师在传承过程中的权威性，推动了祖师信仰的形成。祖师作为佛法、禅门的代表，与佛已无实质的区别，祖师与佛祖平起平坐，互相转位，也就成为禅门平常的事了。祖先崇拜是中国固有的基本信仰与民间习俗，祖先崇拜影响了禅宗的祖师崇拜，如寺院设祖师堂，安置祖师遗像，以供拜瞻。又立祖师忌，规定在祖师忌日时，举行法会，以示纪念。祖师的崇高地位、祖师信仰的流行和祖先崇拜的习俗，直接影响了祖师禅名称的确立与祖师禅的流传。从禅门视祖师与佛祖平等，甚至比佛祖更崇高的现象来看，其间反映出的中国禅宗的民族主体意识是强烈的，所透露出的民间信仰习俗是浓郁的。

中国佛教的因果报应论*

本文着重从中印佛教思想文化交涉的视角，揭示因果报应论所包含的人本论、因果论、生死观和来世观等哲学内涵，强调因果报应、三世轮回说是一种以自我道德行为来改变未来生命的理论。由于这种理论把道德律和自然律结合起来，作为一种社会行为准则，而为广大佛教信徒所接受，成为中国古代儒、道以外别树一帜的人生理论，而发挥了补充儒、道思想的作用。文章通过与中国固有的报应观念和印度佛教因果报应说两方面的比较，指出中国佛教因果报应论所受中国本土的分命说、天命论、神话、传说、泰山崇拜、儒家伦理道德思想和心性论的影响，同时又构成为对中国固有报应观念乃至宗教观念的重大冲击，指出中国佛教因果报应论是既继承又区别于印度佛教因果报应说的带有自身民族思想色彩的独特

* 原载中国艺术研究院《中国文化》1992年第7期。

学说。

因果报应是佛教用以说明世界一切关系的基本理论。它认为世间一切事物都由因果关系支配。善因必生善果，恶因必得恶果。它强调每个人的善恶行为必定会给自身的命运带来影响，产生相应的回报，由此引起人们在前世、现世和来世三世间轮回，相继在前生世界、现世世界和死后世界生活。实际上这是阐发道德与生命的关系的理论，是一种强调由行为来改变未来生命和自我命运的理论。佛教传入中国后，因果报应成为东汉至南北朝时代中国思想界的热门话题和中国佛教的理论重心。中国佛教学者根据历代的有关争论，结合中国固有思想文化，对因果报应、生死轮回作出了新的论证和新的阐述，从而表现出了中国佛教因果报应论的特色。本文试图就中国佛教因果报应论的基本问题，作一总括性的论述。

惊世骇俗的新型人生哲学

佛教最初传入中国时，对中国人产生最大的心理冲击，引起最强烈的心灵震撼的是其因果报应学说。“王公大人观死生报应之际，莫不瞿然自失”。① 人既有享受生命的欢乐，又有面对死亡的痛苦。死亡，对人是森然的恐惧，也是难以超越的归宿。“千古艰难唯一死，”死亡关对于每个人来说都是严峻的考验。面对死亡的恐惧，使一些士大夫纷纷作“来生之计”，认为“沈冥之趣，岂得不以佛理为先。”②于

① 袁宏：《后汉记》，卷十。

② 慧远：《与隐士刘遗民等书》，见《四部丛刊》上海涵芬楼影印宋刊本《广弘明集》卷二七上。以下凡引《广弘明集》，均同此版本。

是这些人就由儒、道转而认同佛教因果报应论。

佛教因果报应论，对中国人来说，是一种崭新而又神秘的人生理论，这种新型的人生哲学，论及人的道德观、生命观、生死观、命运观和来世观，体现人对现世的关切和终极的关怀，并从理论上把自然律和道德律统一起来，在中国固有的儒、道、墨等人生哲学理论以外，别树一帜。这种新型的人生哲学，为中国人提供了一种观察人生命运、价值、意义的新视角，以及如何对待人生的行为、活动的新方式，形成为一种别具一格的人生和社会的基本准则。可以说，在中国思想文化史上，因果报应是最早从国外输入，并产生广泛而巨大反响的宗教人生理论。

在中国佛教徒看来，因果报应论是佛教的“实理”和“根要”。东晋王谧说：

> 夫神道设教，诚难以言辩，意以为人设灵奇，示以报应，此最影响之实理，佛教之根要。今若谓三世为虚诞，罪福为畏惧，则释迦之所明，殆将无寄矣。①

“三世”，即前世、现世、来世轮回。“罪福”，即报应。“实理”，真实道理。“根要”，根本要旨。意思是说，排除因果报应学说，也就排除了佛教的真实理论和根本要义。近人梁启超也说，“佛教说的‘业’和‘报’”是“宇宙间唯一真理”②，并强调说，“我笃信佛教，就在此点，

① 王谧：《答恒太尉》，《四部丛刊》上海涵芬楼影印宋刊本《弘明集》卷一二。以下凡引《弘明集》，均同此版本。

② 梁启超：《与梁令娴等书》，见《梁启超年谱长篇》，1046页，上海，上海人民出版社，1983。

七千卷《大藏经》也只说明这点道理”。[1] 因果报应论，作为佛教的根本理论和要旨，由于它触及了人们的神经和灵魂，具有强烈的威慑作用和鲜明的导向作用，在取得社会从上至下的信仰方面，其作用之巨大，实是佛教其他任何理论所不能比拟的。史载，东晋慧远曾率弟子刘遗民、周续之等 123 人，在江西庐山之阴般若云台精舍阿弥陀像前，建斋立誓，发愿往生西方净土，刘遗民等立誓文有云：

> 夫缘化之理既明，则三世之传显矣；迁感之数既符，则善恶之报必矣。推交臂之潜论，悟无常之期切；审三报之相催，知险趣之难拔。此其同志谙贤，所以夕惕宵勤，仰思攸济者也。[2]

这表明慧远等人内心确实充满了对死亡的畏惧和对超越生死的向往。晚唐白居易也重视作来生之计，他作《答客问》诗云：“吾学空门非学仙，恐君此说是虚传。海山不是吾归处，归即应归兜率天。”[3]他还曾劝 148 人结上生会，行弥勒净土业。同样也反映了信奉佛教因果报应论的虔诚和追求死后转生净土的热情。

因果报应是一个非常复杂的问题，在一定范围和条件下，的确存在着善因得善果，恶因得恶果的现象。如现实生活中，助人即助己，害人即害己，就反映了这种因果关系。但是，它是否构成为人生的普

---

① 梁启超：《与梁令娴等书》，见《梁启超年谱长篇》，1046 页，上海，上海人民出版社，1983。

② 道宣：《高僧传》卷六《择慧远传》，见《大正藏》第 5 卷，358 页下～359 页上。

③ 彭定求等编：《全唐诗》卷四五九《白居易 36》，见《全唐诗》第七册，5234 页，北京，中华书局，1960。

遍规律呢？这就有不同的看法了。中国传入佛教以前，也曾流行过“福善祸淫”的报应观念，但受到进步思想家的怀疑，如西汉司马迁就伯夷、叔齐饿死和颜回早夭的事例在《史记》卷六十一《伯夷列传》中质问道：

> 或曰：“天道无亲、常与善人”。若伯夷、叔齐，可谓善人者非邪？积仁絜行如此而饿死！…… 回(颜回)也屡空，糟糠不厌，而卒蚤死夭。天之报施善人，其何如哉？

司马迁从道德与寿命的关系对上天赏善罚恶的说法提出了质疑，表明人们的善良并不一定得到圆满的结局，社会的发展也并不以人们的道德观念为准绳。佛教因果报应说的流传，更引起了思想界的关注，尤其是招致儒家学者的怀疑、反对和批判。南朝梁释僧祐辑录从东汉到梁赞扬佛教和反对佛教的论著，编成《弘明集》。他在该书《后序》中总结了反对佛教的六大问题，第一是“疑经说迂诞，大而无征”，第二是“疑人死神灭，无有三世”。[①] 第一个问题是从总体上怀疑佛经的教义，第二个问题则是集中怀疑佛教神不灭论和因果报应说的。史载，东晋以来的何承天、范缜、刘峻、韩愈、李翱、欧阳修，程颢、程颐、朱熹等人，都先后著文抨击因果报应论。少数有佛教信仰的学者，如戴达(安公)、慧琳、杨度等人，也对因果报应说持怀疑甚至否定的态度。他们反对因果报应的论点主要是：

一、人由气构成，气聚则生，气散则灭。人死气散，上归下沉，

① 僧佑编：《弘明集》卷一四。

何处有天宫？何处为地狱？①

二、“五情六欲，人心所常”，爱欲情虑，是一种自然的现象。如果由于情感而有报应，那么，人的自然需求又如何实现呢？人都重生、恋生，对于这种感情迷滞，也应当晓以道理，而不能以报应给予惩罚。②

三、一切都是自然的造化，“至于生必有死，形毙神散，犹春荣秋落，四时代换，奚有于更受形哉？”③“……首足之方圆，翔潜之鳞羽，命分修短，身名宠辱，莫非自然之造化，讵是宿业之能为？”④

四、与自然造化说密切相关的，一是命定论：“修短穷达，自有定分，积善积恶之谈，盖是劝教之言耳。”⑤二是偶然说：“善恶祸福，或有一见，斯自遇与事会，非冥司之真验也。”⑥范缜也认为，人生犹如树上的花朵，风吹花落，有的飘进厅堂，有的落到茅厕，纯属偶然，“贵贱虽复殊途，因果竟在何处？”⑦

五、杀生不应受恶报。猛兽伤人，毒虫伤物，秋天打猎，夏天除虫，是合乎天道的。自然界燕子啄虫为食，就未见报应，至于用猪牛羊肉作为祭品，或招待嘉宾，也是很自然的。佛教以为杀生应当受恶

---

① 慧远：《明报应论并问》，《弘明集》卷五。又见彦琮《通极论并敘》，《弘明集》卷四。

② 慧远：《明报应论并问》，《弘明集》卷五。

③ 何承天：《达性论》、《弘明集》卷四。

④ 彦琮：《通极论并敘》，《广弘明集》卷四。

⑤ 戴安公：《与远法师书》，《广弘明集》卷一八。

⑥ 戴安公：《答周居士难释疑论》，《广弘明集》卷一八。

⑦ 姚察、姚思廉：《梁书》卷四十八《范缜传》。又范缜的偶然论，虽在反对高官必是善人的观念方面是有积极意义的，但它取消了因果关系，否定了人生的客观规律，又易于通向命定论。

报，是有所蔽，是偏见。[①]

六、信佛并不得好报，如《旧唐书》作者刘昫等人在评论佞佛十分突出的唐懿宗时说："佛骨才入于应门，龙輴已泣于苍野，报应无必，斯其验欤!"[②]这不仅抨击懿宗亲昵僧人和迎佛骨事件，并因懿宗在佞佛中死去的事件，得出否定因果报应的结论。

七、历史上一些公认的善人，竟夭身世而婴祸，一些公认的恶人，却尽天年而享福，因果报应说得不到验证。欧阳修更说："佛者善施无验不实之事。"[③]

八、近人杨度[④]在自述学佛次第及其原因、结果时，曾特别关注"究竟灵魂有无"的问题，强调此事必须明决。对于灵魂问题，他认为应当进行多层次的研究，并实际上着重探讨灵魂的轮回问题。他说：

> (一)问灵魂究竟有无，世人皆无死之经验，谁能确答？今既未得死人报告，但据生人代表立言，其何能信？(二)问灵魂即有，是否辗转轮回？世又无人能记前生，证明转世。(三)问轮回若有，是必物理自然，人又不能逃，佛与菩萨有何能力，独能违反物理？如曰能之，凭何为据？理既不通，事尤无证。(四)问灵魂轮转之事，究为动物所同，抑为人类所独？或同或独，理由何

---

① 何承天：《报应问》，《广弘明集》卷一八。又见彦琮《通极论并敘》，同书卷四。

② 刘昫：《旧唐书》卷十九上《懿宗本纪》。

③ 见张商英：《护法论》引，见《护法遗教心印门》，6页，天宁寺刻经处，1915。

④ 杨度(公元1874～1932年)，号虎禅师，湖南湘潭人。早年主张君主立宪，在袁世凯复辟帝制失败后，遁入空门，潜心学佛，信奉禅宗，提倡"无我宗"的新佛教，晚年转而支持进步事业。

在？事证何在？（五）问灵魂所至之净土、地狱，如其果有，设在何处？到者何人？此五问者，若以科学眼光观之，皆如梦呓，神鬼之说亦然。古宗教家设教愚民，既欲欺骗其生前行善去恶，必须诳以死后得福免祸。此大诳语，虽至人类绝种之日，必无死尸说话之时，永无对证证明，亦无反证证倒，故可迷多数人，历数千载，为大宗教。①

杨度受近代科学的影响，重视实证，他就灵魂轮回说理论自身提出五点质疑，指出灵魂轮回说为非佛法。

从上可知，中国学者主要是从四个方面反对因果报应：一是从人的形体构造，情欲的自然性质，精神对形体的依赖关系，否定因果报应说；二是强调人生的寿夭、贤愚、祸福、穷达的不同命运，都是自然造化，自然命定，或偶然决定；三是杀生受恶报说不符合自然现象，也不符合人类的生活和利益，立论不合常理；四是报应说不符合历史人物的德行和命运的结局，轮回说没有对证验明，没有真凭实据。

为了回答对因果报应说的质疑和挑战，维护佛教的实理和根要，东晋以来，中国佛教学者一直针对批评因果报应的观点，吸取和结合中国固有的报应观念，阐发带有中国特色的因果报应学说。东晋时慧远等人曾与怀疑因果报应说的戴逵反复论辩。南朝时宗炳和颜延之为维护灵魂不灭说和因果报应说而跟持反对意见的何承天往返争论。佛教徒甚至还撰述疑经，宣传因果报应思想，如北魏时撰述的《宝车菩

① 杨度：《新佛教论答梅光羲君》，见自刻本《虎禅师论佛杂文·二续》。

萨经》[1]就宣传中国的泰山信仰与佛教地狱报应相结合的思想。隋唐以来，徐同卿、灵裕、阳尚善、道世、彦琮、李师政(正)、刘谧、袾宏、宋濂，真可、德清、梁启超等人，也相继撰述阐发因果报应的论著。同时，一些僧人还热衷于撰述感应传、灵验传一类著作，一些文人也创作宣佛小说，如颜之推作《冤魂记》，引经史以证报应，客观上也推动了因果报应观念的流传。

报应说的新论证

中国佛教学者对于因果报应论的论述，着重于阐明有没有因果报应，为什么有因果报应，谁在承受因果报应，又是怎样受因果报应等问题。也就是对因果报应的有无问题作辩护性的证明，同时着力就因果报应的根源、主体、性质和方式等一些根本问题，作了论证。

初唐诗僧王梵志有诗云：

世间日月明，皎皎照众生。
贵者乘车马，贱者膊担行。
富者前身种，贫者悭贫生。
贫富有殊别，业报自相迎。
闻强造功德，吃着自身荣。
智者天上去，愚者入深坑。[2]

这首诗运用通俗语言和对比手法，通过描绘人世间贫富不均、贵贱悬

① 又称《宝车经》、《妙好宝车菩萨经》，见《大正藏》第85卷。

② 王梵志撰，张锡厚编：《王梵志诗校辑》卷二，北京，中华书局，1983。

殊的社会现象，表达了佛教的因果报应思想。诗文强调贫富贵贱是“业报”，是人们作“业”的结果。并突出“智者”和“愚者”在来世的不同果报。

“业”是古代印度流行的观念，佛教加以继承，并成为自身哲学体系的重要范畴。业，是造作的意思，指众生的身心活动。佛教认为，这种活动和因果关系相结合，会形成为产生不同结果的力量，是为“业力”，这是一种潜在的功能力量，是创造未来生命的动力。业有多种分类，一般从形态上分，有身业（身体的行动）、口业（言语，也称语业）和意业（内心欲作某事的意念、意志）。从性质上分，有善业、恶业和无记业三类，善恶二业招不同的果报，非善非恶的无记业则不招果报。业是人类向上努力或向下堕落的根据。在王梵志看来，人在现实生活中所处富贵贫贱地位的不同，就是不同业因所得的不同业报。

佛教认为，从整体来看，人类是没有获得生死解脱的生类，人类只有超越自我、超越人生、超越生死，转化成佛，才能摆脱烦恼和痛苦，实现永恒的幸福、自由。因此，中国佛教特别重视论述因果报应过程中形成人生痛苦的原因，东晋慧远对此有非常重要的论述，他在《明报应论》中说：

> 夫因缘之所感，变化之所生，岂不由其道哉？无明为惑网之渊，贪爱为众累之府。二理俱游，冥为神用。吉凶悔吝，唯此之动。无明掩其照，故情想凝滞于外物；贪爱流其性，故四大结而成形。形结则彼我有封，情滞则善恶有主。有封于彼我，则私其身而身不忘；有主于善恶，则恋其生而生不绝。于是甘寝大梦，昏于同迷；抱疑长夜，所存唯著。是故失得相推，祸福相袭，恶

积而天殃自至，罪成则地狱斯罚。此乃必然之数，无所容疑矣。

“无明”，愚痴无知。“贪爱”贪恋爱欲。这段话是说，无明和贪爱是人生烦恼、迷惑和祸患的原因。人由于对佛法愚痴无知，就不能有正确的认识，认识不正确，就会使自己的思想感情对外界事物发生凝滞执著，对外界事物发生贪爱、迷恋，也就使善恶果报有了主体，从而人就因贪恋生命而导致生命不断的轮回流转。再是，贪爱使人的本性流荡，进而使地、水、火、风“四大”结合成人的形体。人有形体，就有了彼此的界限，人对于自己也就特别偏爱而不能超脱；有了善恶果报的主体，人就会贪恋生命而使生命连续不绝。从而人就像在大梦中一样，昏沉迷惑，在漫漫长夜中，守持疑惑，贪爱执著，这样就使人的得失互相推移，祸福相继而来，积了恶就有殃祸，有了罪就要进地狱受惩罚。这是必然的定数，是不容置疑的。

无明和贪爱同为人生苦难和受报应的根源，两者相比，无明更是首要的根源。佛教认为，无明即愚痴无知，是对虚幻的世界执著为实有，从而产生种种妄虚分别。这种认识上的颠倒，使人生起强烈的贪恋的欲望；从而陷入种种痛苦之中。所以，人生痛苦的最根本原因是无明，愚痴。而人生要解脱痛苦，最关键、最首要的也就是要消除无明，愚痴，学习佛教理论，增加佛教智慧。王梵志诗句“智者天上去，愚者入深坑”，就是以愚智之别作为人生能否解脱苦难的分界。

佛教所谓的智愚即认识上的是非正邪，是与道德上的善恶分不开的，两者是统一的。所谓智慧，是既能明察一切事物的是非、真假，又能正确取舍、断除烦恼，解除痛苦的能力、作用。而愚痴恰恰相反，真正的智者必奉善行，而愚者必作恶事。佛教的因果报应，是谓善因必产生善果，称为善因善果；恶因必产生恶果，称为恶因恶果。

由此因果报应又称作善恶业报。东晋郗超在《奉法要》中说："全五戒则人相备，具十善则生天堂。……反十善者，谓之十恶，十恶毕犯。则入地狱。"①又说："彼以恶来，我以善应。"②"说人之善，善心便生，说人之恶，便起忿意。"③强调要行"十善"，要以"善应"对"恶来"。"十善"与"十恶"相对，"十恶"指(一)杀生，(二)偷盗，(三)邪淫，(四)妄语，(五)两舌，即说离间语，破语，(六)恶口，即恶语，恶骂，(七)绮语，即杂秽语，(八)贪欲，(九)瞋恚，(十)邪见。离以上十恶，则为十善。十恶和十善，依照顺序，一至三属身业，四至七属口业，后三者属意业，通称为"身三、口四、意三"。从内容来看，十恶十善是重在讲对待人际关系，对待动物的态度，以及个人欲望和见解等，基本上是道德修养问题。认为道德的高下是决定人的地位、命运和未来的根本要素。可见，善业恶业就是果报的根源，行善行恶，一者向上逐渐求得解脱，一者向下堕入更加痛苦的深渊，这是因果报应的两类根源，两种结果，两个方向。

因果报应是怎样实现的？其方式如何？这是因果报应说的一个根本问题。中国原有的报应观念多是限于自身一世的，如古代三命说，一是受命，即年寿长短，二是遭命，谓行善而遇凶，三是随命，顺随善恶而受报，都是就现世而言的。又如俗语说的："善有善报，恶有恶报，不是不报，时辰未到，时辰一到，马上就报。"也近似于一世因果论。佛教不同，它讲三世因果，强调因果报应体现在生命形态的不断轮回转化过程中。慧远曾专门作《三报论》，文章开宗明义说报应有

① 僧佑：《弘明集》卷一三。

② 同上。

③ 同上。

三种方式，三种类别：

> 经说业有三报：一曰现报，二曰生报，三曰后报。现报者，善恶始于此身，而此身受。生报者，来生便受。后报者，或经二生三生，百生千生，然后乃受。①

“经说”，系指《阿毗昙心论》卷一所说：“若业现法报，次受于生报，后报亦复然，余则说不定。”②慧远认为，生报是业力因缘不如现报的强大，但也不软弱，今生所作善恶业来生即受善恶果报。后报是业力软弱，时作时悔，未酬报前业因不失，遇缘即报。即过去无量生中所作的善恶业，于今生受善恶报，或于未来无量生中受善恶报。这是根据受报时间的不同，将果报分为三种。人有三业，业有三报，生有三世。生命之流，继往开来，变化不息，贯通过去、现在和未来三世。现有的生命，尊卑贫富，强弱苦乐，美丑寿夭，或人或畜，品类万殊，都是过去业因的报应。众生的现实生活，是前生的作业结果。众生现在的思想行为又留下新的业力，在生命结束时，推动新的生命的流转。

慧远又从报应承受主体的角度说明报应有先后快慢之分，他说：

> 受之无主，必由于心，心无定司，感事而应。应有迟速，故报有先后。③

① 僧佑：《弘明集》卷五。

② 见《大正藏》第28卷，814页中。

③ 慧远：《三报论》，《弘明集》卷五。

这是说，人是通过心来受报应的，心并无固定的掌管职责，它是对事物有所感受、感召，才有反应的活动，而感应有快慢之分，报应也有先后的不同。这就是所谓"因情致报，乘感生应"。① 慧远十分重视"感"在报应中的作用，这可能与他认为《周易》是"以感为体"②有关。

慧远对于报应为什么有轻重的问题，也做了说明。他说报应"先后虽异，咸随所遇而为对；对有强弱，故轻重不同"。③ 认为人所受的报应，都是随人的际遇而产生的一种对应，对应有强有弱，所得报应也就有轻重的不同。

至于现实生活中仁者不寿，富者不仁，恶人丰衣足食，荣华富贵，善人穷困潦倒，忧郁而死等现象，如何解释，慧远特意用"三报"的理论，加以说明，他说：

> 谓积善之无庆，积恶之无殃，感神明而悲所遇，慨天殃之于善人。咸谓名教之书，无宗于上，遂使大道翳于小成，以正言为善诱，应心求实，必至理之无此。原其所由，由世典以一生为限，不明其外，其外未明，故寻理者自毕于视听之内，此先王即民心而通其分，以耳目为关键（界限）者也。如今合内外之道，以求弘教之情，则知理会之必同，不惑众涂而骇其异。④

---

① 慧远：《明报应论》，《弘明集》卷五。

② 刘义庆：《世说新语·文学》载："殷荆州曾问远公：'《易》以何为体？'答曰：'《易》以感为体'。殷曰：'铜山西崩，灵钟东应，便是"易"耶？'远公笑而不答。"

③ 慧远：《三报论》，《弘明集》卷五。

④ 同上。

这是说，积善集殃，积恶致庆，善人受祸，恶人得福，是所受者前世行为的报应，今世行为所得的报应还没有显现出来。世俗典籍只讲今生，只以耳听目见为认识的界限，不明了今生以外和视听以外的事理，不懂得今生作业将在来生受报应的道理。必须把佛典和世典、内道和外道结合起来，才能通观一切。这样，“归诸宿缘，推之来世，”①慧远就把人们现实生活的境遇归结为前世的业因，又把现世生活的思想行为与来生的命运结合起来，从而在理论上摆脱了一世因果论的困境。

从理论思维来看，三报说最重要的是提出了生报和后报的观念，以及相应的来世观念。来生观或来世观，在因果报应理论乃至整个佛教理论中都有重要意义。一是克服了一世因果论的理论困难。虽然对于现实生活中善人遭祸恶人见福的现象，人们可以援引中国遭命论来说明，也能以灭佛的唐武宗在位仅 6 年，寿止 33，而奉佛的梁武帝在位长达 48 年，寿至 86 等现象来解释，② 但缺乏理论的论证。而三世因果论则能对现实生活中难以解说的种种矛盾报应现象给予圆满的说明。二是三世因果论立足现世，着眼来世，引导人们把幸福寄托于来生。虽然佛教内部也有个别僧侣，如南朝宋人慧琳作《白黑论》，文说：“若不示以来生之欲，何以权其当生之滞。物情不能顿至，故积渐以诱之。”③对来生说多有讥评。儒家学者认为佛教“来生之化”的说法，于事实无证，而给予猛烈的抨击。但是来生说既避免了今生是前生作业的结果，这种简单而又带有宿命论因素的理论缺陷，而且又满

① 郗超：《奉法要》，《弘明集》卷一三。
② 〔元〕刘谧：《三教平心论》卷上，《大正藏》第 52 卷，785 页下。
③ 沈约：《宋书》卷第九十七《天竺迦毗黎国传》。

足了人的内在要求和期待：度过痛苦的今生之后，能在来生享受幸福，经历短暂的今生之后，能在死后永生。这就使来生说不仅得到大量佛教信徒的认同，而且成为中国佛教的重要理论支柱。三是古代中国人祈求生命的永恒，避免生命的消亡，这种不朽思想的崇拜，既表现为追求个人的长生不死，也表现为祈盼子孙万代的永兴昌盛，即时间的绵延不绝。佛教的因果报应理论，强调由因生果，前能起后，前前影响后后，把人生归结为过去、现在和未来三世，并纳入循环往复的系统之中，这种时间意识与中国固有文化的时间性特征相吻合，这也是佛教因果报应说得以长期流传的重要原因。

上面已论述佛教因果报应的根源在于无明和贪爱，方式有现、生、后三报，现在要进一步论述的是，究竟是谁决定因果报应？又是谁在承受因果报应呢？尤其是人死后承受生前报应的实体是什么呢？这是一个涉及佛教理论全局的大问题。

中国佛教学者一直强调行为者个人，尤其是个人的“心”，即心理活动或精神活动是因果报应的决定因素。在佛教的身、口、意三业说中，特别重视“意”（即“心”）的关键作用。东晋郗超援引《般泥洹经》的话并加以发挥说：

> 经云：心作天，心作人，心作地狱，心作畜生，乃至得道者，亦心也。凡虑发乎心，皆念念受报，虽事未及形，而幽对冥构。……罪福形道，靡不由之，吉凶悔吝，定于俄顷。是以行道之人，每慎独于心。①

① 郗超：《奉法要》，《弘明集》卷一三。

这里强调心理活动，内心想法，即使没有成为事实，也都是构成不同报应的根据，是报应的决定者。信佛行道之人，特别要慎独于心。“慎独”语出《礼记·中庸》，这是结合儒家的修养方法，强调佛教道德理性的修养。

随着佛教“万法唯心”观念的流行，佛教内部出现了这样的情况：

> 错会者，谓无心则无因无果，故不患有业，唯患有心，有业无心，阎老子其奈我何？遂安意造业，无复顾忌。①

这是明末四大名僧之一袾宏对佛教内部将业与心割裂开来所作的批评。他强调有业就是有心，造业后强制使心归于无，仍是有心。看来，袾宏是批评禅宗的某些作法。但是这种作法在奉行顿悟说的禅师中间，仍然继续流行。直至近代，如自号为虎禅师的杨度认为“心中无事，事中无心，一切随缘，即为了义，古今诸佛、无不如是。”②“离心说佛，无有是处，生死灵魂，管他做甚，放下此心，轮回立尽。”③强调放下自心，一念能空，即超脱果报轮回，当下成佛。这种说法实际上也是强调心在因果报应中的决定作用。

中国固有的报应思想是建立在“天道观”基础上的，所谓“天道福善祸淫”。④“惟上帝不常；作善降之百祥，作不善降之百殃。”⑤天道或上帝主宰人事，决定人间善淫者的祸福。《周易·坤·文言》说：

---

① 袾宏：《果报一》，见《云栖法汇·手著第三册》，明崇祯刻本。

② 杨度：《虎禅师论佛杂文·轮回偈并序》，自刻本。

③ 同上。

④ 《尚书·汤诰》。

⑤ 《尚书·伊训》。

“积善之家，必有馀庆；积不善之家，必有馀殃。”认为祖先的所作所为将给自身、家庭、家族带来报应，给子孙后代带来祸福。早期道教发展了这一思想，提出“承负”说。所谓“承负”是“承者为前，负责为后。承者，乃谓先人本承天心而行，小小失之，不自知，用日积久，相聚为多，今后生人反无辜蒙其过谪，连传被其灾，故前为承，后为负也。负者，流灾亦不由一人之治，此连不平，前后更相负，故名为负。负者，乃先人负于后生者也。”①“后生”，指后人，即子孙。意思是先人作善恶之事，不仅本人连其子孙也要承受负担责任，即要受报应。郗超在《奉法要》中批评了上述说法，他援引《泥洹经》文说：“父作不善，子不代受；子作不善，父亦不受。善自获福，恶自受殃。”强调个人的善恶决定自身的祸福报应，人应对自己的行为负责。近人梁启超在《余之死生观》中则认为“个人之羯磨，② 则个人食其报，一家之羯磨，则全家食其报；一族一国乃至一世界之羯磨，则全族全国全世界食其报。由此言之，则言家族之馀庆馀殃者，于佛说岂有违异乎？”③这是分为个体和集体立论，强调各自作业各自食报，集体作业，集体受报，从而把中国与印度佛教的报应观念协调起来。

人生今生，自受果报，那么，人死以后又是什么在负受呢？中国佛教学者认为人死后来世依然存在的精神，即灵魂是报应的承受主体。东晋郗超说：

识者，经历累劫，犹萌之于怀。虽味其所由，而滞于根。潜

---

① 《太平经·解师策书诀》，见王明编《太平经合校》，70页，北京，中华书局，1979。

② “羯磨”，意译作“业”，梁启超又解释为遗传性。

③ 梁启超：《饮冰室合集·文集之十七》，北京，中华书局，1988。

结始自毫厘，终成渊岳，是以学者务慎所习。①

“识”是累劫不灭，潜伏于心的灵魂，是承负因果报应的主体。由此，郗超也特别强调心识的道德修养。北齐颜之推著文肯定形死神存，并引社会传说给以证明：

形体虽死，精神犹存。人生在世，望于后身，似不连属，及其没后，则与前身犹老少朝夕耳。世有魂神，示见梦想，或降童妾，或感妻孥，求索饮食，征须福祐，亦为不少矣。今人贫贱疾苦，莫不怨尤前世不修功德。②

颜氏还说，具有天眼神通，就可以看见人的前生、今生、后生是一体的，“凡夫蒙蔽，不见未来，故言彼生与今生非一体耳。若有天眼，鉴其念念随灭，生生不断，岂可不怖畏耶?”这都是以人的精神和死后的灵魂作为承受报应的载体。形神关系问题，实际上形成中国佛教因果报应论乃至整个教义的理论核心问题，我们将在另文详加论述。

如果说，对于因果报应的内容，中国佛教学者较多地坚持印度佛教的具体主张，那么，对于因果报应的性质，中国佛教学者则结合中国固有的“自然”、“气数”、“分命”、“天命”观念，作出颇富中国思想文化色彩的说明。

慧远强调因果报应是“自然的赏罚”，把因果报应说成为人生的规律，他说：

---

① 郗超：《奉法要》，《弘明集》卷一三。

② 颜之推：《颜氏家训·归心篇》，《广弘明集》卷三。

> 故心以善恶为形声，报以罪福为影响。本以情感而应自来，岂有幽司？由御失其道也。然则罪福之应，唯其所感，感之而然，故谓之自然。自然者。即我之影响耳。①

慧远认为，如同有形就有影，有声就有响一样，有人心的善恶为因，必有所受的福祸为果。心有了善恶的活动，由于心的感召，必有福祸的报应，有感必应，谓之报应。他认为，这是自然的，不是另有主宰，从外面来掌管报应，既然如此，人也就不能逃避自己行为所造成的报应。梁启超也说："凡自己造过的'业'，无论为善为恶，自己总要受'报'。一斤报一斤，一两报一两，丝毫不能躲闪，而且善和恶是不准抵消的。"②

中国佛教学者还宣扬因果报应是人的"气数"。慧远把因果报应说成为"无所容疑"的"必然之数"。他还说："倚伏之契，定于在昔，冥府告命，潜相回换。故令祸幅之气，交谢于六府；善恶之报，舛互而两行。"③古代中国人有一种说法，认为人生的祸福是生时禀受元气不同的结果。慧远也特地讲"祸福之气"，认为祸福本身就是气，祸福之气交相代谢于六道轮回之中，从而赋予人生的祸福和报应以自然的性质和外观。南朝宋代奉佛文人颜延之说："凡气数之内，无不感对，施报之道，必然之符。"④更是把"气数"和"报应"直接沟通起来。

---

① 慧远：《明报应论》，《弘明集》卷五。

② 梁启超：《与梁令娴等书》，见《梁启超年谱长编》，1046页，上海，上海人民出版社，1983。

③ 慧远：《三报论》，《弘明集》卷五。

④ 颜延之：《释远性论》，《弘明集》卷四。

中国古代还流行"分命"论，东晋戴逵就以分命论为武器，和因果报应论相抗衡。所谓分命，是说人们的"穷达善恶、愚智寿夭，无非分命。分命玄定于冥初。"①分命就是先天决定的宿命。宿命论和佛教因果报应论的过去世作业来世受报应的思想相通，而被中国佛教学者纳入佛教因果报应说的体系之中。慧远就说："分命穷达，非常智所测，然依傍大宗，似有定检。"②人生分命穷达，不是一般智慧所能度测的，只有依靠佛教教义才能有所定检。慧远机巧地调和了分命论和因果报应论的矛盾，并把分命论作为因果报应论的一个内容。

佛教的因果报应论是与中国的天命论不同的，甚至是对立的。如前所述，汉代以来佛教学者对于天命予人以祸福的说法多有批评。但自元代以来，一些佛教学者则转而强调报应论与天命论的一致性。如元代刘谧在《三教平心论》中说："……莫之为而为者天，莫之致而致者命。儒言天命，佛言定业，盖不可逃之数也"。③ 把天命和定业都说成是必然的，绝对的，而忽视了佛教报应论强调作业的主体性、自律性，即与天命论的差异性。明末佛教四大师之一真可更明确地说：

> 吾读《洪范》，乃知箕子圣人也。……箕谓五福④六极⑤，唯敬天爱民者，天以五福应之，反是则以六极应之。由是而观，则报复之理，因果之条，释氏未东之日，而中国有欲治天下者，未始不严于此也。今谓因果之谈，报复之唱，乃释氏鼓惑愚者之

---

① 戴逵：《答周居士杂释疑论》，《广弘明集》卷一八。

② 慧远：《答戴处士书》，《广弘明集》卷一八。

③ 《大正藏》第52卷，790页下。

④ "五福"，指寿、富、康宁、攸好德，考终命。

⑤ "六极"，六种极不幸的事，指凶短折、疾、忧、贫、恶、弱。

> 技，岂君子所当道哉？[1]

看来，为了缓和人们对佛教因果报应说的批评，佛教学者越来越肯定儒家天命论，并把它引为佛教因果报应论的同道了。

轮回说的新阐发

佛教轮回说是在因果报应论的基础上形成的生命转化学说，谓众生由惑业的因而招感生死流转，犹如车轮的回转，永无止境。佛教强调，陷于生死轮回是痛苦的，只有超越生死轮回才能最终获得“解脱”。轮回说是佛教因果报应论的重要内容和解脱论的必要前提。中国佛教学者着重结合中国固有的相关观念阐发了六道轮回的种种形态，轮回与主体，轮回与心性道德的关系，并对儒家学者否定生死轮回说的种种非难，作出回应。

> 君不见，东家妇，健如虎，腹孕常将年月数，昨宵犹自倚门闾，今朝命已归黄土。又不见，西家子，猛如龙，黄昏饱饭睡正浓，游魂一去不复返，五更命已属阎翁。目前人，尚如此。远地他方那可指！闲将亲友细推寻。年去月来多少死。……昨日街头犹走马，今朝棺里已眠尸。……钻马腹，入牛胎，地狱心酸实可哀。[2]

① 真可：《法语·长松茹退》，见金陵刻经处本《紫柏老人集》卷九。

② 袾宏：《出家别室人汤》，见金陵刻经处本《云栖法汇·山房杂录卷二·诗歌附》。

这是明末佛教四大家之一袾宏撰写的出家前告别夫人的歌诀。它表明，正是佛教的生死轮回观念推动了袾宏出家信佛，追求超脱生死流转，以实现永生无死的终极理想。

轮回原是古印度婆罗门教的主要教义之一，认为四种姓①在生死相续，轮回转生中，生生世世，永袭不变。佛教吸取这一观念，并加以改造和发展，主张众生在业报之前，一律平等，即都以自身善德恶行决定来世的转化。在没有解脱以前，众生各依作业的善恶而趣往的世界，有五道(五趣)或六道(六趣)之说，早期讲六道，也讲五道，后专讲六道。六道指：

(一)地狱：地下牢狱，是受恶报最重的苦难深渊。有“八热”、“八寒”、“无间”等名。

(二)饿鬼：是一种孤贫潦倒的鬼，四处游荡而求食不得，饥渴难忍，苦无休止。

(三)畜生(傍生)：人类以外的一切动物，如禽兽鱼虫，牛羊猪马等，多受自然环境支配，或依附人类生活。有的弱肉强食，互相残杀等。又有人类对它们的奴役，鞭挞，屠杀，受苦也重。

(四)阿修罗(修罗)：住于海中，是一种大力鬼神，有神通威力而无德行，嫉妒心极强。

(五)人：指人类众生。苦乐参半或苦多乐少，是六道升沉的枢纽，修善得生天道。作恶，如杀、盗、淫，则分别堕地狱、畜生、饿鬼三恶道。人富有智慧，易于知苦修道，转凡成圣。

(六)天：指天界众生。共有三界二十八重天。从人间往上有六重

① 四种姓，指婆罗门、刹帝利、吠舍和首陀罗，是印度古代社会职业世袭，内部通婚，不与外人交往的不同等级集团。

天，因有男女情欲，名“欲界天”。欲界以上有十八天，因没有男女情欲，只有色相庄严，名“色界天”。色界以上有四重天，因没有色身形相，只有精神心识，名“无色界天”。天界内部虽有区别，但都以享乐为意，时享胜乐，并未超脱生死，也还要堕入恶道。

上述六道中，印度佛教有的部派删除阿修罗道，只说五道。六道的前三道称为三恶道，后三道称为三善道。六道的群生，通称众生。众生由于未尽之业，在六道中受生死轮回无穷流转之苦，称为六道轮回。因为六道都处在生死轮回的痛苦之中，所以，佛教又称六道众生，共在一大狱中。

从信仰观念来说，在佛教传入之前，中国已经形成天上、人间和地下三种不同空间的观念。天上是上帝（天帝）所居，称为“帝所”，上帝是天上最高的神，他有许多属神，一些权威的祖先神也客居在帝所。地下，是鬼所居住的阴间世界。人死变鬼，鬼的容貌、性情与生前一样，能报答恩情，复仇雪耻，给活人以祸福。《楚辞·招魂》说：“魂兮归来，君无上天些”。“魂兮归来，君无下此幽都些”。“幽都”，即地下世界。魂既可上天，也可入地。新发现的长沙马王堆汉墓，一号和三号汉墓都有帛画。一号帛画画面分为三部分，上头是天上世界，中间是人间世界，下头是地下世界。画面墓主轪侯利苍的妻子，作“灵魂升天”状。① 相对人间来说，天上世界是天堂，地下世界是阴间（人间世界也称阳间）。中国三种世界说与佛教六道轮回的天、人、鬼，意义并不相同，但也有相通之处。中国人对于六道轮回说，最感

① 《长沙马王堆一号汉墓》上集，北京，文物出版社，1973。又，《考古》1972年第9期《座谈长沙马王堆一号汉墓》；《考古》1979年第3期《马王堆一号汉墓帛画并无“嫦娥奔月”》。

恐怖、畏惧的是地狱道。“生人既死，阴府收其精神，校平生行事罪福之。坐罪者刑，狱皆怪险”。[①]“夹殿宏廊，悉图其状，地狱情状，人未熟见者，莫不毛主神骇”。[②] 佛教的人死入地狱说和佛寺地狱图景，令人毛骨悚然，心神骇惧。一些宣扬佛教的小说也极力张扬地狱之苦，如《冥祥记》载，晋人赵泰中年患心痛猝死，十日后苏活，谓曾遍历地狱：“所至诸狱，楚毒各殊。或针贯其舌，流血竟体。或披头露发，裸形徒跣，相牵而行。有持大杖，从后催促。铁床铜柱，烧之洞然，驱迫此人，抱卧其上，赴即焦烂，寻复还生。或炎炉巨锅，焚著罪人，身首碎坠，随沸翻转。有鬼持叉，倚于其侧。有三四百人，立于一面，次当入锅。相抱悲泣。”[③]佛教的地狱说成为佛教影响中国人信仰的最重要观念之一。

中国自秦汉以来，已有人死后灵魂归泰山之说，汉魏间盛行泰山治鬼之说。为了便于中国人接受佛教信仰，中国佛教学者还把中国的泰山崇拜和佛教的地狱报应结合起来，如疑经《佛说妙好宝车经》就说：“将我何所至，送至东太山。”[④]“太山”，即泰山，为我国五岳中的东岳，系传说中专司招魂的太山府君所住地。佛教把太山府君说成为阎魔王的书记官。专门暗访、记录众生的善恶行为。泰山成为中国人承受地狱报应的场所，并被佛教徒奉为灵山。

怎样解救六道轮回中受苦的众生呢？中国佛教告诉人们要信仰六

---

① 杜牧：《杭州新造南亭子记》，见《全唐文》卷七五三，中华书局影印本第 8 册，7809 页。

② 同上。

③ 李昉等：《太平广记》卷三七七《赵泰》引，中华书局，1981，第 8 册，2996～2997 页。

④ 《大正藏》第 85 卷，1334 页中。

观音和六地藏，他们能救苦救难。天台宗创始人智𫖮在《摩诃止观》卷二上指出，大悲、大慈、师子无畏、大光普照、天人丈夫和大梵深远六尊观世音菩萨，能分别依次破除地狱、饿鬼、畜生、阿修罗、人和天的转趋圣道的障碍。① 六地藏是大定智悲、大德清净、大光明、清净无垢、大清净和大坚固六尊地藏菩萨，也能依次分别化导地狱、饿鬼、畜生、阿修罗、人和天六道众生。中国佛教热烈地尊奉六观音和六地藏，为六道能化的教主。这是中国佛教出现信仰观音菩萨热和地藏菩萨热，对观音菩萨和地藏菩萨的信仰超过对释迦牟尼佛的信仰的重要原因。

中国佛教学者还运用传统的整体思维和辩证思维，结合佛教《法华经》的十法界、众生悉皆成佛的思想，提出"十界互具"说，为众生解脱生死独辟蹊径。

六道也称为"凡夫"，是"迷"的世界，已获解脱生死的，称为"圣者"，是"悟"的世界。佛教认为、由迷入悟，由凡转圣，是众生实现最高价值理想的根本途径。智𫖮在《摩诃止观》卷五上称，迷与悟的世界共有十种类，迷的世界是六类，即六道，悟的世界是四类，为声闻、缘觉、菩萨和佛四圣。声闻是听闻佛说法而证悟者，缘觉是观因缘而觉悟者，菩萨是为度他人悉皆成佛而修行者，佛则是自悟且能悟他与觉行圆满者。六凡和四圣，台称为十界。智𫖮认为，从地狱界至佛界，都是互相具备其他境界的，十界中的任何一界，都具足十界，如地狱也具从饿鬼到佛的各界，佛也具从地狱到菩萨的各界。一心能造十界的因果，也就具足了十界。② 这种理论强调众生主体心性活动

---

① 《大正藏》第46卷，15页。

② 同上书，54页。

的多样性和统一性，强调上自佛界下至地狱界的十界，都是众生一心所作，没有差别。这就在主体精神活动的深层中克服了十界的固有畛域。在世俗世界和神圣世界之间架起一座快捷的桥梁，为众生主观世界的转变，进而实现超凡人圣提供重要的理论根据。

明末袾宏又作《六道互具》①，认为“六道之中，复有六道。”文章以人为例说：“有人而天者，诸国王大臣之类是也。有人而人者，诸小臣及平民衣食饶足、处世安然之类是也。有人而修罗者，诸狱吏、屠儿、刽子之类是也。有人而畜生者，诸负重力役、恒受鞭挞之类是也。有人而饿鬼者，诸贫穷乞人，啼饥号寒之类是也。有人而地狱者，诸刑戮剐割之类是也。”袾宏认为这是“各随其心，感报不一”，是人前生持戒修福不同所致，而客观上正揭示了等级社会的不平等现象。

和十界互具说既有区别，又有某些共同点的是，中国学者还根据佛教的“自业自得”和“随作随受”的思想，提出刻刻轮回说，梁启超说：

> 善和恶是不准抵消的。……恶业受完了报，才算善业的帐，若使正在享善业的报的时候，又做些恶业，善报受完了，又算恶业的帐。……曾经造过的恶业，并不因忏悔而灭，是要等“报”完了才灭。……他(佛)说的六道轮回等等，不过为一般浅人说法，说些有形的天堂地狱，其实我们刻刻在轮回中，一生不知道

① 袾宏：《竹窗随笔·手著第三册》，明崇祯刻本。

经过多少天堂地狱。[1]

意思是说，善有善报，恶有恶报，善恶业的报应并不互相抵消，作恶业必受恶报，并不因忏悔就能灭除恶报。作善业也不是日积月累，到时算总帐，而是随作随受。如作了恶业就受恶报，然后再受善业的报，反之亦然。总之，一般人往往既作善业也作恶业，那么，就会时而往升天堂，时而堕入地狱，不断地在六道中轮回往复。刻刻轮回说，客观上把轮回报应说加以现实生活化，成为不同的心理感受：一方面强调在现实生活中随时受报，一定意义上淡化了来世受报应的观念；一方面认为精神苦闷即是地狱，精神愉快即是天堂，强调多作善业，保持“心地清凉”，在现实生活中就能达到涅槃境界，从而也就把佛教最高价值理想归结为心性修养境界。

佛教在论述因果报应根源的时候，其实已经论述了六道轮回的根源。值得注意的是，中国佛教学者又特别重视以是否持戒和行十善来说明六道轮回的根源，并且以心即主体的心理活动作为决定轮回的主导因素。

佛教认为众生是由惑业的因而招感六道的生死轮回。所谓惑业的因，即苦因，具体是指贪、瞋、痴。贪，贪欲，即贪著爱乐五欲。五欲指色、声、香、味、触五境所引起的五种情欲。瞋。瞋恚，瞋怒，是一种对众生的怨恨心理与活动。痴，愚痴，愚昧无知，不明事理，不了悟宇宙人生的真实。贪、瞋、痴，也称为“三毒”，是毒害众生，使之长期受苦不得出离生死的三种根本因素，是决定众生在六道中受

[1] 梁启超：《与梁令娴等书》，见《梁启超年谱长编》，1046页，上海，上海人民出版社，1983。

无穷流转之苦的根源。佛教认为只有灭除贪、瞋、痴，才能消除苦因，获得解脱。这是从人的欲望，情感和认识三个方面来探求人生痛苦的根源，强调只有灭除五欲，充满悲情，增长智慧，才是超越生死轮回的解脱之路。

中国佛教学者对于轮回的因果关系有着具体的说明。郗超在《奉法要》中说：

> 三界①之内，凡有五道：一曰天，二曰人，三曰畜生，四曰饿鬼，五曰地狱。全五戒则人相备，具十善则生天堂。全一戒者亦得为人。人有高卑，或寿夭不同，皆由戒有多少。反十善者，谓之十恶，十恶毕犯则入地狱。抵揬强梁，不受苦谏，及毒心内盛，徇私欺绐，则或堕畜生，或生蛇虺。悭贪专利，常苦不足，则堕饿鬼。其罪差轻少，而多阴私，情不公亮，皆堕鬼神。虽受微福，不免苦痛。②

这是具体阐明天、人、畜生、饿鬼、地狱这五道的成因。这里，郗超以是否持戒，戒的多少，行恶行善来决定五道的区别，认为人是全五戒的结果，而不同人持戒的多少又决定其尊卑寿夭的差别。这就把人的命运与佛教戒律即宗教道德实践紧密联系起来，为劝导人们信佛持戒提供了本原论的说明。

中国佛教学者除了从戒律实践揭示众生轮回的原因以外，还越来越强调心(精神)的主体作用，从心的思维活动和本原意义来阐明众生

① 指众生所居住的欲界、色界和无色界。

② 僧佑编：《弘明集》卷一三。

轮回的根源。

早期中国佛教学者根据佛教心作六道轮回的思想，强调“凡虑发乎心，皆念念受报”。① 后期中国佛教学者进一步认为心的念头生起即入轮回中的不同种类。“一心未生，凡圣皆不可得，……一心既生。则圣凡判然，……凡念头起处，当知自己所入所堕之界”。② 这里所说的心是指思维作用、认识作用。“一切圣凡，善恶因果，依正庄严，皆由一心之所造。然此一心非别，乃吾人日用现前，分别了知之心也”。③ 人心一念的善恶，分别了知的迷悟，直接决定了生死流转的不同方向。

由于极端重视心在轮回中的决定作用，导致了双重结果：一是在佛教修持过程中，重视行为动机的纯正，道德意识的修养；二是以为心不起思维、认识、了别的作用，就不会有轮回。杨度作偈曰：

> 前偈：心心复心心，一心幻万轮，轮轮似生灭，非灭亦非生。
>
> 后偈：无前亦无后，无去亦无来，本无生灭心，何自有轮回。④

这是运用体用一如的观念，把心分为体和用两个方面，从心的用来看，似有生灭心相，故有轮回；从心的体来看，本来无生灭心，无心也就无轮回。心的本体、体性是空无的，是无生灭，无轮回的，所

① 郗超：《奉法要》，《弘明集》卷一三。

② 真可：《法语·示法灯》，见金陵刻经处本《紫柏老人集》，卷四。

③ 德清：《法语·示徐清之》，见江北刻经处本《憨山老人梦游集》卷十。

④ 杨度：《虎禅师论佛杂文·轮回偈并序》，自刻本。

以，他认为“放下此心，轮回立尽”。[①] 这实际上是以追求主观心体的空寂，为超脱轮回的境界。

佛教传入中国以来，儒家学者一直对佛教因果报应论包括轮回说持否定态度，其直接反对轮回说的，主要有以下几个方面：

（一）批评人与其他动物“并为众生”说。晋宋之际何承天根据儒家的“天地之性人为贵”的观点，在《达性论》[②]中指出，“人非天地不生，天地非人不灵”，认为人为万物之灵，人与天地“相须而成”，人能够广泛利用自然物，加工制作，为人类生活服务，而和其他动物不同。又说：“人以仁义立”，人具有其他动物没有的仁义道德。由此突出人在宇宙中的地位，批评佛教“安得与夫飞沉蠉蠕并为众生哉？”“飞沉蠉蠕”指禽鸟虫鱼之类。人怎么能和禽鸟虫鱼并称为“众生”呢？人既不能和其他动物并称“众生”，也不可能轮回转生为其他动物：“生必有死，……奚有于更受形哉？”何氏坚持儒家关于人的崇高的类价值观念，抨击“众生”说，并依据宇宙万物的自然规律，否定“轮回”说。

（二）反对轮回转生的“鬼神”论。宋代理学家张载说：“浮屠明鬼，谓有识之死受生循环，遂厌苦求免，可谓知鬼乎？以人生为妄［见］，可谓知人乎？”[③]张载从气本论出发，认为鬼神是气运动变化的形态，气聚显而成物为神，气散隐而为鬼。又说阳气主伸为神，阴气主屈为鬼。这就否定了鬼神的人格神的性质，又摒弃了鬼神灵魂的永恒存在。他据此批评佛教把人生视为妄见，因厌苦而力求避免死后轮回转生为鬼，是既非知鬼，也非知人。

---

① 杨度：《虎禅师论佛杂文·轮回偈并序》，自刻本。

② 僧佑编：《弘明集》卷四。

③ 张载：《正蒙·乾称》，见《张载集》，64页，北京，中华书局，1978。

（三）指斥轮回说是“怖”“诱”之术。儒家认为，“且要天堂以就善，曷若服义而蹈道，惧地狱以敕身，孰与从理以端心。”[1]佛教的天堂地狱说教不如儒家的义理道德修养，是“近欲未弭，远利又兴，……永开利竞之俗。”[2]又说：“佛经怪诞，大而无征。怖以地狱，则使怯者寒心；诱以天堂，则令愚者虚企。”[3]程颢也说：“佛学只是以生死恐动人。”[4]这都是指责地狱天堂说是对怯者的恫吓，对愚者的诱惑，使前者战栗畏惧，令后者产生虚幻的企望。

（四）抨击轮回说是鼓动“买福卖罚”式的交易。晚唐文学家杜牧指出，官吏巧取豪夺，工商百般敛财，自知有罪，于是“奉佛以求救”，[5] 竞相布施财物，建寺塑像，祈求“有罪罪灭，无福福至”，[6] 是一种“买福卖罪”[7]的交易行为。朱熹也说佛教“以其有生死轮回之说，而自谓可以不沦于罪苦也，则世之佣奴爨婢、黥髡盗贼亦匍匐而归之”。[8]

佛教对儒家学者反轮回说的挑战作出了回应。它强调轮回是众生行为必然带来的生命转化，是道德和自然相结合的法则。中国佛教学者应用以子之矛攻子之盾的方法，着重援引儒家等典籍的有关记载，

---

① 慧琳：《白黑论》，《宋书》卷九十七《天竺迦毗黎国传》。

② 同上。

③ 道安：《二教论·教指通局十一》，《广弘明集》卷八。

④ 程颐、程颢：《河南程氏遗书卷第一》，见《二程集》，3页，北京，中华书局，1981。

⑤ 杜牧：《杭州新造南亭子记》，见《全唐文》卷七五三，中华书局影印本第8册，7809页。

⑥ 同上。

⑦ 同上。

⑧ 刘谧：《三教平心论》卷上引，见《大正藏》第52卷，787页上。

以论证生死轮回的确凿存在。这里只举一个典型例子加以说明：元代刘谧作《三教平心论》，其卷下有二大段话是专门回应张载和程颢反轮回说的。文云：

《南史》载，梁武帝梦眇目僧执手炉入宫内，欲托生王宫，觉而后宫生子绎，幼即病目，医疗不效，竟眇一目，是为元帝。《名臣言行录》载，范祖禹将生，其母梦一伟丈夫立于侧曰："我汉将军邓禹也。"觉而产儿，遂名祖禹，以邓禹内行淳备，遂字之曰淳夫。以是证之，则儒家之书，固有轮回之说矣。……《隋史》载，开皇中，大府丞赵大昌死而复活，云：于冥间见周武帝受罪。帝谓文昌曰：既还家，卿为吾向隋皇帝说，吾灭佛法罪重，为营功德，俾出地狱。文昌奏其事，文帝遂敕天下僧尼为周武帝诵《金刚经》。《名臣言行录》载，王荆公子名雱，所为不善，凡荆公悖理伤道之事，皆出于雱，及雱死后，荆公仿佛见雱荷铁枷立于门侧。于是舍所居之半山为钟山寺，为其追冥福。以是证之。则儒家之书，固有地狱之说矣。乃谓释氏地狱之说为无有，何其未之思也。[1] 地狱之说，前既言之矣，至十死而变成畜生，见于儒家之所记者非一。鲧为黄能，彭生为豕，载于《左传》；褒君为龙，载于《史记》；赵王如意为犬，载于《前汉书》，是中国未有佛教之前，记载于儒书者如此，非释氏创为此说也。[2]

上面举的例子，多系说梦和传说，刘氏据此得出儒家也早有地狱畜生

---

① 《大正藏》第 52 卷，791 页中、下。

② 同上书，794 页上。

轮回之说，自然是儒家学者所不能同意的。但这些有关记载确也有利于佛教轮回说的成立，而被佛教学者利用为构筑儒佛调和论的素材。再者，由于儒家反对佛教轮回说，而引发佛教学者尽力沟通儒佛的对立思想，反映了中国佛教与中国固有观念由冲突而转向融合的思想发展轨迹，体现了中国佛教的思想发展规律。

中国佛教因果报应说的特色

以上我们论述了中国佛教因果报应说的内容，这里，我们将进一步分析佛教因果报应说的哲学内涵和社会功能，并揭示中国佛教因果报应论的基本特色。

从理论思维的层面考察，因果报应说所蕴含的哲学内涵是十分丰富的，也是非常重要的。就其要点来说，主要有以下四个方面：

（一）人本论。这里讲的人本论是指人的本原论。人的本质是什么？人的本原又是什么？因果报应说作了这样的回答：人的本质是生死无常的、不自由的、痛苦的，而痛苦的原因在于人的无明和贪爱，即人的思想行为是人自身的本原。这是佛教对人、人生、人类的一个基本看法。它强调人的一切都取决于人们自身的思想行为，既非上帝的主宰，也非天命的安排。人是自作自受，自己掌握自己的命运，自己对自己的行为和命运负责。从而原则上确立了人的主体地位，排除了神造论和天命论。与此相联系，佛教认为“万类纷纭，唯人最灵”。[1] 六道之中，天，贪图享乐；阿修罗，脾性不好；畜生，太愚蠢；饿鬼和地狱，罪恶过于深重；唯有人最富有智慧和灵性，是六道众生升沉的枢纽，实际上，六道轮回说是以人为中心的升沉学说。

---

① 真可：《法语·勉驮之》，见金陵刻经处本《紫柏老人集》卷四。

（二）因果论。佛教因果报应论，是一种因果理论，也可称为道德因果论。佛教因果报应论的中心内容是论述主体的思想行为和生命再塑造的关系问题，强调道德在生命转化长流中的作用，恶因结恶果，善因生善果，道德是自我塑造未来生命素质的决定因素。由此从理论上把行为道德律和生命自然律统一起来，把因果报应定位为支配人类社会的铁律，把佛教的戒律等道德规范定位为人生行为的基本准则。

（三）生死观。佛教因果报应论也是一种生死观，包含了生命哲学与死亡哲学的内容。我们认为，人类的自觉，不仅表现为重视自身的生命存在，而且也表现为关怀自身的死亡安顿，生与死是涉及人类现实关怀和终极关怀的大课题。佛教因果报应论强调人有生必有死，死后将根据生前的行为而转化为其他生命形态，如此不断流转轮回，向上升和下沉两个相反方向转生。这是佛教以一种特殊的生死观回答了生命的有限性与无限性，死亡的终极性与非终极性，生死转化的必然性与主体选择的自由性等重大的哲学问题，具有重要的理论思维价值。

（四）来世观。佛教因果报应论宣扬三世轮回，其思想重心是劝告人们忍受今生的贫穷和苦难，虔诚行善修道，以赎前生的罪业，祈求来生的富贵和幸运，也就是要人们把对幸福的渴望寄托于来世，对未来作出巨大的努力。这就突破了人生一世的时间界限，把人们的希望、理想引向死后的未来，从而为“解除”人们的生命忧患奉献了一种绝妙的方案。

从实际作用的层面考察，因果报应说的社会功能是复杂的，多重的。就其重要社会功能来看，有以下三个方面：

（一）平衡心理。人们普遍存在忧生之患，需要寻求立身安命之所。佛教因果报应论把人定位为六道中偏于中上的一道，一方面指出作恶将堕入更低的层次，一方面又提供了上升更高层次的可操作的规范，从而使人成为在现实生活中可升可沉的特定角色。佛教运用地狱佛国的强烈对比，给人以巨大的威慑作用和美好的诱导作用，使人从强烈的反差中认清两种相反的道路和前途，由此又形成两种不同的心理，即对未来的恐怖和对未来的希望。这两种心理的共存和互相制约，就使人们的不安心灵得到抚慰，骚动情绪大为缓解。这就使佛教信仰成为一些人的心理需要、生活方式和最终归宿。

（二）道德导向。佛教因果报应说强调善得善报，恶得恶报，来世的命运由今世的善恶行为决定、这就结合人们的性命大事、切身利害，引导人们去恶从善，以致连一些“贪婪之吏，稍息侵渔；尸禄之官，自当廉谨”。① 因果报应说重视本体“心”在报应过程中的作用，重视行为动机的纯正，这又与儒家的“慎独”观念相通，从而推动了个人的道德意识修养。至于佛教善恶道德规范的独特内容，则又产生了独特的社会效应。

（三）稳定社会。佛教因果报应说把构成人生苦难的个人及社会的复杂原因完全归之于主体自身，归之前生作业的报应，要人们把幸福寄托于来生，为来世的幸福而信佛修道。这就在客观上承认了现实生活的合理性、社会不平等的必然性，从而发挥了稳定现实社会秩序的特殊功能。中国佛教学者十分重视这一社会功能。“西方圣人历陈因果轮回之说，使暴强闻之，赤颈汗背，逡巡畏缩，虽蝼蚁不敢践履，岂不有补治化之不足?”②“若使天下之人，事无大小，以有因果之故，

---

① 王梵志：《敦煌写本王梵志诗集原序》，见《王梵志诗校辑》，北京，中华书局，1983。

② 宋濂：《重刻护法论题辞》，见《护法遗教心印门·护法论》，2页，天宁寺刻经处，1915。

皆不敢自欺其心，善护众生之念，若无侵凌争夺之风，则岂不刑措而为极治之世乎?”[①]历史表明，有助于社会稳定，有利于治世，确是佛教因果报应说的一大社会功能。

中国佛教因果报应说的思想特色，只有通过两方面的比较才能凸现出来，一方面是与中国固有的报应观念相比较，一方面是与印度佛教因果报应说相比较，而与后者的比较又是更为重要的。

中国佛教因果报应说和中国固有报应观念的不同。主要表现有三点：第一，和中国固有的“天”主宰报应的观念不同，中国佛教从人的“心”，即从人的思想意识、感情欲望方面建立报应说，即不认为赏罚报应是由于天神、天命，而是由于自身的思想和活动，这就排除外力、强调内因，把因果报应说建立在内因论的基础之上。第二，与上一点相关，中国佛教因果报应说把受报的主体规定为作业者自身，强调自作自受，而不是像儒道典籍所说的由子孙承受，也就是反对作因和受果的割裂，排除家族本位，排除他人受报。第三，中国固有报应观念把作业和受报分开，自我作因，他人受报，这实际上是一世报应说。佛教不同，它批评世典是“谈遗过去，辩略未来；事尽一生，未论三世”。[②] 认为众生有过去、现在、未来三世，众生根据自身的作业不断地在六道中生死轮回。应当承认，从理论思维来说，三世说为因果报应论提供了更“圆满”的时间性概念，而“圆满”地说明了报应问题，以致有的学者宣扬儒家学说中也含有三世因果思想。如隋代徐同卿作《通命论》，“以为儒教亦有三世因果之义，但以文言隐密，理致

① 张商英：《护法论》，见《护法遗放心印门》，32 页，天宁寺刻经处，1915。

② 道安：《二教论・教指通局十一》，《广弘明集》卷八。

幽微，先贤由来本所辩立。卿今备引经史正文，会通运命，归于因果。意欲显发儒教宗旨，助宣佛教，导达群品，咸奔一趣。”①

中国佛教因果报应说和印度佛教因果报应论的差异，主要表现有六点：第一，与分命说相融合。中国古代学者十分重视对待人生的吉凶祸福、寿夭富贵等命运问题，孔子主张“知命”，墨子则主张“非命”，反对听任命运，孟子提出“立命”，认为应努力尽人的本分，庄子则强调“安命”，“知其不可奈何而安之若命，德之至也。”②此外，还有分命说。分命说是一种宿命论，强调今生命运是先天决定的。佛教因果报应说认为人的今生是前生作业的报应。在中国各种命论说中，因果报应说与分命说相通之处最多。虽然分命说所讲的先天是指资性(阴阳)禀气(精粗)，是“自然”的“气数”，佛教因果报应说所讲的是前世的业，重在主体自身的思想行为。中国佛教学者淡化了两者的差别，把分命说纳入佛教因果报应说体系之中，从而部分地改变了印度佛教因果报应说的性质。第二，与天命论相贯通。佛教因果报应说与天命论是对立的，中国前期佛教学者也否定天命论，强调主宰报应的是众生自身的作为，从而与中国固有的报应观念相区别。但是元代以来，有些中国佛教学者转而强调儒家天命与佛家定业的一致性，以缓和外界对佛教因果报应说的批评，从而又进一步改变了印度佛教因果报应说的特质。第三，与神话、传说相比附。中国古代典籍中时有精灵投胎，人变畜生，死而复活等记载，中国佛教学者对此极其重视，引作因果报应，生死轮回的例证，以增强因果报应说的可信性，扩大因果报应说的影响。第四，与本土崇拜相合一。如前所述，中国

① 见《大唐内典录》卷五，《大正藏》第55卷，279页中。

② 庄子：《庄子·人间世》。

佛教把泰山崇拜和地狱报应合而为一，把山东泰山视作鬼府、地狱，是业报轮回说与中国本土崇拜相合一的突出表现。第五，与儒家伦理道德思想相协调。中国佛教学者几乎无一例外地都强调因果报应说与儒家典籍中的报应观念是相通的，与儒家的五常观念是一致的，并且是有助于封建社会的治理教化的。中国佛教学者强调的这三个一致性，为佛教因果报应说增添了中国化的色彩。第六，与儒家心性论相呼应。中国佛教学者继承并发展了印度佛教思想，进一步强调心在因果报应中的作用，认为一心即具六道，一心随作随受，时刻轮回，无心即无轮回。中国传统思想的主导流派儒家，一直重视心性的作用和修养，自唐代以来，心性论更成为儒学的主题。中国佛教对儒学思想的演变作出回应，也更为突出地以心性论为教义的重心，并以心性论阐释因果报应论。

总之，中国佛教因果报应说，既与中国固有的报应观念有联系，又继承了印度佛教因果报应说，既区别于中国固有的报应观念，又不同于印度佛教因果报应说，是一种带有自身思想特色的独特学说。

中国佛教伦理思想论纲*

本文从中国佛教伦理对印度佛教伦理的继承和发展出发，分别从人生论、果报论和心性论三个方面论证了中国佛教伦理旨趣的依据、伦理价值的基石和伦理自觉的根源，从而较完整地描述了中国佛教伦理的理论基础、构架、机制和功能，确认了中国佛教具有浓厚的社会伦理色彩。在此基础上，本文又将中国佛教的伦理原则和以“五戒”、“十善”、“四摄”、“六度”为核心的修为德目条分缕析，将其与世俗伦理规范相融通，并且探讨了中国佛教伦理的历史作用与现代价值。

佛教伦理是佛教全部学说的一个重要组成部分，是佛教实现人生解脱的基本信念和方法。和其他宗教一样，佛教的理论与实践也离不开伦理道德因素，佛教的信徒也离不开社会伦理道德之网。由此，佛教的创始者和继承者也

* 原载《中国社会科学》1996 年第 2 期。

都把伦理道德作为信徒获得美好许诺——解脱，实现人生理想——“涅槃”的前提和保障。在佛教根本理论苦、集、灭、道“四谛”中，“道”谛即是实现人生理想“涅槃”的方法，是伦理的重要内涵。佛教的戒、定、慧三学的戒学和定学，尤其是戒学，实属于伦理道德修持的学说。佛教是伦理道德色彩相当浓厚的宗教。在佛教典籍中，除律藏以外，其他的经藏、论藏也都包含了丰富的伦理道德思想。在佛教的长期发展过程中，为了不断地适应社会生活和宗教生活的需要，佛教伦理道德思想也不断地获得调整、完善，并形成了内涵十分丰富的体系。佛教伦理涉及人与佛的关系、人与人的关系以及人与自我的关系，其中心是按照佛教要求，善待佛法、佛、僧人、众生，并完善自我的精神境界以成就佛的理想人格。

中国佛教伦理是印度佛教伦理的继承和发展。自佛教传入中国以后，其伦理思想由于受时代的变迁和中国社会的政治、经济、文化的制约，因而在与中国传统伦理思想的冲突与融合中，不断地发生变异，以致既与中国传统伦理相合流，又对中国传统伦理产生了重大影响，形成了一种既有别于印度佛教伦理，又不同于中国传统伦理的，带有时代性、民族性与地域性特征的佛教伦理。

一、中国佛教伦理的理论基础

佛教伦理以追求人生解脱为出发点，以达到解脱境界为终极目的。这就是说，佛教伦理是奠立在佛教人生解脱观基础上的。佛教的人生解脱理论，尤其是其中的人生价值论、因果报应论和心性论对佛教伦理起了主导的作用。在佛教伦理中，解脱论和伦理观融为一体，一方面为佛教伦理提供了信仰基础和心理基础，为信徒的道德实践提供了源泉、动力、信念、意志，另一方面又给佛教义理赋予了伦理意义，要求信徒在佛教道德实践中体验佛教义理，并实现其信仰价值。从佛教伦理的理论结构来看，应当承认，它所阐述的佛教伦理的理论基础是独特的，它为佛教伦理提供的精神力量是强大的。以下结合中国佛教学者的理论创造，从其伦理旨趣、价值和自觉三个方面来论述中国佛教伦理的理论基础。

(一)伦理旨趣的依据——人生论

佛教伦理旨趣，主要是通过止恶修善以达到精神的寂静境界。这种伦理旨趣是由人生解脱论所决定的。由于人生不断变化(“无常”)的逼迫性，佛教认为人生是“苦”，人们经常处在身心苦恼焦虑的状态中。人的生老病死自然现象是“苦”，人的相互关系和主观追求等社会现象也是“苦”。人生也有“乐”，但乐的感受稍纵即逝，是“苦”的特殊表现形态。不仅人生的本质为“苦”，人所处的环境、所直面的世界也是“苦”。世俗的一切，其本质都是“苦”，这是佛教对人生和社会所作的最基本的价值判断。东晋佛教学者郗超在《奉法要》中引用经文说：“五道众生，共在一大狱中。”“三界皆苦，无可乐者。”①

佛教认为人生之所以痛苦，其直接根源便是由于有“生”，人有“生”就有“苦”，生命就是产生痛苦的原因。为了解除痛苦，就要“不生”、“无生”，也就是只有超越生死才能获得解脱。佛教进一步认为，人之所以有“生”，其原因在于“无明”和“贪欲”。无明是由于愚昧，不懂得佛教义理；贪欲主要是指爱欲、情欲和食欲。为了从无明的愚痴、欲望的煎熬中解脱出来，从现实世界的痛苦中超越出来，佛教将戒、定、慧三学作为全面对治凡人的无明和贪欲以求得人生解脱的方法。

① 僧佑：《弘明集》卷一三，《四部丛刊》影印本。

所谓“戒”学是防恶修善的道德修持实践；“定”学是摄散澄神，摒除杂念，以佛法观照人生和世界的特殊心理训练；“慧”学是增长智慧的修习活动，以此断除烦恼，超越生死，获得解脱。佛教强调三学是佛教的实践纲领，并主张由戒生定，由定生慧。大乘佛教还提出以布施、持戒、忍辱、精进、禅定、智慧“六度”来配三学，前四度都属戒学的范畴。从三学的内容和实践次第来看，佛教对伦理道德的修持是十分重视的。佛教强调伦理道德修持是解除人生痛苦的首要环节，对获得人生最终解脱具有决定性作用。佛教在人生论、解脱论的基础上确立了伦理意义，也就是在人及其痛苦的起源、人生的本质、转变和理想的理论基础上，引申出了佛教信仰者的责任和义务、理念和规范，把伦理意义和人生意义完全结合起来，统一起来。

(二)伦理价值的基石——果报论

佛教伦理价值取向的基石是因果报应论。郗超非常形象地描述了人的善恶行为与来生命运的因果关系。他说：

> 三界之内，凡有五道：一曰天，二曰人，三曰畜生，四曰饿鬼，五曰地狱。全五戒则人相备，具十善则生天堂。全一戒者，则亦得为人。人有高卑或寿夭不同，皆由戒有多少。反十善者，谓之十恶，十恶毕犯，则入地狱。抵揬强梁，不受忠谏，及毒心内盛，徇私欺绐，则或堕畜生，或生蛇虺。悭贪专利，常苦不足，则堕饿鬼。其罪差轻少，而多阴私，情不公亮，皆堕鬼神。虽受微福，不免苦痛，此谓三途，亦谓三恶道。①

① 超郗：《奉法要》，见《弘明集》卷一三，《四部丛刊》影印本。

这是说，奉行十善(详后)的上天堂，奉持五戒(详后)或一戒的，由于持戒多少有别，人也就有地位尊卑不同，生命寿夭之分。违反十善者下地狱，其他虽非十恶全犯，但只要有不善，则视情况或堕为畜生，或堕为饿鬼。一个人生前持戒或犯戒，行善或为恶，决定了下世生命形态的上升或下堕。善有善报，恶有恶报，善必受乐，恶必受苦，这是支配人生命运的法则。显然，因果报应论内含着道德导向作用，决定了佛教信仰者的伦理价值取向。

中国佛教学者还结合中国传统宗教思想阐发因果报应论，进而从多种角度论述了因果报应论与伦理价值的关系。首先，中国佛教学者把伦理价值的承担者即伦理行为的主体由众生转而重点定位在人类上面。印度佛教以天、人、畜、生、饿鬼等“众生”为伦理行为的主体，中国传统观念，尤其是儒家思想认为“人为万物之灵”，视人为万物的中心，人高于禽兽，很难认同善恶道德标准能够适用于禽兽，人类以外的动物也能获得解脱。在佛教传入早期的梵文佛典中，“生物”一词被译为“人”。直至唐代，有的中国佛教学者也还排斥把人与其他生物同视为众生的观点。如法藏就说：“若人弃舍此戒，虽居山苦行，食菓服药，与禽兽无异。”①认为佛教徒不奉持戒律，无异于禽兽。宗密在《原人论》一文中，也强调人是生物中最高等的存在，是唯一能心神交合的生灵。

其次，中国佛教学者通过“三报”和神不灭论从理论上强化了伦理价值与因果报应论的统一性。中国人对佛教因果报应论所持的怀疑主要有两点：一是现实生活中存在着有目共睹的善人得祸、恶人得福的非报应现象，即理论与现实相矛盾；二是认为人死后形体与精神俱

---

① 法藏：《梵网菩萨戒本疏》卷一，《大正藏》第40卷，602页下。

灭，没有承受报应的不灭的灵魂。东晋的佛学大师慧远“因俗人疑善恶无现验”而作《三报论》，并撰《明报应论》、《形尽神不灭》等文①，系统地阐发了因果报应论。他特别强调报应有三种：“善恶始于此身，即此身受”的“现报”；“来生便受”的“生报”；“经二生、三生、百生千生，然后乃受”的“后报”。生报、后报说弥补了“现世受报说”的理论缺陷，说明了善人得祸、恶人得福乃是前世作业报应的结果，善人恶人所作所为将在来生或二生甚至千生再受报应。善良的德行必有福乐生活作为报偿，而恶劣丑行必有痛苦生活作为惩罚，这虽在有限的现实生活中不能全部实现，但在无限的转生中却保证实现。这种说法不仅在理论上自圆其说，而且无法用实证方法加以检验。慧远的这种形尽神不灭论，改造了印度佛教的“无我”说，从而巩固了来生受报的理论基础。

再次，中国佛教学者竭力把佛教的善恶报应论和道教的延年益寿思想结合起来，强化了佛教伦理的世俗功利性。南北朝时期，中国出现了一批“伪经”、“疑经”，这些经典把中国传统思想与印度佛教义理结合起来，用民俗易于理解、接受的思想和语言规劝世人信奉佛教，守戒持斋，去恶行善。经文中有些说法改造了印度佛教的伦理价值与因果报应论的内涵。例如，南北朝隋唐时代广泛流传的《提谓经》说：

> 佛言：四时交代，阴阳易位，岁终三覆八校，一月六奏。三界皓皓，五处录籍，众生行异，五官典领，校定罪福，行之高下，品格万途。诸天帝释、天子、使者、日月鬼神、地狱阎罗、百万众神等，俱用正月一日、五月一日、九月一日，四布案行，

① 僧佑：《弘明集》卷五，《四部丛刊》影印本。

> 帝王臣民八夷、飞鸟走兽鬼龙行之善恶，知与四天王。月八日、十五日，尽三十日所奏，同无不均，天下使无枉错。覆校三界众生罪福多少，所属福多者即生天上，即敕四镇五罗大王司命，增寿益算，下阎罗王摄五官，除罪名、定福录，故使持是三长斋，是为三覆①。八校者，八王日是也②。

“三覆”，三次巡察，时在三长斋日即一、五、九三个月的第一日。“八校”，八次核查，时在八王日（立春、春分、立夏、夏至、立秋、秋分、立冬、冬至）。“六奏”，六次奏闻，时在六斋日（每月八、十四、十五、二十三、二十九、三十共六日）。这是说，根据阴阳四时的运行，佛教护法神天帝释在斋日时派遣太子、使者、四大天王等百万众神下降人间，探查众生的善恶行为，并与四大天王于每月六斋日所奏的关于众生善恶的报告相核对，使无枉错。然后天帝释根据众生善恶行为、罪福多少，分别给予报应。对行善而福多者，给以“增寿益算”（“算”，命数，年龄），也就是延年益寿；“即生天上”，是说升天成为天神。《提谓经》所谓“增寿益算”、“即生天上”，实际就是中国道教的长寿成神仙的思想，它符合中国人的求生、重生、乐生的愿望，同时也改变了佛教的以超越生死的寂灭为解脱的精神，使佛教伦理价值具有了世俗功利的色彩。

从理论思维的角度来考察，因果报应论为佛教伦理价值提供了深厚、牢固而周密的理论基础。这可从三个方面来说明：

第一，佛教信仰者的伦理价值取向或道德选择，归根到底是一种

---

① 原作“是故三覆”，据文义改。

② 道世编：《法苑珠林》卷八十八引，见《大正藏》第53卷，932页下。

行为选择。当代行为主义心理学关于人类行为方式的研究表明，人们对其行为方式的选择是受其行为结果所左右的：得到报偿的行为将趋于重复，受到惩罚的行为将趋于避免；人们总是选择那些能得到最大报偿和最小惩罚，甚至不受惩罚的行为方案。佛教的因果报应论宣扬行善将得到善报，甚至解脱成就为佛；行恶则将下堕为畜生，甚至下地狱，后果反差极大。善恶报应论在规范人们行为的可行与不可行、赋予不同行为的不同报应承诺中，确立了行为与反馈的相对合理关系。这就唤醒了人们对自身命运的终极关怀，使人乐于从善而畏惧从恶。非常明显，这是符合人们道德选择的心理动因的，是符合人类个体在行为选择上的一般规律的①。

第二，因果报应论强调有因必有果，自己作业，自身受报，这就使人不是把人生的期待指望于外界、天神的赐予，同时也排除了对外部现实的不满，转而对自我进行内省，反求诸己，向内追求。由此在内心确立去恶从善的道德选择，并成为内在的自觉的强大的驱使力量、支配力量和约束力量。这种道德自律的压力和精神，是佛教徒进行道德选择的重要保证。

第三，佛教的三世报应说不仅从理论上自圆其说地说明了现实生活中触目可视的善人遭遇不幸、恶人享受欢乐现象产生的原因，而且使人关注生死的安顿，关切来世的命运，增长道德自律心理。“善有善报，恶有恶报，不是不报，时辰未到”，成了中国民间的普遍信念。事实上，因果报应论一直是维护中国人伦理价值的重要思想支柱之一。

---

① 参见孟昭勤、王一多：《论影响道德选择的几个心理因素》，《四川社科界》1994年第6期。

（三）伦理自觉的根源——心性论

众生修持行善的伦理自觉问题，也就是道德起源论问题。佛教对这个问题给予很大关注，并着重从心性论方面进行论证：心是善恶报应的基础，道德源于众生的本性。中国佛教更是强调开发个性，成就道德，实现解脱。

佛教十分重视心灵在善恶报应中的主导作用。《奉法要》说："心为种本，行为其他，报为结实。"这是以种植结果为喻，说心如种子，报应是种子的果实，心是报应的本原。又展开说：

> 经云：心作天，心作人，心作地狱，心作畜生，乃至得道者，亦心也。凡虑发乎心，皆念念受报。虽事未及形，而幽对冥构。夫情念圆速，倏忽无间，机动毫端，遂充宇宙。罪福形道，靡不由之，吉凶悔吝，定于俄顷。

佛教通常以身、口、意三业为报应的根据，其中又特别重视心（"意"）的作用。这里引用《般泥洹经》的经文就在强调心是各种报应乃至得道的根源、基础。《奉法要》进而发挥这种思想，说人心的每一思虑，即使没有付之行动，形成事实，也将在冥冥中受到报应。由此《奉法要》又说："是以行道之人，每慎独于心，防微始虑。"要求佛教修行者"慎独"，重视道德意识修炼，不生任何恶念，防微杜渐。这即是说，心的善恶对因果报应具有决定性作用，心善可以得道，心恶则"作畜生"、"作地狱"。人应当努力做到心善，而心善才能得道。

佛教还进一步从心的本性来阐明伦理自觉的基础。自原始佛教以来，为了说明众生成就正果的可能和原因，佛教的主流派就主张心性本净说，认为众生的心性是本来清净的，只因烦恼污染而没有显露出来而已。心性本净是众生成就理想道德，进而获得解脱的内在根据。后来大乘佛教更提出“如来藏”（自性清净心）说和佛性说，强调自性清净心或佛性是众生成佛的根据。中国佛教，尤其是禅宗更是肯定众生佛性的本然自足。慧能在《坛经》中说：“世人性本自净，万法在自性。”“万法”是泛指精神与物质的存在。慧能认为世人的自性是清净的，而且万法都在“自性”中，这自性就是“真如性”，具有万法本体的意义。众生先天具有善的本性，人性本善是众生伦理自觉、道德修养的基础，而佛教徒的修持就是在自心中明见善的本性，体认最高的伦理准则。佛教的这种道德源于天赋的人的本性的说法，与儒家代表人物孟子的“仁、义、理、智，非由外铄我也，我固有之也”①的性善论有一致之处。

中国禅宗还在“心性本净”、“心性本觉”说的基础上，把个性开发与伦理生活统一起来，强调宗教实践、道德修养是主体的内在本性开发、是自我意识的自觉活动。众生的个性渗透在纷繁世界和日常生活之中，要从现实的世界和生活中发现人的真实本性，发现人的无限价值。禅宗语录就是禅师们开发人的个性，生发出生命的奇光异彩的记录，也是禅师们佛教伦理自觉活动的记录。

以上我们分别从人生理想、生命规律和心性思想三个方面揭示了中国佛教的伦理旨趣、伦理价值和伦理自觉的内在思想关联，从而表明：中国佛教伦理是有其深厚广阔的理论根据的，佛教理论以信仰方式融摄涵纳伦理道德规范，使佛教信仰者的生活和行为道德化、神圣化，从而使佛教伦理成为制约中国佛教信徒的极其强大的力量，也成为影响中国民间伦理实践的重要因素。

---

① 孟子：《孟子·告子上》。

二、中国佛教的伦理原则与伦理德目

佛教的解脱论和因果报应论从理论上决定了佛教的伦理原则与伦理德目。印度佛教伦理原则奠基于小乘佛教时期，经大乘佛教时期的调整、补充和发展而最终定型。而其伦理德目则在小乘佛教时期已基本定型，后来大乘佛教也有一定的发展。中国佛教继承印度佛教的伦理原则和伦理德目，并结合中国宗法社会的道德实践，又有所侧重、改革和发展。

(一)伦理原则

小乘佛教从人生是苦的判断出发，强调排除自身的生理欲望、提倡出家苦行，以消除自我的痛苦。它突出以个人的去恶行善的修持来求得个人的解脱，而对社会群体的生活、命运往往持冷漠的态度。大乘佛教继承、改造并发展了小乘佛教的伦理原则，而以普度众生为出发点，进而强调“众生平等”、“慈悲喜舍”、“自利利他”、“自觉觉人”、“方便随缘”，以个人解脱和众生解脱的统一为真正的解脱目标。中国佛教融会大、小乘佛教伦理思想，形成了以下几条主要的伦理原则：

1. 去恶行善。“诸恶莫作，众善奉行，自净其意，是诸佛教。”这是《法句经》中著名的“七佛通戒偈”[①]。此偈也多处散见于《增一阿含经》中，其中卷第一《序品》解释了此偈的意义，说：“四阿含义，一偈之中尽具足诸佛之教及辟支佛、声闻之教。所以然者，诸恶莫作，戒具之禁，清白之行；诸善奉行，心意清净；自净其意，除邪颠倒；是

① 《法句经》卷下，见《大正藏》第4卷，567页中。

诸佛教，去愚惑想。”①《法句经》的这一名偈，代表了佛教戒律的根本精神，故称“通戒”，历来备受佛教信徒的尊崇。此偈从内容来看有两个层次：一是“诸恶莫作，众善奉行”，以保持思想清净和行为规范，这是尚有善恶相对立的属于世俗层次的伦理。佛教称“诸恶莫作，众善奉行”是“有漏善”，“漏”是烦恼，即尚带有烦恼的善。二是“自净其意”，也就是清除内心的无明、烦恼，或者说是从内心去除善恶的相对性，超越善恶的对立。这是超世俗的更高层次的伦理，也称为“无漏善”。“自净其意”是在体悟自性清净的基础上，达到没有任何烦恼、超越善恶对立的境界，因此是全偈的核心。

佛教的善恶标准是根据解脱论界定的。所谓善是符合佛教教义、教规，能断除痛苦，招感正果，有利于解脱的品格、思想、行为。反之，不符合佛教教义、教规，招感苦果，有碍于解脱的品格、思想、行为，就是恶。也就是说，是否符合佛理，是否有利于解脱，是区别善恶的根本尺度。中国佛教后来也把是否合乎儒家伦理作为区分善恶的补充尺度。

佛教论述的善恶意义包含了三个层面：其一是道德层面，涉及人们的思想、行为的道德价值判断，这在佛教的戒律中有着最充分的体现；其二是心性层面，就是众生的本性是善或恶的问题；其三是形而上层面，佛教以出世间的涅槃解脱境界为善，以世间的烦恼、无明、染污为恶。这里，我们着重从道德层面论善恶，也兼及其他层面的意义。

中国佛教学者认为，佛教的伦理与实践可以用一个“善”字概括之，如主张儒释会通的北宋高僧契嵩就说：

---

① 《大正藏》第 2 卷，551 页上。

> 夫圣人之教，善而已矣。夫圣人之道，正而已矣。其人正人之，其事善事之。不必僧不必儒，不必彼不必此。彼此者情也，僧儒者迹也。①

这是说，佛教是一种善道，是教人为善，使人成为正人。儒家也是如此，儒佛之道是相通的，僧人、儒者只是形迹的不同罢了。明代以来，一些佛教学者还撰写劝善书，劝人行善。如明代弃官后信奉佛法的袁了凡写作《阴骘录》(《了凡四训》)宣扬阴骘为支配人类的天，依人行为的善恶而定其祸福，阐发善恶行为与因果报应的关系，极力劝人为善。明代高僧云楼袾宏为便于佛教伦理道德的实践，又将《阴骘录》加以改写，撰《自知录》，全书分善门、过门两门，详细叙述佛教伦理德目的分类和善恶功过的评价。上述两书一时广为流传，几乎家喻户晓，在民间影响相当广泛。佛教所讲的善恶有其特定的内涵，也有着普遍的意义，对推动人心向善是有积极意义的。

2. 平等慈悲。这是佛教关于人与人、人与其他生物关系的基本原则。平等指对他人、对其他生物的尊重；慈悲是对他人、对其他生物的关怀。平等是慈悲的思想基础，慈悲是平等的道德体现。

平等是无差别的意思。早在原始佛教时期，出身于刹帝利的释迦牟尼就反对婆罗门坚持的四种姓制度，主张婆罗门、刹帝利、吠舍和首陀罗“四姓平等”，宣扬种姓平等观。这里讲的平等，一是四姓在出家修持和佛教僧伽内部一律平等；二是四姓在业报轮回方面平等，不论种姓高低，一律按照自身作业的情况获得相应的果报。后来佛教经

① 契嵩：《辅教篇》，《镡津文集》卷二，《大正藏》第52卷，657页上。

论还宣扬佛、法、僧三宝，以及心、佛、众生三法平等的思想，认为三宝和三法各在本质上是无差别的。佛教还强调众生一律平等，众生都具有佛性，众生无高低之别，对众生要有普遍的无差别的爱心。佛教典籍还宣扬“平等大悲”的思想，主张以普遍、平等无差别的悲心怜悯一切众生，不舍一切众生。

中国佛教也极力推崇佛教的平等思想，宋代僧人清远说：“若论平等，无过佛法。唯佛法最平等。”①佛教的平等思想，尤其是众生平等的思想，深受古代中国下层平民，特别是妇女的欢迎。

慈悲，按照佛教通常的解说，慈是慈爱众生并给予快乐，悲是悲悯众生并拔除其痛苦，二者合称为慈悲。慈悲就是“与乐拔苦”。但也有把慈解作拔苦，悲解作与乐的说法，本质上并没有什么区别。慈悲实际上就是怜悯、同情，就是爱。佛教认为慈悲是由自爱出发最后归结为纯粹的爱。人都有自爱，进而有性爱、情爱、渴爱，由于对众生的强烈的渴爱，而产生怜悯之心，不仅能感受自己的痛苦，也能感受他人的痛苦，因此又能以亲切的友爱关怀众生。佛教伦理的慈悲原则是奠立在缘起说和无我说的思想基础上的。按照缘起说，没有任何事物可以离开因缘而独立存在。同样，每个人都与其他众生息息相关，而且从三世因果关系来看，其他众生的某某可能在过去世中就是自己的父母、亲人。这种人与人的密切相关性是慈悲的出发点。又据缘起说引出的无我说，认为人并无具有实体的“我”存在，由此也就产生自、他一体的观念，进而也就自然生起“同体大悲”心了。

大乘佛教把慈悲分成三个层次：一是“小悲”，指视众生犹如赤子，而“与乐拔苦”，这是凡夫的慈悲；二是“中悲”，是指开悟“诸法

① 赜藏编：《古尊宿语录》卷三三，620页，北京，中华书局，1994。

无我”，即由一切存在无实体的道理而引发的慈悲，是阿罗汉和初地以上菩萨的慈悲；三是“大悲”，指由无分别心而生起的平等无差别的绝对慈悲，这是佛所独有的，也称同体大悲，大慈大悲。这三种慈悲形成阶梯形，是在认识和思想境界依次提高后形成的。《大智度论》卷二七强调大慈与小慈、大悲与小悲的区别说：“大慈与一切众生乐，大悲拔一切众生苦。大慈以喜乐因缘与众生，大悲以离苦因缘与众生。……小慈但心念与众生乐，实无乐事。小悲名观众生种种身苦心苦，怜悯而已，不能令脱。大慈者令众生得乐，亦与乐事。大悲怜悯众生苦，亦能令脱苦。”①这是说小慈小悲仅仅停留在心念、看法上，只是主观的同情、怜悯，而大慈大悲则给予众生以实际的关怀、帮助，使众生得乐脱苦。《大智度论》还强调大慈大悲是大乘佛教的最根本的伦理原则，说：“慈悲是佛道之根本。所以者何？菩萨见众生老、病、死苦、身苦、心苦、今世、后世苦等，诸苦所恼，生大慈悲，救如是苦，然后发心求阿耨多罗三藐三菩提。亦以大慈悲力故，于无量阿僧祇世生死中，心不厌没。以大慈悲力故，久应得涅槃而不取证。以是故，一切诸佛法中慈悲为大。若无大慈大悲，便早入涅槃。”②“阿耨多罗三藐三菩提”意为无上觉悟，“阿僧祇”意为极其漫长难以计数的时间。这是说，慈悲是佛道的根本，佛法中最重要的原则。菩萨之所以是菩萨，就是为了实践慈悲原则，以普度一切众生为己任。

中国佛教也极度推崇慈悲精神，唐释道世在《法苑珠林》中说：“菩萨兴行，救济为先；诸佛出世，大悲为本。”③中国佛教奉菩萨为

---

① 《大正藏》第25卷，26页中、下。

② 同上书，26页下。

③ 道世编：《法苑珠林》卷六四，《大正藏》第53卷，774页中。

理想人格的化身，以救度一切众生为最高愿望，正如《大乘起信论》所说："众生如是，甚为可愍。作此思维，即应勇猛立大誓愿，愿令我心离分别故，遍于十方修行一切诸善功德。尽其未来，以无量方便救拔一切苦恼众生，令得涅槃第一义乐。"①中国佛教视慈悲为最主要的伦理原则，热心于尊奉以慈悲救济众生为本愿的观世音菩萨。就观世音信仰的广度和深度来说，它甚至超过对佛教创始者释迦牟尼佛以及其他佛的信仰。

中国佛教对慈悲伦理原则的实践，有两个显著的特点：一是在慈悲的修持范围上，主要是侧重于布施行为和不杀生两个方面，由不杀生进而推向放生和禁绝肉食，奉行素食主义。二是在慈悲修持的动因和目的上，突出地表现出报恩思想和福田思想。《法苑珠林》卷五十《背恩篇·述意部》引《大智度论》云："知恩者生大悲之根本，开善业之初门，人所爱敬，名誉远闻，死得生天，终成佛道。不知恩者甚于畜生也②。"足见中国佛教对报恩的重视。中国佛教强调四恩：父母恩、众生恩、国土恩和佛、法、僧三宝恩。父母有生身长养之恩；国土有使人有所依附之恩；三宝有救度众生脱离苦海之恩；众生恩是佛教独有的，体现了众生平等的思想。中国佛教又由于重视布施进而也重视福田，犹如农夫耕田即有收获一样。印度佛教一面讲布施积累福德，一面又讲只有布施时不求果报，不想福田，才是真正的纯正的布施。但中国佛教则热衷于通过布施而成就福田。

佛教的平等慈悲也就是一种博大之爱。这种博爱不只限于人类，且涵盖一切有生之物；这种博爱以普度众生同得解脱为最高目标。应

① 《大正藏》第32卷，582页下。
② 《大正藏》第53卷，665页下。

当承认，佛教的这种博爱精神与儒家“民胞物与”的仁爱思想一样，在历史上产生了多重的作用，而且它的可行性，也不断受到生活的挑战。

3. 自利利他。这是大乘佛教区别于小乘佛教的重要伦理原则。“自利”，对自身有利，是指为自己的解脱而精进修行，由此所生善果而自得其利。“利他”，对他人有利，是指为救济一切众生而致力行善。自利也就是自度；利他就是度他，普度众生。“自利利他”就是上求菩萨、下化众生的菩萨道。“自觉觉他”是自利利他的同义语，指自己觉悟又令其他众生觉悟。大乘佛教要求把自利与利他结合起来，以达到圆满的涅槃境地。相对于大乘佛教这种基于大慈悲心而强调的自利利他伦理原则，小乘佛教则更偏于自利方面。

大乘佛教的自利利他伦理原则是和它的“自他不二”①的人我一体观密切相关的。大乘佛教认为，自己与他人并不是互相对立的，而是互相融合的，在漫长的轮回转生中，他人常融入自己之中，自己的解脱与他人的解脱是难以分开的。因此，爱护自己，也应爱护他人；度脱自己，也应度脱他人。个人只有在众生的解脱中才能解脱。佛教还讲“自他相换”，即把自己当成别人，把别人看成自己，自己固然要成佛，使别人成佛也是至关重要的。因此，大乘佛教还以是否对他人有利作为区别大善大恶的标尺，认为对己对他都有利是善，对己不利而对他人有利是大善，对己对他都不利是恶，对己有利而对他人不利是大恶。由此也可见，大乘佛教的自利利他伦理原则的重心是利他，这

---

① 湛然：《法华玄义释签》卷十四云：“自他不二门者，随机利他，事乃凭本。本谓一性，具足自他，方至果位，自即益他。”见《大正藏》第33卷，919页中。

是其慈悲思想的进一步发展。大乘佛教的自利利他的伦理原则，有助于推动佛教信仰者进一步关心世俗生活，推动佛教伦理更具社会性与开放性。

此外，佛教伦理还有中道原则和方便原则等。释迦牟尼创造佛教时所宣说的教法“八正道”，就是提倡佛教伦理的中道原则。八正道是指八种求趣涅槃的正确途径，与五戒一样也是佛教最早制定的道德规范。八正道即：“正见”，离开邪非的正确知解；“正思维”，离开世俗主观分别的思索；“正语”，纯正净善的语言；“正业”，正当的活动；“正命”，正当的生活；“正精进”，正确的努力；“正念”，正确的念法；“正定”，正确的禅定。八正道既排斥纵欲的偏向，也排斥苦行的偏向，认为贪求欲乐的世俗生活和外道主张的各种苦行都是偏颇行为，只有远离快乐主义与苦行主义，才能成就智慧，趣入涅槃。中道就是离开二边的极端、执著，奉行一种不偏不倚的中正之道。后来大乘中观学派进一步以远离一切分别、执著而达到无所得境界为中道。这种伦理原则在理论思维形式上与儒家的中庸之道有近似之处，颇受中国佛教的欢迎。

方便，即善权、谋变，这一原则主要决定于两种因素，一是时空变化，二是众生的差别。佛教戒律是根据佛教徒的修持生活与实践而制定的，随着时间的推移，佛教流传地域的扩大，佛教戒律需要不断地补充和调整，以适应变化的时空条件。再是佛教教化对象的素质、条件千差万别，为了有针对性地进行有效的教化，就需要善巧、权假，方便引导，也就是通过巧妙方便的方法，提高佛教信徒的道德水准。中国佛教对印度佛教伦理思想、伦理德目、伦理生活所作的改造，就是这种方便原则的体现。方便原则实是使佛教戒律不断合乎时宜，佛教伦理思想得以持久流传的重要保障。

（二）伦理德目

佛教伦理德目即佛教道德规范，主要体现在佛教戒律上。戒，原意是指行为、习惯、性格等，是以自发的努力为特征的，也就是出家的僧人发自内心的一种主观决意，自愿恪守戒规，具有自律性特征。律，含有调伏、灭除、善行等意，也就是制伏、灭除各种恶行。律是为维护佛教教团的生活秩序而制定的，是佛教徒必须遵守的规范，具有超越佛教徒的个人意志而自外部强制奉行的他律性特征。中国佛教把戒与律连用，并多半视作僧伽规则加以奉行。

佛典律藏的内容通常有两部分：一是教团的罚则，即僧众应遵守的禁止条文和对违反者罪行轻重的说明，以及处罚的规定；二是教团的仪式、作法和僧众的生活礼仪、起居动作等具体规范。中国僧人，如天台宗创始人智顗把消极禁止和积极奉行的戒律称为“止善”（止恶之善）与“行善”（行善之善）。律宗南山宗创始人道宣在阐释戒律时又提出“止持”和“作持”的说法，以表明不应当作和应当作的戒律遵循模式。诸恶莫作相当于止持，诸善奉行则相当于作持。

中国佛教徒没有形成统制僧众和寺院的教团，然而，中国僧众又非常重视戒律，认为遵守戒律是一切善行的根本。华严宗创始人法藏说：“一切菩萨无边大行，莫不皆以净戒为本。”[①]道宣创立以研习和传持戒律为主的律宗，他所依持的《四分律》是部派佛教法藏部所传的戒律，他认为四分律的含义和作用是通于大乘的，并将四分律融小归大，使之成为大乘戒律，并成为唐代以来佛教戒律的准绳。汉地佛教还流传菩萨戒，这样，大乘佛教的《梵网经》[②]也成为中国佛教戒律的

① 法藏：《梵网经菩萨戒本疏》卷一，《大正藏》第40卷，602页下。

② 有佛教学者认为此经是中国人撰写的“伪经”。

依据。在道宣律师开宗后不及百年，百丈怀海禅师又密切结合中国具体实际创制了《百丈清规》，成为禅宗丛林制度。这种适应中国生活方式的制度，推动了戒律的中国化。

中国佛教各宗各派奉行的戒律并不完全相同，佛教徒奉行戒律也有男女、在家出家等区别，然从总体而言，主要是五戒、十善、四摄和六度。下面我们将分别重点地加以评述。

1. 五戒。这是佛教最基本、最重要的戒规，具体指不杀生、不偷盗、不淫邪、不妄语、不饮酒。五戒中的首戒是不杀生，指不杀人，不杀鸟兽虫蚁，还指不乱折草木，是对一切生命的尊重。不杀生戒，不单指戒杀的行为，也指戒持杀生器具。对于社会有害的东西，如害虫害鼠、非杀不可的可以杀，这也是慈悲心的体现。对于不杀生戒，中国佛教特别反对战争和刑杀①，并且提出断酒肉、吃素食、放生的主张。南朝梁武帝作《断酒肉文》强调“酒为放逸之门”，“肉是断大慈种”，喝酒吃肉将得恶报。自梁武帝大力提倡以来，僧人素食成为普遍的生活准则。中国佛教不杀生戒的思想根据，一是“万物一如”、“万物一体”的观念，认为万物各各一如，彼此平等，不能相互杀害；二是生死轮回观念把人与其他生命连结在一起，认为其他众生是自己过世的父母，戒杀与放生也是孝顺的表现。不偷盗戒是说对他人的东西，即使是一草一木、寸纸尺线，未得物主允许，决不能擅自取用。不淫邪戒是指禁止居士发生不正当的男女关系，至于出家僧人则是彻底地禁淫，若有犯者，永被逐出佛门。不妄语即不说谎话。不饮酒是为保持智慧，利于修持。郗超说：“不杀则长寿，不盗则常泰，

① 道世编：《法苑珠林》卷七三，《大正藏》第53卷，839页下～842页下。

不淫则清净，不欺则人常敬信，不醉则神理明治。”[①]强调持“五戒”对佛教徒增强身心健康和提高道德素质大有益处。

2. 十善。这是五戒的扩展，去掉不饮酒再增六条戒而成。十善分为身、口、意三类。身业有三：不杀生、不偷盗、不邪淫，与五戒同。口业有四：不妄语与五戒同；再是不两舌，即不搬弄是非，不挑拨离间；不恶口，即不说粗言秽语，不冷嘲热讽，不恶意攻击，不尖刻批评；不绮语，是指不花言巧语，不说淫诲的话，不唱艳曲情歌。意业有三：不贪欲，即对他人的财物、权位、妻室，不起占有的邪念；不瞋恚，指对他人不起忿恨之心；不邪见，即不违背佛教的见解。就十善的基本内容而言，可以说是提倡普遍的社会公德。

十善与五戒相比较，两者的基本精神是一致的，其中四个戒规也是相同的。同时也各有特点：十善比起五戒来显然更全面，它从思想、语言和行为三个方面明确规定了不应当想什么、说什么、做什么；五戒偏重于身业，十善着重于意业和口业。

3. 四摄与六度。中国汉地流传菩萨戒，十分重视“菩萨行”。所谓菩萨行就是将以个人修持为中心的戒、定、慧“三学”，扩充为面对社会群体、具有丰富社会内容的“四摄”和“六度”。中国佛教认为，四摄和六度是佛教徒对社会应尽的道德义务。

四摄的“摄”是引导的意思，四摄是修菩萨行者引导众生修持的四种方法：一为布施；二为爱语，指用佛教义理为众生说法；三为利行，指教导众生修持；四为同事，指深入众生之中，根据众生的不同具体情况进行教化。六度的“度”是济度、到彼岸的意思，六度是修习从生死此岸到达涅槃彼岸的六条途径和方法：一是布施，以度悭贪；

① 郗超：《奉法要》，见《弘明集》卷一三，《四部丛刊》影印本。

二是持戒，以度毁犯；三是忍辱，对治瞋恚；四是精进，以防懈怠；五是禅定，避免精神散乱；六是智慧，以度愚痴。以上十项，除禅定和智慧以外，其他具有道德规范的意义。

四摄和六度中，最值得注意的是布施和忍辱。布施被定为四摄和六度之首，是菩萨行中最重要的修行，在大乘佛教的修持中具有最重要的意义。布施是要求佛教徒以自己的财力、体力和智力去救助他人，其极端就是舍身，如投身喂虎等故事，就是这种舍身的说明。佛教典籍也赞扬世人和僧侣之间的相互布施。其结果，一是寺院财富一时急遽增加，以致引发与世俗地主的矛盾，遭到封建王朝的抑制和禁毁；二是有财力的寺院也向社会进行慈善救济，从事社会福利事业，如寺院设悲田、养病坊(疗养所)、掘井、修路、造桥以及植树造林等。印度佛教强调应净心布施，不能有利己动机。《大智度论》卷十一说："清净心生，无诸结使，不求今世后报，恭敬怜悯故，是为净施。"①认为真正的布施，要去掉对布施者、受布施者和施物这三者的执著，才是成就布施之行。而中国佛教则非常关心布施的福报。东汉末年，佛教初入，牟子所作《理惑论》载："'今佛家以空财布施为名，尽货与人为贵，岂有福哉?'牟子曰：'……阴施出于不意，阳报皎如白日。况倾家财，发善意，其功德巍巍如嵩、泰，悠悠如江、海矣。怀善者应之以祚，挟恶者报之以殃，未有种稻而得麦，施祸而获福者。'"②即强调布施对布施者所带来的功德、利益，具有鲜明的功利性，表现出与印度佛教净心布施的思想差别。忍辱包括"生忍"和"法忍"。生忍是说对众生要做到人瞋我不瞋，人恼我不恼。法忍是要认

① 《大正藏》第25卷，141页上。

② 僧佑编：《弘明集》卷一，《四部丛刊》影印本。

识一切存在是性空的，心要不为内外一切事物所动。忍辱思想深受中国佛教的欢迎，中国佛教寺院天王殿供奉大肚弥勒佛，就是宣扬容忍无争思想的。

从社会学的观点来看，提倡四摄、六度，而且突出布施和忍辱，反映了佛教对人际关系的重视和对世俗社会生活的深切关怀。布施和忍辱可视为佛教为缓解乃至消解人间矛盾所提供的一种行为策略。

三、中国佛教伦理的历史作用与现代价值

在论述了中国佛教伦理的理论基础、基本内涵和主要特色以后，可以明确：中国佛教是肯定社会伦理，而不是排斥社会伦理的。下面我们想从社会历史的角度，就中国佛教伦理的历史作用与现代价值作一简要的评述。

中国佛教伦理的历史作用，主要有三个方面：(一)有助于封建统治者维护封建伦常。佛教在中国的流传过程，就是不断与儒家伦理相融合的过程，也就是配合中国儒家伦理向人们进行教化的过程。在古代社会，佛教伦理配合儒家伦理的辅助作用是非常明显的历史事实。同时，佛教伦理对某些崇佛的统治者的残暴行为，也起了一定的遏制作用。(二)中国佛教伦理在民间广为流传，影响极大。广大平民阶层把精神寄托于佛教，佛教伦理自然也就成为他们的行为规范和准则，成为他们情感满足、心理平衡的支撑点，使他们苦难而平凡的一生得以安宁度过。在一定条件下，佛教伦理尤其是众生平等的思想，有时也成为农民起义的思想依据。宋代以来，有的农民起义领袖往往就是打着“平等”的旗号起来反对封建统治者的。(三)近代资产阶级思想家也曾借助佛教伦理推进救国运动。在近代反封建的斗争中，一些资产阶级改良派和民主派，纷纷从佛教中寻找改革社会的思想资源，如康

有为在《大同书》中，把大同世界称为“极乐世界”，并以“去苦求乐”作为实现大同世界的标志，实际上即是以佛教的“慈悲救世”原则作为社会改良的工具。谭嗣同撰《仁学》一书，吸取佛教伦理观念以宣扬资产阶级的平等、博爱思想。章太炎在《东京留学生欢迎会演说辞》中，大声疾呼要“用宗教（指佛教）发起信心，增进国民的道德”，视佛教伦理为净化人心、培养美德的良方。历史表明，佛教伦理在中国历史上的作用是复杂的、多重的，既有正面作用，也有负面作用，简单的肯定或否定都是不符合历史事实的。

中国佛教丰富的伦理资源是否有现代价值呢？我想回答是肯定的，理由是佛教伦理具有普遍意义的成分、方面，这些成分、方面对现代社会的道德文明建设也具有一定的积极作用。那么，中国佛教伦理中具有现代价值的成分、方面是什么呢？我想，以下四条是主要的。

一是去恶从善思想。虽然，人们对善恶所作的价值判断往往反差很大，但是“向善”之心却是共通的。佛教的去恶从善思想，无疑有助于推动人心向善，同时佛教伦理德目中的“不偷盗”、“不妄语”等，也是人类生活的共同准则和普遍的社会公德，对维护现代社会的秩序，保持人际关系的稳定，促进家庭结构的稳固都是有益无害的。二是平等慈悲思想。这对当代社会缓和社会矛盾、等级差异，对巩固和平、反对战争，对保护野生动物、保持生态平衡，都有不容忽视的积极意义。三是自利利他思想。这种思想虽然有着佛教特定的宗教含义，但这种思想所内含的精神，即个人利益与他人利益的统一，或者说个人利益与群体利益的统一，也是现代社会处理个人与他人，个人与集体关系的准则。事实表明，处理好个人与他人或集体的关系，对于个人是重要的，对于一个国家、社会也是极为重要的。四是入世精神。大乘佛教主张普度众生，中国佛教对此十分重视，强调要“为出世而入世”，“以出世的精神做入世的事”，也就是以一种超然的心态服务于现实社会，这对我们淡泊名利，不惊荣辱，而又勤奋工作、热爱事业，培养崇高的奉献精神也是有相当启迪意义的。

中国佛教慈悲理念的特质及其现代意义*

摘　要：慈悲是佛教文化的重要理念，被视为佛道的根本。慈悲理念的哲学基础是“缘起论”，慈悲思想的含义简言之为“与乐拔苦”，其善行要点为布施、不杀生，其神格形象为阿弥陀佛、观音菩萨、地藏菩萨，其内在的本质为解脱众生、成就佛果。慈悲理念的现代意义为：有助于国民素质的提升、有助于维护世界和平和人类安全、有助于生态平衡与经济可持续发展。

慈悲是佛教的核心理念之一，是佛教的重要伦理准则和理想价值观念，鲜明地体现了佛教的人文精神，构成为佛教人道主义思想的重要形态。阐述中国佛教慈悲理念的内涵和特质，进而揭示其现代意义，是本文所要着意论述的内容。

* 原载《文史哲》2004年第4期，《新华文摘》2004年第20期。

一、慈悲理念的哲学基础

佛教的慈悲理念是奠立在佛教世界观——缘起论的哲学基础上的。缘起论是说，世界万事万物都由因(直接原因)缘(间接原因)和合而生，也由因缘散失而灭。这是佛教解释人生、社会和宇宙种种现象产生、变化和消亡的基本理论。从缘起论又推导出"无我"论：就人来说，也是由各种因缘聚会而生，即生理的、心理的多种成分的组合，并没有一个真正的独立的自我存在。既然人不能作为自身的主宰，人生无常，毕竟空无，这就构成了人生痛苦、一切皆苦的价值基础。人有生老病死的痛苦，有欲望和追求得不到满足与实现的痛苦。这就形成人生的一种根本的需要——抚慰痛苦，缓解痛苦，祓除痛苦。佛教慈悲理念的重要性和必要性由此而被凸显出来。

从缘起论还推导出"同体"论和"平等"论。① 按照缘起论，没有任何事物可以离开因缘而独立产生和独立存在，同样，每个人也都与其他众生息息相关。从三世因果关系来看，其他众生的某某在过去世可能就是自己的父母等亲人，宇宙间各类生命实质上是一个整体。进一步说，佛、菩萨观照众生与己身具有同一的本性(同体)，也就是说，一切众生皆具有存在的同一性、本质的同一性和至善的同一性。佛、菩萨也由此而生起与众生的绝对平等心，生起为众生祓苦与乐的慈悲心。这是佛教提出慈悲理念的必然性和践行慈悲理念的可能性的理论基础。

建立在缘起论哲学基础上的慈悲理念，成为佛教弘法度生的出

---

① 关于佛教的平等论可参照拙作《佛教平等理念对和平与发展的启导意义》，载《中国宗教》2004 年第 1 期。

发点。《长阿含经·大本经》云:“以慈悲心故,为说四真谛。”[1](第2卷,P5)《法集要颂经·有为品》也云:“如是佛世尊,一切智中师,慈悲为有情,广说真实语。”[1](第4卷,P777)慈悲心是佛为众生阐说苦、集、灭、道四谛的内在动因,慈悲精神也贯穿于四谛的学说之中。《中阿含经·说处经》和《增一阿含经·苦乐品》分别讲到慈、悲、喜、舍“四无量心”[1](第1卷,P563)与慈、悲、喜、护“四等心”。[1](第2卷,P658)四无量心亦即四等心,是佛教修持者藉以成就阿罗汉果位的解脱心愿和精神力量。在小乘佛教慈悲理念的基础上,大乘佛教进一步深化慈悲理念,宣传慈悲思想,弘扬慈悲精神,并把四无量心发展为四种广大的利他心愿,以引导和辅助无量众生成就佛果。许多大乘佛教经典都宣扬慈悲理念,如《妙法莲华经》,尤其是其中的《妙音菩萨品》、《观世音菩萨普门品》更是集中地宣扬菩萨,特别是观音菩萨的大慈大悲精神。菩萨的这种大慈大悲精神,集中表现了佛、菩萨对众生平等的深切关怀,在一定意义上可以说,慈悲标志着中国佛教的根本精神。

二、慈悲理念的思想含义

慈悲是梵语 Maitri-Karuna 的意译。“慈”是慈爱众生,给予快乐,“悲”是悲悯众生,拔除痛苦,二者合称为慈悲。简言之,慈悲就是“与乐拔苦”。佛教认为,慈从悲来,悲必为慈。“悲”原意为痛苦,由痛苦而生悲情。一个人深刻感受到自身的痛苦,也就能对他人的痛苦感同身受,产生悲情,自然地由衷地衍生出对他人的友情,并扩展为对一切众生的普遍的平等的慈爱。慈与悲相辅相成,缺一不可。只有慈悲相连,才能产生“与乐拔苦”的践行和作用。

大乘佛教把慈悲分为三种,称为“三缘慈悲”。《大智度论》卷四十云:“慈悲心有三种:众生缘、法缘、无缘。凡夫人,众生缘;声闻、辟支佛及菩萨，初众生缘，后法缘；诸佛善修行毕竟空，故名为无缘。”[1](第25卷,P350)这三种缘是根据大乘佛教空宗思想划分的，认为以众生为对象的慈悲，是凡夫的慈悲，称“众生缘慈悲”；“法缘慈悲”是指觉悟众生无我进而觉悟诸法无我的道理而生起的慈悲，是声闻、辟支佛和菩萨的慈悲；心无所缘，离一切差别，超越对立，毕竟空无，此为佛的“无缘慈悲”。

隋代佛教义学高僧慧远著《大乘义章》，他在该作第十四卷中把“三缘慈悲”，分解为三种悲和三种慈，即众生缘悲、法缘悲、无缘悲和众生缘慈、法缘慈、无缘慈，并分别就其意义，作出明确解释，反映了中国佛教学者对慈悲概念的重视和理解。[1](第44卷,P743)

与上述三种慈悲紧密相关，佛教还把慈悲层次化，分为小慈悲、中慈悲和大慈悲三个层次。《大智度论》卷第二十七云：

> 大慈与一切众生乐，大悲拔一切众生苦；大慈以喜乐因缘与众生，大悲以离苦因缘与众生。譬如，有人诸子系在牢狱，当受大辟。其父慈恻，以若干方便，令得免苦，是大悲；得离苦已，以五所欲给予诸子，是大慈。如是等种种差别。问曰：“大慈大悲如是，何等是小慈小悲？因此小而名为大？”答曰：“四无量心中，慈悲名为小，此中十八不共法①次第说大慈悲，名为大。复次，诸佛心中慈悲，名为大，余人心中[慈悲]，名为小。”问曰：“若尔者，何以言菩萨行大慈大悲？”答曰：“菩萨大慈者，于佛为小，于二乘为大。此是假名为大，佛大慈大悲，真实最大。”复

① “十八不共法”，是佛不与众生共有的独特的十八种智能或功德，其中有大慈大悲法。

> 次，小慈但心念与众生乐，实无乐事；小悲名观众生种种身苦、心苦，怜悯而已，不能令脱。大慈者，令众生得乐，亦与乐事；大悲怜悯众生苦，亦能令脱苦。[1](第25卷,P256)

据上所引，区别慈悲层次的标准有三：一是慈悲践行者身份的不同。佛的慈悲为大：菩萨的慈悲相对于佛为小，相对于二乘为大，也可说菩萨的慈悲是中，是中慈悲；二乘即声闻与缘觉的慈悲为小，是小慈悲。二是动机与效果的差异。小慈悲只是主观的同情、怜悯，停留在心念、心愿上面，而大慈悲则给予众生以实际的关怀、帮助，使众生真正得到快乐，脱离痛苦。三是自他有别与平等一体的区别。小慈悲是主客有别、自他有别的，大慈悲则主众生平等、佛与众生平等，是一种无差别的、普遍的慈悲，这也称为“无缘大慈”、“同体大悲”，是最高层次的慈悲。

三缘慈悲偏重于从慈悲的对象来区分，大、中、小慈悲则偏于从佛教修持者的认知和思想境界的高下来立论。两者的关系错综复杂，如以众生为对象的“众生缘慈悲”，也可以从动机与效果的差异角度区分为小慈悲与大慈悲。又如“法缘慈悲”，因慈悲践行主体二乘与菩萨的不同而有小慈悲与大慈悲之别。至于“无缘慈悲”即是无缘大慈，同体大悲，与佛的大慈大悲异名同实。慈悲的种类与层次的关系，虽然复杂，但从思想实质来看，两者又是统一的。

大乘佛教强调慈悲是佛教的根本，《大智度论》卷第二十七云：

> 慈悲是佛道之根本。所以者何？菩萨见众生生老病死苦、身苦、心苦、今世后世苦等诸苦所恼，生大慈悲，救如是苦，然后发心求阿耨多罗三藐三菩提。亦以大慈悲力故，于无量阿僧祇世

> 生死中，心不厌没。以大慈悲力故，久应得涅槃而不取证。以是故，一切诸佛法中慈悲为大。[1](第25卷，P256)

“阿耨多罗三藐三菩提”，意为无上觉悟。“阿僧祇”，意为极为漫长的时间。就是说，慈悲是佛法中最重大的原则，是佛教的根本所在。大乘佛教菩萨的特征就是全力践行大慈大悲的原则，以普度众生为自己的崇高职责和伟大理想。

中国佛教极度推崇慈悲精神，唐代释道世在《法苑珠林》中就说：“菩萨兴行救济为先，诸佛出世大悲为本。”[1](第53卷，P774)中国佛教以诸佛、菩萨为理想人格的化身和学习修持的榜样，也以救度一切众生为最高愿望。这正如《大乘起信论》所说：“众生如是，甚为可悯。作此思维，即应勇猛立大誓愿，愿令我心离分别故，遍于十方修行一切诸善功德。尽其未来，以无量方便救拔一切苦恼众生，令得涅槃第一义乐。”[1](第32卷，P582)菩萨都有大悲愿，慈悲济世，救度众生，不度尽众生，誓不证菩提，不成佛道，这也构成为中国佛教的主导思想之一。

三、慈悲理念的善行要点

随着小乘佛教向大乘佛教发展，佛教越来越强调慈悲与智慧的结合是解脱之道的两大环节，也是大乘菩萨德性的两个方面。慈悲是在践行上要求自我牺牲和无私奉献，智慧是在认识上证悟宇宙、人生的真谛。悲智结合，悲智双运，是为解脱成佛的正道。大乘佛教把“戒、定、慧”三学的戒学、定学归结为慈悲，慧学为智慧。“六度”中的前五度布施、持戒、忍辱、精进、禅定也被定为慈悲之度，最后第六度智慧即是智慧之度。于此可见，慈悲在佛教修持中占有极为重要的地位。

大乘佛教，尤其中国佛教对慈悲理念的践行主要侧重于布施和不杀生两个方面。佛教崇尚布施，认为布施具有无上功德。小乘佛教的布施有两种：一是“财施”，将财物布施于他人，破除自我的贪心和吝啬，以免除来世贫穷；二是“法施”，向人说法传教，使人成就解脱智慧。大乘佛教在此基础上又增加“无畏施”，给人增强无畏的信心，使之面对茫茫人生之苦而无所畏惧，在修持解脱的漫漫长途上勇猛精进。大乘佛教还将布施与慈悲教义联系起来，用以济世利他，普度众生，把布施的对象扩大到遍及一切有情（众生），并把它纳入“四摄”①和“六度”之中，且居于两者之首项，这就表明，布施是大乘佛教道德修养与解脱修持中最重要的善行。

不杀生是佛教“五戒”②的首戒，指不杀人，也指不杀鸟兽虫蚁，还指不乱折草木等，表现了对一切生命的尊重，也体现了戒律所包含的慈悲的本质特性。佛教也认为，对社会和自然有害的东西，如害虫害鼠，非杀不可，杀了，也是慈悲心的一种体现。中国佛教还特别反对战争和刑杀，并提出断酒肉、素食、放生的主张。自南朝梁武帝提倡断酒肉以来，素食成为汉地僧人普遍的饮食生活准则。

四、慈悲理念的形象创造

对于广大信徒来说，任何一个宗教的神格形象，对宗教教化的神圣性、权威性的确立，都具有特别重大的意义。在大乘佛教诸多佛菩萨中，集中体现慈悲理念的神格形象是阿弥陀佛和观音菩萨、地藏

① “四摄”，“摄”，意为引领，即菩萨引领众生的四种方便：布施、爱语、利行、同事。

② “五戒”，佛教在家教徒应遵守的五项戒条，即不杀生、不偷盗、不邪淫、不妄语、不饮酒。

菩萨。

阿弥陀佛是西方极乐世界的教主，又因接引众生往生西方极乐净土而称为“接引佛”。据《无量寿经》载，阿弥陀佛发“四十八愿”，其中第十九愿说，凡诚心发愿往生极乐世界者，在临终时，阿弥陀佛必亲来接引往生。弥陀信仰在中国流传久远，东晋时竺法旷、支道林、慧远等就信奉往生净土法门。后经昙鸾、道绰至善导，更创立了以持名念佛，即口颂“南无阿弥陀佛”为主要特色的净土宗，提倡以修行者的念佛为内因，以弥陀的愿力为外缘，内外相应，往生弥陀净土。这种以信佛的因缘愿生净土，凭借阿弥陀佛的愿力便得往生，是为修持成佛的“易行道”。阿弥陀佛接引众生往生西方极乐国土，使众生离苦得乐，从人间火宅升入极乐世界，这中间表现出来的崇高的慈悲形象、伟大的慈悲情怀，令众多信徒感激赞叹，趋之若鹜。

观世音菩萨与大势至菩萨同为西方极乐世界阿弥陀佛的胁侍，是以慈悲济世，拯救众生为本愿的菩萨。“观世音”称号的含义有三：一是观世音，观众生发出求救的音声即往拯救；二是观世意，观众生发出求救的意愿即前往施救；三是观世身，观众生身受苦难而往解救。因观音菩萨达观自在，理事无碍，又称为观自在菩萨。有关观世音菩萨的经典很多，其中最重要的有《妙法莲华经》，该经中的《观世音菩萨普门品》还以《观音经》为名单本别行。又如《大方广佛华严经》的《入法界品》、《佛说观无量寿经》和《佛说大乘庄严宝王经》等，也是有关观世音菩萨的重要经典。观音菩萨是佛教塑造的大慈大悲理念的典型神格化身，其慈悲精神的特征有三：一是现实性：观世音菩萨大慈大悲，能解救众生现实生活中的种种苦难，满足众生现实生活中的种种愿望和要求。二是随类性：观世音菩萨“随类度化”，对于众生一视同仁，不分贵贱贤愚，随顺众生的类别、特性来不断变换自己的形象，廾示教化，度脱苦厄。三是融通性：观世音菩萨为了拯救众生的苦难，满足众生的要求，应化无方，融通自在。观世音菩萨的应化形相千姿百态，如多首、多臂、多目，非男非女，变男变女，乃至清代以来，更有送子观音，并与道教结合而有“观音娘娘”之称。观音信仰无论在中国汉传佛教还是藏传佛教中，均极为普遍、深入，在广度和深度上都超越了对诸佛与其他菩萨的信仰。这其间有着深刻的社会和思想的原因。

地藏菩萨也是中国佛教重点崇奉的菩萨。据《地藏菩萨本愿经》等载，地藏菩萨受释迦牟尼的嘱托，承诺在释迦牟尼身后和弥勒菩萨成佛以前的中间无佛时期，地藏菩萨将现身世间，救度众生。据传地藏菩萨立下“众生度尽，方证菩提；地狱未空，誓不成佛”的宏愿，置身于地狱拯救恶道众生。《地藏菩萨本愿经》还称，若是崇奉地藏菩萨，必能使人世间获得丰壤良田、无水旱天灾等十种利益。[1](第13卷，P787)民间还以地藏菩萨为地狱的最高主宰，称之为“幽冥教主”、“地藏王菩萨”，管辖十殿阎王。

在中国大乘佛教信仰中，上述三位佛菩萨以阿弥陀佛和观音菩萨最为突出，在阿弥陀佛和观音菩萨中，又以后者居于首位。三位佛菩萨的角色定位是，阿弥陀佛接引众生往生西方极乐世界，观世音菩萨解救众生的现世苦难，地藏菩萨则赋予世间风调雨顺，五谷丰登。他们互相配合，各有分工。这就是说，大乘佛教慈悲济世，既满足了人对来世的期待，又帮助人解除现世的痛苦，同时还协调人与自然的关系，从而调和了现实与来世、此岸与彼岸、社会与自然、现实与理想等人生和社会的根本矛盾，给广大信众带来情感和思想上的满足与愉悦，希望与期待。

五、慈悲理念的内在特质

佛教慈悲理念是与其解脱论紧密相联系的，归根到底，是为了众生的解脱，成就佛果。不过从中国人佛教信仰的动机和重心来看，则偏于祈求佛和菩萨帮助解决现实的问题与困难，满足现实的功利与福祉。

从思想史角度理性地审视佛教的慈悲理念，我们会发现，它的出世性、神秘性、宽泛性等局限性，是易于引起一些人的质疑，难以让人普遍认同的。但是尽管如此，我们还是认为更为重要的是应当思考作为拥有数以亿计的众多信徒，并构成中华文化儒、道、佛三大组成部分之一的佛教，其基本理念慈悲是否也是对人生和社会的省察、反思的成果？是否也是维护人类生存的智慧表现？是否与世俗社会提倡的价值、道德、精神也有共通、一致之处？我们认为回答应当是肯定的。大乘佛教慈悲理念所包含的价值理论和人文精神内涵是丰满的，也可说是深刻的，这表现在：

人本思想与人道主义。佛教慈悲观念的提出，主要是缘起于对人类的局限性的反思，对人的生命脆弱性的关切，对人生苦难的忧患，这种以人为对象、以人的解脱为本位的人本思想，与以关怀人尊重人为特征、以人为中心的人道主义是相互会通的，且有相互一致之处。

利他思想与集体主义。佛教慈悲观念以利他为原则，强调要有利于他人，要为救济一切众生而致力行善，这与我们提倡的助人为乐、大公无私，一切以广大人民群众的根本利益为出发点的集体主义思想，也是相近、相通的。

平等思想与同情博爱。平等是佛教慈悲的思想基础，慈悲是平等的道德体现。佛教主张人与人之间平等、人与其他生物之间平等，强调对他人，对其他生命主体性的尊重、关怀以至敬畏，这与儒家的“仁爱”、“博爱”、“民胞物与”(仁民、爱物)是一致的，与中国哲学，即以“天人合一”为基本理论架构的整体生命哲学是相通的。佛教平等思想所蕴涵的尊重一切生命的伟大同情心和博大的爱心，是值得肯定的。

六、慈悲理念的现代意义

从社会史的视角观察，我们不能不承认，佛教的慈悲理念符合相当多人的祈望和希求；从古至今，受到人民，尤其是下层人民的普遍欢迎。虽然佛教慈悲理念在古代社会的作用是复杂的、多重的，但是，从佛教慈悲理念中所折射出来的信息中我们不难发现：人的有限性、脆弱性、人的现实困境乃至深重灾难，人的追求和理想难以满足与实现，凡由此种种切身感受而导致的仰望神灵的慈悲、扶助、赐予之心，是真诚而强烈的，一部分信徒从中得到了程度不等的情感慰藉，也是真实不容置疑的。从这方面来看，佛教慈悲理念无疑发挥了某种抚慰社会人心、稳定社会结构和社会秩序的作用。

在历史上，慈悲理念的意义不断得到新的诠释和新的发展，浸润人心，生发作用。在人类已经进入 21 世纪的今天，在进行社会主义现代化建设的中国，佛教慈悲理念是否也有其现代价值与意义呢？我们认为，佛教若能审时度势，与时俱进，革故鼎新，结合社会的需要、人民的生活和容受的条件，运用现代的思想、理论、概念、术语对佛教慈悲理念作出新的合乎本意和情理的诠释与阐发，必将有助于慈悲理念的弘扬，进而有益于社会的发展。

我们认为，在当代社会，佛教慈悲理念具有以下新的现实意义：

有助于提高国民的素质，尤其是道德素质。伦理道德建设必须建立在符合人性的本质和要求上。可以说佛教提倡的慈悲理念，符合人性的弱点与优点共存的本质、去恶从善的要求、离苦与乐的愿望，以及平等博爱的追求。提倡慈悲理念，必将有助于发扬团结和互助友爱的精神，有助于实践无私奉献、济世利人、救死扶伤、扶危济困等美德善行，有助于社会公德的完美与职业道德的提高。

有助于维护世界和平与人类安全。虽然当今世界总体来说是和平的，但是种族、宗教、地区的冲突此伏彼起，恐怖主义活动猖獗，核扩散问题形势严重，人类面临自我毁灭的危险。为了消除人类和平、安全的威胁，需要各国的共同努力，采取相应的坚决措施。就思想文化方面而言，以关怀、尊重生命价值为基础的佛教慈悲理念，实是一种跨种族、跨宗教、跨国界的博爱文化、和平文化和安全文化，有利于调整人的观念进而导致在行动上维护和平与安全。

有助于生态平衡与经济可持续发展。佛教强调宇宙万物的不可分离的依存性，佛教慈悲理念主张尊重他者、尊重异类、尊重动植物的生命，反对滥杀滥伐，任意糟蹋环境，破坏生态平衡。若将佛教平等慈悲理念应用于生态学，无疑将有助于建立完整的生态伦理学，进而也必将有助于推动经济的可持续发展。

参考文献：

[1][日本]高楠顺次郎等编：大正藏[M]. 东京：大正一切经刊行会，1979

佛教中国化与中国化佛教*

——以汉传佛教为中心

印度佛教于两汉之际传播到中国内地，一直到宋代，前后约历经10个世纪之久。这是外来文化第一次长时间地输入中国。佛教的传入，带来了伟大的印度文化，还带来了希腊文化、波斯文化，由此而形成了规模非常宏伟的中外文化交融现象。

佛教传入中国和中国对佛教的吸纳，梵典华章，交相辉映，各显异彩，其间积累了不同文化对话、交流的丰富经验，这是中印两大文明古国异质文化的成功交流，是世界文化交流史上可圈可点、甚堪玩味的典范之一。这一文化交流的伟大实践，展示了中华民族在吸收外来文化方面的充分自信、博大胸襟的开放性与同化力，也体现了佛教适应不同地域、满足不同民族精神需求和与时俱进的开拓性文化品格。

佛教在中国的长期流传过程中，逐渐与中国实际相结合，实现了佛教中国化，形成了中国化佛教。本文着重就

---

* 本文系2009年4月22日在中国人民大学“国学论坛”的演讲稿。

佛教中国化与中国化佛教的界说，佛教中国化的必然性及其历史进程，以及中国化佛教的基本内涵与重要特点作一论述，请方家指正。

一、佛教中国化与中国化佛教的界说

佛教中国化不是抽象或象征性的话语，也不只是一种学术史意义上的脉络梳理，而是佛教教义在中国的实现途径和实现方式。也就是说，佛教中国化作为一个特定命题，是指佛教徒在推动佛教流传的过程中，逐渐和印度佛教与中国政治、经济、文化、社会实际相适应、相结合，接受中国社会环境的影响和改造，从而使印度佛教在教义思想、仪轨制度和修持生活诸方面都发生了变化，打上了中国社会的深刻烙印，具有鲜明的中国民族性、地域性和时代性特征，纳入了中国传统文化的巨流，转变为中国文化的品格和旨趣，形成了有别于印度佛教的独特精神风貌。

佛教中国化，包含佛教的民族化、地域化和时代化三层意义：

佛教的民族化。中国是大国，是多民族组成的国家。印度佛教的传入与中国各民族的地理分布有直接的关系。佛教约于公元一世纪经新疆少数民族地区传入内地汉族地区，并于公元七世纪分别传入中国的西藏地区和云南傣族地区。佛教结合不同民族的文化心理和历史传统，在中国形成了具有不同民族气派、形式、性格和特征的三大支：汉传佛教、藏传佛教和南传上座部佛教。三支分别运用汉文、藏文和傣文译出佛教经典，分别着重弘扬大乘佛教、密教和上座部佛教的教义。正是在这个意义上，我们可以说，佛教汉化、藏化和傣化的总称，就是佛教中国民族化，而佛教中国民族化，也就是佛教中国化。

和中国汉族是由古代华夏族与其他民族长期混血而成的情景相仿，汉传佛教也是由汉族和少数民族的僧侣乃至侨民游僧共同创造的。东汉以来，来自西亚、中亚和南亚的域外僧人和我国新疆于阗、龟兹、疏勒等地僧人，深入内地译经传教。隋唐佛教八大宗派中的三论、唯识、华严、密和禅诸宗的创立都有非汉族僧侣参与，或者是直接由非汉族僧侣创建。汉传佛教实际上融汇了多民族佛教精英的智慧，融进了多民族的思想文化，体现了多民族共创的融合性格。藏传佛教也受汉传佛教，尤其是禅宗的影响。汉藏佛教是交融的，两者共同构成中国佛教的主体。

在佛教民族化的结构中包含了两个层次：一是由民族上层人士、知识分子所代表的着重阐扬经典教义的精英佛教，二是民间社会奉持的以念经拜佛为主的大众佛教。这两类佛教的分流是中国佛教的一大特点。前一层次是佛教民族化的主导，后一层次是佛教民族化的基础。这两个层次的佛教是有所不同的，但又是相互影响的。

佛教的地域化是说，由于中国疆域辽阔，不同地域不同地区的情况差异较大，这种差异对佛教中国化产生了很大影响。中国佛教的地域性差异有三：自然环境——各地山、水、土地、气候、位置、生物各不相同；文化环境——中国各个地域民风习俗的差别，文化心理的不同；政治环境——中国主要江河山脉的东西走向，决定了南北的地理区别。值得注意的是，自秦统一中国以来，经济重心虽从南北朝开始逐渐南移，但政治中心则一直在北方。这些地域环境的差异，形成了佛教中国化的地域性特征，如石窟雕塑北方多南方少；不同地区僧侣生活习俗差异很大；一度北方佛教重修持，南方佛教偏于义理；中国历史上三武一宗灭佛事件①，除唐武宗灭佛外，其余三次都发生在

① 三武一宗灭佛，指北魏太武帝、北周武帝、唐武宗和后周世宗四个皇帝的毁灭佛教事件。

南北分裂时期，而且都发生在政治重心所在的北方，南方政权则从未灭佛，等等。中国佛教地域化的色彩，丰富了佛教中国化的内涵。

佛教的时代化。这是指佛教在传播的过程中，要和当时的现实需要和时代特征结合起来，不断推进中国化内涵的拓展。为什么说佛教在中国化过程中也包含时代化呢？这是因为：第一，历史是不断发展的，古代的王朝更替就给佛教带来不同的挑战或机遇，要求佛教做出适应当时王朝统治需要的回应。第二，不同时代的背景与特征不同，如和平或战争，统一或分裂，繁荣或衰弱，开放或封闭等不同状况，都给社会不同人群带来了不同的宗教需求，从而要求佛教与时代气息相应，满足该时代不同人群的具体精神需要。第三，中国思想文化潮流是不断演变的，不同时代的主流思想给予佛教的影响极大。第四，佛教传播是一个逐渐扩大、深化的过程，由一般弘法到自主创造的过程，如译经讲经、撰写经论、分派立宗，在不同历史时代佛教主体的活动重点是不同的，是带有时代特征的。这些时代因素都会反映在佛教中国化的进程之中。

以上佛教的民族化、地域化和时代化“三化”综合为“一化”，即佛教中国化。“三化”的相互结合，构成为佛教中国化的基本内涵。

如果说佛教中国化是一种实现方式和现实追求，那么，中国化佛教就是佛教中国化的成果和结晶。也就是说，佛教中国化必然形成中国化佛教，中国化佛教是佛教中国化的必然结果。中国化佛教同样作为一个特定命题，是指佛教与中国国情相结合的产物，是中国僧人吸取佛教一般义理结合中国实际的创造，是中国式的佛教思想与实践方式，是在内容与形式两方面都与印度佛教既有联系又有区别的。中国佛教与印度佛教同属于以解脱人生痛苦为基本宗旨的佛教，两者的联系、一致性是十分显然的，但两者在具体内容与形式上又确有显著的不同特点。

有人认为，佛教就是佛教，不存在中国化问题。我们认为，这里关键的问题是如何看待佛教在不同地区、国度的流变和演进，以及这种演变的社会根源，如何看待印度佛教与中国佛教的差异，如何看待佛教结合中国实际的新发展，如何看待中国佛教是中国传统文化的不可分割的有机组成部分。我们认为，印度佛教是脱胎于印度社会，活动在印度社会，是印度的宗教，而中国佛教虽来源于印度，但活动在中国，扎根在中国，是经过改造的佛教，是创新性的佛教，中国化的佛教是中国的宗教。

与佛教中国化和中国化佛教的界说相关，还有一个人们常说的佛教化，即佛教化中国的问题。我们认为，佛教的中国化过程和中国化的佛教形成，使佛教渗透到中国文化和生活的许多方面。例如，佛教的一些教义融入中国文化之中，带来中国一部分人价值观念的新变化，佛教的文学艺术感化、教化中国人，丰富了中国人的精神生活。又如，在某些地区佛教信仰实现了普遍民间化，也使民间习俗佛教化，以及带来一些人名、地名、姓氏的佛教化①，等等。凡此都表明了中国部分文化的佛教化，表现了佛教对中华民族心理与文化意识的广泛而深刻的影响。同时，我们也认为，从整体来说，中国并没有佛教化，中国没有整体佛教化。理由是中国人并没有普遍地接受和认同佛教信仰，更没有以佛教为主要信仰，在中国传统文化结构中，儒家和道家是中国固有文化的主流，儒家更居于主导地位，而佛教融入中国传统文化之中，是为传统文化儒、道、佛三家之一，且居于辅助儒

① 例如，唐代以来，以寺院、佛、菩萨、法器、佛教活动等为名的地名，仅北京市区就有300多处。

家的地位。也就是说，印度佛教在中国是中国化了，且形成了中国化的佛教，但中国并未在整体上佛教化。

二、佛教中国化的必要性与可能性

(一)佛教中国化的必要性

印度佛教传入中国，为什么一定要中国化呢？其必要性何在？原因很多，重要的有三点：

1. 中印两大国自然环境和社会结构的差别

发源于印度的佛教要在中国流传，涉及中印两大国的空间性互动，即由南亚到东亚的地区性沟通。中印两大国的自然环境差别很大。印度位于南亚次大陆，地处热带，每逢旱季，气温高达摄氏四十多度，热风过处，草木枯萎，蛇虫匿迹，人们犹如居于“火宅”之中。因此，印度文化也被人称为“炎土文化”。佛教的“苦”的理念和出世思想，以及斋戒、沐浴、坐禅等宗教生活的形成，都与气候炎热有关。位于东亚大陆的中国，地处温带，自然环境与印度有很大的差异。不同的地理条件和自然环境，形成人们不同的生活价值取向和生活习惯。这就要求佛教作出相应的调整。

中印两国古代的社会基础不同。古代印度盛行种族制度，主要是四种姓，即婆罗门等四个社会阶级①。在中国则是以家族制为中心、按血统远近区别亲疏的宗法社会。古代印度在政治上或实行贵族统治，或实行共和制。长期以来小国林立，统一时间相对较短。中国自

① 四种姓为婆罗门(婆罗门教僧侣和学者，掌管祭祀)、刹帝利(王族和士族，掌管政治)、吠舍(从事农、工、商的平民)和首陀罗(奴隶)。不同种姓血统不同、习俗不同、社会职业和地位不同。

秦汉以来是中央高度集权的专制社会，国家统一时间远远长于分裂时期。印度神权高于王权，中国则王权在神权之上。这些差异是佛教在中国传播遇到的一大社会问题。

中印两国国情的又一重大差别是，印度是一个几乎人人信仰宗教的典型的宗教国家，人们重视来世，盛行出家修行。相对而言，中国则是一个以追求个人人格提升和天人合一境界为人生和社会价值取向的人文国家。人们注重家庭和家族延续，重视现实。如何使宗教信仰相对淡薄的中国人能够接受和信仰外来的佛教，如何吸引佛教的信仰者，获得社会精英的认同、支持和社会大众的靠拢、拥护，实现佛教的民间化、大众化，是佛教在中国传播遇到的又一重大问题。

佛教在中国面对的国情不同，佛教在中国是否得以流传决定于它能否满足中国社会的需要。佛教为了在中国传播，就需要适应中国国情，在理论话语和实践方式方面都作出相应的改变。

2. 佛教与儒、道文化的歧异

约于释迦牟尼创立佛教的同时，也就是公元前六世纪，中国形成了儒家和道家学说。儒家思想以“人”为本，重视人的生命意义与价值，重视人际关系和社会秩序，宣扬以道德提升人生和以“德治”、“仁政”、“王道”治理社会为最高理想。道家以“自然”为本位，强调自然是人生的根本，主张顺应自然，张扬自身本性和个体自由，回归自然。在道家思想基础上，后来又形成了以合道成仙为主旨的道教。儒家的人本主义和道家的自然主义，构成为中国固有文化的两大传统，奠定了中华古代文化的基础和走向。

佛教重精神轻肉体、重解脱轻生命、重来世轻现世、重神灵世界轻世俗世界，是以“众生解脱”为主旨，宣扬众生要通过修持，以求从烦恼、痛苦、压力、紧张、困惑和生死轮回中解脱出来，进入大自在的“涅槃”境界。佛教强调现实的存在是痛苦的，涅槃境界是幸福的。佛教的解脱主义思想，显然与儒、道两家的思想主旨的具体内容有相左的一面，而且儒、道思想尤其是儒家作为社会意识形态，儒家的道德礼法作为中国文化的内核，关乎人生和社会的意义系统，一直在主导着中国人的价值取向和思维方式。这样，如何回应儒家的思想，就构成为佛教能否在中国传播的关键性因素。佛教作为一种外来的文化，若要加盟于中国文化生态结构中，落地扎根，开花结果，是存在需要排除的障碍和克服的困难的。

佛教传入中国后，儒家和道家(含道教)分别从自身本位立场出发来排拒佛教和迎接佛教。如儒家责难沙门不向国王顶礼是不忠，沙门落发出家，是断子绝孙，是大不孝。道家以长生成仙理念指斥佛教的人皆当死的思想，等等。又，佛教传入早期，儒、道两家只是以比拟的手法认同佛教，如儒家以“杀身成仁”比拟大乘佛教菩萨行，道家以无为思想比拟佛教“法身”①，中国人还以道术定位佛教。可见佛教若要在中国占有一席之地，就必须与儒、道文化相磨合，而这种磨合也就是佛教中国化的实践。

3. 印度佛教一般义理与中国僧人具体实践的矛盾

佛教义理对所有佛教信徒都具有规范意义，而佛教传播和佛教修持则是信徒的一种具体实践，佛教义理与佛教传播、修持二者不是等同的，是有矛盾的，印度佛教在自身的不断演变中呈现出的前后差异就说明了这一点。至于佛教传入中国，其主要媒介是传译和讲习。在翻译方面，佛典本来就难理解，又因大小乘佛典混杂一起传入，不了解佛教的发展次第脉络，就更难理解了。要将梵文译成汉文，有时也

① “法身”，成就佛法的永恒常住的精神象征。

很困难，中国人和印度人的思想方法又不同，也影响文字的理解和表达。这些条件的制约，必然导致翻译难免有错解、模糊和不准确的地方。在讲习方面，讲授者根据自己所学所知的讲，听讲者是借助原来中国文化知识去理解，实际上就是通过中国固有思想与印度佛教思想的比较而接受佛教思想的。这两方面的情况都是推动佛教中国化的重要原因。也就是说，佛教的传入不可避免地要受信仰者本人民族传统文化的影响，带上民族的特点。僧团内部由于谋求各自的生存和发展，也会产生分歧，并带上派别的特点。僧人面对不同弘法对象（如社会精英与一般大众）的不同要求，也带来了教化的内容和方式的差别。僧人受地区差异和时代潮流的不同影响，导致对佛教义理的理解差异。凡此种种情况，都决定了中国僧人的传播实践与修持实践是历经变化而千差万别的。中国僧人尤其是其中的精英人物，根据中国社会实际情况和人们信仰需求，既坚持佛教解脱主义的根本立场和基本义理，又摒弃了不符合中国国情的一些理念与规定，并结合新的实际提出新的学说和修持模式。可见，由于中国佛教传播者与修持者的实践活动的多样性及其与佛教一般义理的差别性，决定了佛教必须结合中国僧人的具体实践，发展印度佛教，推进佛教中国化。

以上是决定印度佛教必须中国化的三个原因、根据。相应地，中国国情、中国固有文化和中国僧人的新实践，也是影响、制约和决定佛教中国化内涵的三个因素、作用力。

（二）佛教中国化的可能性

佛教在中国必须中国化，也可能中国化。佛教中国化是否具有可能性在于，一方面佛教作为传播主体是否具有普遍意义的思想因素，能否和如何适应中国社会的需要，顺应中国固有文化而调整、重构自身；一方面中华民族作为接受主体是否具有开放性的思想，能否和如何从中国社会需要出发，按照本民族固有文化形成的主体接受图式而取舍、重塑佛教。历史表明，这两方面的可能性都是存在的。

佛教具有补充中国儒、道文化缺陷和渗透民间底层的思想内涵与实践方式，具有实现中国化的自我调节、自我更新和自我组织的机制。佛教教义的中心关怀是人生的痛苦问题，佛教讲人的生死是大苦海，“生死事大”，强调只有正视生死大事，从生死困境中解脱出来，生命才有意义。这种对生命、生死的关切，是与人的终极关切相联系着的。怎样看待生死，怎样安顿死亡，是人类心灵深处的永恒难题，是人生哲学的重大问题。在这个问题上，儒、道所论较少，而佛教则有专门论述。佛教所论弥补了儒、道的理论空缺，满足了人们的精神需要。佛教教义的根本宗旨是教人从生死的痛苦中解脱成佛。“诸恶莫作，诸善奉行，自净其意，是诸佛教。”①佛教以去恶从善为行为规范，以体悟自性清净而达到理想的精神境界。佛教的戒律、禅定为实现超越理想提供现实可行的操作程序和方式。佛教的根本宗旨与中国固有的儒、道教人成圣、成仙的文化宗旨有相左的一面，也有相通的一面，且与儒家的高度重视道德的价值取向相一致，与儒、道强调完善心性修养也是异中有同。这都构成为佛教在中国流传的思想前提和基础。

佛教是富有哲学理性色彩的多神教，在传法上，它的“如理如法”与“契时契机”说、“方便”法门说和佛教真理的“真俗二谛”说，为佛教自身的中国化提供了方法论基础。“如理如法”是要求随佛所说的教理教法而不违背；“契时契机”是说弘法要与时俱进和适应对象的实际需要。佛教讲的“方便”，是指诸佛接引众生的种种权宜便捷的方式。佛

① 《法句经》卷下，《大正藏》第4卷，567页中。

教提倡“方便菩提”，以菩提智慧施设种种方便接引众生。佛教二谛说的真谛指佛教真理，俗谛指世俗真理。佛教宣扬二谛虽有高下真假之分，但又是缺一不可，互不相离。上述说法使佛教具有开放功能、适应功能、融合功能和创新功能，有利于自身实现中国化。

文学艺术对于人的心灵、情感有着巨大的冲击、感染作用。佛教文学艺术是佛教传播的行之有效的手段和方式之一。丰富多彩的佛教文学，大量的佛寺、佛塔、雕塑、绘画、音乐等艺术作品，为中国人所喜闻乐见、欣赏赞美，极大地丰富了中国人的精神文化生活，也为佛教中国化奠定了一块坚实的基石。

此外，佛教又有出家僧人和在家居士两支庞大的修持实践者，他们使佛教在中国得以广泛流传和发挥作用，同时，他们的中国传统文化基因和民族心理，又构成为推进佛教中国化的内在动因和客观可能性。

另一方面，中国社会也为佛教的传播和中国化提供了良好的、开放性的人文环境，这是佛教成功实现中国化的有利的客观条件。正如上面所述，儒、道的成圣、成仙的文化旨趣，为教人成佛的佛教提供了比较参照，至于中国传统的天帝崇拜、祖先崇拜、神灵观念以及方技道术等，也为佛教的世俗世界与神灵世界等多重世界说的流传铺平了道路。历史还为佛教流传中国提供机遇。魏晋南北朝时期，时局动荡不安，中国固有的价值观念发生动摇，佛教的生死解脱教义易于流传渗透。北朝一些少数民族统治者为了牵制、对抗汉族统治者也有意提倡佛教。这是佛教之所以能够在中国流传，并成为中国传统文化的一个组成部分的极为重要的历史原因。

中国传统的核心理念与思维定式，如“和而不同”、“致中和”等，为不同学说、不同学派、不同宗教的互相争鸣和共同发展提供了舆论

保障。《周易·系辞下》有云："天下同归而殊途，一致而百虑。"殊途同归的思想，使有别于儒、道学说的佛教也得以与儒、道争奇斗艳，进而达到"同归"的境界。又如魏晋玄学家盛唱"言意之辨"，也为中国佛教提供重在"得意"的思辨方法，进而为灵活对待佛教经学、戒学，以及会通儒、道带来了很大的方便。

三、佛教中国化的历史进程

佛教中国化始于佛教初传中国内地之时。佛教作为外来宗教，其中国化的需要、努力和追求，不仅存在于过去，也存在于当下，而且还存在于未来。佛教中国化是一个持续进行、不断推进的历史过程，是佛教不断面对中国实际、不断结合中国实际和不断适应中国实际的互动过程，是不断产生矛盾、发现矛盾和解决矛盾的动态过程。由于不同时期佛教中国化遇到和需要解决的问题不同，导致佛教中国化实现方式的差异，而这种方式的差异，也就构成为佛教中国化的历史进程及其阶段性特征。

相对而言，迄今为止，佛教中国化历经了五个阶段：

(一)汉代：比附阶段。佛教初传入中国内地，面临如何使中国人认识、了解的问题，为了适应这种需要，其中国化的方式是比附。这表现为两个方面，一是佛教传播的手段是译经。佛教译经者在译经中往往采用中国道家、阴阳家的重要术语来翻译佛典的理念，并根据儒家的伦理准则来删、增、改佛典的相关内容。① 二是早期中国信奉佛教者并不真正认识、了解佛教，而是笼统地从整体上把佛教视为近似

① 《中国佛教文化》，见《方立天文集》第3卷，386页，北京，中国人民大学出版社，2006。

当时的中国黄老之学、神仙导引之术，即道术的一种。这种译经比附和信仰比附，是汉代佛教中国化的基本特征。

(二)魏晋南北朝时代：磨合阶段。磨合是指经过摩擦、冲突，进而达到相融、契合。随着佛教典籍翻译的增多，人们对佛教的了解也日益提高，东晋时佛教已为贵族社会所接纳，到了南北朝时佛教更是渗透到民间。与佛教势力逐渐增强相应，佛教的主体性、独立性也得到提升，进而佛教与中国社会、传统文化的矛盾也全面凸现出来。此时佛教面临在中国如何推行其世界观、人生观和价值观，以及修持生活方式的问题。佛教一方面因应与中国政治、伦理、思想、宗教的冲突，在王权与神权、王法与佛法、儒家礼教与佛教教仪，以及佛教与道教的分歧等方面，都做出了结合中国国情的阐说；一方面又自主地进行大量的学术性活动，讲习经论、撰写论著、形成学派，以推进佛教中国化的进程。也就是通过探索、辩难、阐扬、融汇等方式，与中国实际相磨合，逐渐适应中国的实际，并在中国扎根。

(三)隋唐时代：创宗阶段。此时佛教创宗的主客观条件均已具足。在北朝两次毁佛事件的推动下，佛教加快适应中国实际的创宗步伐，形成了中国化的佛教宗派。在思想文化方面，中国化佛教宗派的创宗理路有二：一是结合中国固有的相应思想，把儒学、道学和道教的一些理念纳入创宗的体系，如禅宗就是继承老庄思想、六朝清谈和儒家心性论的产物。二是适应中国民族重视现实、重视现世、重视福报的精神品格，确定创宗的价值取向，如华严宗就提倡个体之间、事物之间的圆融。又，即使是主张往生西方极乐世界的净土宗，也以口诵阿弥陀佛名号即可求得福报而往生彼岸为思想主轴。在适应中国信众类别方面，天台宗和华严宗是侧重于满足社会精英需求的教派，禅宗具有分别适应社会精英和大众不同需求的宗教功能，净土宗则以适应大众需求为主。佛教有助于社会成员内心的和谐，客观上也有利于王朝的政治统治。

中国化佛教教派，尤其是禅宗的形成，标志着佛教中国化的完成，但完成不等于结束，佛教作为从异域传入中国的外来宗教，其中国化的进程在尔后不同时代又呈现出新的特点。

（四）宋元明清时代：合流阶段。隋唐佛教宗派的创立，标志中国佛教在思想、理论、信仰上臻于定型，由此中国佛教也转向在实践上实行禅净合流，并在此基础上进一步与中国社会生活、思想文化合流。这种合流主要表现在三个方面：1．与民众社会生活融合。唐武宗会昌灭佛给精英佛教以沉重打击，推动佛教转向以民众为中心开展活动。禅宗的打水挑柴，无非妙道，和净土宗的口称阿弥陀佛，即可往生的修持实践，受到民众的欢迎。禅净合流成为此后中国佛教的主流，佛教由此也真正深入民间，融入中国人的社会生活之中。随着岁月推移，佛教又逐渐演变成民众的求福工具，有时则衍化成为社会改良的辅助武器。2．与儒、道思想，尤其是儒家思想的合流。宋以来社会主导意识儒学继续排拒佛教，佛教则寻求与儒家思想的深度融汇。其要点，一是突出阐扬忠孝思想，把忠孝，尤其是孝置于佛教伦理的首位；二是从儒、道、佛三教的心性本原一致、社会功能分工等方面，阐发三教合一的思想。3．与道教、民间信仰的同化。随着佛教与社会生活、道教思想的日益融合，佛教与道教、民间宗教在神灵信仰上的界限也逐渐模糊、混淆、淡化，以致佛教寺庙与一般神庙不分。有的佛寺共同供奉释迦牟尼、老子和孔子。更多的佛寺供奉城隍、土地、文昌、真武以及大仙、娘娘之类的神像，僧人居住或住持神庙也为数众多。以上现象表明，宋代以来佛教在实践上的中国化是更加深化了。

（五）近现代：转型阶段。清代末年以来，中国佛教在理论、修持、制度等方面的杂乱和流弊极为严重，佛教徒因循苟且，固步自封，消极避世，逃避现实，脱离现实人生和现实社会，佛教原有的积极救世精神湮没不彰。佛教衰颓不振，处于风雨飘摇、岌岌可危的境况之中。佛教界有识之士提出“人生佛教”、“人间佛教”、“新佛教运动”的概念，积极推动传统佛教的转型：提倡强化佛教的慈善、文化、教育功能，关怀人间的痛苦，积极提升大众的道德素质和人文精神，以推动人间社会的和谐发展。

四、中国化佛教的基本内涵

漫长的佛教中国化的历史进程，带来了丰硕的成果，这些成果构成为中国化佛教的基本内涵。概括起来，这些内涵的要点有以下五个方面：

（一）中国化的佛教义理

印度佛教传入中国后，其学说日益具有中国思想文化的特色，亦即在义理上日趋中国化。

在佛教传入中国早期，汉代人以当时社会流行的黄老之学和神仙方术来看待佛教。魏晋以来，佛教阐扬“缘起性空”思想的般若学开始流行，之后又形成了阐发般若学的“六家七宗”，即六、七个般若学派。值得注意的是，这些学派多认为“心”或“物”为实有而非“性空”。这是中国佛教对印度佛教基本理念“性空”的重大冲击和自发调整。

魏晋南北朝时代，战争频仍，人的生命尊严时时受到威胁，“死亡”问题成为社会普遍关注的突出问题，如何对待生死，成为人们价值观念的重大问题。佛教义理的传入为中国人提供了新的人生观、生死观、价值观，并引发了相关的争论。这种争论主要是在东晋南北朝时代的两场关于佛教基本理论的论辩：因果报应之辩和神灭神不灭之争。经过论辩，佛教既坚持众生的命运决定于自己的“业”（行为）和“业力”（召感果报的力量）的基本理念；同时，一方面接受中国儒、道的价值取向的影响，使“业”的内涵发生局部异化，一方面又把中国固有的人生命运由先天“气数”决定的“分命”说纳入到自身的因果报应思想体系中，把泰山崇拜与地狱报应合而为一，并与儒家典籍中的报应观相沟通，形成了中国化的果报思想。它宣扬人的死亡并非生命的终结，死后有来生，或沉沦或提升，关键在于人的行为，也就是说，人的行为善恶决定未来的命运。这成为支配中国民间社会富有道德责任感和未来希望感的新的重要价值尺度。又，关于神灭神不灭的问题，印度佛教早期排斥灵魂不灭说，后又多认为，人的灵魂是不断变化的意识状态之流。中国佛教则在中国的实体性思想影响下，结合祖宗崇拜、灵魂鬼神观念以及气论等思想，高扬灵魂不灭论，以实有的灵魂即不灭的神为永恒的主体，为中国佛教轮回转世和修持成佛提供了理论基石。

隋唐时代，中国佛教形成创宗高潮，迈出了中国化佛教的决定性一步。中国佛教宗派的建立，构成在义理上与印度佛教的重大区别。如天台宗吸纳道教的丹田、炼气等说法，与道教信仰相融合，又吸取中国传统的人性善恶观念，与儒家的道德相呼应。又如华严宗着重宣扬圆融无碍的思想，以《周易》“乾”的“四德”（元、亨、利、贞）比配佛身的“四德”（常、乐、我、净），以儒家的“五常”（仁、义、礼、智、信）比配佛教的“五戒”（不杀生、不偷盗、不邪淫、不饮酒、不妄语），直接把儒、佛两家的理想境界、道德规范协调起来。唐代著名佛教学者、思想家宗密把华严宗和禅宗结合起来，进而以华严禅去统一佛教其他宗派，更进而与儒、道相统一，推动了三教一致思潮的发展，在推进佛教义理中国化方面有着独特的意义。更为突出的是禅宗，在道家自然说和儒家心性论的影响下，禅宗创造性地提出“性净自悟”的佛学理论，把佛教原来主张的外在成佛轨迹转换为主体自身的本性显现，即“见性成佛”；贬斥繁琐义理思辨和繁杂修持方式，破除思想和文字的束缚，否定累世修行，提倡自悟体证的顿悟法门；还反对佛法脱离世间的倾向，强调佛法与世间相即不离，在世间求得解脱。禅宗理论的实质是把印度佛教的基本范畴空性与有相、真谛与俗谛、出世与入世加以深度的融通，并转向侧重于有相、俗谛和入世的阐扬，是对印度佛教修行成佛轨道的深刻改革，是典型的中国化的佛教理论。

净土宗和禅宗被称为中国佛教的双璧。净土宗信仰阿弥陀佛的本愿，而称颂其名号，持念南无阿弥陀佛，倚仗他力，藉以往生极乐世界。这种简易的解脱法门，是中国佛教又一创造，构成中国佛教的重要特色。

如上所述，近现代以来，中国汉传佛教的主流是“人间佛教”，这既是一种新的思想潮流，也可看成是一种佛教现代化运动。人间佛教是以现实人生为基点，以人的清净心为基础，通过大乘菩萨道的修持，达到完善人格进而建立人间净土的佛教。人间佛教的学说与中国儒家的人本主义思想相一致，而与印度早期佛教的出世精神、佛教的泛众生论思想相悖，这是中国佛教继禅宗之后的又一理论创新，是中国化佛教义理的又一重大表现。

(二)中国化的佛教神灵信仰结构

印度佛教神灵信仰在大乘佛教和密教时期达到了顶峰，佛、菩萨和罗汉成为广大信徒顶礼膜拜的神圣对象。这套信仰崇拜传入中国后，经过了不断的诠释、调适的过程。佛教传入前期，中国人以儒、道两家学说加以比附，如东晋喜佛的著名文学家孙绰就认为“体道”者是佛，还说："周、孔即佛，佛即周、孔。"(《喻道论》)后来禅宗对"如何是佛"作为参悟的重要话题进行了持久的追问，有"心即佛"、"无心是佛"等说，把佛与心沟通乃至统一起来。由此还一度演成呵佛骂祖、否定偶像崇拜的思潮。禅宗经过省思，后来又转而提倡禅教一致、禅净一致，修持念佛禅，为中国佛教的神灵信仰奠定思想基础。

印度佛教神灵信仰系统是由从低到高的罗汉、菩萨和佛三个不同层次构成的。其中释迦牟尼佛是佛教的教主，享有至高无上的至尊地位，但在中国民间其知名度远不如观音菩萨。"西方三圣"主尊阿弥陀佛，虽被佛教徒时刻口诵，但其影响也远不如左胁侍观音菩萨，独自拥有浙江普陀山道场，享有旺盛香火。"华严三圣"主尊毗卢遮那佛虽端坐在河南洛阳龙门奉先寺供人朝拜，但也不如其左右胁侍文殊、普贤二位菩萨深入民心，分别被山西五台山、四川峨眉山寺院奉为"本尊"，名声显赫。唐中叶以来，在民间逐渐重组崇拜对象和朝拜中心，构成以文殊、普贤、观音和地藏四大菩萨为主体的神灵信仰架构，进而形成为以崇拜菩萨为中心和以祈福求运为目的的中国佛教的信仰特色。

四大菩萨之所以受到中国人的特殊青睐，是因他们的角色和职能接近平民百姓，适应平民百姓的心理需求。中国佛教徒当然追求成佛，但对绝大多数人来说，这被认为是遥不可及的事。中国佛教徒也渴望来世有好报，但更为关注的是战乱、贫困、疾病、水旱灾害、饥荒乃至传宗接代等现实苦难、困惑的解除或解决。人们敬仰高高在上的诸佛，但心理上更为亲近的是能为之解决现实困难、满足现实需要、提升现实生活质量的菩萨。如观音菩萨因其大慈大悲、救苦救难的神圣功能而深受民众欢迎。后来观音菩萨更与道教的"娘娘神"信仰结合，被塑造为"观音娘娘"、"送子观音"，由佛道两教共同建"娘娘庙”供奉。在长篇小说《封神演义》中，观音连同文殊、普贤“三大士”的生平身世也被中国化了。《西游记》描写的“海岛观音”群像的雏形，进一步推动了观音形象的中国化。地藏菩萨也因其保护农业和防治百病的大愿而深受民众特别是农民的崇敬。在民间更说地藏菩萨化身为阎罗王，为地狱的最高主宰。中国人视菩萨为慈悲救世、护祐众生的神灵，在菩萨身上寄托着祈求现世利益的厚望。

在明代，中国佛教形成了地域分布比较均衡的“四大名山”说，确立了四大菩萨教化众生的道场。五台山文殊菩萨代表大智，峨眉山普贤菩萨代表大行，普陀山观世音菩萨代表大悲，九华山地藏菩萨代表大愿。智、行、悲、愿代表中国佛教的精神特质，四大菩萨成为中国佛教信仰的神圣象征。①

已故中国佛教协会会长赵朴初居士《往无锡灵山大佛开光大典上的致词》中，提出四大名山四大菩萨是因行上的信仰，在果德上则应崇奉五方五佛。他说，神州大地上东、南、西、北、中五个方位分别有五尊大佛：东方灵山大佛（无锡）、南方天坛大佛（香港）、西方乐山大佛、北方云冈大佛和中央龙门大佛。可以说，四大名山四大菩萨和五方五佛构成了当代中国佛教神灵信仰的基本格局。这是中国人尤其是下层平民的心理愿望、精神需求和价值取向的信仰表现。

（三）中国化的佛教伦理道德

印度佛教是追求出世解脱的宗教，主张严格区分王道和佛道。在世俗礼制方面，出家人见到在家的任何人都不跪拜，既不敬王者，也

---

① 弥勒菩萨信仰在中国民间也有广泛影响。梁陈间，傅翕自称弥勒化身，被尊为傅大士。五代时，布袋和尚契此，形体肥胖，笑口常开，因传说是弥勒化身，故后人塑像作为弥勒供奉，香火兴盛不衰。

不拜父母，只合掌致敬。更为重要的是，在传统核心价值观念方面，僧人出家就不再过问世事，也不能娶妻生子。佛教把人的烦恼解脱、精神超越置于血缘亲情与社会责任之上，瓦解现实社会秩序。这都与中国专制宗法社会的结构秩序和忠孝道德直接相扞格，被认为不忠不孝，遗礼废敬，背理伤情，莫此之甚。这是佛教与中国儒家社会共同体及其纲常名教最为尖锐的矛盾，也是佛教与中国固有文化冲撞最为突出的焦点。

东晋时王朝曾诏令“沙门应尽敬王者”，但因朝廷内部大臣意见不一，未能贯彻执行。南方庐山慧远著《沙门不敬王者论》五篇，有分别地提出出家沙门不必敬王者，而在家奉佛的信徒则要尽敬王者。北方北魏沙门统法果与慧远不同，带头礼拜皇帝，称“太祖明叡好道，即是当今如来，沙门宜应尽礼。”①认为跪拜皇帝就是拜如来佛。南朝宋孝武帝强令沙门必须对皇帝跪拜，否则就“鞭颜皴面而斩之”。② 此后，尤其是宋代以来，虽有僧人仍坚持不敬王者的立场，但总体说来佛教是屈服了。僧人上书皇帝以“臣”自称，以示忠君，尽君臣之礼了。

面对中国普遍重孝的巨大压力，中国佛教调动多种舆论手段和工具，尽其所能编造重孝的“伪经”，撰写论孝的专文，并在每年农历 7 月 15 日举行盂兰盆会，超度祖先亡灵，以及由和尚主持世人父母、先辈死后的追念法事，为宣扬传统孝道增加新形式。中国僧人高唱孝是天地的根本，宗密说：“始于混沌，塞乎天地，通人神，贯贵贱，

① 魏收：《魏书》卷一一四《释老志》。

② 道宣编：《广弘明集》卷六《叙列代王臣滞惑解》。

儒、释皆宗之，其唯孝道矣。”①《虚堂和尚语录》卷10云：“天地之大，以孝为本。”②智旭宣扬孝是世俗社会和佛教出世法的共同宗旨，“世出世法，皆以孝顺为宗。”③又说：“儒以孝为百行之本，佛以孝为至道之宗。”④中国僧人还认为孝是佛教戒行的宗旨，“经诠理智，律诠戒行。戒虽万行，以孝为宗。”⑤把戒与孝统一起来，以孝为戒，孝即是戒。中国僧人还在父母去世后，提倡“三年必心丧，静居修我法，赞父母之冥。”⑥由此，还张扬说：“夫孝，诸教皆尊之，而佛教殊尊也。”⑦甚至说佛教比儒家更尊孝。经过这样一番融通、阐发，中国佛教形成了以孝道为核心，以孝为戒，孝即是戒的独特伦理规范，充分地体现了中国佛教伦理的民族特色。

儒家伦理以家族为本位，突出宣扬对父母前辈尽孝，对朝廷皇上尽忠，相对而言，对中间社会大众的道德规范比较忽视。佛教面向众生的伦理道德，如不杀生、不偷盗、不妄语、不邪淫的“四戒”主张，弥补了上述缺陷。可以说，中国佛教伦理既丰富了古代专制社会的道德内容，又起到帮助维护儒家道德和巩固专制社会秩序的作用。

(四)中国化的佛教文学艺术

为了使佛法广泛深入民间，维系佛教的生存与发展，中国僧人积

---

① 宗密：《盂兰盆经疏》卷上，《大正藏》第39卷，505页上。

② 《大正藏》第47卷，1058页中。

③ 智旭：《孝闻说》，《灵峰蕅益大师宗论》卷四。

④ 智旭：《题至孝回春传》，《灵峰蕅益大师宗论》卷七。

⑤ 宗密：《盂兰盆经疏》卷上，《大正藏》第39卷，505页中。

⑥ 契嵩：《孝论·终孝章第十二》，《辅教篇》下，《镡津文集》卷三，《大正藏》第52卷，662页中。

⑦ 契嵩：《孝论·叙》，《辅教篇》下，《镡津文集》卷三，《大正藏》第52卷，600页上。

极与世俗相适应，采用平易通俗的文学形式为传教手段，日积月累，逐渐产生了佛教通俗文学。禅宗为了“绕路说禅”，也采用中国文人学士喜爱的偈颂、诗歌形式，创作大量禅诗。通俗文学和禅诗是中国化佛教文学的突出典型。

中国佛教通俗文学的基本类型有俗讲、变文、宝卷等。俗讲是以在俗者为对象的通俗的讲经法会，盛行于唐朝、五代。俗讲有一定的程序，有说有唱，所讲内容属于故事之类，既有佛教故事，也有世俗故事。俗讲底本“讲经文”，又演变为纯粹以“说唱”故事为主、以神变故事为题材的更加通俗化的“讲经变文”。能说的散文和能唱的韵文结合是变文的标准文体。变文虽为民众所喜爱，但不能登大雅之堂，在北宋初俗讲被禁，佛教寺院讲唱变文之风熄灭。宋代，民间变文又演变为以唱为主的“宝卷”，并盛行于明清两代。宝卷多以七字句、十字句的韵文为主，间以散文。题材以佛教故事居多，着重宣扬劝善惩恶和因果报应思想。通俗文学是中国佛教文学的一大创造。在中国，佛教文学的“俗”化，也就是佛教文学的中国化，与印度佛教及其文学是有区别的。

随着唐代禅宗的创立和流传，也形成了禅诗创作的热潮。禅诗是抒发禅理、禅趣、禅味、禅悦、禅境的诗作。如被称为“诗佛”的王维作《鹿柴》云：“空山不见人，但闻人语响。返景入深林，复照青苔上。”(《辋川集》)远山的人语衬托着深山的空寂，黄昏时分落日余晖返照在深林的青苔上。这是依据禅宗的“返照”、“空寂”的禅理，通过描绘鹿柴深林中傍晚的景色，表现空寂的禅境。又如白居易的《读禅经》：“须知诸相皆非相，若住无余却有余；言下忘言一时了，梦中说梦两重虚。空花岂得兼求果，阳炎如何更觅鱼？摄动是禅禅是动，不禅不动即如如。”(《白居易集》卷32)诗文通俗直露，饱含寂静空灵的禅味。禅诗“以禅入诗”，“以禅喻诗”，发展了参禅的新形式，推进了诗歌的新意境，禅与诗交相呼应，相得益彰。禅诗在中国古代诗坛上独树一帜，是中国佛教文学的一束奇葩。

印度佛教艺术传入中国后，受到中国固有审美情趣和艺术风格的影响，逐渐发生变化。大约到了隋唐时代，中国佛教艺术实现了由模仿到创新的转折，也就是把外来佛教艺术融入到本土的传统艺术之中，逐渐形成具有中国民族特色的佛教艺术。

例如，在佛教寺院建筑方面，始建于前秦或北魏的敦煌、云冈、龙门等石窟寺，多仿照印度佛教的石窟塔庙，在洞窟中建塔，后壁雕刻大佛，石窟前空地建寺院。隋唐时代，佛寺建筑逐渐改变过去以塔为主的布局，而以佛殿为中心了。许多寺院不建塔，若建塔则置于寺的前后或两侧。宝塔的建造虽来自印度，但也受中国建筑文化传统的影响，而有中国的艺术创造，如塔下地宫是受中国深葬制度影响而产生的，高大的塔基则与中国古建筑传统重视台基作用密切相关。此外，塔的建造还结合了实际应用的需要。例如，西安大雁塔是为藏书防火而建的；开封铁塔也是军事上的瞭望台，以保卫北宋王朝首都的安全；杭州六和塔上挂有灯笼，则是为进出钱塘江的船只起导航作用，等等。

雕塑和绘画是佛教视觉艺术的重要内容。如体现在造像方面，敦煌早期洞窟中塑造的东王公、西王母，就是早期佛教融合中国道教的艺术的特殊形式。更为重要的是，佛教神灵的形象也逐渐还原为人的形象，唐代的造像就多富有人情味和亲切感。菩萨的形象和装束大致是面作女相，体态健美；少著僧衣，衣饰华丽，实是印度贵族装饰与唐代贵族妇女时装的混合。可以说是以唐代贵族妇女为模特儿，实现了菩萨外在形象的中国化。正如史载：“宣（道宣）律师云：‘造像梵相，宋齐间皆唇厚鼻隆，目长颐丰，挺然丈夫之相。自唐来，笔工皆端严柔弱，似妓女之貌，故今人夸宫娃如菩萨也。’”①

(五)中国化的佛教制度、教仪和生活

佛教在印度一度享有崇高的地位。佛教僧侣或依寺院或游化托钵，遵守戒律，规范修持和弘法传教。佛教传入中国后，中国僧尼虽然基本上遵守印度佛教的戒律和教仪，但为了适应中国的国情，在若干方面也相继发生了重要变化。

僧官制度的设立是佛教制度中国化的一项极为重要的内容。早在汉代，西来僧人就由政府机构大鸿胪(寺)接待，姚秦时更正式设立了僧官制度，由朝廷任命僧人管理全国佛教僧尼事务。此后历代因之。中央专制王朝牢固地掌握着僧尼名籍簿册、寺院僧尼数目以及僧尼行为模式和活动内容。

在佛教制度、教仪和生活中国化的过程中，东晋道安法师和唐代道宣律师、怀海禅师等人，都作出了重要的贡献。

东晋时代杰出佛教学者道安，长年从事佛教的研究、著述和弘扬，四方之士闻风前来，法席极盛，形成了一个数百人的僧团，因此着手定制僧规。② 道安规范僧尼内部生活和斋忏仪轨，这对中国佛教僧团的制度建设、独立僧侣阶层的形成，以及佛教的持续发展，具有历史性的意义。

戒律是佛教徒修持生活的制度性规定。唐代律宗创始人道宣律师以《四分律》开宗弘化，为中国僧尼提供了行持的规范。同时，在持戒方面，中国僧人重视把“五戒”视同儒家“五常”的道德实践，并强调把

① 《释氏要览》卷中，《大正藏》第54卷，288页中。

② 详见《高僧传》卷五本传。

“孝”行和持戒统一起来。在传戒方面，后来更设立戒坛、戒场，开设律宗道场，并形成中国特有的授戒仪式“三坛大戒”，① 只有受足三坛大戒者，才被公认为合格的大乘出家人。

唐代禅宗僧众多半住在律寺，由于参学的人数不断增多，住在律寺有诸多不便，一些禅师便率众开辟荒山另建丛林，丛林也需要规章制度，百丈怀海禅师乃折中大小乘的戒律，结合中国的文化、民情，制定禅院清规。② 禅院清规的最重要特色，一是不循印度佛教禁止“掘地垦土”的戒律，确立“一日不作，一日不食”的规制，实行“普请”(集众作务)法，上下协力劳动；二是不立佛殿，只设法堂，表示遵循佛祖嘱咐，以现前的人法为重。此外，还规定以具道眼的禅师，号为“长老”，住在方丈；参学大众则住在僧堂。“百丈清规”使禅宗丛林有了规范，这是唐代佛教制度建设的最大成果。清规与戒律，可谓是禅宗规章制度的双轨制，这一定意义上也可以说是标志着中国化的佛教制度、教仪的完成。

还应当论及的是，与印度僧人托钵为生不同，中国僧人虽游化可以托钵，也可以到其他寺庙挂单，但定居后，必须依中国的习俗不得沿门托钵。这样就有了自行举炊之制，进而就有自筹资粮，集资蓄财，乃至经营田地山林，治理产业，形成了寺院经济。③ 这是与禁止“手捉金银”的印度佛教截然不同的。这种寺院经济又不同于中国世俗

---

① “三坛大戒”，指初坛授沙弥、沙弥尼戒，二坛授比丘、比丘尼戒，三坛授出家菩萨戒。

② 详见《景德传灯录》卷 6《洪州百丈山怀海禅师传》附《禅门规式》，《大正藏》第 51 卷，250 页下～251 页中。

③ 如上世纪五十年代前，北京郊区檀拓寺不仅在北京周围有很多田地，在河北、山西两省也拥有许多土地。大觉寺在鼎盛时期，拥有田产超过了 1600 亩。

家庭经济，其土地一般既不准买卖，也不致分散（如无分家事），也不太受改朝换代的影响，因而得以长期存在。佛教寺院经济既维护宗法经济，延缓社会发展，也推动了中国佛教宗派的发展，带来了佛教生活的世俗化。此外，中国僧尼的服饰、食法（使用筷子）、素食、坐姿、礼拜以及忏法等，也都做出了适应中国国情的调整①，这些也是中国化佛教的具体表现。

中国佛教在继承印度佛教的基本精神的同时，通过佛教的学术化、神灵信仰化、伦理化、文学艺术化和社会化五个方面的努力，从整体结构上实现了佛教中国化，形成了中国化佛教，并融入了中国传统文化之中，完成了世界佛教史上的一项文化创举。

五、中国化佛教的重要特点

佛教中国化，必然使印度佛教的某些性质、状态和形式在中国发生变化，必然形成有别于印度佛教的中国化佛教的若干特点。我们认为，中国佛教区别于印度佛教的重要特点有以下六个②：

（一）重自性

自性是印度佛教的重要概念，指自己的存在的本性，也即自己决定自己存往的真实不变的本质。印度佛教对自性的看法有一个演变的过程。早期佛教有个“人无我”的命题，“我”，即自性，“无我”即无自

---

① 例如，中国佛教就有因天子诞辰、国忌（帝后皇族忌辰）而举行的法会。

② 二十多年前，笔者曾撰写《试论中国佛教之特点》一文（见深圳大学国学研究所主编：《中国文化与中国哲学》，北京，东方出版社，1986），认为中国佛教特点有三个：调和性、融摄性和简易性。这是偏于从传播方式、修持方式去概括总结特点。经过后来不断思索、琢磨，我转为从修持成佛的根源、道路和方法多角度去探讨中国佛教的特点。

性，“人无我”是说，人的生命存在是由物质和精神方面的多个要素结合而成的，并没有真实的自性。部派佛教时期，有的部派佛教认为“自性实有”。大乘佛教形成后，其中中观学派高扬“缘起性空”说，主张缘起万物自性空，不赞成“自性实有”说。此外，大乘佛教中也出现了真心——佛性思想说，有的还以自性表示佛性，作为众生成佛的超越根据。印度佛教内部对自性学说的论述并不一致，但主流思想是主张自性空论。

以禅宗为代表的中国佛教继承了印度佛教的真心佛性思想，把自性等同为佛性，并作为核心概念以构建本宗的学说，进而表现出印度佛教主流思想偏于讲自性空，而中国佛教偏于主自性有的重大差别。

史载，禅宗五祖弘忍欲付衣法给慧能，叫慧能夜半入丈室，为说《金刚经》，至“因无所住而生其心”句，慧能言下大悟：一切万法不离自性。并说：“何期自性本自清净，何期自性本不生灭，何期自性本自具足，何期自性本无动摇，何期自性能生万法。”①在慧能看来，自性是清静的、绝对的、自足的、恒常的，是一切万法的根源、根本，是宇宙和人生的本体、本原。这是对人的本性，对人的生命本质的一种肯定，是对人的心性本体和人生的实践主体的肯定，这为人的修持成佛提供了理论基石和内在基础。中国禅宗的自性说对印度佛教的真心佛性说有明显的继承关系，同时也时而可见般若性空思想的影响，但是与印度佛教的性空学说的基本精神有所不同，是偏重于从自性有的方面来阐述人生解脱问题的。禅宗主张修持应以自性为枢纽，而且提出自性是一种“本觉性”的论说，慧能说：“自色身中……自有本觉

① 慧能：《六祖大师法宝坛经·行由品第一》。

性”，[1] 本觉是先天本来具有的觉悟、智慧。宗密更以自性本觉表示中印佛教心性思想空与不空（有）的区别。他在《禅源诸诠集都序》中从“性”“空”对举的角度，把佛教区分为空宗和性宗两宗，并分析了两宗的十种异点，其中最重要的是指出两宗“性”字的意义不同：空宗的心性指空寂而言，性宗所说的心性则“不但空寂，而乃自然常知。”[2]又说，“空宗以诸法无性为性，性宗以灵明常住不空之体为性。”[3]宗密认为，代表印度佛教的空宗讲的心性是不觉、无知的，是诸法无性为性，而中国佛教的性宗讲的心性是本觉、有知的，是以灵明常住不空之体为性。心性本觉说是肯定心性觉悟不是可能而是现实的，是不需要经过修持就本来具有的。宗密所说的心性具有现实灵知不空之体的思想，实为隋唐时代中国化佛教宗派天台、华严和禅诸宗所共有，并构成为这些宗派的理论基础。中国佛教的这种自性说与中国固有的重视个人心性修养、儒家的性善说和反省内心的方法以及道家的自然本性说，是彼此相互呼应的。

（二）重现实

佛教的主旨是通过修持以解脱人生的烦恼、痛苦，进入远离现世苦恼的涅槃境地。由此如何对待和处置现实与理想、经验与超越、现世与来世、入世与出世的关系，就构成为佛教的重大理论问题和实践问题。

印度小乘佛教圣者声闻、缘觉严格区分经验的现实的世界与超越的理想的世界，强调独善自了，舍离世间，超脱现实的情欲世界，具

① 敦煌本《坛经》[21]。

② 《大正藏》第48卷，406页中。

③ 同上。

有强烈的出世倾向。大乘佛教则认为出世间与世间两者不能分离，强调出世间的理想要在世间中实现。大乘佛教并不否定人生价值，也不忽略现世生活，而是要求投身于世间，改革人生，变革世间。

中国佛教继承印度大乘佛教思想，而且更加重视现实，重视现实人性、现实人生、现实社会和现实世界，禅宗和人间佛教在这方面的表现尤为突出。

禅宗创始人慧能在自性本来具有觉悟性的思想基础上，提出了“自性自度”①的修持模式，宣扬无需向外求索，也无需外界助力的自我解脱说。由此“本来是佛”、“心即是佛”、“即心即佛”、“平常心是道”，乃至“一切观成”，也就成为尔后禅门修持的基调。

慧能还提倡禅修要在世事上实践，他说：“法元在世间，于世出世间，勿离世间上，外求出世间。”②后世将此句改为“佛法在世间，不离世间觉，离世觅菩提，恰如求兔角。”③强调佛法与世间的相即不离的关系。又说：“若欲修行，在家亦得，不由在寺。”④提倡修行不必脱离现实的家庭生活。慧能甚至说：“心平何劳持戒，行直何用修禅；恩则孝养父母，义则上下相怜。”⑤认为佛教修持重在心平行直而不是一定要持戒禅修，关键是要重视世俗道德，讲究恩义，孝养父母，爱怜上下。慧能重视不离开现实世间的禅修主张，极大地拉近了世间与出世间的距离，缓解了世间与出世间的矛盾，有力地推动了佛

---

① 敦煌本《坛经》[21]。

② 同上书，[36]。

③ 慧能：《六祖大师法宝坛经·般若品第二》。

④ 敦煌本《坛经》[36]。

⑤ 慧能：《六祖大师法宝坛经·疑问品第三》。

教修持的世间化的进程。①

形成于近现代的人间佛教是继承禅宗重现实重世间的基本精神、适应近现代特点和需要的新佛教，是中国佛教的新派别、新类型、新模式。作为一种新佛教的人间佛教，它的“新”就在于更加重视现实性，重视现实人生，重视现实人间，强调要在此生、此时、此地的现实中去实现佛教理想。展开一点说，人间佛教重现实的基本向度有三：一是以人类为本位，为中心，强调佛教主要是使人类进步，而不是离开人类去做神做鬼，贬低、排除鬼神在佛教中的地位，也贬低、排除人类以外其他动物“众生”在佛教中的地位。二是重现生，轻死后。重视人的现实生命的提升，在视野中淡出死亡、来世、“永生”，以对治“死人佛教”、“鬼的佛教”的偏向。三是反对消极厌世、逃世、出世的倾向，强调要服务社会，为社会谋利益；要影响社会，净化社会，建设人间净土。

此外，中国民间大众对佛教的信仰追求，也多侧重于物质层面、现世福利、眼前好处，表现为追求福、禄、寿，祈求消灾祛难、避祸得福、多子多孙、升官发财、延年益寿等现实性利益。

(三)重禅修

“禅”是梵语 Dhyāna 音译“禅那”的略称，汉译是思维修、静虑、摄念，即冥想的意思。与禅的含义相应的梵语还有 Samadhi，音译为三摩地、三昧等，汉译作定、等持等，是指心神凝然不动的状态。在

① 后世禅师有“出草入草”之说。草，喻现实世界。入草是投身现实世界，济世度生。出草是离开现实，探求佛法。《碧岩录》：“出草入草，谁解寻讨？雪窦却知他落处，到这里，一手抬，一手搦。”(《大正藏》第 48 卷，173 页上)又，禅师也提倡在卖鱼售酒的烦嚣街市，教化度生。《卍续藏经》第 113 册载，宋代廓庵《十牛图颂并序》云：“提瓢入市，策杖还家，酒肆鱼行，化令成佛。”

中国通常是梵汉并用，称作“禅定”。实际上，禅定的主要内容是禅，其要点是静虑，冥想。

禅定是印度佛教戒、定、慧“三学”之一，也是大乘菩萨修持的六种德目“六波罗蜜”[1]之一，在佛教思想体系中具有重要的意义。从印度佛教历史发展的实际过程来考察，相对而言，印度早期佛教偏重于持戒实践，中期以中观学派和瑜伽行派为代表则偏重于义理的阐扬，到了后期，佛教又逐渐密教化，奉行身、口、意“三密”的修法。中国佛教则有所不同，从佛教传入迄今两千余年，禅定一直是中国佛教修持的基本方式。太虚法师据此提出“中国佛学特质在禅”的论断，[2] 揭示出中国佛教的一个重要特点。

禅修作为中国佛教的特点，表现在两晋南北朝时代大量僧人，尤其是北方僧人的修持实践上，更表现为中国化佛教宗派——天台、华严、禅诸宗也都以禅修为立宗基点，甚至于净土宗在其演变中也出现日益与禅修合流的倾向。

天台宗先驱慧文禅师一生力阐禅观，于《大智度论》、《中论》深有所得，而悟入“一心三观”的观行方法。慧文后继者慧思禅师则是日间谈义理，夜间禅观思维。慧思的杰出弟子智𫖮禅师不仅继承和发展了慧文、慧思的“一心三观”，还吸取了其他有关学说，倡导圆顿教观，在佛教的教义和观行方面构成一家教法，创立了天台宗。天台宗的独特禅观，从一个重要侧面反映了中国佛教重禅修的特点。

华严宗的学统传承，一般作杜顺—智俨—法藏—澄观—宗密。杜

---

① 六波罗蜜：布施、持戒、忍辱、精进、禅定、智慧。

② 太虚：《中国佛学》，中国佛教协会·中国佛教文化研究所出版，北京，1989。

顺早年从僧珍禅师受持定业，相传他撰有《华严法界观门》。杜顺弟子智俨作《华严经搜玄记》，阐扬《华严经》的教相和观行。智俨门人法藏继承杜顺、智俨的学说，并发扬光大，创立宗派。此宗倡导理事圆融、事事无碍的观法，构成中国佛教禅观的一项重要内容。华严宗四祖澄观早年广泛参学禅教各家，后更是融会禅教，强调唯心，立一心法界无尽缘起说。澄观弟子宗密，以诵经、禅修为业，后世称为圭峰禅师，尊为华严五祖。他继承澄观的融会教禅的思想，盛倡教禅一致。历史表明，华严宗与禅修有不解之缘。

禅宗更是把本来是佛教的实践德目之一禅定发展为一种独特的实践方式，以用参究的方法，彻见心性的本原为主旨，强调成佛主要是显现本心本性，从而形成为有别于印度佛教修持的独具特色的佛教宗派。禅宗在唐末以后，日益成为中国佛教的主流派别，这是中国佛教重禅修的最为典型的表现。

净土宗本以专修称名念佛而求死后往生弥陀净土的法门而得名。五代以后，净土宗逐渐与禅宗合流，同时实行禅与净土念佛相结合的修习法。宋、明以来还出现了“念佛禅”，践行念佛的禅法。

禅源自印度，但把禅作为佛教整体修持实践的重点则是中国佛教的特色，其中禅宗的创立及其禅修方式更是中国佛教的重大创造。

（四）重顿悟

佛教讲的悟，即觉悟。所谓觉悟指对宇宙人生的真理的认知和体悟；相应地，也含有生命的烦恼痛苦获得解脱的意思。总体来说，佛教的觉悟方式通常分为两种：渐悟和顿悟。渐悟是经历不同次第、阶段，渐次悟入真理，证得佛果。顿悟则是当下的、顿然的觉悟，成就佛道。

印度小乘佛教认为人通过长期修行只能证得阿罗汉果。大乘佛教也认为修行是一种漫长的渐次过程，要经历极为复杂的次第阶段。渐修是顿悟的前提和基础，顿悟是在渐修的最后次第才出现的。如菩萨的修行要经过五十二个阶位，才能臻于成佛。也就是要经“三阿僧祇劫”，即经过异常久远的时间，在功德圆满时才能成就为佛。

佛教传入中国以后，中国僧人也有持渐悟说的，且时有渐顿之争，但就其主流来说，则是主张顿悟的。

顿悟说的首创者是东晋南北朝时的竺道生，他说：“夫称顿者，明理不可分，悟语照极。以不二之悟，符不分之理。理、智恚①释，谓之顿悟。”②他认为宇宙人生的最高真理是一个不可分割的整体，既然最高真理是不可分割的，对真理的悟得也是不可能分阶段、渐次实现的。道生的顿悟说在中国佛教思想史上有着重要的意义和深远的影响。

隋唐时代，宗派佛教处于鼎盛时期，顿、渐之争十分激烈。有主渐修顿悟的，也有主顿修渐悟的，还有提倡渐修渐悟的。在诸宗派中，禅宗慧能南宗力主顿悟说，神秀北宗则偏重渐修说。

敦煌本《坛经》[三一]载，慧能结合本人的宗教体验说：“善知识，我于忍和尚处，一闻言下大悟，顿见真如本性。是故将此教法流行后代，令学道者顿悟菩提，令自本性顿悟。”慧能所谓顿悟，是顿然悟得菩提智慧，直接契证本性(觉性)。王维在《六祖能禅师碑铭》③中称慧能倡言“本觉超于三世”，“超于三世”就是顿悟。顿悟是在刹那间、瞬

---

① “恚”，此字意义不明。《荷泽神会禅师语录》[二一]有云：“事须理、智兼释。谓之顿悟。”“恚”或为“兼”字之误。

② 慧达的《肇论疏》引道生语，见《续藏经》，第1辑第2编2节第23套第4册，425页。

③ 石峻等编：《中国佛教思想资料选编》，第2卷第4册，北京，中华书局，1983。

息间实现的。竺道生的顿悟说重在悟理，把握最高真理。慧能的顿悟说则重在悟性，顿悟清净自性。悟理和悟性有相通之处，其间的桥梁是悟菩提智慧。就悟理和悟性相较而言，悟性比悟理似较易操作，也更能体现修持的主体特征。慧能突出了众生自心的觉悟，并以此为解脱的根本思想和唯一途径。顿悟本性说开辟了一条自心快捷觉悟的成佛之道，成为祖师禅区别于如来禅的主要标志，也成为尔后禅宗各派系禅修方式的根本指导思想，影响深远。

(五)重简易

中国佛教的重简易，首先表现为净土宗修持的简易法门。净土宗实际创始人善导把往生净土的行业分为正、杂二行。正行是依净土经典所修的行业，杂行则是修持其他善行。正行有五种：读诵净土经典、观察弥陀净土的庄严、礼拜弥陀佛、赞叹供养弥陀佛和专称弥陀佛的名号。五行中前四行是助业，称名是正业。善导的净土法门是舍杂行，归正行；正修正业，旁修助业；念念不舍，一心专念阿弥陀佛的名号。也就是以称名念佛为主，以往生净土为目的。称名念佛与禅修念佛不同，也与礼拜、赞叹、供养弥陀佛不同，而是口上称颂阿弥陀佛的名号，心中念想之，心、口并用。善导认为，只有称名是符契阿弥陀佛本愿的正业，而通过念佛，就能得到阿弥陀佛的他力的帮助往生净土。也就是说，净土法门不仅易行，也“易往”，易于往生，即“速超生死”，进入净土。净土法门既无深奥义理之解和艰难劳苦之行，又定能进入极乐世界，并不会退转，而直至成佛。净土宗正以其简易修行方法，凝聚了广大信徒。宋代以来，也吸引了不少禅宗、天台宗和律宗的信众兼弘净土。

其次，慧能禅宗的根本思想和修持方式也具有简易性。所谓“直指人心，见性成佛”，就是排除经典学习和戒律修持，把成佛归结为自我本性的还原、呈现，具有主观、简易和便捷的特征。后世禅家还把这种思想渗透到日常生活里头，使之构成一种随缘任运的态度。《景德传灯录·慧海传》里有这样的故事："有源律师来问：'和尚修道，还用功否?'师曰：'用功。'曰：'如何用功?'师曰：'饥来吃饭，困来即眠。'曰：'一切人总如是，同师用功否?'师曰：'不同。'曰：'何故不同?'师曰：'他吃饭时不肯吃饭，百种须索；睡时不肯睡，千般计较，所以不同也。'"① 这就是说，一切言语举动，不着事相，行无所事，顺其本然，就是用功修道的法门。禅修就是在日常生活中，在举手投足间，这也是简易性的突出表现。

印度佛教修学纲要和实践要道是戒、定、慧"三学"。佛教徒要修持遮恶从善的各种规范，要摄散澄神，观悟佛道，要广学佛理，消除无明，提升智慧。由戒生定，由定发慧，戒、定、慧三者，缺一不可。此外，又有八圣道、六度等的进一步阐论。相较之下，中国净土宗专修称名念佛，禅宗主随缘任运，其修持之简易性是十分明显的。

（六）重圆融

圆融，即圆满融通。从中印佛教史来看，圆融构成了中国佛教区别于印度佛教的又一重要特点。

印度佛教历史大体上是由统一到分裂、分派，是一个不断地分化、衍生的过程。印度佛教于公元前六——前五世纪创立，约公元前三世纪，分裂为保守的上座部和革新的大众部两个部派。后来这两个部派又分化为十八个或二十个部派。公元一世纪，在家信众组织的菩萨团成立，标志着大乘佛教的形成。迄至大乘佛教中期，又分为中观学派和瑜伽行派两大派别。后来两派又各自分化出不同的派系。公元

---

① 《大正藏》第51卷，247页下。

七世纪中叶，又形成密教。密教的产生，涉及佛教与印度教的关系。此时伊斯兰教军队屡次入侵印度，印度大众由于反抗意识主导而倾向于民族宗教印度教，佛教则为了维护自身的存在，也逐渐融合于印度教并导致密教化。至十二世纪末，佛教已完全融入于印度教中，并在伊斯兰教军队的摧毁下，奄奄一息，终至销声匿迹。可见，印度佛教虽也有圆融思想，但在内部，不断分化是其主流，而在外部，则因与印度教融合而导致自身特质的丧失，从而也就失去了独立存在的价值。

中国佛教则不同，它的流传是一个从译经、讲习到创新的过程，是一个由分派到融合的过程。它在流传过程中，不仅融入中国传统文化之中，而且又保持了自身的特质，成为中国传统文化儒、道、佛三大组成部分之一。中国佛教的圆融是成功的，谱写了中国文化史上的光辉篇章。

中国佛教内部的圆融，主要表现为，一是教相判释，二是中印异质文化融合，三是诸宗合流。教相判释即判教。佛教经典浩如烟海，且又大小乘不同派别的学说混杂一起介绍过来，在教义内容上多有不一致之处。中国佛教各宗派普遍采用判教方式，把各经典加以综合、融通，依说法的时序、对象、内容和形式的不同进行排列，成为一种顺序过程，而不致产生矛盾。关于中印佛教文化，如上所述，印度佛教追求未来，重在来世的安顿；中国文化奉行忠、孝、仁、义之道，重在现实的关照，两种文化基质不同。而中国佛教运用中道圆融精神，使两者互相融合，成功地实现了佛教中国化的整合。又与判教学说相适应，唐代以后各个宗派之间融合倾向也日益增强，先是实现禅教一致，次是各宗与净土的合一，再是以禅净合一为中心的各派大融合，这也是中国佛教历久不亡、没有被边缘化的重要原因。

中国佛教外部的圆融，表现为与中国社会政治、伦理道德、价值观念、信仰习俗等多方面的融合会通。如佛教鼓吹“仁道”的政治，宣扬佛教的存在需要“国主”的支持，以求王权的保护。佛教主动调整有违中国伦理道德的话语，宣扬孝顺父母，尊敬君主，以求与中国伦理道德观念的协调。佛教综合因果报应论与中国固有报应观念，提出新的生死价值观，并结合中国平民的习俗与需要，构成以观音等菩萨信仰为重点的神灵崇拜体系。佛教与中国固有文化的圆融，也可以说集中表现为与儒、道的圆融。佛教与儒、道有冲突有融合，但融合是主要的。相对而言，佛教与儒家的融合重在伦理道德层面，而与道家的融合则重在哲学理念层面。最值得注意的是，佛教不断提出儒、道、佛三教“同源”、“一体”、“一道”、“一致”、“合一”等说法，并把三教合一定位在心性上面，强调儒、佛、道三者是名，三者的心是实，心是成就儒、佛、道理想人格或神格的根据，因三教的心有其共同之处，心也就成为三教合一的融会点。佛教强调与儒、道圆融的基础是心性论，这对于认识中国佛教乃至中国哲学、文化的特质，都有重要意义。

此外，中国佛教还重视圆融理论的创新。如天台宗的空、假、中三谛圆融论和华严宗的理事无碍、事事无碍说，就是中国佛教圆融实践的理论总结，并从哲学上为中国佛教的圆融特质提供了方法论根据。

由上可见，中国佛教以其鲜明的特点而异于印度佛教。虽然作为佛教，中国佛教对印度佛教有其必然的继承关系，但更为重要的是，中国佛教对印度佛教有着重大的发展，这种发展构成了佛教的新特色，这种新特色集中表现为中国化的成佛之道的形成。

中国佛教的六个特点，大体而言，其中重自性和重现实，属于佛教信仰价值取向的范畴，而重禅修、重顿悟、重简易和重圆融，则属于佛教信仰修持方式的范畴。偏重修持主体的本原心性和现实生活，是六个特点中最重要的两个特点，这两个特点体现了中国文化重实践不重思辨的特性，从而不仅决定了中国佛教偏重禅修的特点，而且连同重禅修特点又决定了中国佛教偏重顿悟的特点。此外，重自性和重现实的特点，连同重禅修和重顿悟的特点，又影响了简易和圆融两个特点。六个特点之间有着紧密程度不同的互相联系、逻辑联系，反映了内容决定形式的客观规律。

从文化背景来考察，中国佛教的信仰价值取向，深受中国修学之道的影响。《礼记·中庸》云："君子尊德性而道问学。"认为君子既要尊崇天赋的善性，又要通过学习来培养善性。直至宋明理学之前，儒家虽将问学与德性并提，但实际上是重德性之尊而轻问学之道，关注心性修养而忽视知识探求。该书接着又云："极高明而道中庸。"强调追求崇高的境界要遵循平常的中庸之道，包含着在现实日常生活中实现境界提升的意义。儒家成就人生理想人格的基本模式和思维定势，影响了中国佛教在确立成佛之道进程中关切自性和关注现实的特点的形成。

中国佛教的特点也彰显了中国佛教僧侣乃至中华民族的主体性与开放性的和谐统一。中国佛教僧侣既保持有中华民族的主体意识，以中国佛教的发展需求为本位，去重构成佛的根据、道路和方法，同时也持有开放的心态，虚心吸纳印度佛教适应中国佛教需要的因素。主体性与开放性的结合，迸发出创造性。这是一个重要的历史启示：一个民族文化要想不断获得发展，也同样必须具有主体性与开放性两种素质，并且善于把两者有机地结合起来，不断地推动民族文化的创新和进步。

第二辑
宗　教

论中国化马克思主义宗教观*

马克思主义宗教观是制定当代中国宗教政策的理论根据，是从事宗教工作的指导思想。中国共产党在领导中国革命、建设和改革的实践过程中，把马克思主义关于宗教的基本原理同中国宗教的具体实际相结合，在宗教本质观、宗教价值观、宗教历史观等问题上提出了一系列重要观点，并阐明了“积极引导宗教与社会主义相适应”的理论，形成了中国化马克思主义宗教观。这一理论是对马克思主义宗教观的丰富和发展，是马克思主义宗教观发展的最新成果、最新阶段，也是宗教学理论的宝贵精神财富，对于指导中国宗教工作具有重大的理论意义和实践意义。

一、中国化马克思主义宗教观的界说和形成

一般而言，宗教观的内容主要包含三个方面：一是宗教本质观，即关于宗教的内在联系及其性质的观点；二是

* 原载《中国社会科学》2005 年第 4 期，《新华文摘》2005 年第 21 期。收集本书时，补充了个别资料。

宗教价值观，即关于宗教的社会功能、作用和意义的观点；三是宗教历史观，即关于宗教的起源、演化及其规律的观点。19世纪中叶，马克思、恩格斯运用历史唯物主义的原理和方法，阐述了宗教的本质、根源、作用和演化规律，形成了马克思主义宗教观。后来列宁又进一步论述了宗教的社会根源和社会作用，以及无产阶级政党对待宗教的态度，普列汉诺夫等人也对宗教有所论述，丰富了马克思主义宗教观。中国共产党的三代领导集体和以胡锦涛同志为总书记的党中央在领导中国革命、建设和改革的实践过程中，对宗教提出了一系列重要观点，代表了马克思主义宗教观发展的最新成果、最新阶段。鉴于这些观点是结合中国国情和宗教教情提出的与时俱进的创新观点，是马克思主义宗教观中国化的产物，我们姑且称之为“中国化马克思主义宗教观”。

中国化马克思主义宗教观的概念与内涵的形成，是有其客观根据的。

宗教既有共性，也有个性。如基督教讲上帝创造世界、主宰世界，讲灵魂不灭，而早期佛教则是反对梵天(上帝)创造世界、主宰世界的，也有否定灵魂不灭论的倾向。又如，西方宗教一般强调人与神的对立、悬隔，而佛教则认为人与佛平等，人人都有佛性，都可成佛，道教也主张人可通过修炼成为神仙。由于东西方宗教义理特质的差别，难免导致人们对宗教的判断、论断的不同。这就要求人们在确立对宗教的根本观点时，要全面综合东西方宗教的特质，以揭示出宗教的普遍的本质、价值与演变规律。

宗教在不同地区、不同国家的情况，是有很大差别的。不同国家宗教与政治的关系不同、宗教在社会生活中的地位不同，信教者与不信教者，以及信仰不同宗教者之间的关系不同，人们对宗教的功能、作用的看法也就会有所不同。

宗教是不断演化的。宗教在不同历史时期，会由于社会制度和社会关系的变化而随之发生相应的变化，也会由于自身在发展过程中出现问题、矛盾而发生变化。随着社会制度的巨大历史变革，人们的宗教观念也要发生变革。宗教的演化，宗教观念的变革，要求马克思主义宗教观也要与时俱进。

中国化马克思主义宗教观经历了一个初步形成、曲折发展、不断充实和益臻完善的过程，大体上可以划分为三个阶段。

中国化马克思主义宗教观初步形成于新民主主义革命阶段。大革命时期，毛泽东在《湖南农民运动考察报告》中，提出了反神权的斗争要服从反封建的思想；抗日战争时期，毛泽东在《新民主主义论》中，提出了共产党人和宗教信徒建立反帝反封建的统一战线的重要主张。中国共产党还从建立抗日民族统一战线的实际出发，制定了国统区、沦陷区和各抗日根据地等不同地区的宗教政策。以毛泽东为首的中国共产党人开创了把马克思主义宗教观与中国宗教的具体实际相结合的道路。

新中国成立至20世纪50年代后期是中国化马克思主义宗教观的全面形成时期，50年代后期至"文化大革命"结束是中国化马克思主义被扭曲、冲击的时期。新中国成立后，中国共产党作为执政党肩负着建设社会主义社会的历史使命，其中也包括如何处理全国宗教问题的艰巨任务。毛泽东、周恩来等人都亲自领导宗教工作，分别就佛教、基督教以及一般宗教问题发表了重要讲话，反复重申尊重和保护宗教信仰自由是中国共产党对宗教的基本政策，提出在宗教领域要正确处理两类不同性质矛盾的重要原则，同时还结合中国宗教的实际，就宗教的本质、作用、产生和存在根源、历史演变以及中国宗教的特点等问题，阐发了深刻而独到的见解。此外，1954 年中共中央在《关于过去几年内党在少数民族中进行工作的主要经验总结》中提出的“宗教五性论”，即中国宗教的长期性、民族性、群众性、复杂性和国际性的论说，是中国宗教工作实践经验的总结，也构成中国化马克思主义宗教观的重要内容。令人遗憾的是，1957 年后，反右派斗争的扩大化，波及了宗教界。在 1966～1976 年的“文化大革命”中，宗教更被视为“四旧”而被破除，宗教问题的正确理论和宗教工作的正确路线遭到了肆意践踏。

改革开放以来的二十多年，是中国化马克思主义宗教观由拨乱反正、正本清源到空前丰富、更趋完善的时期。针对“文化大革命”对党的宗教政策的破坏，以邓小平为核心的中国共产党第二代领导集体专门研究了宗教问题，并于 1982 年 3 月形成了《关于我国社会主义时期宗教问题的基本观点和基本政策》(通称中央 19 号文件)。该文件全面系统地总结了新中国成立以来宗教问题上的正反两个方面的历史经验和教训，阐明了宗教的性质、内涵、根源；中国宗教的现状、趋势；宗教问题与民族问题的关联；坚持独立自主原则与抵制境外敌对势力利用宗教进行渗透；处理宗教问题要反对和防止的倾向，以及处理一切宗教问题与贯彻执行宗教政策的根本出发点和落脚点等一系列的基本观点。这是一个纲领性的文献，是集中体现党的中国化马克思主义宗教观成熟的标志性文献。

中国共产党第三代领导集体也非常重视宗教工作。江泽民强调

"宗教问题是个大问题"①，"民族、宗教无小事"②。1991年2月，中共中央、国务院颁发了《关于进一步做好宗教工作若干问题的通知》(通称中央6号文件)，全面地阐明了改革开放形势下做好宗教工作的政策。中共中央、国务院还相继召开一系列全国性的宗教工作会议，根据国内外的复杂形势和中国宗教的现状、特点，着重探索如何处理宗教与社会主义的关系，如何引导宗教与社会主义社会相适应的问题，并在总结新中国宗教工作成功经验的基础上，全面地阐述了"积极引导宗教与社会主义社会相适应"的命题，为中国宗教适应社会主义社会的协调发展开辟了广阔的道路。

以胡锦涛同志为总书记的党中央同样高度重视宗教工作，对宗教问题做出了一系列的批示，尤其是2004年9月下旬发表的《中共中央关于加强党的执政能力建设的决定》和11月30日国务院颁布的《宗教事务条例》，极大地提高了政府依法管理宗教事务的能力，推进了宗教工作的新进展。

从以上对中国化马克思主义宗教观形成的简要叙述中，我们初步可以看到其基本内涵约有四个方面：在马克思主义宗教本质观、宗教价值观和宗教历史观三方面都提出了一些新观点、新思想，至于"积极引导宗教与社会主义社会相适应"论断即宗教适应观，更是在当代宗教与社会主义社会关系理论上的崭新创造。以下分别就这四个方面的内容做一简要的论述。

---

① 江泽民：《一定要做好宗教工作》，见《新时期宗教工作文献选编》，199页，北京，宗教文化出版社，1995。

② 江泽民：《高度重视民族工作和宗教工作》，见《新时期宗教工作文献选编》，250页，北京，宗教文化出版社，1995。

二、中国化马克思主义宗教本质观

马克思主义宗教本质观的典型表述是恩格斯的一段话："一切宗教都不过是支配着人们日常生活的外部力量在人们头脑中的幻想的反映，在这种反映中，人间的力量采取了超人间的力量的形式。"[①]这是说，宗教是人们头脑中对超人间力量（神灵）的幻想的反映，宗教的本质是对神灵的幻想、笃信和崇拜。

毛泽东继承马克思主义宗教本质观，一再强调宗教是属于"人民内部的思想问题"、"精神世界的问题"[②]、"思想性质的问题"[③]。周恩来也说："我们只把宗教信仰肯定为人民的思想信仰问题。"[④]也就是说，宗教就其本质而言，是一种人民群众的思想信仰。更值得我们重视的是，毛泽东关于宗教是文化的观点。1947 年 10 月，毛泽东在转战陕北途中，来到葭县（今佳县）南河底村，该村村边山上有一名胜古迹白云观，毛泽东想上山一游。身边工作人员李银桥对此大惑不解，说那不过是些封建迷信，没什么好看的。毛泽东纠正说："片面，片面！那是文化，懂吗？那是名胜古迹，是历史文化遗产。"[⑤]1952 年 10 月 8 日，毛泽东接见西藏致敬团代表时说："文化包括学校、报纸、

---

① 《反杜林论》，见《马克思恩格斯选集》第 3 卷，666～667 页，北京，人民出版社，1995。

② 《关于正确处理人民内部矛盾的问题》，见《毛泽东文集》第 7 卷，232、209 页，人民出版社，1999。

③ 同上。

④ 《关于我国民族政策的几个问题》，见《周恩来统一战线文选》，383 页，人民出版社，1984。

⑤ 王兴国：《毛泽东与佛教》，312～314 页，北京，中国书籍出版社，2002。

电影等，宗教也在内。”[①]1953年2月7日，毛泽东在全国政协一届四次会议上说：“我们这个民族，从来就是接受外国的优良文化的。我们的唐三藏法师，万里长征，比后代困难得多，去西方印度取经。”[②]毛泽东把道教、佛教都视为文化，甚至是优良文化。1953年毛泽东审阅《中国佛教协会章程草案》，在协会的“宗旨”中增加了“发扬佛教优良传统”八个字，充分肯定了佛教在中国文化史上的地位。毛泽东关于宗教是文化的观点，是中国化马克思主义宗教本质观的集中体现。

中共中央《关于我国社会主义时期宗教问题的基本观点和基本政策》开宗明义指出：“宗教是人类社会发展一定阶段的历史现象，有它发生、发展和消亡的过程。宗教信仰，宗教感情，以及同这种信仰和感情相适应的宗教仪式和宗教组织，都是社会的历史的产物。”[③]这一关于宗教的定义式的表述包含了丰富的内容：强调宗教是一种社会历史现象，而不仅仅是意识形态现象；强调宗教有其演化的客观规律，是不以人们的主观意志为转移的；强调宗教现象是由多种要素构成的，而信仰是其中的第一要素，也可说是核心要素。

马克思和列宁都说宗教是人民的鸦片，我们认为这里所说的鸦片，是指具有一种镇定、麻醉、止痛作用的药物，而与毒品有别。1950年，当有同志提出列宁在1909年讲过宗教是鸦片时，周恩来解释说，“这是革命时期的口号。现在我们有了政权，可以不必强调宗

① 《接见西藏致敬团的谈话要点》，《建国以来毛泽东文稿》第3册，583页，北京，中央文献出版社，1989。

② 陈晋：《毛泽东的文化性格》，134页，中央民族大学出版社，2004。

③ 《新时期宗教工作文献选编》，54页，北京，宗教文化出版社，1995。

教就是鸦片了”[①]。事实上，中国共产党关于宗教问题的文件里从来没有提过“鸦片说”，更不是以宗教“鸦片说”作为制定党的宗教方针政策的全部理论根据。

中共中央《关于我国社会主义时期宗教问题的基本观点和基本政策》还强调，要区分正常的宗教活动与不属于宗教范围的迷信活动，指出迷信活动是危害国家利益和人民生命财产的。[②] 强调宗教不同于迷信，这就有利于保障宗教信仰自由政策的实行。

如前所述，宗教五性论是中国共产党宗教观的重要内容。群众性，是指中国宗教有一亿左右信徒。长期性，指中国宗教将长期存在。民族性，是说中国少数民族大多信仰宗教，且有不少的少数民族整个民族信仰一种宗教。由于佛教、基督教、伊斯兰教是世界性的宗教，在国际上有众多的信徒，从而使中国宗教问题具有国际性。宗教不是孤立存在的，由于国内外形势的复杂因素，又使之具有复杂性。五性后来又被简约为三性，即宗教的群众性、长期性和复杂性。五性或三性，在表述上有的是指宗教，有的是指宗教性质，也有的是指宗教的社会特性，有的则是指宗教工作，还有的是指宗教问题。笔者认为，上述五性或三性，并非指宗教的本性、本质而言，而是从宗教工作出发，对中国宗教社会现象所作的分析，似可以称作中国宗教社会现象的五性论或三性论。我们认为，既把握宗教的普遍本质，又把握中国宗教社会现象的特点，是做好中国宗教工作的前提。五性论或三性论是中国宗教工作的根本指导思想。

---

① 《周恩来年谱》，上卷，50页，北京，中央文献出版社，1997。

② 《新时期宗教工作文献选编》，68～69页，北京，宗教文化出版社，1995。

毛泽东等中国共产党领导人，都肯定宗教是一种思想信仰，是精神世界的问题，是文化，同时也都鲜明地指出宗教是一种有神论，是唯心主义。由此，似乎可以说，视宗教本质为有神论的信仰文化，是中国化马克思主义宗教本质观的核心观点。

三、中国化马克思主义宗教价值观

这里讲的宗教价值并非指“神圣价值”，而是指宗教的功能、作用意义上的价值。宗教的功能、作用，可以从不同角度考察，如侧重于社会角度，有政治、经济、教育、道德、文化等功能、作用；若侧重于个人角度，则有信仰、认识、调适、慰藉等功能、作用。

马克思主义者对宗教的功能、作用，一般都持两重性的观点，认为宗教既有积极的一面，也有消极的一面。马克思、恩格斯和列宁根据当时的历史背景，认为宗教在历史上主要是发挥了统治阶级的意识形态的作用，强调应当消除基督教与社会压迫剥削制度的联系。

中国马克思主义者同样正视宗教的消极性，并竭力减弱宗教的消极作用，同时也重视联合、团结宗教界，发挥宗教作用的积极一面，以期推进革命、建设和改革事业的不断向前发展。

中国共产党创造性地提出了宗教信仰与政治立场有别的原则。毛泽东、周恩来、邓小平和江泽民都认为，不能简单地把无神论与有神论的差异等同于政治上的对立，强调要把人民群众的思想信仰与政治立场分开；认为人民群众思想信仰的差异，并不影响彼此在经济上根本利益的一致，不影响在爱国、维护祖国统一、拥护社会主义等涉及政治立场和政治方向的原则问题上的一致。毛泽东在1940年初发表的《新民主主义论》中，一方面强调共产党员决不能赞同唯心论或宗教教义，一方面又主张“共产党员可以和某些唯心论者甚至宗教徒建立在政治行动上的反帝反封建的统一战线。”①周恩来在1950年5月《关于基督教问题的四次谈话》中说，基督教是16世纪实行宗教改革而建立的一个新教会，它在当时的社会上确曾起了积极作用。但是近百年来基督教传入中国是同帝国主义对中国的侵略联系着的，因此中国人民对基督教的印象很坏，曾有过大规模的非基督教运动。“但是应该指出，自五四运动以来，基督教里面有进步分子，在中国革命的过程中，他们是同情中国革命的。”②中国共产党人对宗教信仰与政治立场关系的这种界说，为宗教界在中国革命、建设和改革事业中，充分发挥正面作用提供了理论根据和思想基础，具有重大的理论意义和实践意义。

中国共产党领导人肯定宗教文化的功能，重视发挥宗教文化的积极作用，是中国化马克思主义宗教价值观的重要内涵之一。上述毛泽东对佛教文化、道教文化的肯定即是一个突出的例子。周恩来也肯定宗教文化中好的一面，他说：“在文化上，帝国主义有许多侵略机构，如学校、医院及教堂等，……这些文化机构有坏的一面，但还有好的一面，例如协和医院，我们的人生了病还去那里就医。”③邓小平也十分重视宗教文化价值。他在亲自撰写的《一件具有深远意义的盛事》(1980年4月19日)中说：“在日本政府支持下，日本文化界和佛教界人士，把国宝鉴真像郑重地送来中国供故乡人民瞻仰。这是一件具有深远意义的盛事。它必将鼓舞人们发扬鉴真及其日本弟子荣睿、普照

① 《毛泽东选集》第2卷，707页，北京，人民出版社，1991。

② 《周恩来统一战线文选》，181页，北京，人民出版社，1989。

③ 《关于和平谈判问题的报告》，见《周恩来选集》，上卷，324页，北京，人民出版社，1980。

的献身精神，为中日两国人民世代友好事业作不懈努力。”[①]这就高度评价了宗教文化对增强国与国之间人民的友谊，维护国家周边地区和平的积极作用。多年来，中国佛教的佛牙、佛指骨舍利等圣物也曾分别被护送到缅甸、泰国和斯里兰卡等国家，或中国港、台地区供奉，同样对增进中国与这些国家的传统友谊，内地与港台地区的同胞情谊，产生了巨大的良好的社会效应。

尤为值得注意的是，中国共产党领导人本着实事求是的科学态度，对宗教教义中某些合理因素给予的积极肯定，为全面、准确评价宗教的功能、作用提供了新的理论视野。毛泽东一生在学术上对佛教颇有兴趣，对佛教教义和一些佛典有他自己的独到见解。他在和达赖喇嘛的谈话中说：“佛教的创始人释迦牟尼是代表当时在印度受压迫的人讲话的。他主张普度众生，为了免除众生的痛苦，他不当王子，创立了佛教。因此，你们信佛教的人和我们共产党人合作，在为众生（即人民群众）解除受压迫的痛苦这一点上是有共同之处的。”[②]毛泽东明确地肯定了佛教教义的解脱主义思想和中国共产党消灭压迫制度、解除人民痛苦的宗旨有其共同的地方。毛泽东在1959年10月22日同班禅大师谈话时说，佛经是有区别的：“有上层的佛经，也有劳动人民的佛经，如唐朝时六祖（慧能）的佛经《法宝坛经》就是劳动人民的。”[③]指出有的佛经表达了劳动人民的愿望、思想。周恩来也明确肯定宗教教义的某些积极作用，他说：“宗教在教义上有某些积极作用，

① 《新时期宗教工作文献选编》，22页，北京，宗教文化出版社，1995。

② 《同达赖喇嘛的谈话》，《毛泽东西藏工作文选》，114页，北京，中央文献出版社、中国藏学出版社，2001。

③ 陈晋：《毛泽东读书札记诠释》，《瞭望》，1993年第8期。

对民族关系也可以起推动作用。”[1]江泽民更是直接地表达了“利用宗教教义、宗教教规和宗教道德中的某些积极因素为社会主义服务”[2]的思想。由于在社会主义社会，经过宗教制度的民主改革，在中国共产党领导下宗教不再是反动统治阶级用来压迫人民的工具，而且宗教教义的某些方面与中国共产党的思想有一定的共同之处，宗教教规和宗教道德中的去恶从善等内容又有利于社会主义精神文明的建设，因此，发掘宗教中的积极因素为建设社会主义社会服务，是顺应时代潮流，适应社会需要，符合人民利益和有利于历史发展的。

肯定宗教教义的某些积极因素，并不等于模糊和取消无神论与有神论、唯物主义与唯心主义的差异。但是“在现阶段，信教群众与不信教群众在思想信仰上的这种差异，是比较次要的差异”[3]，历史表明，片面强调这种差异而忽视和抹杀信教群众和不信教群众在政治上、经济上根本利益的一致，只能加深信教群众和不信教群众之间的隔阂、对立，甚至刺激和加剧宗教狂热，给社会主义事业带来严重的后果。中共中央对信教群众与不信教群众在思想信仰上的差异的恰当定位，为发挥信教群众的积极作用提供了思想认识的保障。

可以说，尽力挖掘和发扬宗教某些内在的积极因素为中国革命、建设和改革事业服务，进而推进社会主义社会向前发展，是中国马克思主义宗教价值观的精髓。

---

① 《不信教的和信教的要互相尊重》，见《周恩来统一战线文选》，308页，北京，人民出版社，1984。

② 《高度重视民族工作和宗教工作》，见《新时期宗教工作文献选编》，255页，北京，宗教文化出版社，1995。

③ 《关于我国社会主义时期宗教问题的基本观点和基本政策》，见《新时期宗教工作文献选编》，59页，北京，宗教文化出版社，1995。

四、中国化马克思主义宗教历史观

马克思、恩格斯和列宁都高度重视对宗教消极方面的批判，但同时也不主张人为地消灭宗教，认为宗教所赖以存在的物质基础将是长期存在的。他们强调消灭生产资料的私人所有制是宗教消亡的前提，后来又从人与人、人与社会、人与自然的关系的视角，强调只有谋事和成事都在人的时候，在宗教中反映出来的外部的超人间的异己力量才会消失，宗教也才会随之消亡。

中国共产党人依据马克思主义的历史唯物主义原理，结合中国宗教的具体实际，阐发了宗教存在的长期性、宗教产生与存在的根源以及宗教的消亡等问题。

强调宗教存在的长期性，是中国化马克思主义宗教历史观的基本内容。毛泽东在《同藏族人士的谈话》(1956 年 2 月 12 日)中说："人们的宗教感情是不能伤害的，稍微伤害一点也不好。除非他自己不信教，别人强迫他不信教是很危险的。这件事不可随便对待。就是到了共产主义也还会有信仰宗教的。"①周恩来也反复阐述宗教长期存在的道理。20 世纪 50 年代初，有人以为宗教徒分到土地就不再信教了，他针对当时这种幼稚的看法说："问题并不那么简单。别说分了地的农民，就是进入了社会主义社会，也还有信教的。"②"信仰宗教的人，不仅现在社会主义的国家里有，就是将来进入共产主义社会，是不是

① 《毛泽东文集》第 7 卷，4 页，北京，人民出版社，1999。

② 《在中共中央统战部举行的茶话会上的讲话》，《周恩来统一战线文选》，201 页，北京，人民出版社，1984。

就完全没有了？现在还不能说得那么死。”[①]又说：“宗教界的朋友们不必担心宗教能不能存在。按照唯物论的观点，当社会还没有发展到使宗教赖以存在的条件完全消失的时候，宗教是会存在的。”[②]江泽民也从宗教存在和发展的客观规律的理论高度论述宗教的长期性：“我们共产党人是唯物主义者，不信仰宗教，但尊重宗教存在和发展的客观规律。宗教作为一种社会现象，具有漫长的历史，在社会主义社会也要长期存在。宗教走向最终消亡也必然是一个漫长的历史过程，可能比阶级和国家的消亡还要久远。”[③]宗教存在长期性的观点，对于扭转宗教工作上“左”的倾向，指导宗教工作正常、健康地开展，具有重要的现实意义。

关于宗教产生和存在的根源，一般通常是从自然、社会、历史和认识等方面进行全面分析，而周恩来则孤明独发，敏锐地抓住和揭示了宗教信仰形成的根本原因，他说：“只要人们还有一些不能从思想上解释和解决的问题，就难以避免会有宗教信仰现象。有的信仰具有宗教形式，有的信仰没有宗教形式。”[④]这是从社会学、心理学和认识论的角度对宗教信仰根源的深刻揭示，具有重要的宗教学理论意义，非常值得我们深入思考和高度重视。

江泽民对中国宗教存在的根源的分析和论述是这样的：“由于社会主义制度的建立、改革开放的深入和社会主义市场经济的发展，我

---

① 《关于我国民族政策的几个问题》，《周恩来统一战线文选》，383～384页，北京，人民出版社，1984。

② 同上。

③ 《在全国统战工作会议上的讲话》，《江泽民论有中国特色社会主义（专题摘编）》，371页，北京，中央文献出版社，2002。

④ 《周恩来统一战线文选》，384页，北京，人民出版社，1984。

国宗教存在的阶级根源已经基本消失，宗教存在的自然根源、社会根源和认识根源也发生了很大变化。……但是，由于我国生产力发展水平还不高，科学技术还不发达，人们的思想道德素质和科学文化素质也还不高，加上国际环境的影响，我国宗教存在的根源仍将长期存在。"①江泽民以中国宗教根源的长期存在进而强调中国宗教存在的长期性观点。

与宗教存在的长期性观点相一致，中国共产党领导人也关注宗教的自然消亡问题，强调不应人为地消灭宗教。毛泽东说："宗教的消灭，只有在人类消灭了阶级并大大发展了控制自然和社会的能力的时候，才有可能。"②这里讲的"消灭"，实是自身消灭，逐渐消亡，意思是说宗教消亡是未来的事，是它自身灭亡，并非是什么人把它消灭。毛泽东反对人为地取消或破坏宗教，他说："只要人民还相信宗教，宗教就不应当也不可能人为地去加以取消或破坏。"③还说："企图用行政命令的方法，用强制的方法解决思想问题，是非问题，不但没有效力，而且是有害的。我们不能用行政命令去消灭宗教，不能强制人们不信教。"④周恩来也明确地说："谁要企图人为地把宗教消灭，那是不可能的。……如果我们不想要的东西就认为它不会存在，那是不

---

① 《在全国宗教工作会议上的讲话》，《江泽民论有中国特色社会主义(专题摘编)》，372页。

② 《对习仲勋在中共新疆省第二届代表会议上的报告的批语》，见《建国以来毛泽东文稿》第3册，539～540页，北京，中央文献出版社，1989。

③ 《给达赖喇嘛的信》(1953年3月8日)，《毛泽东西藏工作文选》，93～94页，北京，中央文献出版社、中国藏学出版社，2001。

④ 《关于正确处理人民内部矛盾的问题》，《毛泽东文集》第7卷，209页，北京，人民出版社，1999。

符合客观实际的。”[①]“消灭民族，消灭宗教，就是消灭人民了，就成了消灭自己了”。[②] 中国共产党反对人为地消灭宗教的立场和观点是何等鲜明、坚定。

既然宗教的消亡是一个漫长的历史过程，那么，解决宗教问题的途径是什么呢？中共中央在《关于我国社会主义时期宗教问题的基本观点和基本政策》中明确指出：“解决宗教问题的唯一正确的根本途径，只能在保障宗教信仰自由的前提下，通过社会主义的经济、文化和科学技术事业的逐步发展，通过社会主义物质文明和精神文明的逐步发展，逐步地消除宗教得以存在的社会根源和认识根源。”[③]无疑这对于避免人为地消灭宗教的做法是有积极指导意义的。

五、中国化马克思主义宗教适应观

“宗教适应观”是“积极引导宗教与社会主义社会相适应”论断的简称，严格来说是“引导宗教适应观”，为行文方便，简称“宗教适应观”。马克思、恩格斯重视考察宗教现象，进而揭示了宗教与私有制的联系。列宁由于过早逝世，无从考察苏俄社会主义社会建设时期的宗教问题。在无产阶级建立政权以后，执政党在社会主义社会历史阶段，如何看待宗教的作用，处理宗教的问题，防止宗教的消极作用，调动宗教界的积极性，就成为中国共产党必须面对、探讨、解决的历史性任务。

毛泽东、周恩来等人善于从革命大局来观察宗教问题，他们把人

---

① 《周恩来统一战线文选》，185页，北京，人民出版社，1984。

② 《同班禅等的谈话》，载《党的文献》，1994年第2期。

③ 《新时期宗教工作文献选编》，72～73页，北京，宗教文化出版社，1995。

们的思想信仰与政治立场分开，提出团结宗教信仰者，组成爱国统一战线的主张。统一战线的成功实践，不仅是中国共产党第一代领导集体在宗教问题上的重大创新，而且为逐步形成宗教与社会主义社会相适应理论提供了成功的历史借鉴。正是循着思想信仰与政治立场分开的理路，毛泽东在中华人民共和国成立数年后就说："一部分唯心主义者，他们可以赞成社会主义的政治制度和经济制度，但是不赞成马克思主义的世界观。宗教界的爱国人士也是这样。"①这里讲的赞成社会主义制度，实是宗教与社会主义社会相适应的政治基础。毛泽东又说："过去为了结束帝国主义、封建主义和官僚资本主义的统治，为了人民民主革命的胜利，我们就实行了调动一切积极因素的方针。现在为了进行社会主义革命，建设社会主义国家，同样也实行这个方针。"②调动一切积极因素是中国共产党的一个重要思想，它不仅为统一战线理论提供思想基础，也为宗教与社会主义社会相适应理论提供了思想支撑。

对宗教与社会主义关系的问题，周恩来说："不管是无神论者，还是有神论者，不管是唯物论者，还是唯心论者，大家一样地能够拥护社会主义制度。"③他还向宗教界提出"怎样服务于中国人民"，"怎样使宗教活动有益于新民主主义社会"④的问题，这可以说是中国共

① 《在中国共产党全国宣传工作会议上的讲话》，《毛泽东选集》第5卷，405页，北京，人民出版社，1977。

② 《论十大关系》，《毛泽东文集》第7卷，23页，北京，人民出版社，1999。

③ 《关于我国民族政策的几个问题》，《周恩来统一战线文选》，383～384页，北京，人民出版社，1984。

④ 《关于基督教问题的四次谈话》，《周恩来统一战线文选》，182页，北京，人民出版社，1984。

产党人关于引导宗教与社会主义社会相适应观点的最初雏形。周恩来还进一步阐述了国家与宗教的关系，说："我们要造成这样一种习惯：不信教的尊重信教的，信教的尊重不信教的，和睦相处，团结一致。"①为了互相尊重彼此的不同信仰，"我们不搞反宗教运动。我们所遵守的约束是不到教堂里去作马列主义的宣传，而宗教界的朋友们也应该遵守约束，不到街上去传教。这可以说是政府同宗教界之间的一个协议，一种默契"②。1980年8月26日，邓小平在与十世班禅谈话时说："对于宗教，不能用行政命令的办法；但宗教方面也不能搞狂热，否则同社会主义，同人民的利益相违背。"③邓小平的这一论断深刻地揭示出社会主义与宗教两者之间关系的关键问题。这就是，一方面，社会主义国家如果用政治力量压制宗教，不仅对宗教造成危害，而且也必将给社会主义事业带来危害；另一方面，宗教如果超越国家的法律和政策，搞狂热，不仅对社会主义有害，同广大人民的利益相违背，而且对宗教自身的合法生存和良性发展也是极为不利的。为了避免以上情况的发生，最佳的选择，就是从政府和宗教两方面努力保持宗教与社会主义社会相适应。

中国共产党第三代领导集体进一步提出了"积极引导宗教同社会主义社会相适应"的理论。1990年，《中共中央关于加强统一战线工作的通知》指出："要引导爱国宗教团体和人士把爱教和爱国结合起

---

① 《不信教的和信教的要互相尊重》，《周恩来统一战线文选》，310页，北京，人民出版社，1984。

② 《关于基督教问题的四次谈话》，《周恩来统一战线文选》，181～182页，北京，人民出版社，1984。

③ 《邓小平年谱》(1975～1997)上，669页，北京，中央文献出版社，2004。

来，把宗教活动纳入宪法和法律的范围，同社会主义制度相适应。”① 这可以说是最早提出的引导宗教与社会主义相适应的说法。随后，1991 年《关于进一步做好宗教工作若干问题的通知》指出：“动员全党、各级政府和社会各方面进一步重视、关心和做好宗教工作，使宗教同社会主义社会相适应。”②1991 年 1 月 30 日，江泽民在《保持党的宗教政策的稳定性和连续性》中说：“正确对待和处理宗教问题，是建设有中国特色的社会主义的一个重要内容。”③1993 年 11 月 7 日，江泽民在《高度重视民族工作和宗教工作》中说：“在宗教问题上我也想强调三句话：一是全面、正确地贯彻执行党的宗教政策，二是依法加强对宗教事务的管理，三是积极引导宗教与社会主义社会相适应。”④ 这关于宗教问题的著名的“三句话”，是党关于宗教问题的基本方针，其中明确、规范地提出“积极引导宗教与社会主义社会相适应”的方针。2001 年 12 月 10 日，江泽民《在全国宗教工作会议上的讲话》中论述新世纪初宗教工作的基本任务时，在上述“三句话”后，加了一句“坚持独立自主自办的原则”。⑤ 2002 年 11 月 8 日，江泽民在中共十六大的报告中又重申“全面贯彻党的宗教信仰自由政策，依法管理宗教事务，积极引导宗教与社会主义社会相适应，坚持独立自主自办的原则”。⑥ 这即是关于宗教问题的著名的“四句话”。江泽民还说：“贯

① 《新时期宗教工作文献选编》，178、220、210、253 页，北京，宗教文化出版社，1995。

② 同上。

③ 同上。

④ 同上。

⑤ 《江泽民论有中国特色社会主义（专题摘编）》，372 页。

⑥ 《全面建设小康社会，开创中国特色社会主义事业新局面——在中国共产党第十六次全国代表大会上的报告》，33 页，北京，人民出版社，2002。

彻党的宗教信仰自由政策也好，依法加强对宗教事务的管理也好，目的都是要引导宗教与社会主义社会相适应。”①“三句话”中前二句话是方法，第三句是目的，也可以说，“四句话”中前二句和后一句是方法，第三句是目的。“三句话”或“四句话”都是一个整体，而“积极引导宗教与社会主义社会相适应”是其核心命题。

江泽民全面地阐明了“积极引导宗教与社会主义社会相适应”的理论。他反复强调了“适应”的含义：“这种适应，并不要求宗教信徒放弃有神论的思想和宗教信仰，而是要求他们在政治上热爱祖国，拥护社会主义制度，拥护共产党的领导；同时，改革不适应社会主义的宗教制度和宗教教条，利用宗教教义、宗教教规和宗教道德中的某些积极因素为社会主义服务。”②又说：“我们倡导的我国宗教应与社会主义社会相适应，包括两方面的含义：一是宗教界人士和信教群众要遵守国家的法律、法规和方针政策；二是宗教活动要服从和服务于国家的最高利益和民族的整体利益，宗教界人士要努力挖掘和发扬宗教中的积极因素，为祖国统一、民族团结和社会发展多作贡献。”③这两段话的要义有：一是“适应”的定位，是指政治上的适应，非思想信仰上的适应，也就是有差别的适应，不是无差别的适应。这种求政治上之同，存思想信仰上之异的适应，也就是“政治上团结合作，思想信仰上互相尊重”④原则的体现。二是“适应”的含义，有两个方面，也是

① 《高度重视民族工作和宗教工作》，见《新时期宗教工作文献选编》，254、254～255页，北京，宗教文化出版社，1995。

② 同上。

③ 《在全国统战工作会议上的讲话》，《江泽民论有中国特色社会主义(专题摘编)》，371页，北京，中央文献出版社，2002。

④ 《保持党的宗教政策的稳定性和连续性》，见《新时期宗教工作文献选编》，210页，北京，宗教文化出版社，1995。

党和政府对宗教界的两个要求。三是“适应”的主动或被动，内在或外在的问题。这里所谓的适应是要求宗教界主动适应，内在地适应，也就是要发扬中国宗教的优良传统，努力挖掘和发扬宗教中的积极因素，为社会主义社会服务。此外，江泽民还继承1982年“中央19号文件”的观点，说：“在社会主义条件下，信教和不信教以及信仰不同宗教的群众，他们在这种信仰上的差异是比较次要的差异，他们在政治上、经济上的根本利益是相同的。”①由此也可以作出推论：中国宗教与社会主义社会相适应方面是主要的，不相适应方面是次要的。

关于宗教适应社会主义社会的必要性，江泽民说：“综观我国和世界的宗教历史，可以发现一个共同的规律，就是宗教都要适应其所处的社会和时代才能存在和延续，十六世纪基督教发生的马丁·路德宗教改革就是一个例子。我国是社会主义国家，我国宗教是在社会主义条件下存在和活动的，必须与社会主义社会相适应，这既是社会主义社会对我国宗教的客观要求，也是我国宗教自身存在的客观要求。”②这是从历史唯物主义原理的高度对宗教适应社会主义社会的应然性和客观必然性的阐明。

关于宗教适应社会主义社会的可能性，江泽民说：“一方面，从我们党和政府来说，要坚定不移地贯彻执行尊重和保护公民宗教信仰自由的权利、保护正常的宗教活动、保护宗教界的合法权益这样一些长期不变的基本政策；另一方面，从宗教界来说，要坚定不移地拥护中国共产党的领导，拥护社会主义，坚持独立自主自办教会的原则，

① 《在全国宗教工作会议上的讲话》，《江泽民论有中国特色社会主义（专题摘编）》，374～375页，北京，中央文献出版社，2002。

② 同上。

坚持在宪法、法律、法规和政策规定的范围内开展宗教活动。”①这两个方面，既是中国共产党与宗教界的爱国统一战线的政治基础，也是宗教与社会主义社会相适应的政治基础。

为了使宗教与社会主义社会相适应，中国共产党和政府又是如何对宗教加以积极引导的呢？对此江泽民也有详尽的论述。他说：“要求他们(按：指宗教界)热爱祖国，拥护社会主义制度，拥护共产党的领导，遵守国家的法律、法规和方针政策；要求他们从事的宗教活动要服从和服务于国家的最高利益和民族的整体利益；支持他们努力对宗教教义作出符合社会进步要求的阐释；支持他们与各族人民一道反对一切利用宗教进行危害社会主义祖国和人民利益的非法活动，为民族团结、社会发展和祖国统一多作贡献。要鼓励和支持宗教界继续发扬爱国爱教、团结进步、服务社会的优良传统，在积极与社会主义社会相适应方面不断迈出新的步伐。”②这里所讲的对宗教界的“两个要求”和“三个支持”，体现了积极引导的思路、内涵和目的，同时也为中国宗教指明了前进的方向。

中国共产党的第三代领导集体还提出了宗教界应当遵守的行为准则。1995 年 11 月 10 日，在班禅额尔德尼转世灵童寻访领导小组第三次会议上，李瑞环提出了宗教界必须遵循的“四个维护，四不允许”的基本行为准则，即“都应当维护法律尊严，维护人民利益，维护民族团结，维护祖国统一；都绝不允许违反国家法律，损害人民利益，制

① 《保持党的宗教政策的稳定性和连续性》，《新时期宗教工作文献选编》，210 页，北京，宗教文化出版社，1995。

② 《在全国宗教工作会议上的讲话》，《江泽民论有中国特色社会主义(专题摘编)》，376 页，北京，中央文献出版社，2002。

造民族分裂，破坏祖国统一。”[①]这是党和政府对宗教界的政治要求，其目的是确保党与宗教界的爱国统一战线和宗教与社会主义社会相适应的政治基础，不致损坏、动摇。

要做好宗教与社会主义社会相适应的引导工作，从根本上说，是将宗教纳入法制的轨道。这有两个方面的规范，一方面是政府宗教工作部门必须按照宪法、法律做好宗教工作，一方面是宗教界必须在宪法、法律许可范围内活动。江泽民反复强调的全面贯彻执行党的宗教政策、依法管理宗教事务和坚持独立自主自办的原则，就是将宗教纳入法制轨道的基本内容和基本方法，也是依法引导宗教与社会主义社会相适应的基本原则和基本途径，对于宗教与社会主义社会相适应具有决定性的意义。

宗教与社会主义社会相适应的理论，其实质就是，社会主义社会时期党和政府如何规范宗教与法制、宗教与社会的关系问题。中国共产党第三代领导集体正是从社会主义初级阶段这一基本国情出发，总结新中国成立以来宗教工作的成功经验，做出积极引导宗教与社会主义社会相适应的科学论断，为党和政府找到了正确处理宗教问题的最佳途径，为中国宗教指明了正确方向。“积极引导宗教与社会主义社会相适应”的宗教适应观，是中国化马克思主义宗教观的最集中体现，也是中国共产党对马克思主义宗教观的最重大贡献。

中国共产党第十六次代表大会以来，以胡锦涛同志为总书记的党中央也一直高度重视宗教工作。《中共中央关于加强党的执政能力建设的决定》就宗教工作问题提出：“全面做好党的宗教工作，贯彻党的宗教信仰自由政策，依法管理宗教事务，坚持独立自主的原则，积极

① 见《人民日报》1995 年 11 月 13 日。

引导宗教与社会主义社会相适应。”重申中国共产党的宗教工作的基本方针。该《决定》还把提高构建社会主义和谐社会的能力作为加强党的执政能力建设的一个重要方面，突出强调要“适应我国社会的深刻变化，把和谐社会建设摆在重要位置”。这是中国共产党对中国特色社会主义事业认识的进一步深化和发展，表明中国特色社会主义事业的总体布局，由经济、政治、文化的三位一体，扩展为经济、政治、文化、社会的四位一体。宗教是重要的社会现象，宗教徒是社会中的特殊群体，如何提升党和政府与宗教界的和谐关系，如何维护宗教徒与非宗教徒的和谐相处，如何保持不同宗教徒之间的和谐共存，是建设和谐社会的极其重要方面。《决定》还就如何建设和谐社会提出了“增强全社会的创造活力”、“妥善协调各方面的利益关系，正确处理人民内部矛盾”、“加强社会建设和管理，推进社会管理体制创新”、“健全工作机制，维护社会稳定”和“坚持党的群众路线，加强和改进新形势下的群众工作”的方针，这就对宗教部门依法管理宗教事务的能力提出了更高的要求，为宗教工作进一步提出了新任务、新要求，指明了新方向、新方法，开辟了新视野、新境界，同时也是对“积极引导宗教与社会主义社会相适应”思想的重大发展。近来国务院还颁布了的《宗教事务条例》，这是中国的一部宗教方面的综合性行政法规。它的颁布，对规范宗教事务管理，保障公民的宗教信仰自由权利，维护宗教和睦与社会和谐，都具有重要意义。

六、中国化马克思主义宗教观的重大意义

中国化马克思主义宗教观的内涵是深刻而丰富的，就其创新性观点而言，可初步归结为以下十个要点：1. 宗教是一种社会历史现象的观点，改变了那种仅把宗教定位为一种意识形态的观点；中国宗教

社会现象具有“五性”或“三性”的观点；2. 宗教是人民内部思想信仰的观点，宗教是文化的观点；3. 宗教产生和存在的最深层根源，在于人们有不能解释和不能解决的思想问题的观点；4. 宗教长期性的观点，宗教消亡在阶级和国家之后的观点；5. 把思想信仰与政治立场分开的观点；6. 信教群众与不信教群众在信仰上的差异是比较次要的差异的观点，思想信仰上互相尊重的观点；7. 在正视宗教中存在消极因素的同时，重视挖掘、运用和发挥宗教中的积极因素的观点；8. 信教与不信教以及信仰不同宗教的群众，在政治上和经济上的根本利益是一致的观点，信教群众同样是社会主义建设的积极力量的观点；9. 强调执行宗教信仰自由政策，处理宗教问题的根本出发点和落脚点，是使全体信教的和不信教的群众联合起来，集中建设现代化的社会主义强国这个共同目标的观点；10. 积极引导宗教爱国爱教，与社会主义社会相适应的观点。

中国化马克思主义宗教观，突出地体现了中国共产党领导人善于从国际国内的大局出发观察、认识宗教，调动和发挥宗教界的积极性，以推进社会主义建设事业发展的广阔视野，也生动地体现了中国共产党解放思想、实事求是、与时俱进的理论创新精神。这是把马克思主义宗教观的基本原理与中国宗教问题的具体实际、中国宗教工作的丰富经验以及与中国社会主义社会本质要求三者结合，在革命、建设和改革的长期实践中加以认真总结的理论产物，是宗教学理论的宝贵精神财富。

中国化马克思主义宗教观具有重大的理论意义和实践意义：

第一，中国化马克思主义宗教观极大地丰富和发展了马克思主义宗教本质观、价值观和历史观，从而有助于破除对马克思主义宗教观的教条主义理解，有助于澄清附加在马克思主义宗教观名下的某些模糊观点。诸如片面地把宗教归结为政治性意识形态的观点，把宗教“鸦片论”等同于“毒品论”的观点，认为宗教将在短期内消亡、消灭的观点，等等。中国化马克思主义宗教观在客观上也为宗教学说的理性思考树立了典范，为学术创新和繁荣创造了氛围和条件。

第二，中国化马克思主义宗教观不仅有助于提高宗教人士对中国共产党在宗教问题上的基本观点和基本政策的认识，消除种种疑虑，甚或对立和紧张，也有助于提高他们对自身宗教信仰的认识，使其发扬适应社会需要和进步的积极因素，自觉限制与消除不适应社会需要和进步的消极因素，进而推动宗教自身的良性的、健康的发展。

第三，中国化马克思主义宗教观为制定合乎国情、教情的宗教政策和合乎宗教特性的、规范的宗教行政管理工作法规提供了正确的理论基础和思想指导。新中国成立后的历史表明，凡是执行符合中国化马克思主义宗教观的宗教政策，宗教工作的开展就顺畅、稳健，宗教生活就正常、适度，宗教与社会的关系就协调、适应；反之，如“文化大革命”期间，视宗教为落后、反动的代名词，为异己力量，欲一举消灭之，其结果是，不仅使宗教界遭受劫难，而且也必然遭到反弹，从而破坏社会的和谐融洽与全面发展。

第四，中国化马克思主义宗教观对于建构和谐社会有着特殊的实践意义。中国化马克思主义宗教观，尤其是其中的适应观，涉及了宗教与国家政权的新型政教关系、宗教与社会生产力发展即宗教与社会经济的关系、宗教与社会文化的关系、有神论者与无神论者即宗教信徒与非宗教信徒的关系、不同的有神论者即不同宗教信徒之间的关系等广泛领域。在一个拥有悠久文化传统、崭新社会制度和 13 亿人口的大国，如何使这种种关系协调融洽，实在是一项空前的富有挑战性的伟大实践。我们认为只要遵循积极引导宗教与社会主义社会相适应的方针，社会各界也都做出自觉的努力，就一定会大大增强全社会方方面面的凝聚力，就一定能够推动社会主义和谐社会的建构、发展和进步。

中国化马克思主义宗教观是马克思主义宗教观发展史上的一座丰碑，一座里程碑。可以预期，中国共产党人将继续根据时代的发展、宗教的演化和宗教工作的新鲜经验，不断探索、不断总结宗教理论，进而为马克思主义宗教观的不断丰富、不断发展作出新贡献。

附记：笔者在写作本文的过程中，得到了何虎生、宣方和刘威等同志的诸多帮助，在修改本文的过程中，又得到了中央有关部门一些领导同志的关怀和指导，谨此表示衷心感谢。

从三个向度反思中国传统的宗教观*

《"三个代表"重要思想学习纲要》中关于宗教的部分讲到，要立足于中国国情，要尊重宗教存在与发展的客观规律。我认为这是我们探讨宗教理论以及做好宗教工作的根本出发点。

近代以来，中国受到西方宗教观的严重影响，而对于我们自己的宗教观念，宗教理论很少涉及。中国有没有传统的宗教观？我们是否需要建设中国特色的社会主义宗教理论？这是一个重要问题。

首先是对三教历史演变的简略考察。

中国传统文化的三个基本部分就是儒释道三教，这三教提出了三个传统，即儒家的人本主义传统，道家的自然主义传统，佛家的解脱主义传统。道教追求生命的永恒，佛教探究人类的生死问题，儒教关注政治伦理道德。它们构成了两千年来中国人的精神支柱。

由此我们得出三点看法：第一，中国的三教都是文化。

---

* 原载《人民政协报》2003 年 7 月 14 日 B4 版。

第二，在中国原有的儒、道文化的基础上，又主动吸纳了印度的佛教，这极大地推动了中国文化的发展。第三，从历史上看，无神和有神是互动的，三教是互动的，它们既坚持了本位立场，又是彼此融合的。

其次是我党三代中央领导人的宗教观点。

毛泽东认为：第一，佛教的形成代表了印度被压迫的人民的要求；第二，佛教的慈悲救世和我们党的宗旨是不矛盾的；第三，佛教有代表劳动人民的经典(如《坛经》)；第四，宗教是文化；第五，不能伤害宗教感情；第六，宗教应该坚持改革，不断改革，不断前进。邓小平强调以经济建设为中心，党中央也相应地提出把无神论和有神论、宗教徒和非宗教徒的对立摆在次要位置的论断。这实际上也是继承了中国的传统，中国历史上政治和宗教的关系总的情况是比较协调的。到了第三代领导时，江泽民和李瑞环等中央领导同志提出了更多的关于宗教的新观点：第一，宗教教义中存在着积极因素。这个判断非常重要。由此看出我们党前进了，在理论上有了发展。第二，提出“积极引导宗教与社会主义社会相适应”的命题，这就为宗教活动和宗教工作提供了一条总的路线，也非常重要。第三，把“五性”提炼为“三性”，即长期性、群众性、复杂性，抓住了中国宗教的本质属性。第四，“三个代表”重要思想。这为我们探讨党的指导思想和宗教工作的关系提供了一个十分重要而广阔的空间。这是一篇大文章，我们要认真做好。

总结三代领导人的宗教观，我认为：第一，宗教是文化，毛泽东非常明确地强调这一点，赵朴初先生前也很强调毛主席的这个论断。第二，宗教的产生往往是代表被压迫人民反抗现实苦难的愿望。第三，宗教教义中有积极因素，同样值得弘扬。第四，宗教能够与社会主义社会相协调。这些是我们党三代领导人主要的宗教观点。

最后，近五十多年来宗教工作经验的理论升华。

我认为，五十多年来，宗教工作中有四件事情是非常重要的：第一，“三自”爱国运动，独立自主办教会，佛教、道教的民主改革，这都是很有必要，也是很成功的。第二，文化大革命造成对宗教的强烈冲击，是失败的，其后果是造成了宗教的强烈反弹。第三，提出了“积极引导宗教与社会主义社会相适应”这样一个命题。第四，就是现在提出的“三个代表”重要思想。我认为，“三个代表”重要思想包含着代表宗教徒当中的一些先进工作者，包括搞科学技术的；包括我国宗教中的一些合理的积极的思想，也是先进文化的组成部分；一亿多信教群众更理所当然地属于我们最广大的人民范畴里。所以，“三个代表”重要思想进一步密切了我们党与宗教界的关系，为我们党进一步引导宗教与社会主义社会相协调提供了一个非常广阔的空间。

宗教与当代中国社会*

研究宗教与当代中国社会①的关系，是一个具有现实意义的课题，它涉及宗教在当代中国社会的地位和作用，当代中国社会对宗教的制约和影响，以及对宗教与当代中国社会未来关系的瞻望等问题。本文拟分四个部分就这些问题进行初步的探讨。

当代中国宗教的现状

中国是一个多宗教的国家。当代中国存在的主要是从历史上延续下来的五大宗教，即佛教、道教、伊斯兰教、天主教和基督教，此外尚有一些在局部地区存在，为某些少数民族所信奉的古老宗教。当代中国宗教的情况应从静态和动态两方面进行考察和分析，也就是要从宗教徒的数量、素质、分布、组织、活动及其变化等方面作多维的、综合的考察和阐述。

---

* 原载《学术月刊》1990年第1期。

① 指新中国成立以来的社会主义社会。

从教徒的数量来看。基督教现有400万信徒，天主教信徒为330万人，伊斯兰教徒有1400万人，佛教(在藏、蒙、傣等少数民族地区几乎是全民信仰的宗教)现有信徒约900多万人(其中信仰藏语系佛教的信徒约760多万人，信仰巴利语系佛教的信徒约150万人)。汉族地区的佛教徒，20世纪五十年代初僧尼约为50万，现在出家的僧人，尤其是在家信徒的实际人数很难计算。道教的影响是存在的，但信徒不多。新中国成立40年来，值得注意的有两点：第一，伊斯兰教徒由20世纪五十年代初的800多万发展为现在有1400万人，它是随着信教的十个少数民族人口的增加而增长的；第二，基督教徒由20世纪五十年代初70万人发展为400万人，主要是在20世纪七十年代末以后增加的。从总体来说，当前中国宗教信徒和20世纪五十年代初比较，虽然绝对数量有所增加，但在全国总人口中所占的比重则有所下降。

教徒素质方面。以广州一个市区和安徽的一个县的基督教徒为例来说明。广州东山区现有基督教徒2500人。1986年在该区东山礼堂洗礼的56人中，30岁以下的有25人，其中工程师、技师各1人，大学生和护士各2人，医师3人。从1979年到1986年，该堂发展教徒557人，青年占30%。该区救主堂从1985年至1987年发展的教徒61人，青年占40%①。安徽响水县1985年统计共有基督教徒8345人，其中男2167人，女6178人。年龄结构情况：18岁至35岁的1474人，36岁至45岁的846人，46岁以上的6025人。文化程度：文盲5768人，小学1677人，初中797人，高中103人。这两类例子当然不能完全反映中国当代各种宗教徒的素质，但具有一定的代表性。在

① 钟晨歌：《能否为发展生产力服务是衡量宗教工作的标准》，载《宗教》，1988年第2期。

中国，宗教徒素质的共同点是三多三少：女多男少；老多青少；文化低的（乃至文盲）多，文化高的少。城乡教徒的相异点，是城市教徒文化程度较高，其中甚至还有少数的高级知识分子，农村教徒则文化程度普遍偏低，文盲几乎占70%。值得注意的是，近年教徒素质所发生的两种变化，一是青年教徒的增加，二是文化程度较高的教徒增多。总的来说，当代中国宗教徒的素质低，结构不佳。

中国宗教的地理分布有着自身的特点。佛教分为三支：汉语系佛教广泛分布于汉族地区；藏语系佛教集中在藏、蒙、土和裕固族地区；巴利语系佛教，通称南传上座部佛教，为傣、布朗、崩龙和瓦族人民所信奉。后二支佛教几乎是少数民族的民族性宗教。伊斯兰教主要分布在西北地区，为回、维吾尔、哈萨克、乌兹别克、柯尔克孜、塔吉克、塔塔尔、东乡、保安、撒拉等十个兄弟民族所信奉。基督教（新教）和天主教的传入和海上交通运输的发展有关，因此在沿海地区最为兴盛。其中基督教约三分之一集中在闽、浙、粤三省，同时某些少数民族地区也都集中有大量信徒。东正教信教较少，其中大多数集中在东北和新疆地区。道教徒人数也不多，他们多分散在汉族地区，尤以赣、江、浙、皖、陕、川、豫、湘、鄂等省的山区较多。中国宗教的地理特点：一是西南、西北某些少数民族地区基本上信奉佛教或伊斯兰教；二是广大汉族地区是佛教、道教、天主教、基督教共存并行。

当代中国宗教具有严密的组织性，自上而下形成了各自的群众性团体。中国五大宗教共有八个全国性的宗教组织，即中国佛教协会、中国道教协会、中国伊斯兰教协会、中国天主教爱国会、中国天主教教务委员会、中国天主教主教团、中国基督教“三自”（自传、自治、自养）爱国运动委员会、中国基督教协会。各地根据教徒情况也建有相应的地方性宗教组织。所有这些组织的基本任务是负责组织和指导教徒的宗教活动。由此可见，中国宗教徒的宗教生活也是具有相当的组织性的。这和古代、近代的宗教有所不同。

中国宗教教育事业的逐步展开，对传教事业继承人的培养、广大教徒素质的提高，以及寺庙教堂的管理都具有直接的重要意义，是关系到宗教的传承和发展的大问题。据 1988 年统计，迄今为止经国务院批准创办的宗教院校共有 29 所，在校学员 2000 多人，由省市创办的宗教院校 15 所，学员近 700 人。宗教院校培养的目标是要求在政治上热爱祖国、拥护中国共产党的领导和社会主义制度，同时又具有相当充实的宗教知识，毕业后由学院推荐到各地寺庙教堂接任管理工作。应当说，这是一种先进的培养和传承方式，将对宗教的发展产生深远的影响。

宗教活动场所和宗教生活的恢复，是当前中国宗教现状中最引人瞩目的焦点。由于“文革”期间使一大批寺庙教堂遭到破坏，广大信徒没有宗教活动场所，因此修缮恢复被破坏的寺庙教堂，开放宗教活动场所，一度成为宗教界最为迫切的问题。随着宗教政策的落实，宗教活动场所逐步恢复和开放。如在“文革”中基督教的全部教堂均被关闭，近 9 年来平均每天开放 3 个新教堂，现已有 5000 多所新教堂供教徒过宗教生活。广大教徒的宗教信仰自由的权利得到了保障。值得注意的是，自 20 世纪七十年代后期起，国家工作转为以经济建设为中心，实行改革开放，广大在家信徒纷纷投身于经济建设的洪流中去，生产、经商、工作，十分繁忙，没有时间或很少时间参加宗教活动，有的全家多人信教就只好轮流参加宗教活动，有的则以奉献钱财作为对神的亏欠的弥补。应当说这种情况已潜伏着淡化宗教信仰的可能。

总起来说，当代中国宗教作为一种社会组织，被视为是一种社会爱国的群众团体，爱国统一战线的一个组成部分。宗教是中国当代社会中一种不可忽视的力量，它的特殊的社会作用是引人关注的。

宗教在当代中国社会中的作用

宗教作为思想信仰、文化现象和社会实体，在当代中国社会中起的作用是什么呢？这些作用又有什么特点呢？我们从政治、经济和文化三方面来进行分析。

宗教与中国当代政治的关系主要表现在四个方面：社会政治制度、统一战线、民族团结和国际交往。

(一)新中国成立后，宗教经过改革，摆脱了国外的控制、利用，逐步废除了宗教内部的压迫制度。宗教已不再干涉司法、行政，广大信徒是拥护人民民主制度，遵守国家宪法和法律的。宗教界上层人士还避开了宗教经典中某些与政治制度相抵触的说法，并在一系列政治斗争中采取支持党和政府的立场。事实上，广大信徒，主要是农民、工人和知识分子，他们也是劳动人民、同是社会主义国家的主人，同是国家政权的主体。教徒和非教徒、宗教界和社会主义国家的根本利益是一致的。(二)宗教界是我国广泛的统一战线的一个组成部分。各教的宗教团体在团结广大教徒方面发挥了有益的作用，增强了全国人民的大团结。宗教界上层人士还提出了爱国主义口号，用不同的宗教语言宣传爱国主义思想，用爱国爱教一致的观念教育信徒，维护和巩固爱国统一战线。(三)宗教与民族的关系，在藏、蒙、傣、回、维吾尔等少数民族地区，两者几乎是不可分离的。佛教和伊斯兰教在这些地区不仅是维系本民族的重大因素，也是各民族之间相互联系的重要纽带。应当肯定，无论是佛教还是伊斯兰教的神职人员，多是强调不同民族之间的团结友爱，从而在维系祖国各民族的大团结中发挥了重大的作用。同时也应当看到，有少数宗教界上层人士竭力宣扬宗教、民族、语言、地理的特殊性，企图分裂祖国，这理所当然地遭到了各族人民的反对。(四)宗教界的国际交往是我国对外关系的重要方面，对于增强我国与世界各国人民的了解和友谊具有重要意义。近40年来通过宗教界人士的互访，组织和参加宗教国际会议(包括国际学术会议)，参观朝拜宗教圣迹，增进了外国友人对中国的友好情谊，也有助于维护世界和平。

宗教与当代中国经济的关系，主要是宗教界在社会经济制度改革、经济建设和十年来改革开放中的表现和态度问题。新中国成立后，经过社会经济制度的深刻改造和宗教制度的重大改革，一般来说，宗教内部的封建特权和压迫剥削制度已经废除，从而发生了与新的社会经济制度相适应的历史性变化。在随后的经济建设进程中，出家僧侣积极投身于生产服务性劳动。如从事农田、育林、种茶等生产，从事多种经营；在城市则多从事缝纫编织等手工劳动。一些属于名胜古迹的寺庙殿堂，所在僧侣也从事服务性劳动。至于广大在家教徒更是积极参加工业、农业、商业的生产和经营活动，为四化建设贡献自己的力量。在改革开放、搞活经济的热潮中，广大信徒充分发扬了主人翁精神，投身于社会主义建设中。据统计，1985年上海市有350余位天主教徒被评为各级先进模范人物，615位基督教徒获各种先进称号①。武汉市近年来仅天主教界就涌现出劳动模范和先进生产

① 《中国社会主义时期的宗教问题》，132页。

者160多人[①]。实践表明，社会主义经济建设、改革开放，是和广大教徒在发展生产的基础上改善生活的要求相一致的，是完全符合广大教徒切身利益的。可以预言，广大教徒对于当代中国的经济建设事业必将作出更大的贡献。

宗教与当代中国文化的关系，呈现出复杂的情况。首先在世界观方面，宗教世界观的核心是对神的崇拜，是有神论、唯心论，而社会主义中国提倡的是无神论、辩证唯物主义、历史唯物主义。这就表明宗教与社会主义国家在世界观上是对立的，不可调和的。但是，中国共产党和政府明确肯定信仰的不同是属于思想范畴的问题，是次要问题，即不应妨碍宗教界和非宗教界的政治团结，应共同为社会主义社会而奋斗。党和政府的这种方针具有重要意义。我们应当看到，宗教世界观适应了宗教徒的心灵需要，他们从中得到安慰、满足、鼓舞，从而有助于社会主义社会的安定，这也是非常明显的客观事实。当然，也不排除有人利用宗教作为幌子，进行封建迷信活动以及某些宗教活动与迷信活动结合起来，影响正常的生活秩序和生产秩序。在道德方面，宗教道德作为人类社会道德的一部分，如不偷盗、不妄语、不邪淫等戒条，“诸恶莫作，众善奉行”的修持原则，是符合人类生存和社会发展需要的，是与社会主义道德原则并行不悖的。近40年的历史表明，宗教徒集中的地区，一般地说是讲究卫生、村(市)容整洁、尊老爱幼、家庭和睦、邻里团结，社会安定的。一些宗教道德是有益于社会风尚的。其次，宗教作为历史文化传统，广泛而深入地渗透到文学、艺术领域，成为历史文化的组成部分，是我们应当谨慎地

① 见《宗教》1988年第2期载《正确认识信仰宗教的公民同社会主义精神文明的关系》。

批判继承的。至于许多宗教历史文物和名胜古迹，如果导向得当，对于培养人们的爱国主义感情和陶冶情操都将产生良好的作用。最后，宗教界也集中了一批具有高层次文化素养的群体和精英，如 1987 年国家科技成果发明奖全国唯一一等奖的获得者王菊珍就是上海的一位女基督教徒。一些教徒组织社会文化活动，显然也是促进了文化建设发展。

近 40 年来，宗教对社会主义社会持配合、合作、支持的态度占主导地位，在当代中国社会生活中所发挥的积极作用是主要的，消极作用是次要的；在社会政治、经济和文化生活中，宗教在政治、经济方面的作用并不居重要地位，而在文化方面的作用是显著的，也是重要的。

当代中国社会对宗教的强烈影响

宗教是由社会诸因素决定的。中国现实社会对于宗教的影响和作用，主要有以下三个方面。

(一)政治的巨大制约作用。中国共产党和人民政府的宗教政策对于宗教的作用极大，直接决定了宗教的发展变化。新中国成立以来，中国宗教发展势态的三个阶段，就是政治作用和影响的表现的结果。1950～1956 年，中国政府对宗教采取保护政策，尊重宗教信仰，贯彻宗教信仰自由，同时推动宗教制度的改革，废除了宗教内部的封建特权和压迫剥削制度，排除外国敌对势力对中国宗教的控制、渗透，促进了宗教活动的正常开展。1957 年～1976 年，党和政府对宗教的工作中“左”的错误逐渐滋长，六十年代中期更进一步地发展起来，林彪、江青反革命集团肆意践踏党和政府对宗教的正确方针，强行禁止信教群众的正常宗教生活，把宗教界的爱国人士甚至一般信徒都当作

“专政对象”，宗教活动几乎陷于停顿状态，宗教遭到严重的破坏、摧残。1977年直至现在，尤其是1978年党的十一届三中全会以后，开始全面拨乱反正，宗教信仰自由政策重新得到落实，宗教活动日益趋于正常化。

从近40年中国宗教所走的坎坷历程看，党和政府的宗教信仰自由政策的贯彻执行对宗教的巨大影响。20世纪五十年代初期，宗教制度改革推动了宗教界在政治上取得了重大的进步，在经济上使广大信教群众成为自食其力的劳动者，同时，在宗教活动上也沿着正常的轨道开展。相反，“文化大革命”中，林、江反革命集团企图用高压手段一举消灭宗教、其结果虽然使宗教受到重大打击和摧残，但是，越是实行高压政策，信徒的宗教信仰、宗教情感越是坚定、强烈，而且还会触发非教徒群众对宗教的同情和支持。历史一再表明，运用政治高压手段，可以拆毁宗教设施，强令僧人还俗，禁止公开的宗教活动，但是不能消灭在人们头脑中的宗教信仰，只要高压停止，被压抑的宗教信仰就会重新强化起来。由此说明，宗教信仰自由政策，是在社会主义条件下规范国家与宗教的关系的最正确方针。

(二)宗教传统的强大影响。传统是一种巨大的力量。一部漫长的中国宗教发展史所形成的宗教传统，必然给当代宗教以强大的影响。这种影响主要表现在三个方面：首先，宗教的民族性传统。在宗教力量密集的地区，几乎是全民族信仰同一宗教的，寺庙成为这些民族的信仰、文化、教育中心，宗教活动成为人们日常生活的组成部分。宗教还广泛地渗透到这些民族的思维模式、生活方式、情感意志和节日活动、饮食习惯等种种习俗之中，宗教和这些民族的生活交融在一起。在新疆，伊斯兰教的绝大多数教派并没有入教手续，穆斯林家庭的孩子生下来就是穆斯林。在藏族地区，也以皈依佛教，当上喇嘛为荣。这种宗教传统和民族传统交融在一起的双重传统，对当地宗教的影响无疑是巨大的，而且将会长期地存在。其次，宗教文化传统。中国各种宗教程度不等地同中国固有的哲学、道德、文学、艺术、教育、风俗相结合，形成自身独具特色的宗教文化。体现宗教文化的宗教典籍、寺庙教堂、仪式规范、节日活动和以宗教为题材的文艺作品，等等，随时向人们传递宗教传统的信息，给人们以强烈的影响。尤其是一些历史形成的名山胜地，对于周围群众和各地信徒的吸引力也更甚。这种影响会因不同的契机而导致一些人转向宗教，并使原来信徒坚定自己的信仰。宗教传统文化是中国宗教得以继续存在和发展的重要条件。再次，是家庭传统。中国历史形成的宗法观念，使家庭在社会生活中居于突出的地位，而在家庭中家长又处于支配、主宰的地位，父母对于子女的影响是很大的。至于在教徒的家庭中，家庭宗教传统的耳濡目染的熏陶，潜移默化的影响。被称为“传代教”的天主教，按照教规父母对子女从小就要进行宗教教育。有的孩子在出生前就被父母“奉献给神”，向神许愿，子女长大后要做教职人员。近40年来，出身于教徒家庭的青年教徒是比较多的，这表明家庭宗教传统影响的巨大。

（三）贫穷落后是宗教得以滋长的根源。一个国家的社会经济和文化状况对于宗教的存在、发展、变化有重大的意义。我国的经济文化仍处于不发达的阶段。经济贫困现象在某些山区、边疆地区和自然条件差的地区是普遍存在的。至于文化落后，只要举出全国尚有2亿多文盲就足以说明这个问题的严重性了。近40年来的事实表明，许多教徒是因患病无力医治和久治不愈而信教的，教徒中文盲所占的比例也很高。贫穷、落后、愚昧的确是中国当代宗教的最深刻的根源。

近10年来改革开放带来的社会经济生活的变化，推动了某些社会结构的松解，价值取向的转换。一些习惯于单一经济、吃大锅饭的人感到迷惑、恐惧，而到宗教中寻找慰藉。一些生活贫困的人，有的选择宗教职业作为谋生的手段；有的则祈求神灵保祐农牧业丰收。一些生活获得显著改善的人，要求进一步丰富精神文化生活，有的就从宗教中寻找这种需要的满足；有的富了更想富，就求神拜佛。但历史事实也表明，经济状况对于人们信教的诱发、驱动作用是相对的，不是绝对的。在当代中国，贫困落后地区的宗教确比富裕发达地区要兴盛得多，但也有相反的情况，某些富裕、发达地区的宗教却比邻近的贫困落后地区更为昌盛，这又说明一个地区宗教的发展是由许多因素而不是由单一因素所决定的。

还应当指出的是，随着改革开放方针的贯彻，我国与国外的政治、经济、文化的交往增强，促进了我国经济建设发展，同时，外国的宗教活动和信息影响传递到中国来，而且在一些人的心目中形成一种把基督教和西方文化与现代化三者等同起来的错觉，对宗教跃跃欲试，乃至皈依宗教，这也是不能忽视的。

宗教与中国社会主义社会关系的瞻望

宗教与今后中国社会主义社会的关系又将如何呢？从中国宗教与中国社会主义社会两个方面的情况以及近 40 年来的相互关系来看，似乎可以得出如下的看法。

(一)相容：宗教与社会主义社会能否相容？能否长期相容？这是宗教与社会主义社会相互关系的首要问题，对于这个问题的回答是肯定的。近 40 年历史证明，宗教与社会主义社会是能够互相容受，共存共处的。宗教与社会主义的相容性，最核心的问题在于政治上是相容的。中国宗教界的一般信徒多是劳动人民，至于上层人士则多是爱国者，他们拥护社会主义，拥护人民民主制度，而中国共产党实行统一战线政策、宗教信仰自由政策是长期不变的。宗教界的政治态度和党的有关政策的吻合，决定了宗教与社会主义社会的相容性。我们认为，只要宗教界坚持爱国爱教一致的立场，拥护中国共产党的领导和社会主义制度，只要党和政府坚定贯彻执行宗教信仰自由政策，宗教与社会主义社会的相容性就能够长期地保持下去。

（二）协调：宗教与社会主义社会能否协调，主要是宗教能否与社会主义国家的基本方针、政策和中心任务相互配合、协力适应的问题。对于这个问题的回答也是肯定的。在宗教与社会主义社会相容的基础上，国家的方针政策和确定的任务符合包括宗教界在内的全国人民的愿望和利益，宗教界发挥人民当家做主的国家主人翁的精神，遵守法纪，同心协力，为执行国家的方针政策，实现国家所确定的任务而共同奋斗。事实充分表明，宗教界对于社会主义经济建设，和全国其他各界人民一样，同样是热情参加的，是一支社会主义经济建设的重要力量。对于改革开放，宗教界也同样积极投身于脱贫致富，勇于开拓。许多事实表明，宗教界也是改革开放的生力军。40年来的实践表明，宗教界与政府双方共同珍惜和维护协调关系是十分重要的。政府领导工作中“左”的错误，是导致损害协调的一个原因，宗教界少数人过于强调特殊，乃至于进行分裂祖国、反对祖国的活动，是导致损害协调的另一原因。消除这种损害协调关系的原因，是有重要意义的。

（三）差异：宗教与社会主义社会的基本差异，表现为宗教有神论信仰与社会主义国家提倡的唯物论、无神论世界观的不同，也就是两种信仰、两种世界观的对立。对这种思想差异如何估价，及其与社会政治生活、经济建设的关系如何分析，是处理宗教与社会主义社会关系的一大问题。中国共产党十一届三中全会以来，总结了以往宗教工作的经验教训，把宗教信徒与非信徒的思想信仰的差异置于比较次要的地位，强调双方在爱国主义的基础上求同存异，强调信教群众与不信教群众在政治上、经济上的根本利益的一致，提倡彼此在政治上增强团结，共同为实现祖国的四化建设大业而奋斗。历史证明，这是对待和处理宗教与社会主义社会的差异的正确方针，是收到了成效的。当然，某些坏人会利用宗教作幌子，进行封建迷信活动，影响和破坏正常的生活秩序和生产秩序，这就需要通过在政策上和实践上分清宗教与迷信的界限，以保护宗教信仰，打击迷信活动。

（四）敌对：宗教界的某些成员在某种特定条件下也会与社会主义社会形成敌对关系，这主要是国外宗教敌对势力，趁开放之机，向国内渗透，利用基督教内部的极少数人，反对基督教的“三自”爱国运动，反对社会主义制度。此外，也有在宗教外衣掩盖下，从事非法的地下活动等，这就需要分清两类不同性质的矛盾，分别用处理敌我矛盾和人民内部矛盾的方法解决，以消除敌对性的矛盾。这也说明，宗教界和国家双方警惕矛盾的转化，敌对矛盾的出现，并及时解决矛盾是十分重要的。

和谐社会的构建与中国宗教的作用*

胡锦涛同志近日在省部级主要领导干部提高构建社会主义和谐社会能力专题研讨班上的重要讲话中明确指出："我们所要建设的社会主义和谐社会，应该是民主法治、公平正义、诚信友爱、充满活力、安定有序、人与自然和谐相处的社会。"又说："实现社会和谐，建设美好社会，始终是人类孜孜以求的一个社会理想，也是包括中国共产党在内的马克思主义政党不懈追求的一个社会理想。"构建和谐社会，必将加快建设小康社会的步伐。我们要在和谐中求发展，在发展中增强和谐。

和谐与和谐社会的本质要求

当代著名哲学家、哲学史家张岱年先生在《哲学思维论》中阐述了哲学思维和方法，他把"和谐"列入辩证法的基本概念中，指出："对待(按：即对立统一)不唯相冲突，更常有与冲突相对峙之现象，是谓和谐。……和谐包括四方

* 原载《中国民族报》2005年7月5日第3版。

面：一相异，即非绝对同一；二不相毁灭，即不相否定；三相成而相济，即互相维持；四相互之间有一种均衡。”从上述对和谐的界说来看，哲学层面的和谐就是矛盾的相对统一、一致，和谐的本质就是事物发展中矛盾的均衡状态，也就是相异事物互不毁灭，相成相济，互不失衡，平衡发展。应当承认，动态和谐、动态均衡，是矛盾运动和事物发展的常态。

和谐社会的“社会”，是指与政治、经济、文化相并列的一个具体的发展领域。“和谐社会”包括了人与自我、人与人以及人与自然的和谐3个方面，但主要是指社会关系的和谐。人自身的和谐，即社会成员的身心和谐是和谐社会的基点。人与自然的和谐为和谐社会提供必要的条件和生存的空间。人与人的社会关系和谐，包括个人与个人、个人与群体、群体与群体等之间的关系。“利之所在，天下趋之。”人与人之间的关系，本质上是一种利益关系。因此，政府如何确立利益平衡和协调机制，妥善处理人们之间的各种利益关系，对于实现人与人之间、社会各群体之间、各阶层之间关系的和谐，具有基础性、关键性的意义。

宗教和谐是和谐社会的重要方面

宗教和谐的含义有4个层次：一是不同宗教、不同教派内部信徒之间的和敬，二是不同宗教信徒之间的和睦，三是宗教信徒与非信教群众之间的和谐，四是宗教作为一种文化形态与社会领域之间的协调。应当说，当前中国宗教和谐是有目共睹的，但是进一步提高中国宗教和谐的质量，仍是任重道远。

为了构建宗教和谐关系，我们要清醒认识我国社会转型中的宗教问题及其发展趋势。首先是宗教人口不断增加。早在20世纪50年代，周恩来总理称中国宗教信徒约1亿人，现在半个世纪过去了，中国人口翻了一番多，其间宗教人口增加的绝对量肯定是很大的。随着宗教信徒的增加，宗教对社会的影响力也日趋增强。其次是宗教内部结构发生变化，诸如城市基督教中形成的"知识精英"教徒和"老板基督徒"两个新兴群体，将对社会产生深刻影响。再次是信教群众维护自身权益和宗教内部的利益之争，将为宗教方面的矛盾和纠纷增添许多不确定的变数。以上情况表明了在社会和谐中宗教和谐的重要性。

民族性和国际性是中国宗教现象的重要特点。汉族与各少数民族、各少数民族之间的宗教信仰有着显著的差异。一般而言，汉族民众是多神崇拜，信仰复杂，正式信徒较少。少数民族之间的宗教信仰也有所不同，总的说来，少数民族的宗教信仰比较专一，宗教传统久远牢固，宗教信徒比较多，有的几乎是全民族信教。由此可见，构建宗教和谐，对于维护与增强汉族与少数民族之间、各少数民族之间以及不同民族内部的和睦团结具有重大意义。可以说，只有宗教和谐，才能有巩固的民族团结；只有宗教和谐，才能全面实现社会和谐。再就国际性特点来说，中国宗教信徒中，佛教、伊斯兰教、天主教、基督教等世界宗教占有的比重最大，我国周边国家多是奉行不同世界宗教的国家，我国宗教界与其他国家的相关宗教界有着千丝万缕的关系。由于我国宗教的正式信徒相对较少等诸多复杂原因，我国被某些国外政界和宗教界的人士视为有待开发的广阔宗教市场，从而使我国宗教工作和宗教问题的国际因素更为凸显。如何进一步构建我国宗教的和谐关系，对于维护宗教与社会主义社会的协调适应，维护我国与周边国家的睦邻友好，以及国际关系的稳定安全，都有着不可忽视的重要意义。

宗教和谐也是利益层面的和谐，但由于宗教是有独特信仰的群体，因此价值观念层面的和谐，对于宗教来说，又具有特殊重要的意义。在社会矛盾的两种驱动因素，即利益驱动和价值驱动中，对宗教来说，价值驱动的作用越来越大，价值认同的和谐越来越重要。因此，信仰上互相尊重在构建宗教和谐中的意义是无论怎样估价也不会过高的。

发挥宗教在构建社会主义和谐社会中的积极作用

广大信教群众是建设中国特色社会主义的积极力量，同样也是构建社会主义和谐社会的重要力量。由于宗教教义具有构建和谐社会的内在诉求和理论机制，蕴涵了构建和谐社会的丰富思想资源，因此，若能积极发挥宗教有关和谐共处的优良传统，必将有助于社会主义和谐社会的构建。

宗教有关构建和谐社会的重要优良传统有：第一是宗教间互相包容的传统。中国宗教史表明，各宗教之间虽有对立的一面，但也有融合的一面，如佛教与道教就由冲突走向融合，道教与民间宗教也长期处于融合的状态。我国宗教并没有因为信仰价值的差异而导致长期冲突，更没有宗教之间的战争，相反是在长期的和睦共处中各得其所。第二是爱人利他的传统。如佛教的平等慈悲、容忍布施的理念，道教的“齐同慈爱，异骨成亲”思想，基督教和伊斯兰教的爱人仁慈、慈善公益的主张，都有助于人与他人、人与社会的和谐。第三是爱国爱教的传统。历史与现实都表明，中国宗教都主张把爱教与爱国统一起来，积极维护国家的主权、独立、荣誉和根本利益。如佛教提倡的“庄严国土，利乐有情”，道教的“弘扬道教，即所以救国”，伊斯兰教的“国家兴亡，穆民有责”等主张，都体现了宗教的爱国、护国的崇高精神。第四是关爱自然的传统。宗教普遍认为宇宙是一个整体，人与自然是一个整体。如佛教的缘起共生论，认为人与自然万物都是由各种原因、条件而相辅相成的，道教视天、地、人为一个统一的整体，都十分尊重自然，主张善待万物，提倡人与自然的和谐。

为了切实有效地发挥宗教在构建社会主义和谐社会中的积极作用，笔者有3个建议：一是为了提高宗教界参与构建和谐社会的自觉与能力，各宗教团体要召开专门研讨会，以“宗教与构建和谐社会”为中心，发掘整合本宗教教义教规中的有关资料，并形成专集与宣传品，以普及于本宗教的广大信众，使发扬各宗教的优良传统转化成信众的实际行动。二是宗教界要进一步加强参与社会事业的力度，即大力开展慈善救济等社会公益事业，关爱社会弱势群体，缓解社会矛盾和困难。笔者还认为，宗教界也可以严格按照教育部办学规定，逐步试办小、中、大学，以利于中华民族科学文化素质的提高，也利于宗教资金的合理分流。三是宗教界参与构建和谐社会，关键是人，是宗教信徒，为此要大力办好宗教院校，培养人格高尚、知识丰厚、爱国爱教和富有开创能力的宗教人才，以利于持续不断地提高宗教界参与构建社会主义和谐社会的能力和水准。

我们深信，只要中国宗教界人士具有自觉意识，大力发挥上述优良传统，专心致志，持之以恒，形成风气，形成氛围，就一定能够维持宗教和睦，进而推动社会主义和谐社会的不断前进。

宗教在经济社会发展中可发挥积极作用*

党的十七大报告提出："全面贯彻党的宗教工作基本方针，发挥宗教界人士和信教群众在促进经济社会发展中的积极作用。"新党章总纲也提出："团结信教群众为经济社会发展作贡献。"这充分说明党中央对宗教、宗教界、宗教工作的高度重视，也反映了宗教在国家社会生活中的重要地位和作用。

我们要认识"发挥宗教在促进社会和谐方面的积极作用"和"发挥宗教界人士和信教群众在促进经济社会发展中的积极作用"这两个提法是不矛盾的，是一致的。十七大报告和新党章的总纲的提法进一步指出了构建和谐社会的重点之一是经济社会方面，宗教界在促进社会和谐方面发挥积极作用重点之一是在促进经济社会发展中发挥积极作用。这是一个逻辑上的推进，如果说发挥宗教在促进社会和谐方面的积极作用是从总体来讲的，那么现在讲发挥宗教在促进经济社会发展中的积极作用就是把重点明确了。新党

* 原载《中国民族报》2007年11月13日06版。

章总纲指出："中国共产党在领导社会主义事业中，必须坚持以经济建设为中心，其他各项工作都服从和服务于这个中心。"宗教工作也要服从和服务于这个中心。

发挥宗教在促进经济社会发展中的积极作用，这是一个新的重大命题，为政府的宗教工作提出了一个战略任务，指明了相当长时间宗教工作应该如何做的重点；同时也为宗教界提出了时代的历史使命，就是要为推动经济社会的发展作贡献，具有重要的历史性的意义。十七大报告指出政府宗教工作部门的工作重点，政府要大力推动宗教促进经济社会发展的积极作用。就是要让一切宗教政策、宗教事务管理都要围绕这一重点来做。宗教界可能过去不是很明确这个任务，现在明确指出了宗教界在经济社会发展中能发挥积极作用，说明宗教界能够在历史发展过程中与时俱进，发挥积极作用。

这是一个理论的创新，对宗教认识进一步的深化，对宗教的积极作用作了肯定。肯定宗教不仅在促进和谐社会中有积极作用，在促进经济社会的发展中也能发挥积极作用。这就淡化了意识形态的差异性，突出了宗教的社会属性和社会功能。这也说明宗教工作的思路在进一步调整、转变和完善，宗教工作重在发挥宗教的积极作用，尤其是发挥在经济社会发展中的积极作用。比过去思路上有所前进和发展，这也是我党与时俱进品格的体现。提出发挥宗教在经济社会中的积极作用是围绕我党的工作中心任务来思考的。现在的中心任务是经济建设，那么具体怎样发挥宗教的积极作用，就是发挥宗教在经济社会中的积极作用，这抓住了中心，是配合中心来提出的，意义重大。这对宗教的价值判断、社会作用、未来走向提出了新的论点，丰富了中国化马克思主义宗教观。

怎样发挥宗教对经济社会的积极作用呢？这包含两个方面。一个是政府方面，要转变观念，要学习中央精神，比如十七大报告、新党章总纲。政府的宗教工作重心需要转移、调整，需要一些新的部署。

另一个是宗教界方面，也需要转变观念，不要把宗教信仰观念与推动经济社会发展对立起来，不要觉得这不是宗教的事情，不利于宗教信仰。要意识到宗教离不开社会，离不开经济建设这一整个国家的工作重心；要自觉地把宗教文化资源和经济效益、社会效益结合起来。要思考发挥宗教文化资源的途径、做法，不断创造新的经验。比如中国佛教如何继承和发扬“农禅并重”的精神，推动经济社会的发展是值得研究的问题。又如传统以寺庙为中心的经济活动交流，像五台山当时的骡马大会。我们现在可以在类似这种活动形式的基础上有所发展，有所创新。宗教活动对群众生活是一个调节，宗教节日、庆典的举行，同时也可以推动经济交流活动。我们要多开动脑筋多想一些方法。

笔者认为，少林寺可以说是汉传佛教在促进经济社会的发展中发挥积极作用的一个典型。少林寺宗教活动带来了推动当地经济的大发展。少林寺所在的河南登封市财政收入相当一部分跟少林寺有关，少林寺带动了整个市的经济发展。笔者觉得它是成功的。少林寺形成了人间佛教的具体道路，推动禅修与武术的结合，禅修有利于心性的调整，武术有助于身体的保健，所以这应该是有利于人们的身心健康的。少林寺这样的发展模式是人间佛教的一种新形式，应该是很有生命力的。少林寺现在已名声在外了，对外传扬了我们的佛教文化。这对我们国家的软实力的提升有很大好处。笔者觉得应该对少林模式进行专题研究，成功经验要加以弘扬。各个寺院丛林情况不同，各个宗教情况也不一样，但都应该可以从它的经验中受到启发，结合自己的具体情况走出新的路来，这对国家的发展和宗教自身的发展都是有利的，应该会是双赢的结果。

此外，笔者认为提出发展宗教在促进经济社会发展中的积极作用并不意味着宗教对社会文化直接的巨大的作用被削弱、被忽视、被淡化。我们要一如既往地发掘和发扬宗教中的积极因素为社会主义精神文明建设服务。社会主义物质文明与精神文明两个建设是辩证的互动关系，我们要善于把两个建设结合起来，推动两者的良性互动，我们要善于发挥宗教在两个建设中的积极作用，从而不断推进社会主义社会全面协调可持续的和谐发展。

宗教与科学的关系*

说起宗教与科学，人们很自然地想到两幅画面，一是挺立在“宗教裁判所”火焰中的布鲁诺，二是爱因斯坦对宗教价值的肯定。

这两幅并不和谐的画面或许反映了宗教与科学之间两种流传最广的关系，这就是“冲突说”与“互补说”。

罗素曾经说过，宗教与科学的冲突是不可避免的，科学最终将战胜宗教。这可能是西方近代无神论者的一般观点。在他们看来，宗教建立在非理性的基础上，是对超自然力量的崇拜和信仰；科学则是人类理性的结晶，是关于世界的客观的知识体系。宗教与科学是天然的死敌。这一思潮传入中国后，对20世纪的中国思想和社会都产生了深远的影响，这集中表现为负面地理解宗教的社会功能，去“宗教化”式地解读中国传统文化，以及在社会体制上压缩宗教的生存空间。“冲突论”在国内外至今还有很大影响。

另一种对宗教与科学关系的重要概括是“互补说”，主

---

* 原载《中国宗教》2002年第4期。

要以西方宗教背景的科学家群体为代表。他们认为，宗教与科学分属不同的范畴，是人类生活的两大方面。比如爱因斯坦就说，科学为人类提供知识和理性力量，宗教为人类提供仁爱和精神力量。宗教与科学，一者重在解决人的精神难题，一者侧重于服务物质文明建设，是“两股影响人类的最强大力量”(怀特海语)，相互补充，缺一不可。

在冲突说和互补说之外，宗教与科学还有第三种关系，这就是“交融说”。互补与冲突的基础是宗教与科学之间的差异性，交融则体现了两者的同一性。宗教与科学都是人类把握世界的方式，有互相交叉、渗透、融合的一面。就方法论而言，宗教在实践上比较重视个人经验，但在思想体系的建构上，有的也充满了理性精神，内含丰富的科学认知方式。从历史上看，早期人类文明中宗教与科学是浑然一体的。在西方，基督教更是近代自然科学的一个直接思想资源。因此有人说，科学更多的是宗教观念的结果，而非其原因。同时，科学的进步也为宗教的发展提供了基础，改变着宗教的思想、形态和功能。从造纸术最早被用做佛经印刷，到今天的互联网传教，宗教从来都是最新科技成果的受益者。

在人类进入耶稣新千年和新世纪的时候，强化宗教与科学对话的必要性空前突出。当代科技的发展，既可以使人进入优渥生活的天堂，也能够置人的种群于死地，而克隆人等技术的成熟，更对人的价值、本质等问题提出了前所未有的拷问。现代科技武装下的宗教，在神学思想、组织形式以及社会功能上，亦是日新月异，扑朔迷离。

宗教与科学关系的再审视*

宗教与科学都关乎人类社会的命运与走向，宗教与科学究竟是怎样的关系，长期以来一直是学术界、宗教界探讨与争论的问题。

一、宗教与科学的界说

一般而言，宗教是以神灵崇拜为特征的思想信仰，是人们的精神生活的一种方式，是一种社会文化形态。科学本义是指学科分野趋于明晰化的“一科一学”，现通指关于自然、社会和思维的知识体系，是有别于宗教的另一种社会文化形态。科学通常分为自然科学和社会科学两大类，哲学是两者的概括和总结。实际上广义的社会科学包含了人文科学，而宗教学是人文科学中极为重要的一个分科。本文所论的科学是指自然科学而言。

宗教与自然科学是不同的两种文化形态，有着显著的差异和区别：其一，相对而言，宗教信仰偏重于人们的精

* 原载《中国宗教》2005 年第 5 期。

神生活、心灵调适、情感世界，而科学活动则偏于物质生活、社会生产、自然世界；其二，宗教在方法上比较多的是采用想象、比喻、直观、直觉、体验、证悟等方法，科学的方法则重假设、实验、实证、逻辑推理等；其三，宗教在社会历史上发挥了极为复杂的多重作用，而科学则直接推动生产发展和社会物质生活的进步。宗教和科学的这些差异和区别说明，我们在把两者进行比较时，必须确定参照系统，谨慎地对具体问题进行具体分析。

二、宗教与科学发生联系的内在机制

宗教与科学是对立统一的关系。两者虽有显著的差异和区别，但彼此又并非互不相干，而是有着密切关系的。那么，形成两者密切关系的内在机制又是什么呢？

第一，认识对象的同一性。从认识论视域来看，宗教与科学都是以人与世界为认识对象，即两者的认识对象是相同的。宗教作为一种思想信仰，虽然侧重于赋予生命意义，揭示生命价值，但是生命存在于环境之中，生命的意义、价值离不开对生存环境的考察、认识，也即离不开对世界的审视、认知。宗教对人与万物的起源、生命的本质、宇宙的结构与层次，以及时间与空间的关系等涉及宇宙论和本体论的问题决不是漠不关心的。如佛教就提倡学习“五明”，即五种知识、学问，其中“医方明”即医药学，“工巧明”即工艺、历算、技术等学问。基督教也主张信徒要努力探求上帝创造出来的世界的奥秘。虽然自然科学重在追求科学真理，偏于工具理性；宗教重在道德修持，偏于价值信仰，但是由于宗教与科学认识对象的同一性，决定了两者既同样具有世界观意义，也同样具有认识功能，由此也可见，两者在世界观内容与认知功用上的互动、互渗、互补、互促是必然的。

人类对主体世界与客体世界的认识、把握是永无止境的。迄今为止，人类的已知世界是有限的，未知世界是无限的，需要人们一代接一代从各个角度进行探索。宗教与科学对世界的把握各有其长处与局限。在探究无限世界的过程中，宗教与科学之间互相取长补短，不仅是必要的，也是可能的。

第二，认识方法的互补性。如上所述，宗教与科学在认识方法上有所不同，这是从不同侧面反映对世界的认知，而不同的认知带来了彼此挑战与互相回应，从而构成了两者的互补关系。此外，还应当承认，宗教的认知方式中也包含了逻辑规则、理性精神；科学的假设中也吸取了宗教的想象、推测，这都是历史事实。

第三，认识主体的交叉性。宗教史和科学史表明，无论是道教、佛教还是基督教，其中有些人既是虔诚的宗教徒，又是卓有成就的科学家，如隋唐之际的道士孙思邈是一位杰出的医学家，唐代佛教密宗创始人之一的一行，是著名的天文学家，被誉为中国古代“四大科学家”(张衡、祖冲之、一行、李时珍)之一。这表明在这些人身上，对人与世界认知的宗教维度和科学维度是内在统一的。宗教徒科学家的这种信仰主体与认识主体的交叉性、两重性，不仅是宗教与科学互相联系的生动例证，也是宗教与科学发生联系的重要契机。

三、宗教与科学关系的展望

从宗教与科学关系的历史来看，原始宗教与原始科学是交融互渗、浑然一体的。后来，随着历史的进展而走向分流和解体。在宗教与科学的流变过程中，两者时而冲突，时而融合，如众所周知的哥白尼、布鲁诺、伽利略和达尔文等案例，就是两者冲突的突出典型。然而最终宗教都以理智来回应，调和、化解了矛盾。二十世纪以来的物理学、天文学、生物学等领域不断涌现的新学说、新技术，为宗教与科学的对话提供了新课题、新契机。

当前，全新审视在现代文化氛围中宗教与科学关系有着重要的意义。应当看到，科学新知识与科技新突破是人类在二十世纪最辉煌的文化成就之一，它不仅影响人类的物质文明生活，而且也冲击人类的精神文明生活。从宗教的角度来看待科学，我想强调以下几点，供宗教界朋友们参考：(一)互相尊重。宗教与科学作为两种社会文化形态，彼此应当尊重对方的意义、价值。就宗教来说，决不能忽视、轻视科学的发展和成就，应当说，尊重科学是当代宗教的美德与天职。(二)学习科学。内容有两个方面：一是学习科学知识，二是学习科学思维。宗教教职人员学习科学，不是要求改变宗教信仰，而是为了提高自身的素质，提高对现代社会的适应能力，从而有利于推动宗教的良性发展。也可以说，在当代，重视学习科学是宗教存在与发展的需要。(三)开展对话。近几十年来，国际学术界关于宗教与科学关系的讨论日益开展，尤其是关于基督教宗教思想与自然科学之间的对话更为引人瞩目。在我国如何迎接和准备佛教、道教与自然科学的对话，是一项重要的挑战和课题，值得有关教界人士做出应对。(四)吸取科学成果，阐释宗教义理。从各个宗教学说发展史来看，宗教义理决非一成不变的，而是在内部和外部的相关因素推动下不断发展的。吸取自然科学的最新成果来诠释阐扬宗教义理，决不是要改变宗教的基本义理，尤其是核心义理，而是指宗教义理的某些方面，如与已证明是合乎客观实际的自然科学新成果相抵触的论说，作出相应的调适；原来论述不完善之处，吸取自然科学成果来补充，使之完善等。当然，在运用自然科学成果来阐释宗教义理时，必须高度慎重，准确恰当，决不可牵强附会，适得其反。

佛教：科学之友*

佛教与科学的基本关系

关于佛教与科学的关系这个问题，我想以下三个层次是比较重要的：一是，佛教与科学属于两个范畴，两个领域。什么是科学？科学是反映自然、社会、思维等客观规律的分科知识体系，科学是探求客观规律、追求知识的。佛教是一种人的终极关切，是一种精神生活方式，它的特征是解脱主义——解脱人的痛苦，为人解脱烦恼、困惑和生死等提供一条解脱之道。因此，可以说这两者的出发点、途径、方法和目的都有所区别，它们是信仰与理性，体悟与实证，解脱与求知的不同。它们是人类文化的不同形态。

二是，佛教与科学的交涉和交叉的关系。为什么能够交涉，何以交叉？它的机制是什么？这是我们要探讨的。我认为有3点可以思考，第一点，无论是科学还是宗教，都有个问题：就是要认识宇宙、人生的真实，要对宇宙进

* 原载《中国宗教》2008年第12期，《中国民族报》2009年4月21日06版。

行宏观和微观的考察、探索。大家很清楚，科学是要探讨客观规律的。就佛教而言，我认为它的解脱支柱主要是两条，第一条是探求真实，追求真理；第二条是要强调道德修持，道德责任。佛教认为一个人要求得解脱有一个很重要的方面，就是要对宇宙、人生有一个正确的认识，所以叫觉悟。觉悟就是对宇宙人生的真实本质有所认识，佛就是觉者。从这方面来说，就有对宇宙人生如何认识的问题，从不同角度探讨、认识的问题。因此对科学的探索和佛教的追求，彼此探求宇宙人生真实方面就会有交涉，有交叉，这是我认为一个很重要的机制。第二点，就是佛教的方法。佛教主要侧重于直观、直觉这个方法，当然也是相对的，它也有逻辑方法，但是它更重要的是采用直观、直觉的方法。它有时是采用否定的方法反方面来思考问题。但是，科学需不需要直观、直觉呢？科学也需要想象，有很多科学家就是通过直观、直觉以后而启发下一步的探索、实验的。第三点，就是现实的生活经验以及佛教对众生生活的关怀，也需要一种科学的手段。因为佛教不是生活在世俗之外，而是生活在现实生活当中，生活在人世之中、人群当中，人类都有共同现实的生活问题、生理问题、心理问题，对于这些问题的解决，佛教要从它本身的角度进行探索，也会与科学的探索有所交叉。

三是，我认为过去有个观念，科学就是比较多的限于自然科学。但是，应该说科学是包括自然科学和社会科学的，社会科学当中也很复杂，包括和社会科学密切相关的人文学科、社会学科。我看佛教与科学的关系，重点还在于佛教与人文社会科学的关联上。过去我们偏重于探讨、论证佛教也有自然科学的因素，比较侧重于和自然科学的关系，这当然是有历史背景的，也是需要的。我的思考结果是，可能佛教和科学的更多的关系是跟人文学科和社会学科的关系，要多从这个角度来作探讨。

佛教对自然科学的贡献

佛教对自然科学的贡献主要表现在以下几个方面：一是宇宙学，二是天文学，三是医学，四是心理学，最后是印刷术，这属于科技方面。

一是宇宙学方面。我认为佛教的宇宙学说中有许多天才的推测。佛教要认识宇宙的真实，它对整个宇宙的结构、现象以及本体都有所推测。比如说佛教也强调地、水、火、风是构成宇宙万物的元素，这包括了一定的科学内涵。佛教对宇宙结构的层次说，包括欲界、色界、无色界的三界说以及地球的结构水轮、风轮、空轮说等，这对我们探讨宇宙的结构是有启示的。还有佛教强调的三千大千世界，世界的无限性，这也是一个很重要的论点。

二是天文学。因为人类的生产和生活都和季节的变化有关，季节的变化又会与天象直接相连，所以就重视对日、月、星等天体的观察，并根据这种观察来编制历法。唐代密宗僧人一行(公元 673～727 年)是我国古代著名的天文学家，精通历法与天文学，又是密宗的一位大师，这很值得我们思考。他曾经与他人一起制定了“黄道游仪”，用来测定恒星的位置和研究月球的运动，还根据实际的测量第一次测出子午线一度的长度，又制定了《大衍历》，该历实行了 29 年。一行在天文史上有很重要的地位。另外，敦煌遗书当中保存了两幅星图，其中一幅是世界上迄今为止发现的最古老的星图之一，对研究天文学史具有重要的意义。

三是医学。因为过去的佛教寺庙大多建在山林里面，僧人需要自己治病，有的僧人就兼任庙里的医生，为僧人治病。佛教有济世治病的优良传统，据我所知，古代浙江萧山竹林寺就有女科，是专科医院，当时遐迩闻名，门庭若市。唐朝时寺院还设福田院，就是疗养院。宋朝政府的救济机关“安济坊”置医官，政府往往聘请僧人去任职。唐朝鉴真和尚(公元 688 年～763 年)是一代名医，据说，他著有《鉴真上人秘方》。他把中医、建筑等介绍到日本，对日本的医学、建筑文化的发展起了很大作用。又，敦煌的石窟壁画和藏经洞遗书中，保存有大量的医学史料，约有近百件医药文书。其中有一幅最早反映我国有关口腔卫生的绘画，弥足珍贵。不仅汉传佛教如此，藏传佛教的寺庙也设有专门学习医学的经学院，所以重视医学是佛教的一大优良传统。

四是心理学。佛教重视心性修养，以“治心”名于世。佛教对心理现象关系的探讨，对意识的结构，如六识、八识、五十一心所说以及思维活动理论等，这都是佛教提供的关于心理学方面的一些重要的论说，值得现代心理学借鉴。

五是印刷术。印刷术一般被称为“文明之母”，佛教在这方面起了推动作用。比方说印刷需要纸张，古代佛教有的寺庙就会造纸。唐朝法藏法师的《华严经传记》第五卷《书写》部分，就有对僧人造纸的记载。更重要的是，现在世界上第一部标有年代的雕版印刷品就是公元 868 年的《金刚经》，就是佛教的经典。自北宋初年《大藏经》雕印以来，先后有 20 多次刻本，完整地体现了宋代以来中国 1000 多年印刷术的前进历程。可以说，《大藏经》的刻印，推动了印刷术的发展。

佛教与人文社会科学的关联

人文社会科学内涵丰富，范围很广，分科很多，这里着重简要地论述佛教与哲学、伦理学、文学、艺术、美学、民俗学、社会学等的关联。

佛教与哲学。我们都知道近代曾经有过讨论，佛教是哲学还是宗教？这种讨论表明佛教的哲学内涵很丰富。佛教的哲学内涵可以说是世界上所有宗教中内涵最丰富的，它和儒学、道学等哲学流派的比较，我认为体现在哲学思维的广度和深度上，在这方面，佛教可能是超过儒、道两家的。可以这么说，佛教是由印度和中国两个大国的精英写出来的书，它的哲学内涵有可能是到目前为止在各宗教各学派中最为丰富的。佛教哲学包括世界观、人生观、价值观、心性论、认识论、方法论等，丰富了哲学内容。佛教哲学本身就是一个很重要的哲学分支，其内容有许多值得分析、借鉴、继承的地方。就中国哲学来说，如果离开了佛教，魏晋以后的中国哲学史就不完整。

佛教与伦理学。有人说，佛教属于伦理道德型的宗教，很重视道德价值，关注道德责任，重视道德修养。佛教有一套伦理道德学说体系，包括形而上的信仰理论基础、伦理价值、伦理准则、道德规范、道德实践等。在中国，佛教的伦理道德经过与中国固有的伦理道德的冲突与融合，逐渐与儒家的伦理道德相协调、相适应。同时，佛教伦理道德学说也对中国伦理道德的发展产生了深远的影响。中国佛教伦理道德是既继承印度佛教伦理道德，又有别于印度佛教伦理道德，既吸取了儒家伦理道德，也有别于儒家伦理道德的具有独特性的伦理道德体系。

佛教与文学。印度佛教创立以来，为了传布佛教义理，十分重视调动各种文学手段，撰写了大量极富文采的佛经，形成了绚丽多彩的佛教文学。佛教传入中国后，佛教翻译家把数千卷梵文佛典译成汉文，从而创构了一种融汇梵汉的新文学——翻译文学，成为中国文学的重要组成部分。佛教为了普及民间，还采用中国人所喜闻乐见的文学形式作为传布手段，产生了中国佛教通俗文学，如民间佛教故事、志怪小说、变文、诗歌、宝卷等，丰富了中国文学。至于作为中国佛教文学的奇葩——禅诗，更是中国文学创作的突出成就。佛教推动了中国文学的发展，佛教文学是中国文学的重要宝库。

佛教与艺术、美学。佛教传入中国后，逐渐结合中国传统艺术风格，大力运用建筑、雕塑、绘画、音乐、书法等艺术形象和艺术手段，以推进佛教的流传。中国佛教艺术的成就灿烂辉煌，卓绝非凡。中国佛教保存的艺术遗产，其数量超过儒、道两家，是中国艺术史上最杰出最巨大的丰碑。在中国，如要全面研究艺术和艺术史，离开佛教艺术，几乎是不可能的。中国佛教艺术家的艺术创作，反映和体现了他们的审美经验、审美情趣和审美理想，形成佛教审美特征。研究佛教艺术审美理念，有助于我们了解艺术创作的方法和特色，揭示美的本质和规律，从而充实、丰富中国美学的内容。

佛教与民俗学。民俗学是研究民间风俗、传说、口头文学等的科学。佛教的传入和佛教徒的生活方式带给中国民间习俗的影响是深广的，对中国社会的潜移默化、移风易俗的作用是巨大的。例如，在民间佛教信仰实践方面，烧香拜佛、念佛诵经、许愿还愿、赶庙会、放生、火葬等，颇为流行；在节日方面，相关的有元宵节、中元节等，至于藏族和傣族地区，佛教节日和民间节日更是融为一体了；在社会公益事业方面，重要的有架桥铺路、掘井植树、救灾济贫等义举；在饮食习俗方面，则盛行饮茶、汉地僧人素食，以及农历十二月初八喝腊八粥等。研究佛教风俗习惯，研究中国社会风俗习惯中的佛教因素及其影响和作用，是中国民俗学研究的重要方面。

佛教与社会学。社会学以人类的社会生活及其发展演变为研究对象，宗教是重要的社会历史现象，也成为社会学研究的重要内容。在中国，佛教在民间拥有最大量的信徒，在精英界也有一定量的信奉者。研究中国佛教实体、组织、结构、特点和变迁，及其社会功能、作用，是中国社会学研究的重要课题。

由上可见，佛教的内容主要归属于人文社会科学，是人文社会科学研究的重要一支，研究佛教是研究人文社会科学的题中应有之义。

宗教和谐与大众传媒*

当代宗教的发展趋势

宗教是当前各国普遍存在的社会现象，是社会结构中的一个重要子系统。当今占世界总人口 4/5 左右的宗教信徒，是社会的一支巨大力量。宗教和谐——不同宗教之间的和谐，同一宗教内部不同派别的和谐，是社会和谐的一个极为重要的方面。综观当前宗教的发展势态，其一就是宗教冲突与宗教和谐共存，即一方面某些地区宗教冲突频繁，社会动荡不安，一方面某些地区宗教和睦共处，社会安定祥和。作为舆论导向的媒体，如何运用自身的强大功能和作用来缓和宗教冲突？如何推动宗教对话，促进宗教和谐，进而有利于世界和平？

宗教是随社会的发展、演变而发展、演变的。随着传统社会转入现代社会，宗教与社会的关系也发生了深刻变化：一是宗教在传统社会具有垄断的地位，如君权神授论

---

* 原载《中国民族报》2006 年 10 月 10 日 06 版。

等理论，以宗教为神权解释社会存在合理性的权威根据。现代社会不再需要宗教神权作为论证自身存在的合理性的帷幕，宗教与社会政治的关系渐渐被弱化，宗教主导政治的现象不断边缘化。二是传统社会里，宗教往往是解释世界一切现象的世界观，是国家的主导意识形态。现代社会由于科学理论的巨大跃进，无论在解释自然现象方面，还是在解释社会现象和个体生命方面都取得了长足的进展，进入了一个全新的阶段。随着人们认识的改变、提高，宗教不再是为全社会提供世界观的依据，不再提供共同价值准则与取向了。三是传统社会多是专制社会，现代社会多是法制社会，法律是判断是非对错的准绳，是社会成员的行为准则，与传统社会不同，除了宗教成员以外，宗教的教规、戒律、礼仪不再对社会具有普遍的指导性、规范性作用和约束力。

尽管如此，宗教仍然是当代世界各国的重要社会现象，仍然对世界各地的政治、经济、文化、社会各个方面发挥绝不可忽视的作用。同时，宗教一方面顽强地维护与发挥其独特的宗教品格、价值与作用，一方面也随着社会的变化作出适应社会的改革、改变，以保证宗教自身的存在与发展，并凸现其在社会生活中的重要作用。

宗教实现自身和谐的几个环节

“没有宗教和平就没有世界和平。没有宗教对话就没有宗教和平。”这是当代天主教学者孔汉思发出的警示之言，昭示了从宗教对话到宗教和平，再到世界和平之路。

从宗教的历史和现实来看，我们认为要逐步实现宗教和平，宗教和谐，当前宜于抓住以下几个环节：

首先，宗教领袖和教职人员要对本宗教的义理进行既符合教义基本精神又适应社会需要和时代进步的阐释，弘扬有利宗教和谐、世界和平的思想理念。例如，西方基督教保守派奉行超自然的上帝观，认为上帝和人一样，爱一些人（我们），也恨一些人（我们的敌人），在这种观点影响下，有的政治人物把不符合本国价值观的人都视为敌人。一些后现代主义神学家则主张自然主义的上帝观，强调上帝对世界的完全的爱和对其所有造物的完全的同情；认为上帝对世界的作用不是强制式的，而是劝服式的。显然这种自然主义的上帝观有利于缓解宗教之间的对立、紧张、纷争。又如，在历史上中国的道教与佛教发生过激烈的冲突，后来互相学习、融合，都在心性修养上着力、用功，这就不仅和缓了双方的对立，而且有助于两教的发展。再如，伊斯兰教本义是追求和平安宁，但常被人误解，尤其是“圣战”一词被视为是无分别的暴力对抗。中国伊斯兰教团体经过研究，对“圣战”作了解释：圣战的本义是战胜、克服自己的私欲，其引申义是为正义而战，为反抗侵略而战，绝非恐怖分子所解释的暴力恐怖活动。毫无疑问，这种解释是符合经典要义的，也是有利于宗教和谐、世界和平的。

其次，要承认宗教的多样性和彼此平等。世界上宗教众多，各有其存在的根据和合理性。唯我独尊，唯我神圣，妄自尊大，鄙视“异己”的观念和态度是站不住脚的，也是行不通的。一部世界宗教史表明，人类文明并不承认“唯一宗教”的存在。我们要承认不同宗教的平等地位，而宗教平等往往意味着民族平等，宗教歧视往往意味着民族歧视，由此要求宗教间要彼此尊重，互相宽容。历史表明，中国的“和而不同”、“和为贵”、“天下一致而百虑，同归而殊途”的文化传统，使中国人对各种宗教信仰，包括外来宗教，都是相当宽容的。在中国历史上，犹太教与中国文化的自然融合，伊斯兰教与儒家思想的部分融合，都是平和的，其中毫无强制的因素。事实上，当前中国的五大宗教，除道教外，佛教、伊斯兰教、天主教、基督新教都是从外国传入的，其中有的是中国化了。五大宗教的和谐共处是中国宗教的一大特点，也是一大优点，其间所包含的处理宗教间相互关系的历史经验值得总结和发扬。

最后，大力开展宗教对话。宗教对话是指宗教内部的对话、同一宗教不同派别之间的对话、不同宗教之间即教际之间的对话，以及宗教与非宗教意识形态和主权国家之间的对话，这里讲的宗教对话是指前三者而言。

宗教对话的必要性和重要性在于，宗教冲突往往源于民族冲突。民族冲突除物质利益原因外，就是文化观念的原因，而后者的作用越来越突出。不同民族之间文化观念的差异，主要是宗教信仰的不同。宗教被视为神圣权威、神圣准则和神圣归宿的观念，是不可动摇、不可改变和不可放弃的。只有正视宗教这个民族之间观念分歧的根本，开展宗教对话，解开死结，才能有望缓解、消除民族之间的观念冲突，并逐渐认识民族之间利益的关联性、一致性，进而有利于不同民族的和睦共处，世界和平。

宗教对话的可能性和现实性在日益增加。随着现代化进程的加速，现代社会的人类三大基本矛盾即人与自我、人与他人（社会、民族、国家）、人与自然的矛盾有了新的发展，相应的伦理建设、世界和平和环境保护等全球性的问题，也构成为对各种宗教的共同挑战，如此，如何应对面临的共同问题，就使宗教对话成为可能。同时，与现代化并生的社会世俗化，也推动了宗教世俗化的发展。宗教世俗化迫使不同宗教面对神圣性与世俗性的张力，要求不同宗教对信仰的对象、对基本教义重新做出解说。这种不同宗教的共同的内在需要也为宗教对话提供契机与可能。

19世纪末，世界上一些重要的宗教开始展开对话，其标志性事件是1893年在美国芝加哥世界博览会期间，由教会有识之士发起召开“世界宗教议会”。这是历史上第一次由世界不同宗教的代表以平等地位进行接触、对话、交流的大会。1948年，100多个国家的基督教代表在荷兰阿姆斯特丹宣告成立“世界教会联合会”(世界基督教协进会)，为基督新教各教派之间的对话奠定了基础，也为基督教与其他宗教之间的对话创造了有利条件。1962～1965年，天主教举行第二届梵蒂冈公会议，罗马天主教决定设立与其他基督教徒、其他宗教乃至无神论意识形态开展对话的一系列机构，有力地推动了教际之间对话的进展。1989年，在联合国教科文组织支持下，各宗教界代表在巴黎召开“世界宗教、人权与世界和平”会议，提出了“通过宗教和平达到世界和平”的口号。1993年在芝加哥召开第二次“世界宗教会议”大会，有来自几乎每一种宗教与教派的6500人参加，发表了《走向全球伦理宣言》，是为宗教对话的具有里程碑意义的成果。2000年，在纽约联合国总部召开“宗教与精神领袖世界和平千年大会”，这是通过宗教对话，动员宗教界力量，发挥宗教影响，促进世界和平的又一重大事件。2006年4月在中国浙江省召开的“首届世界佛教论坛”，有近40个国家的高僧大德、著名学者和知名人士1000多人参加。会议主题为“和谐世界，从心开始”。论坛通过对话、研讨，对建设和谐世界做出了独特贡献。

人们热切期盼：通过宗教对话而不是宗教独白，而是构筑全球伦理；通过宗教对话而不是宗教对抗，而是推进世界和平。

发挥传媒作用，推动宗教和谐

当前，为了更好地发挥大众传媒在推动宗教和谐，进而推进世界和平的积极作用，我们认为以下几点是重要的：

第一，重视宗教，关心和谐宗教的建设。从人类文明发展史与当前社会现实来说，宗教的影响、作用是巨大的，宗教冲突构成为社会冲突的重要形态之一，宗教和谐则是社会和谐的关键性因素之一。我们要调整视野，关注宗教的热点问题，高度警觉宗教纷争的危害，加强有利于宗教和谐的报道、宣传，以推动宗教和谐的不断发展。

第二，学习一点宗教基础知识，正确认识宗教的本质与价值。宗教的本质是信仰文化，对宗教完全肯定或简单地视为麻醉人民的鸦片，都是片面的观点。宗教的价值是两重的，积极性与消极性并存，我们要发挥宗教有益社会和谐的积极作用，反对宗教狂热。

第三，尊重宗教生活习俗，尊重宗教感情。大家可能记忆犹新，1988 年发生的因出版涉及宗教书籍而导致的国际争端。当年 9 月英国一家出版社出版了英国作家萨尔曼·拉什迪的小说《撒旦诗篇》，引起各地穆斯林的强烈抗议。一些阿拉伯国家将其列为禁书，伊朗宗教领袖霍梅尼下令对该书作者和出版商“处以死刑”，而英、美、法、德等则反对霍梅尼的做法，斥之为违反文明社会行为准则。当时英国宣布冻结与伊朗的外交关系，欧洲共同体十二国召回驻伊使节，酿成一场重大的国际争端。此事可总结方面很多，其中一点是要注意不要刺激宗教感情，以避免不必要争端的发生。毛泽东在《同藏族人士的谈话》(1956 年 2 月 12 日)中说：“人们的宗教感情是不能伤害的，稍微伤害一点也不好。”尊重人们的宗教信仰，尊重宗教生活习俗，尊重宗教感情，对于媒体来说有着重要的现实意义。

第四，宣传宗教文明对话，推动宗教和谐。世界各大宗教如基督教、伊斯兰教、佛教、印度教、犹太教等之间的对话，具有重要意义。在当前，世界基督教文明与伊斯兰教文明之间的对话，尤为重要。在中国，基督教与伊斯兰教之间一直互相尊重，和睦相处，中国教徒可以在推动其他国家的两教和谐关系方面发挥重要作用。同样，中国媒体在宣传宗教对话，推动宗教和谐，促进世界和平方面，也能够发挥重要作用。

第五，介绍中国宗教对话的经验，促进世界宗教和谐的发展。自东汉以来，中国传统文化主要是儒、道、佛三家的互动史，今天中国主要是佛、道、伊、天、基五大传统宗教。从历史总体来看，中国宗教之间的冲突、纷争是次要的，融合、和谐是主要的。中国宗教之所以和谐的原因之一是，有相应完善的“文明对话”机制和比较丰富的“文明对话”方式，诸如，开展辩论，辨别“真理”。辩论或由官方主持，或在民间进行，各方阐述观点，评比长短，且以利民利国为准绳。又如，互相尊重，互相宽容。各方虽有时也互相攻击，但多数情况下是看到对方长处，肯定对方的合理之处。与此相关，求同存异构成各教对话的普遍立场。再如，互相学习，互相补充。如佛教的禅宗、儒家的理学、道教的全真教就是取长补短，各自吸取其他两家思想而形成的新教派、新学派。还有，吸纳意见，纠偏补弊。如佛教僧团整顿，教规建设，以及农禅并重方针的制定，都是回应多方意见的积极举措。中国宗教关系史表明，互相尊重、互相宽容、互相学习、互相补充，推动了宗教的“成长”、发展。

综上所述，可以说，宗教和谐是世界和谐的重要方面，推动宗教和谐，进而促进世界和平是大众媒体的历史使命。媒体具有便捷、及时、面广的优长，具有打动心灵的感染力和观念方面的导向作用，在推进宗教和谐与世界和平的崇高而伟大事业中，大众媒体大有作为，大有可为。

文化宗教的理论探讨*

在构建和谐社会中，中国宗教的未来走势会怎样呢？这是一个值得研究的重大问题。宗教走势不是单一的，而是复杂的，多元的；就宗教的内涵结构来说，又是需要也可以从不同层面分析的。我们认为，在宗教多元化的发展总趋势中，走文化宗教之路，可能是也应当是各宗教内涵建设、阐扬与彰显的一个重要方面。

一、社会主义和谐社会的基本内涵

党中央提出的和谐社会有两层意义，就其一般意义而言，是泛指美好的和谐社会，是我们孜孜以求的社会理想；就其特定意义而言，是指社会主义和谐社会，是特定的历史阶段的和谐社会。胡锦涛同志就社会主义和谐社会的内涵说："我们所要建设的社会主义和谐社会，应该是民主法治、公平正义、诚信友爱、充满活力、安定有序、人与自然和谐相处的社会。"这是对社会主义和谐社会的内涵及其

---

* 原载《中国宗教》2005年第11期。

本质的确定，由此可见，社会主义和谐社会的内涵有两个方面：一方面是人与社会的和谐，再一方面是人与自然的和谐。

关于人与社会的和谐关系，胡锦涛同志提出了五项重要内容：1.“民主法治”。这是和谐社会的政治特征，是社会主义社会政治文明的体现。人民是国家的主人，人民享有广泛的民主，而民主能够最大限度地调动人民的主动性、创造性和积极性。社会主义社会也是法治社会，依法治国是国家的基本方略，在法律面前人人都是平等的。没有民主就没有和谐，没有法治也就没有和谐。民主与法治从政治角度保证了社会的安定和谐。2.“公平正义”。“公平”与徇私相对，是指公正，合理。“正义”，是公正的道理。公平正义是处理社会生活的指导原则，是协调社会各方面的利益关系，正确处理人民内部矛盾和其他社会矛盾的有力杠杆，也就是维系人与社会正常关系的根本准则。3.“诚信友爱”。这是维系人与人、人与社会的关系的重要道德规范。诚实守信、平等友爱是构建社会主义和谐社会的道德要求与道德风尚，对社会主义社会的形象与声誉、巩固与发展都有重要意义。4.“充满活力”。“活力”，指旺盛的生命力。这是从精神状态层面强调社会成员要生动活泼，充满生气，富有创造要求，发挥创造才能，开展创造活动，不断地在和谐中推动社会发展，在社会发展中增强和谐。5.“安定有序”。这是就社会秩序而言，指社会稳定安全，行为规范，井然有序。这是和谐社会的前提与保证，也是社会成员安居乐业的要求和体现。

至于“人与自然和谐相处”，也是构建和谐社会的重要方面。这是要求我们辩证地处理人与自然的关系，使人与自然的关系互相协调，良性互动。当前，我国面临着严峻的环境、资源问题，要求我们树立科学发展观，强化人与自然和谐发展的观念，大力改善生态环境，以推动整个社会走上生产发展、生活富裕、生态良好的和谐文明发展的道路。

二、社会主义和谐社会对中国宗教的新要求

从以上社会主义和谐社会的基本内涵来看，在政治文明、经济生活、道德规范、精神动力，以及人与自然关系等方面都有其特定的要求。这也就是说，要处理好人与社会、人与自然的关系，构建社会主义和谐社会，实有赖于中华民族素质的提高，社会成员理想信念的树立，个人创造性的发挥，有赖于科学的支撑、文化的支撑、精神的支撑。众所周知，在提高全民族的科学文化素质的伟大工程中，社会科学、自然科学和人文科学具有同样重要的意义。这里，我想说的是，作为人文科学的重要一支，宗教学也是支撑和谐社会构建的一种科学知识，是社会成员需要具备的人文知识。

作为宗教学研究对象的宗教，它所包含的文化内涵，与构建社会主义和谐社会又是什么关系呢？这是一个比较复杂的问题。我们应当看到，宗教文化有与社会主义和谐社会不相适应的一面，这是应当明确和关注的，宗教文化有与社会主义社会相适应的一面，这是应当重视和阐扬的。我认为后一方面是我们当前工作的重点。由此也可以说，如何发挥宗教文化的内在的积极因素以配合和谐社会的构建，这正是社会主义和谐社会对中国宗教的基本要求。

构建社会主义和谐社会要求发挥中国宗教文化内在的积极因素，这是社会对中国宗教的要求，时代对中国宗教的要求；同时，这也为中国宗教开辟了广阔的、健康的、良性的发展道路。就中国宗教来说，自觉地把文化建设与自身发展以及构建和谐社会三者联系起来思考是有重要意义的。文化是一个国家和民族的精神家园，深深熔铸在

民族成员的生命力、创造力和凝聚力之中，对和谐社会有着重大作用。在当代，文化日益成为各项事业的轴心，文化对和谐社会构建的重要作用更为突显。社会主义和谐社会也应当是知识社会、文化社会。中国宗教拥有丰富的文化资源，如佛道两教就是中国儒、佛、道三教传统文化的重要有机组成部分，在历史上曾经为中华民族的融合、统一和发展发挥过巨大的作用，在当前又为民族团结、国家统一与社会和谐发挥了有益的作用。在这种文化作用日益突出的背景下来审视宗教，我们应当看到，宗教文化资源的正确开发与合理运用，既能推动社会的和谐发展，也能推动宗教的与时俱进。

由此看来，构建和谐社会的要求和宗教自身发展的需要，决定了中国宗教走文化宗教之路当是时代的诉求，是历史的选择。

三、走文化宗教之路

我们认为，宗教蕴含着丰富的文化内涵，宗教的本质是文化。人们通常说宗教文化，现在我们说走文化宗教之路，那么，“文化宗教”的概念是什么意义呢？应当怎样界说呢？我们认为，宗教文化是指宗教的文化义蕴，宗教性质的文化类型；“文化宗教”则是指文化层面意义的宗教，是作为文化形态的宗教，也就是说，“文化宗教”是对宗教的文化解读、诠释与文化整合、构建，是对宗教文化的创造性转换。“文化宗教”概念展现了宗教的文化自觉，彰显了宗教的文化意义，有助于发挥宗教的文化功能和文化作用。

文化宗教的内涵如何呢？我想大约可以概括为以下五个重要方面：

一、伦理道德。宗教伦理道德是宗教信徒实践宗教思想信仰的主要体现，也是宗教发挥其社会功能的重要方面。中国各大宗教伦理道德的核心命题都是抑恶扬善。发挥宗教伦理道德中的积极因素，有利于社会的和谐发展。

二、哲学理念。宗教是对人生和宇宙的终极关切，具有丰富的哲学思想，如道教的自然主义哲学及其展现的道、德、自然、有、无、无为、有为等范畴，佛教的缘起论哲学及其展现的缘起、因果、平等、慈悲、兼善、自力、中道、圆融等理念。对于这些哲学思想，若能加以创造性地诠释与运用，必然有助于社会的和谐与可持续发展。

三、文学艺术。宗教的现实世界与超越世界的两重世界论为文学艺术创作提供了极为广阔的空间，中国宗教文学艺术，诸如诗歌、小说、散文、戏曲、建筑、雕塑、绘画、音乐、舞蹈等都形象地反映了宗教生活与社会生活，内容丰富多彩。寺庙、宫观、教堂、清真寺遍布祖国大地，为山河增色，为城乡添彩，并展示了宗教的文化、社会、经济等多重功能，具有潜力巨大的旅游价值与产业价值。我们要有分析地运用宗教文学艺术，以有助于人民的身心健康。

四、民风习俗。宗教的教规与节日给民间带来的民风习俗，并不都是无益于社会的，如汉传佛教的素食制度与饮茶习气，伊斯兰教的清真食品，就有益于人民的身体健康与和谐相处。

五、内在与外在的信仰。文化宗教与信仰宗教是不可分的，对于宗教的信仰内容，我们要采取谨慎的分析态度。此外，如佛像、佛指骨、佛牙舍利等外在信仰的圣物，也能够发挥其独特的积极的社会作用。这也是我们应加以注意的。

虽然宗教的发展道路是多样的，但是在当代，一个没有文化内涵、素质和品位的宗教，是没有前途的。文化内涵、文化素质和文化品位是宗教活力之所在，宗教命运之所系。我认为，只要中国宗教界自觉地系统地开展文化宗教建设，就一定能够推动社会主义社会的和谐发展，同时也一定能够推进宗教自身的良性发展。

附：宗教教育：宗教发展之本*

——访中国人民大学佛教与宗教学理论研究所所长方立天教授

《宗教周刊》：改革开放30年来，我国的宗教教育(这里所讲的宗教教育指以宗教教义、教规为主要内容，以培养宗教教职人员为目的而进行的教育或宗教院校教育)有了很大的变化。您认为我国的宗教教育在哪些方面取得了发展？

方立天：教育可以说是一个国家发展的根本，同样宗教教育也是宗教发展的根本。宗教教育是培养人才的关键，是塑造宗教信徒品格、素质，推动信徒前进的主要手段。在我国，宗教教育也是引导宗教与社会主义社会相适应的重要环节，是宗教健康、良性发展的重要前提。

改革开放以来，宗教教育在各方面的努力下取得了长足的发展。我看这主要体现在5个方面：第一是普遍恢复和建立了宗教院校，形成了高、中、低三级院校教育体系，为宗教教育提供了完整的基础教学框架体系。第二是师资队伍总体素质有了一定提高，很多海外留学的教职人员归国服务，也壮大了宗教教育的师资队伍。同时教界还与学界进行了密切联系，社会普通高等院校的相关师资也为宗教人才的培养贡献了力量。第三是教材方面，编写出了一定数量和质量的专门教材，逐渐满足教学的需求。第四是宗教院校硬件建设有了一定提高和改善，一些院校有了多媒体教室，有了较先进的教学设备。第五是

* 原载《中国民族报》2008年9月2日06版。

宗教院校的院刊、期刊的创办，推动了教学研究和学术交流，也促进了不同宗教间的互相了解和沟通。

《宗教周刊》：改革开放后出台了一系列有利于宗教的恢复和发展的政策，您认为其中哪些政策推动了宗教教育的发展？

方立天：我认为中国宗教教育最重要的转折点是 1982 年 3 月中共中央的《关于我国社会主义时期宗教问题的基本观点和基本政策》的出台，为宗教的定性、定位、作用和宗教政策的制定提供了权威的说明。这是我党对宗教最全面、最客观的论述，为宗教工作指明了方向，也直接推动了宗教教育的发展。

20 世纪 80 年代可以说是中国宗教教育新发展的奠基时期。到了 90 年代宗教教育得到了比较大的发展，也可以说开始蓬勃发展。宗教界历来重视人才培养，注重法脉的传承，加之党对宗教的重视，对关系宗教发展的根本——宗教教育的关注，内外两方面的原因促成了 20 世纪八九十年代宗教教育的不断发展与突破。

《宗教周刊》：现在宗教界人士很多到高等院校学习、进修，这种学习也采取了多种形式。在中国人民大学举办的爱国宗教界人士研修班已经进行了两期，请您讲讲这个研修班开办的背景，为什么要开办这样一个研修班？

方立天：首期爱国宗教界人士研修班于 2006 年在中国人民大学举办，研修班是由中央有关部门和中国人民大学合办的，由中国人民大学佛教与宗教学理论研究所和宗教学系承办。

爱国宗教界人士研修班的开办有着深刻的历史背景。社会的发展、现代化的推进不断对宗教界提出了新的要求：教职人员、宗教界领袖要与现代社会相适应，在知识结构和管理能力方面需要提高；和谐社会的构建要求提高宗教界人士的素质，宗教界是构建和谐社会的重要方面，为了推动宗教界与其他社会团体、信教群众和非信教群众的良好互动，必然对宗教界人士提出更高的要求，市场经济的发展也对宗教界人士提出了更高的要求。要求他们不断提升自身素质来对市场经济发展效应作出回应，在社会发展中保持自己的本色和方向。研修班的举办是我国有史以来第一次在高等院校对高层次爱国宗教界人士进行文化素质和专业知识培训的有益尝试，为以后进一步做好爱国宗教界人士培训工作开辟了路子，具有重要的现实意义和深远的历史意义。

《宗教周刊》：研修班取得了怎样的效果，反响如何？

方立天：研修班的培养目标是通过学习、研修，使爱国宗教界人士做一个在政治上与党团结合作，能带领广大信教群众拥护党的领导和社会主义制度、热爱祖国、维护祖国统一、促进社会和谐，同时又具有较完整的知识结构、较深的宗教学造诣、较高的人格和道德素养、在信教群众中具有一定威望的宗教界代表人士。以两期的培养效果来看，研修班为充实各宗教的领导人员队伍提供了后备人才，研修班毕业的人员很多走上了重要的领导岗位，说明他们得到了各自宗教界的认可。他们在综合性大学里学习人文社科知识，开阔了眼界，回去之后给他们的团体注入了新鲜活力。同时宗教界人士在普通高校学习，给学校也带来了另一层的积极意义，带来了有形与无形的益处，增加了学校的人文气息和色彩，提升了普通高校的包容性和和谐性；此外，对推动学校的人文学科尤其是宗教学、哲学和历史学学科的发展也有积极意义。

《宗教周刊》：不论是开办宗教院校还是让宗教界人士到社会大学去学习，都是为了培养出优秀的宗教界人才，请您讲讲培养宗教界人才对宗教发展的意义。

方立天：宗教教育的直接目的是培养优秀人才，宗教教育是关系到宗教发展命运的根本问题、核心问题，对宗教的生存和发展都有着决定意义。宗教教育引导宗教的发展方向，宗教教育的内容、质量、结果直接影响宗教的发展，良好的宗教教育引导宗教往良性、健康的方向发展；宗教教育直接培养出管理人才，对宗教的发展起着直接的作用；宗教教育为宗教院校的教学补充了师资和生源，推动了宗教院校的发展；宗教教育直接培养宗教领袖、继承人，宗教只有培养出在道德、学问、操守方面都能服众的领袖才能保证宗教法脉的传承，因此，意义是非常重大的。

《宗教周刊》：现在宗教界人才的培养很多采取了教内培养和社会参与相结合的方式，您认为这两方面对于人才培养是怎样的关系？

方立天：教内培养和社会培养是互补关系，教内培养和社会培养各有所长。教内的培养，专业很纯正，学习环境也有利于宗教修持。但视野比较有局限，教学手段更新不及时。而高等院校综合性强，资源丰富，宗教界可以通过各种形式充分利用学校的各种资源。宗教界人士在高等院校学习，有利于接触社会，接触学者，接触青年，对宗教教职人员来说是一种不可多得的机遇和体验，也是一种挑战和考验。教内培养和社会培养不是排斥的、冲突的，是可以互动、互补的，二者的结合可以使宗教教育更好更快地发展。

《宗教周刊》：有人提出宗教教育要注重学修并重，但现在一些宗教学校往往偏重理论研究，淡薄实际修持；还有人说外来宗教没有建立符合中国国情、教情的神学体系和教育方法。您怎么看待这些说法？

方立天：理论学习和修持，二者是辩证关系。而孰重孰轻，孰先孰后是需要根据不同情况区别对待，具体确定的。在校期间，理论学习应该是重点，因为在校的主要任务是学习，并且有的修持需要理论的指导，不懂得理论就无法很好地进行修持。有的学习内容则是需要边学边实践的，比如宗教戒律的修持就不是先学后做。而是要求学修同步的。宗教的本质是实践，对宗教徒来说，最重要的是修持实践，所以要警惕忽视修持的做法，应该把二者以很好的方式结合起来。

因为对理论和修持掌握的不同程度，宗教界人才也是有不同类型的。有的人可能是擅长理论，有的则是侧重修持，要宽容认同不同的人才类型。当然也有理论与修持都结合得很好的人才，我们要努力培养这样的人才。

中国原来有儒、道学说，满足了古代社会人们安身立命、治理国家的需求。而外来宗教则需要适应中国的国情才能生存和发展。现在流传中国的宗教多数都是外来宗教，有的已经和中国的国情相适应了，进行了中国化的实践。比如佛教的中国化，伊斯兰教的民族化都是成功的。其他宗教也都在进行这方面的努力，都在进步。

中国传统文化是开放的、宽容的，但对某些与中国传统的儒、道核心价值观冲突的东西是抗拒的。比如，中国人重视祖先崇拜，如果外来宗教文化接受这个传统，就能比较容易地与中国的传统文化相融合并形成互补格局，如果反对中国传统文化的核心观念，就不太可能融入中国传统文化之中。佛教就接受了中国讲求孝道的传统，而它的生死观念，又补充了儒道内容的不足，这样佛教就成为中国传统文化的组成部分，与中国传统文化主流共融互补。可见，各宗教需要不断了解和适应中国的传统和当前的国情，调整自身以融入中国的土壤才能得以发展。宗教教育也需要不断地去适应中国当前的社会发展，建立符合时代要求的宗教教育体制。

《宗教周刊》：您认为中国宗教教育体制已经健全了吗？还需要做

哪些改进?

方立天: 当前的宗教教育体制应该说还不够健全，存在着宗教的内部问题和教外的环境问题。

教内的问题首先是师资问题，现在师资状况有所改善，但无论数量还是质量都远不能满足宗教教育发展的需求，这是首要问题。其次是教学行政管理服务人员的素质问题，他们中一些人所掌握的教学规律和管理方法并不能满足宗教教育发展的要求。第三是生源问题，生源条件不是很好。应该通过各方面努力来提高生源数量和质量。这些问题都只能一边办一边提高，循序渐进地逐步解决。

外部环境问题首先是宗教教育体制与社会教育体制不协调，要逐步解决如何让社会教育能够为宗教教育提供必要资源和有利条件，让宗教界人士有更多机会到社会大学中学习进修。此外还有学历的认可等问题也需要适当解决。现在不少宗教界人士出国留学深造，但是其中也存在不少问题。以佛教界为例，目前佛教界的留学特点是途径多元化，但缺乏固定统一的留学机制。这使得一些留学生在国外缺乏学习动力和归属感。似应考虑健全佛教留学机制，建立一个由政府资助、团体出钱、寺庙支持的常态专项奖学金，以帮助有深造条件的年轻僧人解决实际问题。对于留不住人才和有才无处用的问题也必须采取相应措施，加以解决，让出国留学人才乐意回、回得来、有事做、留得住，彻底解决留学生怕从“海归”变“海待”的顾虑，更不要让人才流失在国外。

第三辑
文　化

中华文化的三大传统*

中华文化源远流长，博大精深。而共撑中华传统文化大厦的三大支柱，当为儒、道、佛三家。深入研究此三家的文化传统，进一步发掘中华文化优秀、健康的精神遗产，并加以创造性的现代转化，进而推进我国的现代化大业，是有积极意义的。

儒、道、佛三家鼎足之势的形成

公元前六、五世纪，在东亚大陆的黄河中下游，中原地区形成了儒家和道家等学说。儒家思想以“人”为本，侧重于从“人”的角度来观照人生、社会和自然，重视人的生命意义与价值，宣扬以道德为人生的最高价值。道家则以“自然”为本位，侧重于从“自然”出发来观照人生、社会和宇宙，强调自然是人生的根本，主张顺应自然，回归自然。儒家的“人”本位和道家的“自然”本位两种核心思想，奠定了中华古代文化的基础，决定了中华古代文化的走向。

---

* 原载《光明日报》2004 年 1 月 13 日 B4 版，《新华文摘》2004 年第 7 期。

约在公元一世纪，诞生于南亚印度的佛教传入中国内地。佛教以“解脱”为本位，宣扬众生要通过修持，以求从迷惑、烦恼、痛苦和生死轮回中解脱出来，进入大自由大自在的“涅槃”理想境界。佛教作为外来的、与儒、道异质的文化，在经过彼此冲突、相互融合后，约在公元四、五世纪的东晋时代，融入了中华传统文化之中。此后，中华文化形成儒、道、佛三大脉络，三家(传统说法称为三教)共同构成为中华传统文化的主体。

从文化形成根据的角度来考察，儒、道、佛三家鼎足之势的出现决非偶然。这主要有两方面原因：一是三家文化旨趣的共似性。三家思想的中心关怀和根本宗旨，都在于教人如何做人，如何实现理想人格，可以说都是生命哲学学说。二是三家文化内涵的差异性。三家文化体系的基点、架构、内涵、思维方式等均不相同，这又不仅适应于不同人群的文化精神需求，而且也有利于彼此互补融会。尤其是从印度传入的佛教融入中华传统文化之中，极大地丰富了中国的哲学、伦理学、宗教学、历史学、文献学、文学艺术、天文学，乃至医学和民俗学等内容，弥补了儒、道文化的局限。正是从这层意义上说，中华文化体现了古代东方哲学和文化的主体性格与最高成就。

儒家的人本主义传统

儒家重视人的生命，称“死生有命”(《论语·颜渊》)，“生生之谓易”(《易传·系辞》)，认为人应当感恩自然的造化而使自己拥有生命，并得以展开人生，演绎人生。

儒家重“生”，更重“德”，把人格价值、道德价值置于生命价值之上。孔子云：“三军可夺帅也，匹夫不可夺志也。”(《论语·子罕》)强调人应当有独立的意志和人格。孟子云：“富贵不能淫，贫贱不能移，威武不能屈，此之谓大丈夫。”（《孟子·滕文公》）强调在任何情况下都要坚持原则，维护人格尊严。这就是说，在生命价值与道德价值发生冲突的严酷时刻，宁可“杀身成仁”（《论语·卫灵公》），“舍生取义”（《孟子·告子》），以成就道德价值。与重“德”价值取向相一致，儒家在物质生活与精神生活、物质生命与精神生命的价值对比中，也认为精神高于物质，高度赞扬精神不朽说。《左传·襄公二十四年》载：“大（太）上有立德，其次有立功，其次有立言，虽久不废，此之谓不朽。”“三不朽”说强调，成就道德典范，建立盖世功业，阐发精深言论，都必将长远地影响于后世，也即其所蕴含的精神意义是永不消失的，这也就是说三立者的精神远远超越于死亡而臻于不朽。

儒家的核心思想是“仁”，“仁爱”，这也被视为人的生命的独特而崇高的意义与价值之所在。儒家一方面肯定人具有内在的善性，一方面也主张强化外在的“纲常之礼”，强调两者的结合为人生之道：遵循纲常之礼以开显人的本然德性，进而达臻人的完善境界，成为圣人。张载说：“为天地立志，为生民立道，为往圣继绝学，为万世开太平。”（《语录》中）这也就是儒家的修身、齐家、治国、平天下的入世哲学。

儒家以现实社会关系中的人为本位，肯定人的生命意义和人性价值，强调在现实世界中提升道德品格，达臻理想境界，这种思想特质可以概括为人本主义。儒家人本主义传统以其巨大的作用和影响而成为中华文化的主流。

道家的自然主义传统

道家反对天命论、天意论和目的论，也排斥人的意志、欲求和情感，排除任何加诸于一切现象的刻意有为，力主用自然性质、自然原因、自然原理来观照、解释人生、社会和宇宙，力求人的一切作为都要合乎自然的本来面貌和变化规律。

道家创始人老子认为，“道”是宇宙万物的根源，而构成万物具体形态的原始物质则是“气”。万物都是禀赋了“道”而成“德”（自然本性），又禀赋了“气”而成“形”（形态，形体）。老子又说：“人法地，地法天，天法道，道法自然。”（《老子·二十五章》）所谓“道法自然”，就是道以自然为法，作为宇宙的根本原则、最高原则的道，所遵循的就是自然无为。

在道家看来，万物无一例外地都同样根源于“道”的流转与“气”的聚散，由此它们也就没有本质的差异，没有价值的优劣。《庄子·秋水》云：“以道观之，物无贵贱；以物观之，自贵而相贱；以俗观之，贵贱不在己。”认为一个人站在“道”的高度观照万物，认识到万物并无贵贱高下之别，就能平等地看待一切，包容一切。这里讲的“以道观之”，也就是以“自然”的角度来审视一切。

道家以“自然”观照人，肯定生命的价值，反对人为地延续或损害自己的生命，宣扬自然主义生命观。道家认为，一个人若能超脱于生死的执著，其心灵也就可以超脱形体的局限，直觉体认自我的自然本性，而与“道”契合为一，进入“万物一府，死生同状”（《庄子·天地》）的境界，在心灵上获得极大的自由，成为精神上不受任何环境影响的“圣人”，或神妙至真的“神人”。《庄子》又有《养生主》篇，宣扬养生之道，以求保命全生，不受损害。这种养生理论称为“全生”说，以后经黄老道家的养生论，进而影响道教，形成了长生论和神仙论。

道家还主张“天人合一”说。庄子云：“天地与我并生，而万物与我为一。”（《庄子·齐物论》）天地万物和我们同生于“道”，天地万物的气和我们的气相通，人的生命要与天地万物的生命合一，相应，协调，并与天地同长终。《庄子·在宥》论天人关系说："无为而尊者，大道也；有为而累者，人道也。"提倡无为，崇拜自然；贬斥有为，鄙视人为。道家所论人与自然的关系的观点，构成了自然主义传统的重要内容。

佛家的解脱主义传统

佛家从"解脱"坐标观照人生，为中华文化增添了解脱主义传统——基于对人生"无常故苦"的价值判断，怀着对人的迷惑、烦恼、痛苦、死亡的真诚关切，指出解脱的方法和途径，从而为人提供了一种宗教的精神依托。

佛教创始人释迦牟尼在寻求解脱的修证中，总结出"四谛"即四种真理。"四谛"以论定人生的价值是苦和分析苦的成因为出发点，以指示解脱诸苦的途径为中心，以解脱境界"涅槃"为归宿，构成早期佛教的基本教义。早期佛教强调依"八正道"而行，即得解脱。"八正道"是八项修行实践的德目，包括正确的见解、思维、言说、行为等。后来又提出佛教修行者的实践总纲"三学"，即戒学、定学和慧学。戒学是抑止邪恶，积习善行；定学是安定身心，集中精神；慧学是如理思维，彻悟实相。随着小乘佛教发展为大乘佛教，佛教的解脱之道也发生变化，这就是在理论上力图超越小乘佛教对人生过于负面和悲观的看法，在修行上突出强调智慧的关键作用，重在以观照真理和证取真理为解脱。为此，大乘佛教还要求在修行上不脱离世间，积极参与世间的各种善举，以利于众生的普度、解脱。

中国佛教继承和发展了印度佛教的解脱主义学说，特别是中国化的佛教宗派天台宗、华严宗和禅宗更着重转向内心的探索、转换和提升，以求得人生的解脱。如禅宗宣扬心即佛，佛即心，即心即佛，欲求佛，先求心，求得心，即成佛。这实质上是把心性修养看作人生解脱的必由之路。

儒、道、佛三家的差异与融合

由上可知，中华文化中的儒、道、佛三家的社会问题意识是不同的，儒家关切社会的治理，道家关怀生命自然状态的保持，佛家关心人生痛苦的解除。故此，历史上有儒家治世，道家治身，佛家治心；儒家入世，道家隐世，佛家出世之评论，这大体上反映了儒、道、佛三家的基本特质和彼此差异。儒、道、佛三家虽各有所重而大相径庭，然仍能融合会通，相济相补，构成彼此共存共荣的文化格局，长期以来支配和影响着中华民族的精神生活。概括地说，三家的融会主要有三个方面：

一、对人的生命价值的关切，构成三家融会的基础。儒家以积极的入世精神，并在现实世界中成就最高的道德境界，实现人生的价值，给无数英雄豪杰带来精神鼓舞和巨大满足。道家重视人作为个体的存在价值，主张因顺自然，最终复归自然，从而为不重功名利禄者或默默无闻者提供精神支持。佛家则关心人的生老病死，关心愿望与现实之间永远无法消除的反差所带来的痛苦，给有深切痛苦感的人以心理的温暖和情感的慰藉。在历史上，三家各以其自身的文化特质发挥着各自的优势，弥补着彼此的局限。

二、对人生崇高境界的追求，是三家相通的理想目标。儒家关心天下兴亡，不计个人得失，知其不可而为之；道家不刻意人为，追求自然、完美；佛家无私无欲，超脱自在，这都是在不完善的社会环境中，各自以自己的方式追求和保持完善的人生境界。三家追求超越是同，具体境界不同是异，三家相通，和而不同。

三、重视心性修养是三家思想的主要契合点。儒、道、佛三家的互动，历时约二千年，越到后来越倾向于融合。“儒也，释也，老也，皆名焉而也，非实也。实也者，心也。心也者，所以能儒能佛能老者也……知此乃可与言三家一道也。”三家一道归结为三家同心，心性修养是三家成就理想人格的根本。

儒、道、佛三家的不同传统，各有所见，也各有所蔽，各有所得，也各有所失。如何根据现代社会的需要，加以创造性地阐发与运用，这当是时代对我们的呼唤和赋予我们的任务。

建设中华民族共有精神家园*

——国学之魂：中华人文精神

引　　言

国学这个概念、名称，现在学界争论很激烈，有肯定的，也有否定的，肯定的说法也不一致。我个人认为一个概念、名称能否确立，关键是是否有相应的客观对象，而国学是有其研究、表述的客观对象的。在概念确立的方法方面，我个人也以为，国学概念是开放的，后人可以在前人确立的概念的基础上进一步完善概念的界定。正是在这两层意义上，我很赞成我的老师张岱年先生的说法：国学是指一国的学术，学术是系统而专门的学问，国学即一国的系统而专门的学问。

中国国学是指中国从古至今的学术，其意义有两层：一是中国的、中华民族的学术，是汉、满、蒙、回、藏等民族所探索、研究、论述的学问，也可称为"中学"，"汉

* 原载《光明日报》2007年11月1日第10、11版，《学习与研究》2008年第1期等。

学”是其中一部分，最重要的部分；二是从古到今，自殷商西周的史官之学、春秋战国的百家之学、汉代儒学(经学)、魏晋玄学、南北朝隋唐佛学、宋明理学、清代汉学，到近现代的中国化的马克思主义、新儒学、人间佛教等学说。

国学是不断发展的，如胡锦涛总书记提出的“八荣八耻”说就是当代中国国学的重要内容。把国学限于古代是不完整的。国学作为一国的学术，也指一国传统文化中的精英文化，即学术部分，国学不直接、不完全等同于传统文化。

国学之魂是指什么呢？“魂”即灵魂，灵魂指精神、思想。所谓国学之魂即国学的根本精神、主导思想。中国的国学之魂，即中国学术的根本精神、主导思想。

那么，中国国学之魂的内涵即中国学术的根本精神是什么呢？我以为中国国学之魂，中国学术的根本精神就是人文精神，就是中华人文精神。其中理由、根据有三：

第一，从中国国学的内容结构来说，按现代学科分类的人文科学、社会科学和自然科学来说，其中自然科学有中医药学、天文学、农学等很发达，但总的说来，一是偏重于技术、自然科学基础理论研究较少；二是逻辑思维、论证、推论不发达，由此体系性的埋论成果也少。社会科学中军事学、政治学较发达，但法律、经济等则较少有系统的理论成果。人文科学方面，文学、史学、哲学、伦理道德学说都十分兴盛，成果丰硕，突出地表现了中华人文精神在国学中的显著地位。

第二，从中国国学的历史发展来说，可以大体归结为儒、道、佛三教的演变史、关系史，而三教的根本学说是教化人、成就人的理想人格。虽三家有不同学说，但后来三教合一，此“一”即心性思想，也就是三家都认同心性的性质、意义和修养的共似性。中国国学重视心性修养，典型地体现了人文情怀、人文关怀，即对人文素质的高度关注和重视。

第三，从中国国学的核心观念来说，国学所包含的对人生、社会和世界的看法、观点，即人生观、社会观、世界观，归根到底是实现人的价值——满足人主体的需要和精神追求。中国的价值观可以说是中国国学的根本思想，也是中华人文精神的基本内涵。

从上述说明来看，中国国学之魂，是中华人文精神。下面拟就人文精神的界定和中华人文精神的内涵作一简要论述。

人文精神的界说

人生活在世界上面临的基本矛盾有三个：人与自我的矛盾、人与社会的矛盾和人与自然的矛盾，由此导致的价值也有不同类型和层次。

“人文”是中国固有的名词。《周易·贲卦·彖》：“观乎天文，以察时变；观乎人文，以化成天下。”天文指自然现象，也就是日月星辰等天体在宇宙间分布、运行等现象。人文指人类的各种文化现象，也就是人类的精神生活的各种形式。这话的意思是，通过观测天文，以察明时节变化；通过观察人文，以教化而成就人间社会。我们所讲的人文精神或人文关怀就是关于人的精神生活的方式、态度、思想、观点。自东汉以来，中华民族传统的人文精神主要是儒、道、佛三家关于人的精神生活的方式、态度、思想、观点，其中尤为重要的是儒家的思想学说。

在界说人文精神时，要搞清与有关概念、思想的联系与区别。

人文主义 这是公元 14 至 16 世纪欧洲文艺复兴时期的主要思

潮，它反对宗教神学，反对中古时期的经院哲学，肯定人是世界的中心，提倡思想自由与个性解放。中国古代的人文精神与西方“人文主义”思想并不相同，但就中国古代如儒家就有的以人为本位的学说，主张对鬼神持存疑的态度，不求助于鬼神，而是以人为出发点并以人为终极关怀，这也可以说是一种“以人为中心”的思想，是与西方人文主义相通的。

人道主义　这也是起源于欧洲文艺复兴时期的思想，提倡关怀人、尊重人、以人为中心的世界观，后来又具体化为“自由”、“平等”、“博爱”的口号。中国古代的人文精神与西方人道主义的自由、平等精神并不相同，但在关怀人、尊重人、以人为中心方面又是相通的。

人本主义　这是以费尔巴哈为主要代表所提倡的哲学思想。主张以人作为一切社会活动的出发点，把人放在第一位，反对宗教神学。儒家以人为本位的学说与西方人本主义哲学思想也是相近、相通的。

关于人文与科学(自然科学)　作为不同的学科，前者对象是人的内在精神世界——意义世界和价值世界，回答“应当是什么”的问题，人生应当怎样才有意义的问题，目的是提供价值理性，塑造理想的人，健全的人；后者对象是自然世界，物质世界，回答“是什么”的问题，目的是提供工具理性，认识自然规律，发展生产，提高物质生活。我们要提倡人文与科学的交渗，人文教育与科学教育的融合，人文思维与科学思维的互补，人文精神与科学精神的结合，这既有助于人文素质的提升，也有利于科学事业的发展。

关于人文科学与意识形态的关系　意识形态也称“观念形态”、“社会意识形态”，是在一定的经济基础上形成的，是人对于世界和社会的系统见解。一定的社会意识形态是一定社会存在的反映，并随着社会存在的变化而发生变化。在人文科学与意识形态的相互关系问题上，以为两者完全等同，或者把两者截然对立，是两种片面的观点。应当看到人文科学有意识形态的一面，因为它也包含了对世界和社会的看法；同时也应当看到人文科学有超越意识形态的一面，因为它的取向是精神层面的怡情追求，道德完善，陶冶情操，愉悦身心，以提升精神境界。它并不都是随着社会的经济、政治的变化而变化，不一定适应一时的政治需要，是不同于政治意识形态的。

中华人文精神与西方人文主义思潮有所不同 由于宗教背景和思辨形上学，西方学人一般视主体与客体为对立的存在，如灵与肉、心与物、人与神等的区别是绝对的，彼此是互相对立的。中国学人则认为上述两者不是截然区隔而是和谐统一的，“夫大人者，与天地合其德，与日月合其明，与四时合其序，与鬼神合其吉凶”(《周易大传·文言》)认为人性是天或道予以的内在价值，能与外界存在相和谐。中华人文精神具有内在性特征。

在中华民族的历史上，人文精神的重要内涵包括人的价值、人性的内涵与道德的修养、人格尊严与社会责任心、人的生死，以及人的理想等方面，其核心是关于人的价值观念。人生活在世界上面临的基本矛盾有三个：人与自我的矛盾、人与社会的矛盾和人与自然的矛盾，由此导致的价值也有不同类型和层次。人的价值可分为人类价值和个人价值，个人价值又分为人的自我价值、人的社会价值和人的自然价值。以下我们将着重以古代哲学关于人的价值学说为核心，来论述中华人文精神。

人类价值

中国古代哲学家一般都认为人异于动物，优于动物，具有高于动物的贵于己者的固有价值，至于人与天地、人与鬼神的关系，则观点不很一致，这些思想都在中国历史上产生了重大的影响。

人在世界上有无价值，价值何在？这是中国古代哲学家十分关注的问题。他们着重通过三个方面，即与一般动物的比较，与天地的关系以及与鬼神的关系来彰显人有无固有的普遍价值，即人类价值的问题。

与一般动物的比较 儒家孟子认为“人之所以异于禽兽者”，是人有“恻隐之心”、“恭敬之心”、“羞恶之心”、“是非之心”。(《孟子·告子上》)荀子说：“人之所以为人者，”“力不若牛，走不若马，而牛马为用者，何也？曰：人能群，彼不能群也。”(《荀子·王制》)又说：“水火有气而无生，草木有生而无知，禽兽有知而无义；人有气、有生、有知亦且有义，故最为天下贵也。”(同上)这是以人有道德规范和组合为群体生活来强调人类的价值。中国佛教与儒家观点不同，认为人类虽然在思维和能力上高于一般动物，但与一般动物是平等的，称为众生平等。这种平等是建立在两个理论基点之上的：一是轮回转世说，宣扬人与一般动物在轮回流转中互相转化，人做恶业可能在来世下堕而变为畜生，一般动物做善业可能在来世上升而变为人。二是佛性说，认为不同众生都具有佛性，也就是说，都具有成佛的本性、根据、可能性，都能成佛。有人会对这两个理论难以认同，但我们认为理论中所包含的思维取向——不同生命体的平等和生命主体的向上追求，有助于克服人类中心主义，有助于确立对动物的平等心，这是有启示意义的。

与天地的关系 中国古代哲学充分肯定人在自然界中的重要地位。《老子·二十五章》云：“道大，天大，地大，人亦大。域中有四大，而人居其一焉。”《周易大传·系辞下》称天道、地道、人道为“三才之道”，“人”是天地人“三才”（“三材”）之一。《礼记·礼运》篇云：“人者，天地之心”，意思是说，天地无心，无思维智慧，而人是天地之间能思维有智慧的生物。《孝经》引述孔子曰：“天地之性人为贵。”此处“性”字同于“生”字，话的意思是天地之所生唯人最贵。南北朝时何承天反对佛教的众生平等说，强调“人非天地不生，天地非人不灵。”（《达性论》）认为人为天地万物之灵，在天地间具有最高贵的价值。

与鬼神的关系 儒家孔子提出“敬鬼神而远之”（《论语·雍也》）的命题，又说：“未能事人，焉能事鬼？”（《论语·先进》）对鬼神持存疑、疏远的态度，轻视鬼神之事，强调重视人事。老子说：“以道莅天下，其鬼不神。非其鬼不神，其神不伤人；非其神不伤人，圣人亦不伤人。夫两不相伤，故德交归焉。”（《老子·六十章》）这是以“道”取代了“神”，认为以“道”治天下，鬼神就不会侵害人，也就是说人的吉凶祸福与鬼神无关。道教、佛教都有一套庞大的鬼神系统，佛教认为鬼的地位比人要低。佛教的鬼通常指处于饥饿痛苦中的“饿鬼”而言，非指人死为鬼的鬼。

由上可见，中国古代哲学家一般都认为人异于动物，优于动物，具有高于动物的贵于己者的固有价值，至于人与天地、人与鬼神的关系，则观点不很一致，这些思想都在中国历史上产生了重大的影响。

人的自我价值

人格，古代称为人品。品，即品德、品格。什么是崇高的人格，如何达到和保持崇高的人格，是从先秦直至宋明哲学讨论的一个中心问题。

人的自我价值，也就是人格价值。人格，古代称为人品。品，即品德、品格。什么是崇高的人格，如何达到和保持崇高的人格，是从先秦直至宋明哲学讨论的一个中心问题。中国古典哲学重视人的尊严与价值，并强调一个人的自我价值不在于满足自己的物质需要，而在于具有追求真理的高尚品格、崇高的道德意识和道德实践，以及坚定的独立意志。

孔子重视追求真理，强调追求真理高于物质享受。他提出谋道与谋食的问题，说："君子谋道不谋食。"(《论语·卫灵公》)提倡君子用心力于求真，不用心力于衣食。又说："士志于道，而耻于恶衣恶食者，未足与议也。"(《论语·里仁》)对于以穿破衣吃粗粮为耻辱的人，不值得与他谈论探寻真理。孔子还说："朝闻道，夕死可矣。"(同上)爱真理甚于爱生命。热爱真理，明辨是非，是人格价值的重要内容。北宋理学家提出一个"孔颜乐处"的命题。史称周敦颐每令程颢、程颐"寻仲尼、颜子乐趣，所乐何事"(《二程遗书》卷二上)；胡瑗曾以"颜子所好何学"为题，科试诸太学生。颜子，姓颜，名回，字渊。颜回是孔子最得意的弟子，"哀公问：'弟子孰为好学?'孔子对曰：'有颜回者好学'。"(《论语·雍也》)"贤哉，回也！一箪食，一瓢饮，在陋巷，人不堪其忧，回也不改其乐。"(同上)我认为，孔子是赞扬颜回安贫乐道，好学求真，在追求真理中获得快乐，"其乐"就乐在对真理的追求、探讨和发现。

儒家宣扬道德至上，强调道德价值远在一般人所追求的物质生活的价值之上。这种理念在仁与生、义与利、德与力、理与欲等关系问题上，得到了充分的体现。

仁与生 孔子说："志士仁人，无求生以害仁，有杀身以成仁。"(《论语·卫灵公》)《孟子·告子上》云："生亦我所欲也，义亦我所欲也，二者不可得兼，舍生而取义者也。""生"，生命。"仁"，仁爱。

“义”，正义。孔子、孟子肯定生命和道德的价值，但两者如发生矛盾，不可得兼，应杀身成仁，舍生取义，舍弃生命，坚持道德原则。这是强调对个人来说，人格尊严比保全生命更为重要。

与儒家从伦理道德角度论人的生命价值不同，道家从生命自然提升的角度论述人的生命价值。老子说：“道生之，德蓄之，物形之，器成之。是以万物莫不尊道而贵德。”(《老子·五十一章》)“尊道贵德”是道家的伦理思想总纲，是道家的生命价值取向。老子所讲的“道”是世界万物的总的根源和本质，“德”是“道”体现在具体事物中的内在本性和依据。因为“道”生万物，“德”蓄万物，所以万物莫不尊道而贵德。老子又讲“道法自然”，由此“尊道贵德”也就是顺其自然。“自然”，是指天然，自然而然，也即万物非人为的本然状态，进而引申为无为无造的意思。老子提倡尊道贵德的人要以“无为”为立身行事的准则，也就是遵循自然法则，排除主观执著和矫揉造作。老子认为这是人的生命意义所在。后来道教进一步在上述道家思想基础上提出重生、贵生、乐生、长生的生命观，唤起人类对生命现象的尊重和关爱，对生命意境的追求和提升。在道教看来，作为“天下母”的“道”与宇宙万物具有同一性，宇宙本质与生命本质具有同一性，人在追求与“道”合一的生命历程中，人的生命就会由短暂变为永恒，由有限变为无限。道教这种对生命无限的挚爱和追求，表现了对生命价值的肯定和赞美。

义与利　儒家重义轻利。孔子认为富贵有义与不义问题，他说：“不义而富且贵，于我如浮云。”(《论语·述而》)孔子并不笼统地排斥富贵，而承认合乎道义的富贵，但强调义才体现了最高的价值。孟子区分了人的“耳目之官”与“心之官”，前者是感觉功能，后者是思维器官，而思维高于感觉(参见《孟子·告子上》)，由此肯定精神生活高于感官享受，高于物质生活，内在价值高于功利价值。《礼记·儒行》云："苟利国家，不求富贵。"强调儒者以对国家有利为目的，不求个人的富贵。汉代董仲舒更有两句名言："正其谊不谋其利，明其道不计其功。"(《汉书·董仲舒传》)认为做事要合乎原则，不要考虑物质性功利。墨家宣扬义利统一论，一方面主张"贵义"，提出了"万事莫贵于义"的命题，(见《墨子·贵义》)一方面又提倡"尚利"，"兴天下之利，除天下之害"，(《墨子·兼爱下》)还把"国家百姓人民之利"作为衡量言论是非的标准(见《墨子·非命上》)。墨子肯定天下大利和利人利天下的意义与价值。义利问题很复杂，利有个人私利与群众公利之分，应当说，公共利益是很重要的，是要维护的，私利要服从公利，脱离国家民族的利益，个人利益最终也将成为泡影。同时也应当看到，物质生活是精神生活的基础，脱离物质生活专谈精神生活、道德、理想，只能流于空谈。但是，只注意物质生活，不提高精神生活，不讲道德理想，势必使物质生活失去正确的方向和真正的意义。

德与力　"德"指道德。"力"指生命力，表现为意志力、体力，引申为武力、军力等。孟子区分"以德服人"与"以力服人"，说"以力服人者，非心服也，力不赡也；以德服人者，中心悦而诚服也。"(《孟子·公孙丑上》)提倡施行仁政，以道德赢得民心，取得人民的拥护。与孟子尚德不重力不同，法家韩非重力不贵德，说："上古竞于道德，中世逐于智谋，当今争于气力。"(《韩非子·五蠹》)强调力的作用。汉代王充提出了"德力具足"的观点，兼重德力。(参见《论衡·非韩》)应当说，王充的德力并重是人类生活的一个重要原则，也是治国之道的一个重要理念。

理与欲　"理"，道德原则。"欲"，物质生活欲望，指追求高于基本生活需求的欲望。宋明理学家宣扬"存天理，灭人欲"，把道德原则与物质需要对立起来。清代思想家戴震认为理存乎欲，斥责理学家的“理欲之辨”为“以理杀人”。应当承认，精神需要高于物质需要，但离开物质需要也就没有精神需要，两者是统一的。

独立意志是人格价值的一个极为重要的内容。儒家强调人要具有独立的意志。孔子有一句名言：“三军可夺帅也，匹夫不可夺志也。”(《论语·子罕》)“匹夫”指平民，“不可夺志”即独立意志。孔子肯定平民百姓也有独立的意志。孔子又说：“仁者不忧，知者不惑，勇者不惧。”(《论语·宪问》)认为具有仁、知、勇就能充分表现独立意志。《孟子·公孙丑上》云：“志，气之帅也。”孟子认为意志、志向是精神状态的统帅。孟子提出“尚志”说，(参见《孟子·尽心上》)提倡发扬仁义——人的善良意志。他还提出独立人格的标准“大丈夫”，“富贵不能淫，贫贱不能移，威武不能屈，此之谓大丈夫。”(《孟子·滕文公下》)强调大丈夫的崇高人格是坚持道德原则，不屈从于别人的意志，不随环境的变化而转移。古代道家、墨家也赞扬坚持独立人格，如《庄子·逍遥游》赞扬战国时独立思想家宋钘(宋荣子)“举世誉之而不加劝，举世非之而不加沮。”整个社会赞美他时，他淡然处之，整个社会毁谤他时，他也不为所动。庄子提倡不顾别人的毁誉，坚持自己的见解、主张、原则，坚持自己的独立性和独立风格。

人的社会价值

孔子认为，能够“博施济众”，即能最大限度地解决人民群众的问题，满足人民群众的需要，就是圣人，也就是最有社会价值的人。

个人的社会价值指个人的社会作用，能满足社会的需要，对社会作出贡献。凡对社会作出贡献就有社会价值。据《论语·雍也》载，孔子认为，能够“博施济众”，即能最大限度地解决人民群众的问题，满足人民群众的需要，就是圣人，也就是最有社会价值的人。

中国古代士大夫强调社会责任心。正如《大学》所规范的“大学之道”八个步骤，由“内”的五步格物、致知、诚意、正心、修身，再到“外”的三步齐家、治国、平天下。社会平安康宁要依赖于每个人的修身，而个人则只有为社会服务，才能实现其人身价值。这是有别于西方学者的人文传统。西方学者多关注自然、探寻宇宙的本源与发展规律，追求超越现象世界的纯粹的客观的知识。中国学者更多地关注人本身，关注生活现实，关注国家政治，形成了独特的精神：一是人生的义务感，人生意义在于报效国家，先国家后自己；二是历史的责任感，为尽人生义务，不计报酬，甚至不惜牺牲性命；三是具有道德教化的使命感，关心社会道德秩序的维系和社会道德理想的追求；四是具有强烈的政治抱负，关心政治，参与政治，把政治与学术结合起来；五是具有深刻的忧患意识，关心民族的安危，国家的兴亡。在历史上，如孟子所说：“夫天未欲平治天下也；如欲平治天下，当今之世，舍我其谁也？”（《孟子·公孙丑下》）孟子十分傲慢自负，但他的话也表现出了强烈的社会责任心。又如北宋范仲淹说的两句名言：“先天下之忧而忧，后天下之乐而乐”（《岳阳楼记》）；张载自述学术宗旨说：“为天地立心，为生民立道，为去圣继绝学，为万世开太平”（《近思录拾遗》）；清代林则徐说：“苟利国家生死以，岂因祸福避趋之？”（《赴戍登程口占示家人》）；等等，都是重视社会责任心的典型话语，这可以说是历代中国知识分子人文精神的重要内涵。

道家也是富有社会责任感的学派。与儒家不同，道家更具有忧患意识，批判意识，并表现为反省精神，批判精神。《老子·六十章》云：“治大国若烹小鲜。”“小鲜”即小鱼。这是说，如同烹小鱼一样，要细心掌握火候，不去肠，不去鳞，也不能翻动太多，以免小鱼糜烂，失去美味。治理大国也是如此，要小心谨慎，不扰百姓。《老子·四十九章》又说："圣人无常心，以百姓心为心。"意思是圣人无私无欲，没有私心和成见，凡事以百姓的意见为意见，以百姓的意愿和要求作为治理国家的准绳。这也是道家的以民为本思想的表现。庄子富有反省和批判的精神，他揭示了儒家提倡的仁义的相对性，说："彼窃钩者诛，窃国者为诸侯，诸侯之门而仁义存焉，则是非窃仁义圣知耶?"(《庄子·胠箧》)指出仁义可能被某些人利用来达到满足私欲的目的。庄子还对于等级制度提出抗议，《庄子·马蹄》篇说："彼民有常性，织而衣，耕而食。是谓同德。一而不党，命曰天放。故至德之世，……同与禽兽居，族与万物并，恶乎知君子小人哉? 同乎无知，其德不离；同乎无欲，是谓素朴。素朴而是性得矣。"这段话虽有偏颇，但其重点和精义是否定君子小人的分别，也就是反对上下贵贱的等级差别，这在中国人文思想史上是一个重大的贡献。道家还揭示文化生活中的缺陷、偏失和流弊，如老子就指陈声色之害，"五色令人目盲，五音令人耳聋，五味令人口爽，驰骋畋猎令人心发狂，难得之货令人行妨。"(《老子·十二章》)老子否定文化的价值是一种偏见，但批评文化的弊病则是深刻的。应当指出，忧患意识、批判精神是文化进步、社会平衡和历史发展的不可或缺的因素，有助于人们不断审视各种现存的价值和秩序，不断推动价值观念和社会秩序的提升和完善。中国古代历史表明，以儒家主流政治文化为主导的社会发生危机时，统治者往往转而采用道家的批判意识和政治理想来化解社会矛盾，推进社会发展。历史还表明，道家的批判言论有的虽过于极端、绝对，但批判精神不仅没有使道家成为社会的消极者、否定者，而是使它成为社会结构和秩序的积极建设者。老子说："天之道其犹张弓也，高者抑之，下者举之，有余者损之，不足者补之。天之道，损有余而补不足。”(《老子·七十七章》)认为自然的规律是减少有余，补充不足，以维护均衡。老子批判“损不足”“奉有余”的“人之道”(同上)，主张社会公正平等、平衡和谐。道教还提倡济世度人，强调人与人之间要互爱互助，“悯人之凶，乐人之善，济人之急，救人之危。”(《太上感应篇》)表现出了强烈的社会责任意识。

人的自然价值

个人的言行如果能推动人与自然的和谐共生，促进人与自然的协调发展，有益于自然生态的积极平衡，就有自然价值。

个人的自然价值不同于社会价值，是指对自然界的作用而言，即个人的言行能推动人与自然的和谐共生，促进人与自然的协调发展，有益于自然生态的积极平衡，就有自然价值。反之，损害、破坏自然生态，就不仅没有自然价值，而且必将危及人类自身的生存条件与空间。人是自然界的一部分，人不能离开自然环境而生存，维护自然环境是人的义务和责任，维护自然环境也就是维护人的生存。当今人类对自然生态的损害、破坏已达到相当严重的程度，为此在全社会积极树立人的自然价值观念，以自然为友，为自然生态平衡作贡献，对于我们构建和谐社会具有重大的现实意义。

中国古代儒、道哲学家重视“究天人之际”，其重心即人与自然的关系。古代“天”的意义很复杂，一般而言有四种：主宰之天、命运之天、义理之天、自然之天。对于自然之天，即对待自然的态度，主要有三种学说：一是因任自然说。老子说：“是以圣人，……以辅万物之自然而不敢为。”(《老子·六十四章》)庄子说：“常因自然而不益生。”(《庄子·德充符》)主张一切要顺乎自然，无为无造，不要人为地破坏自然。二是控制自然说。荀子强调“制天命而用之”(《荀子·天论》)，也就是主张治理自然，利用万物以提高人类的物质生活。三是相互协调说。《周易大传·泰第十一·象传》提出“裁成天地之道，辅相天地之宜，以左右民”的原则。“裁成”，节制完成。“辅相”，帮助。主张遵循天地之规律，辅助天地之所宜，适当调整自然，使自然更利于万民从事生产，安排生活。这是把人与自然的关系视为相辅相成的关系，以人与自然的协调和谐，也就是利用自然、改造自然、顺应自然、保护自然的统一为最高理想；既不同于“人类中心论”，也有别于“自然中心论”。笔者认为人与自然相互协调说最具自然价值，值得我们继承弘扬。

道家和佛教高度肯定人的自然价值，具有崇高的自然责任感，是以其宇宙哲学理论为基础的。其重要观点有三：

其一是万物一体说。道家从道的观点来看万物，认为万物是齐同的。庄子说：“天地与我并生，而万物与我为一。”(《庄子·齐物论》)天地万物都和我们同生于“道”，都同为一体。人与万物是一个有机的整体，人并不是独立于自然界之外的，人类是自然界的一部分，自然界也是人类生存的基础。庄子又说，“磅礴万物以为一”(《庄子·逍遥游》)，“旁日月，挟宇宙，为其吻合”(《庄子·齐物论》)，宣扬万物融合为一体。庄子还说：“吾在于天地之间，犹小石小木之在大山也。”(《庄子·秋水》)在广袤的宇宙中，人是渺小的，应当“无以人灭天，无以故灭命”(同上)，不要用人为地去排除天性，不要用世事排除天命。深切体悟与自然万物相通、万物一体的道理，会升起一种对宇宙的崇敬感，这是一种极高的精神境界。热爱自然，尊重自然，顺应自然是这种境界的基本意涵。

其二是果报说。佛教提出“缘起论”的宇宙观，认为宇宙一切事物都是由于互相依恃的条件或原因而形成的。也就是说，一切事物都是因果关系的存在，离开因果关系就不存在任何事物。佛教确立宇宙万物都受因果法则支配的原则，并在此基础上进一步提出人的善因必产生乐果，恶因必产生苦果的果报论。佛教从人类主体与世界客体的相依和统一中来论述人的生命及其生存环境，认为生命是生命主体与客观环境相互影响、作用的结果，而客观环境也因不断受到人类行为的影响、作用而改变自身面貌。佛教宣扬果报有依、正二报。正报是指由行为所召感的个体生命，依报是伴随正报而得的个体生命生活所依的国土、山河等环境世界。佛教强调人要做善事，以求为自身与所处环境带来好报。这是把人的内在信仰、外在行为与保护自然环境结合起来，内在地推动人们自觉地保护自然环境，具有独特的理论色彩和理论价值。

其三是生命平等说。佛教宣扬“众生平等”说，认为神、人、一般动物都是平等的，彼此只是迷妄和觉悟以及两者程度不同的差异。中国佛教天台宗和禅宗还宣扬“无情有性”说。“无情”指无感情意识的草木瓦石、山河大地。无情也有佛性，也能成佛。所谓“青青翠竹尽是法身，郁郁黄花无非般若”(《景德传灯录》卷第 28)，说翠竹是佛法之身，黄花是般若智慧。也就是称翠竹黄花都有佛性。苏轼在庐山东林寺也曾作偈云：“溪声便是广长舌，山色岂非清净身?”(《五灯会元》卷第 17)此处溪声指东林寺山门前虎溪的潺潺流水之声，山色指庐山美丽的迷人景色，广长舌和清净身是佛显现的形相。意思是水声山色都是佛身的显现。佛教主张有情和无情都是平等的，用现代语言来诠释，也就是世界生态的因子是平等的。这种平等说具有两重认识意义：一是每个生物和非生物都有生存的自然权利，二是每个生物和非生物都有内在价值——佛性，都有向上提升的可能性。这对于人们关爱自然、尊重自然、敬畏自然是有启迪意义的。佛教徒的不杀生、放生、护生、素食等，就是佛教环境伦理实践的具体表现。

结　语

中华传统人文精神的主流，即重视人类价值、人格价值、社会价值、自然价值的基本观点，都是比较正确的，有生命力的，不仅在历史上发挥了积极作用，而且对当前构建和谐社会、全面建设小康社会，都有重要的现实意义。历史是不能割断的，我们要继承这份珍贵的遗产，来提高中华民族的素质，以推进建设事业和改革事业的不断发展。

同时，我们应当清醒地看到，中华传统人文精神的缺陷，诸如比较忽视个性，比较忽视逻辑与科学，比较忽视法制和法治，比较忽视力量，以及狭隘的宗法观念、森严的等级观念等，都是不可取的，是应当否定的。

吸取中华传统人文精神的优秀成果，批判中华传统人文精神的缺陷，对于形成当代的人文精神有着重要意义。我们要对传统价值观念去粗取精，去伪存真，从理论与实践相结合的高度，着重正确地阐明个人的物质生活与精神生活的关系、人与社会的关系、人与自然的关系三个基本关系，从而为新时代的人文精神奠定坚实的思想基础，确立正确方向，这必将极大地促进中华民族人文素养的提高，推动中华民族的复兴。

胡锦涛同志提出了社会主义荣辱观，概括了社会主义社会的主导价值体系，发展了中华人文精神的重要理念，如提出了“以崇尚科学为荣、以愚昧无知为耻”，“以遵纪守法为荣、以违法乱纪为耻”，强调科学、法制，弥补了以往人文精神的缺陷。又“以诚实守信为荣、以见利忘义为耻”，以“诚实守信”为“义”即传统道义的根本内涵，这都具有重要的现实意义。

附记

本文系据在国家行政学院、文津讲坛和人大国学论坛的演讲稿整理而成。恩师张岱年先生生前十分重视阐扬中华人文精神，使我受益匪浅。本文所述多吸取先生的思想。先生阐论中华人文精神的文章散见于《张岱年全集》第6、7卷(河北人民出版社出版)。

民族精神的界定与中华民族精神的内涵*

中华民族是我国当前五十六个民族的总称，是世界上人口最多、具有悠久历史和高度文明的民族。一个民族的繁荣、富强，有赖于本民族主体精神的弘扬、振兴。近百年来，探讨中华民族精神一直成为时断时续的文化热潮中的基本课题。本文拟就民族精神的界定与实质、中华民族精神的内涵与核心以及中华民族精神的高扬与提升三个问题，略叙管见，以期引起更深入的讨论。

一、民族精神的界定与实质

要准确地揭示中华民族精神的含义、内容和核心，必须先对民族精神作一科学的界定。而要界定民族精神，又有必要先了解"精神"这一概念的含义。

"精"，原义是精妙、精粹、精华、精神、智慧。（见《说文解字》、《周易·乾》、《庄子·刻意》）"神"，在古代典籍中含义颇广，但主要是指神灵、精神作用和微妙变化、

* 原载《哲学研究》1991年第5期，《新华文摘》1991年第7期。

奇妙作用。(见《说文解字》、《荀子·天论》、《周易大传·系辞上》)

"精神"二字连成一词，始见于《庄子》。"精神"一词，自战国以来成为中国哲学和中国文化的一个重要范畴。近代以来，从英文和德文又译出"精神"一词，与我国古代"精神"的含义有同有异。英文 Spirit (从古拉丁文 Spiritus 演变而成)含义为：精神、心灵、灵魂；风气、潮流；勇气、气魄；神、鬼；精华。译为精神；德文 Geist，译为精神，其含义是：呼吸、生命；精神、心灵；神、灵魂；思想、才智；精神实质、精神状态；精华。我国原有的"精神"与英、德译文的"精神"有相通之处，主要都是指与人的肉体相对的心灵作用、状态，又都有精华的意义。但我国原有"精神"一词中的化生天地万物的精气这一层含义，则在英文、德文"精神"含义中基本上是没有的。从英文、德文翻译过来的"精神"一词，为我国学术界所采用，广泛运用于哲学、宗教等思想文化研究领域。现在，一般地认为，"精神"是指人类的意识、思维活动和一般心意历程、心理状态，是人类的认识、情感和意志的总体。这是一层意义。同时，精神作为内在的精微的智慧、功能、作用，又有另一层意义，即指一切意识文化现象内在的深层的东西，是人的知、情、意的内核，也就是上述第一层意义上"精神"的最本质内容。可以说，第一层是广义的精神含义，第二层是狭义的精神含义。

民族和精神连为一词，即"民族精神"一词的出现，是近代以后的事。汉语中的"民族"一词是在 20 世纪与 21 世纪之交，从日文中引进，并开始普遍使用的，这是同我国近代历史和民族民主革命直接相联系的。"民族"又和从英德文翻译过来的"精神"组合成为"民族精神"。也正是在民族民主革命斗争的推动下，民族精神才日益受到爱国的有识之士的关注和重视。

那么，民族精神的含义是什么呢？民族精神应如何界定呢？这是一个比较复杂的问题，在学术界看法也并不一致。一般地说，民族精神有广义和狭义两种不同的界定。如德国哲学家黑格尔认为民族精神“构成了一个民族意识的其他种种形式的基础和内容”，表现于民族的宗教、政体、伦理、立法、风俗、科学、技术、艺术等各个方面。（参看《历史哲学》，三联书店 1956 年版，第 95、104 页）有的时贤认为，民族精神就是表现于共同文化中的民族共同心理素质。这都是民族精神的广义说。我国当代哲学史家张岱年认为，构成中华民族精神应具备两个条件：“一是有比较广泛的影响”，即为中华民族的“多数人民所信奉”，“二是能激励人们前进，有促进社会发展的作用。”（《文化传统与民族精神》，载《学术月刊》1986 年第 12 期）根据这种界定，他认为中华民族精神就是指导中华民族延续发展、不断前进的精粹思想。这是民族精神的狭义说。

我们认为，民族精神的广义和狭义之分是相对的，两者都是可以成立的。狭义的民族精神是指广义的民族精神中积极、进步、精粹的部分；广义的民族精神包含了狭义的民族精神，在内容上有包含和被包含的关系。广狭二义立论民族精神也各有长处和短处。广义说的长处是和广义的“精神”含义相一致，全面反映一个民族的精神的整体面貌，包括积极和消极、进步和落后、精粹和粗俗的两个方面，是人们容易理解，也是常用的；短处是在研究、批判、继承和发扬民族精神的实际操作运用上比较复杂，有时易被消极、落后的层面所迷惑，而淡化了积极、进步的层面在民族的生存和发展中的内在精神动力的巨大作用。狭义说的短处是容易产生误解，忽视消极、落后思想的存在和改造；长处是能明快地概括民族的积极、进步思想，并与时人常说的“民族魂”、“民族灵魂”、“民族优良传统”等说法相近似，有助于振奋精神，鼓舞前进。

我个人认为，只要确定参照系，界定明确，自圆其说，那就不论是从广义还是狭义立论民族精神都是可行的。在我看来，如果从振奋、弘扬和提升民族精神的视角出发，那么，从狭义立论民族精神，可能比较有助于自觉地引导民族成员的生活实践，振奋民族精神，提高民族的精神素质。

张岱年教授关于构成“中华民族精神”两个条件的论断，我十分赞成，在此基础上，我想就民族精神的狭义界定，从以下五方面来说明：

（一）为本民族绝大多数成员所认同、具有，是一种带广泛性、普遍性的精神，是共同的心理、思想。虽然民族精神在历代的不同人群、阶级、等级、集团中，有不同的具体表现形式，但是它所包含的内涵是有共性的。

（二）是在民族的延续发展过程中逐渐形成、不断丰富、日趋成熟的精神。虽然民族精神在不同的历史阶段表现为不同的时代精神，但又是贯穿于民族延续发展的历史长河过程中的一种带持久性、长期性的精神。

（三）在民族延续发展的过程中，居于主导地位的思想原则，这种思想原则既具有支配性，又有引导性，从而在民族生活中发生巨大的作用，至于那些非主导性的思想，未能支配全民族行动，又未能引导全民族前进的思想，不属于民族精神的范围。

（四）维系民族生存、繁荣和民族之间和睦团结的精神。民族的存在，一是要生存，二是要发展，这是两个基本点。民族精神就是符合民族生存和发展规律的思想文化，是具有凝聚性的意识。因此，民族精神的内容，首先应当是有利于民族生存和民族之间友好相处的精神，是维系民族生存和团结的思想支柱。凡是不符合全民族的根本利益和愿望的思想，有损于民族团结共存的思想，不能代表民族精神。

（五）推动民族前进的精神。一个民族不能继续发展，也就不能继续生存。民族精神应当是推动民族延续发展的内在动力、精神源泉，是具有进步性的思想。十分明显，那种阻碍民族发展的思想不是真正的民族精神。

我想，一种思想、观念只有具备以上条件，才能称之为“民族精神”。换言之，民族精神也就是民族文化的主导思想，就是一种民族表现于传统文化中的卓越的伟大的精神。实质上，所谓民族精神，就是民族文化的优良传统；所谓发扬民族精神，就是发扬固有文化的优良传统。

在探讨民族精神的狭义界定时，还需要说明民族精神与其他精神，民族精神与时代精神，不同国家、民族的民族精神的关系三个问题。

我们讲狭义的民族精神，作为从积极意义上概括民族思想的肯定概念，决不是否定中华民族消极、落后思想的严重存在；也不是无视改造、清除中华民族消极、落后思想的严重性。鲁迅先生生前十分重视“国民性”的改造。他见于当时中国的孱弱衰惫的状况，“哀其不幸，怒其不争”，为了救国救民，振奋中华民族精神，深刻地揭露、剖析、批判“国民姓”。诸如狭隘散漫、迷信愚昧、夜郎自大、因循守旧等等落后品性，一一都被鲁迅曝光，显示于国人之前。但是，应当指出，鲁迅讲的“国民性”，是指国民的劣根性，他并不否定好的国民根性的存在，他强烈抨击那种说中国人失去了自信力的诬蔑，他充满自豪感地赞扬历史上“民族脊梁”的丰功伟业和崇高精神。可见，我们既要改造一切不利于民族生存和发展的精神，也要弘扬一切有利于民族生存和发展的精神，两者是相辅相成的。我们说弘扬民族精神，是否不需要分析批判就可现成拿过来搬用呢？当然不是的。因为民族精神（狭义的）也有一个逐步演变、发展的过程，其内容不是纯粹的，而是包含了历史决定的种种局限、缺陷，需要克服。弘扬民族精神又有一个结合当前的情况和需要的问题，还有一个进一步发展、提高的问题，这都说明，只有经过认真的分析批判，才能真正弘扬民族精神。

民族精神是一个历史概念，它是与民族成员的社会实践同步发展的，在不同的时期、不同的情况下，有着不同的具体表征。从历史的角度考察民族精神，可以说，它是一个民族的时代精神的积淀。时代精神也有广狭二义之分，广义的时代精神是指特定时代的各种思想、原则；狭义的时代精神是指特定时代的进步精神，即体现时代前进的思想、原则。可以说，广狭二义的时代精神分别是广狭二义的民族精神的时代表现；广狭二义的民族精神分别是广狭二义的时代精神的延续、积累。由此又可见，民族精神是有时代性的，不是永恒不变的，是不断变动、不断积累、不断前进的。

不同国家，民族的民族精神，是在不同的地理环境、经济背景、社会结构和历史条件下形成和发展起来的，具有程度不同乃至性质不同的差异性。同时，不同国家、民族的生存、发展又有某些共同规律，而且有的彼此又有过大规模的文化交流。由此，不同国家、民族的民族精神，既非完全相同，也非完全相异，即既有差异性，也有统一性。民族精神，可以是一个国家民族所特有的，也可能是几个国家民族所共有的，如爱国主义感情、勤劳勇敢精神，是许多国家民族都具有的。同时，也应当看到，这些精神虽同，这些精神的具体内容却不可能是完全相同的。我们认为，民族精神是维系民族生存、推动民族前进的精神，世界上不同国家、民族在长期实践中，共同构成一幅有同有异、同异交织的绚丽多彩的世界民族精神图景。

二、中华民族精神的内涵与核心

“中华”一词，源于魏晋(参见《中华名号溯源》，载《中国历史地理论丛》，陕西人民出版社 1985 年版)，是地理名称，也作文化与民族称谓。20 世纪初以来，“中华民族”成为了中国古今各民族的总称。后来，“中华民族”又与“民族精神”重合组成“中华民族精神”一词。如果根据以上关于民族精神的狭义界定，系统地考察中华民族的历史，就不难揭示出中华民族精神的丰富内容。把这些内容综合起来，我以为有以下几个方面：

(一)重德精神

重视道德自觉和人格完美是中华民族精神的重要内涵之一。这可称为“重德”精神。如《论语・里仁》说：“好仁者，无以尚之。”《卫灵公》说：“志士仁人，无求生以害仁，有杀身以成仁。”表现了孔子对道德价值的高度重视。《周易大传・坤・文言》说：“义以方外。”是说君子行事以义而外方，强调行为都要符合道德规范。与崇德精神相一致，古代哲人特别强调人格，崇尚气节，重视情操。孔子强调“三军可夺帅也，匹夫不可夺志也。”(《论语・子罕》)孟子提倡“富贵不能淫，贫贱不能移，威武不能屈。”(《孟子・滕文公下》)要求人在道德上应当具有“至大至刚”的“浩然正气”(《孟子・公孙丑上》)。《礼记・大学》强调个人修身的好坏是国家政治好坏的关键，主张达到最高的道德境界。它说：“大学之道，在明明德，在亲民，在止于至善。”强调“大学之道”在显明完美的德性，革除身上的旧习，从而达到善的最高境界。

儒家特别重视道德人格价值，高度赞扬人格精神美，强调人应有独立的人格，遵守一定的道德准则，不屈服于外在的压力，不受外部环境的影响。这些主张对于铸造中华民族的精神品格，产生了重大而深远的作用，培育了中国人民的自尊自强心态和刚直不阿的正义感，形成了中华民族明辨是非、坚持正义的凛然正气。

东汉末年哲学家、文学家徐干还提出了德艺兼备的完全人格论。他在《中论·治学》中说："先王立教官，掌教国子，教以六德，曰智、仁、圣、义、中、和；教以六行，曰孝、友、睦、姻、任、恤；教以六艺，曰礼、乐、射、御（驭）、书、数。三教备而人道毕矣。""六德"，六种道德标准。"六行"，六种道德行为。"六艺"，六种专业知识、技能。徐干认为，一个人具备六德、六行和六艺，为人道的大全。这种以道德和知识兼备为人生的根本的观念，成为中华民族精神的重要内容。

中华民族的重德精神是与古代宗法——专制社会结构直接联系着的，它在不同时代、不同成员中间表现为不同的具体内容，其中有些具体内容已随着历史的演变而失去价值。但是，追求道德人格的完美，是人类社会的重要理想标尺之一，在建设现代精神文明中仍有重要的借鉴意义，值得批判继承和发扬光大。

（二）务实精神

儒家文化的理性主义和人文主义精神，以及无神论传统，长期居于统治地位，这有助于形成一种务实精神。"华而不实，耻也。"（《国语·晋语第十》）"大人不华，君子务实。"（王符：《潜夫论·叙录》）反对浮华，主张求实。中国人历来重视实际，讲求实用，追求事功，而轻浮华，贬空谈，鄙玄虚，表现了黜玄想而务实际的民族精神。这种精神的基本表现是，在耕稼工商、政事日用、平常生活中追求人生理想，实现自身价值。与此相联系，中国数千年来的伦理——政治型文化范式，抑制了宗教的泛滥。中国人讲求入世，不重出世；重视德育，轻视宗教；崇尚经验，无视神异；尊崇王权，压抑神权。虽然中国有土生的和外来的宗教流传，但是并没有形成全民族的宗教狂热。实用理性、思辨理性始终压倒了宗教迷狂。一般地说，中国人缺乏印度和西方那样的宗教意识与彼岸观念，希望在现世人生中实现最高理想，而不向往彼岸超越的幸福、解脱。即就宗教来说，如佛教中影响最大的禅宗，也转向面对现实，在日常生活中求得领悟、解脱。此宗不仅与小农经济相适应，确定“一日不作，一日不食”的禅农生活原则，而且宣扬“触类是道”、“平常心是道”、“即事而真”，认为行住坐卧、搬柴打水都是“妙道”，主张不脱离日常行事，从种种事象上体悟，从而改变了印度佛教的某些本来性格。

中华民族的务实精神，推动了中国封建文化达到古代世界文化的顶峰。但它是以经验理性为基础，缺乏实证科学精神。我们现在所倡导的“实事求是”、“一切从实际出发”的哲学原则，是在继承古代的务实精神的基础上，又经过科学的诠释、提升，从而日益成为人们普遍的思维定势和运思方法。

（三）自强精神

《周易·乾·象传》最先提出“自强不息”说：“天行健，君子以自强不息。”健，是刚健、能动的意思。自强不息，是积极向上、永不停止。刚健有为、自强不息的思想，集中地反映了中华民族朝气蓬勃、努力向上的顽强生命力，表现了中华民族百折不挠的开拓精神、反抗恶势力的斗争精神、完善自我的进取精神，以及在日常生活中的勤劳节俭的美德。

古代神话是民族精神的最早体现。每个民族都有创世的神话。其他民族多流行神创世说，中华民族则流行盘古氏开天辟地说。这个说法先在苗族中流传，后来又在其他一些少数民族和汉族中长期流传。

此外如女娲补天造人、后羿射日、精卫填海、愚公移山等神话，塑造的都是劳动创造世界、改造自然的开拓者的形象，体现了中华民族刚健有为、自强不息的精神。

自强精神的一个突出表现是，富有"日新"、"革新"观念，《礼记·大学》云："汤之盘铭曰：'苟日新，日日新，又日新。'"赞扬天天更新。《周易·杂卦》云："革，去故也；鼎，取新也。"主张革故鼎新，除旧立新。基于对"日新"、"革新"的认识，《周易大传·革卦·彖传》还主张社会变革论，说："天地革而四时成。汤武革命，顺乎天而应乎人。革之时，大矣哉。"天地应时而革，形成一年的四季。商汤、周武王应时而分别革夏桀，商纣之命，是为顺天应命。改革必须应时，才能成就大业。强调变革是自然界与社会的普遍规律。中国历史上的变法维新、农民起义、人民革命，就是"日新"思想、"革新"精神的重要体现。历史表明，中华民族在救亡图存的生死关头，决不向外来侵略势力屈服，也不向邪恶势力妥协，始终坚持斗争，直至取得最终的胜利。

自强精神的又一重要表观是，以一种积极乐观有为的精神来主导人生的生活态度，"发愤忘食，乐以忘优。"(《论语·述而》)不断地追求完善自我体魄、学识、技能、道德。

中华民族以勤劳勇敢的精神面貌著称于世。我国仅占世界百分之七的耕地却供养了占世界百分之二十二的人口，这其间所表现出来的广大农民的吃苦耐劳、勤俭节约的精神，也是中华民族自强精神的又一重要表现。

(四)宽容精神

孔子提出"仁"是"爱人"(《论语·颜渊》)的观点，认为仁就是"爱人"，主张对人要有爱心。孟子进一步提出"爱物"的观点："亲亲、仁民、爱物。”(《孟子·尽心上》)主张亲爱亲人，仁爱百姓，爱惜万物。惠施也宣扬“泛爱万物，天体一体”(《庄子·天下》篇)的理念。《周易大传·坤·象传》更总括性地说：“地势坤，君子以厚德载物。”“坤”，顺；“载物”，包容万物。君子应当效法大地的胸怀，以宽厚之德包容万物。“厚德载物”集中表述了兼容并包的精神①。这种精神要求胸襟广阔，宽容大度，能够合理地对待大自然，能够团结各个方面的人，容纳各种不同的意见。中华民族的宽容精神，在以下三个方面表观最为明显：

在人与自然的关系问题上：中国哲学一直重视“天道”和“人道”、“自然”和“人为”的关系问题的探索。《老子·二十五章》云：“人法地，地法天，天法道，道法自然。”强调人要以遵循自然规律为最高准则。《礼记·中庸》说：“诚者天之道也，诚之者，人之道也。”认为人只要扩充“诚”的德性，就“可以赞天地之化育”，“则可以与天地参矣”，提出天人合一之说。后来，董仲舒在《春秋繁露·深察名号》中更明确强调“天人之际，合而为一”。宋儒张载还在《正蒙·乾称篇》中提出“民吾同胞，物吾与也”的命题。“吾”，个人。“与”，党与。认为万民都是我的同胞兄弟，万物都是我的同伴朋友。这种对待大自然的友爱宽容态度，有助于维护生态平衡，保持人类与自然的和谐共存。

在国际关系、民族关系问题上：《尚书·尧典》讲“协和万邦”，就是反对侵略，热爱和平，主张各国互相团结，和睦共处。《孙子兵法》提出了一套亲善友邦的政略，该书《谋攻篇》云：“上兵伐谋，其次伐交，其次伐兵，其下攻城，攻城之法为不得已。”认为用兵打仗是不得

① 张岱年教授近年一再指出“厚德载物”即宽容精神。见《文化传统与民族精神》，载《学术月刊》1986年第12期。

已的事。史载，汉宣帝时，匈奴内部大乱，出现“五单于争立”的局面，汉王朝并不乘人之危举兵出击，而是“辅其微弱，救其灾患”(《汉书》卷七十八《萧望之传》)，采取持之以和，待之以义的政策，表现出崇高的宽容精神。在制定和执行民族政策方面，唐太宗更可谓是一个突出的典范。他赞同魏徵的主张，制定了“偃武修文，中国既安，四夷自服”(《资治通鉴》卷一九三《唐纪九》太宗贞观四年)的方针。唐太宗本人曾总结取得胜利的五个原因，其中一个是“自古皆贵中华，贱夷、狄，朕独爱之如一，故其种落皆依朕如父母”。(《资治通鉴》卷一九八《唐纪十四》太宗贞观二十一年)正确的民族平等政策，是中华民族宽容精神的生动体现，也是形成大唐盛世的重要原因。

在文化问题上：中华民族还以宽容精神对待域内各种思想文化。《庄子·天下》首先提出“百家”一词，并说：“譬如耳目鼻口，皆有所明，不能相通。犹百家众技也，时有所长，出有所用。”百家虽然不能相通，却也各有所用。《周易大传·系辞下》说：“天下同归而殊途，一致而百虑。”《汉书·艺文志》论诸子说：“其言虽殊，辟犹水火，相灭亦相生也。仁之与义，敬之与和，相反而皆相成也。”提倡百花齐放，百家争鸣，兼容并蓄，相辅相成。中华民族还乐于吸收其他民族的特长，吸取其他国家的文化。例如，对于佛教东传，西学东渐，都采用开放态度，通过与外来文化的击撞、融合，不断吸纳、涵化，改铸和提高外来优秀文化，进而融合为中华民族文化的有机组成部分。中国历史上长期存在的儒、佛、道三教并行不悖、融合为一的文化格局，在世界文化史上是罕见的。这种兼容并包的文化价值观，充分显示了中华民族宏伟开阔的气魄，具有吞吐容纳的力量。

(五)爱国精神

关心社稷生民，维护民族独立、为“报国”而献身的精神品格，是中华民族的优秀传统。这种传统是中华民族凝聚力与向心力的结晶。孔子赞扬管仲，称“微管仲，吾其被发左衽矣。”(《论语·宪问》)认为没有管仲，我们就沦为夷狄了。透露出维护民族尊严和国家独立的信念。伟大的爱国主义诗人屈原，在《离骚》中表现了对楚国存亡的强烈责任感。他主张对外联齐抗秦，对内彰明法度。后因楚国首都郢被秦兵攻破，遂投汨罗江，以死报国。《战国策·西周策》说：“周君岂能无爱国哉！”《汉纪》谓：“欲使亲民如子，爱国如家。”都强调热爱自己的国家。爱国观念日益成为中华民族的普遍精神。此后，范仲淹提倡“先天下之忧而忧，后天下之乐而乐”(《岳阳楼记》)，颜元力求“富天下，强天下，安天下”(《颜元集》，中华书局1987年版，第763页)，都洋溢着强烈的爱国精神。顾炎武高唱“天下兴亡，匹夫有责”；文天祥以身殉社稷，“留取丹心照汗青”的凛然正气，都是真诚的炽烈的爱国主义精神的光辉体现。这种精神真是百世不衰，千古流芳！

中华民族是由多民族汇合而成，汉族与少数民族有一个互相融合的过程，有些少数民族也曾在历史上建立过国家。汉族和各兄弟民族都有为本民族为国家而捐躯的仁人志士，同样都是爱国主义精神的崇高典范，同样令人钦佩。爱国主义精神实质是肯定个体与社会的统一性，并在此基础上形成的崇高的社会责任感、历史使命感。这种精神所产生的团结力是无法估量的，它使中华民族在数千年历史的风风雨雨中，万众一心，披荆斩棘地开辟前进的道路，始终巍然屹立在世界的东方。

爱国主义是一个历史概念。在古代，爱国主义是在国家彼此隔离的情况下形成的，它与忠君观念、盲目排外心态有着某些不可避免的联系，是一种旧式的爱国主义。我们今天是在突破封闭状态下，承继以往爱国主义的传统，形成一种新型的爱国主义，是与国际主义相辅相成的爱国主义。

中华民族精神的内容还有其他一些方面，但我想最主要的是以上五个方面。这些精神是什么关系，其核心内容又是什么呢？

从以上中华民族精神的内容来看，其间体现了深邃的理性和崇高的德性。重德精神是追求道德自觉的崇高价值，确立人生行为的准则和最高的理想人格。务实精神是重视实际，面向现实，崇尚经验的处世态度和思维定势。自强精神是个人生活态度，体现一种人生的价值取向和坚定意志。宽容精神是确立对人对事对物的友爱、包容的原则和态度。爱国精神是对自己的祖国、民族、人民、山河大地、优秀文化的热爱。重德、务实和自强是就个体而言的，宽容是对自然万物和其他国家、民族来讲的，爱国则是爱自己的祖国和民族。这五种精神表现了中华民族在对待个体感性生命的存在与发展、人与人的关系、人与社会的关系、人与国家的关系，民族与民族的关系、国家与国家的关系、人类与自然的关系的根本立场，成为处理各类关系的基本原则。在这五种精神中，自强精神是其他精神的基础、前提：只有自强，不断奋斗，努力向上，才能真正做到重德和务实，而且自强本身也是一种道德要求和务实表现；只有自强不息，才有广阔胸怀和宽容精神；只有自强，才能热爱祖国、保卫祖国、建设祖国。重德、务实、宽容、爱国都不能离开自强。可以这样说，自强是中华民族精神的核心，自强精神在中华民族精神中处于核心的地位，在维系中华民族的统一和推动中华民族的前进两个方面都起了最巨大、最主要的作用。也可以说，自强精神代表了中华民族的精神。我想，自强精神也可以用“刚健自强”或“刚健奋进”来表述，这样的表述也许能更鲜明地表现出这种精神的内涵，更有力地激励中华民族成员奋发前进。

三、中华民族精神的高扬与提升

近几十年来，中华民族发生的最大变化，就是中国从“以农立国”向工业化转变，开始走上社会主义现代化的道路。在这个历史性的大转变过程中，如何解决传统与现代化的关系，如何解决传统文化与外来文化的关系，都是带有根本性质的问题。要解决好这些问题，需要做的事情很多，但其中一项带有关键性的工程就是高扬和提升中华民族精神，以提高全民族成员的素质，进而推动适合我国国情的社会主义现代化进程。如何发扬和提升中华民族精神呢？这也是涉及诸多方面的事情，就思想文化的角度而言，我以为在全民族范围内确立和提升自主意识、凝聚意识和创新意识是极为重要的；为了确立和提升上述意识，学习中国历史和中国哲学又具有重大意义。

自主意识：这是自尊、自信的意识，独立自主的意识。民族主体意识，是维护民族独立和存在的思想文化前提。中华民族作为一个自在的民族实体已有几千年的悠久历史，而且有着灿烂光辉的文化。中华民族文化是世界文化的发源地之一，延绵不断，一直得到前后一贯的继承和发展。世界上没有任何一个国家像中国这样悠久古老，又从来没有割断文化传统。从世界文化发展史来看，在奴隶制时代，文化发展最高的代表是古希腊、罗马。在封建时代，中国是世界文化的最高典型。到了资本主义时代，文化发展水平最高的是西欧和美国。中国传统文化曾经是世界文化发展史上的一座里程碑。中国古代的科学技术长期居于世界的领先地位。指南针、造纸术、火药和活字印刷四大发明，对于世界文明所作的贡献，是怎样估计也不会过高的，它实际上开了西方近代文明的先河。当然，我们也清醒地看到，近几百年来，中国是落后了。我们不能因过去有引以自豪的对世界文明的贡献，而丧失忧患意识和紧迫感；但是我们也应当保持民族的自尊心和自信心。落后会转化为先进，贫穷会转化为富裕。中华民族是富有智慧的，也是勤劳的，她既能创造辉煌的昨天，也一定能开创灿烂的明天。中华民族既能存在于世界民族之林数千年，也一定能以自尊、自信的民族独立姿态在世界民族之林中继续发挥伟大的作用。当前，国际社会联系日益广泛和密切，民族之间交流不断扩大和增加，中华民族必须在对外开放中求生存，求发展。为了适应这种形势的需要，我们一定要正确认识民族自我价值，努力增强自主意识，弘扬民族主体精神。

凝聚意识：这是维护多民族统一，发挥整体力量，推动全民族共同发展的思想保证。中国是一个统一的多民族的国家，中国境内的五十六个民族之间一直存在着政治、经济、文化各方面的密切的联系和交流，并从而形成了互相依存、互相促进和共同发展的关系与许多共同点。在长期的历史中，各民族形成了不可分离的统一体。一部中华民族史表明，自秦以后在政治上统一的时期约占三分之二，分裂的时期约占三分之一。世界上没有任何一个国家像中国那样在统一帝国分裂之后又重新走向更高度的统一。历史的经验证明，祖国的统一，符合各族人民的根本利益；维护祖国的统一，才能保障各族人民的根本利益。面对风云变幻的国际局势，我们中华民族的每一成员都应当加强团结，兴利除弊，自觉地维护中华民族多元一体的格局和祖国的统一。

创新意识：一个自觉的民族必然要求清醒地审视自身的特长、优点和短处、缺陷，要求能够密切注视历史发展的基本趋势，改造一切不利于民族生存和发展的思想、观念，大力推动本民族阔步前进。这就需要提倡发挥创新精神，不断革新，有所创造，力求进步。当我们在看到中国传统文化的重大成就时，还应看到中国传统文化的重大缺陷，如缺乏实证科学、缺乏民主传统、缺乏法制观念等，这也是十五世纪以后中国文化渐趋落后的主要表现，我们应当在实践中逐步克服这些缺陷，任何孤芳自赏、抱残守缺的态度，都是不利于中华民族的进步的。当前，我们只有充分发挥民族成员的积极性、主动性、创造性，大力克服上述缺陷，才能适应世界新技术革命迅猛发展的形势，推动中华民族走向现代化，进而为人类不断地作出新的贡献。这样，才能真正立于世界先进民族之林。

为了更有效地高扬和提升中华民族精神，有必要提倡学习中国历史和中国哲学。中国历史记录了我国数千年文明发展的史迹，记载着中华民族艰苦奋斗的历程。尤其是中华民族之间交往、融合的历史，由自发到自觉的历史，一批批民族脊梁为反抗外来侵略势力和内部邪恶势力的可歌可泣的事迹，历代科学家的大量创造发明，都是极富教育意义、感染作用和说服力量的。学习中国历史，必将增强民族自豪感和爱国主义感情，从而有助于弘扬中华民族精神。

中国哲学是中华民族智慧的结晶。哲学是文化体系的最高层次的核心，是对自然、社会和人生的最根本看法，包含世界观、人生观、价值观、思维方式、理论教训等丰富内容。一个民族的精粹的哲学思想既是民族生活实践的最高总结，又是指导、支配、推动民族不断前进的动力，因此也就是一个民族的精神。中华民族精神的理论形态集中在中国哲学著作之中，并表现为千千万万人民的人格理想、心理素质和行为方式。中国哲学中最精粹的基本思想，就是中华民族精神。中国哲学的启迪智慧、培育精神和激发创造的功能作用是巨大的。学习中国哲学必将有助于培育和高扬中华民族精神，并开发出适应历史发展的新的民族精神。

中国是泱泱东方大国，我们都是炎黄子孙、中华民族的儿子。为了中华民族的强盛，我们一定要在现代化建设中，努力高扬和提升中华民族精神。

中华文化的核心与国民素质的提高*

我今天讲的主题是要着重探讨中华文化及其与国民素质提高的关系。中华文化博大精深、源远流长，它的核心是什么，它的最主要的特点是什么，它和我们现代国民素质的提高是什么关系？我们研究这么一个主题，就是要着重探讨传统文化的构成、它的内涵，从形成和内涵当中来探讨它的核心。我们有这么一个观点，就是认为传统文化的核心和国民素质的提高的结合是我们当前研究传统文化的一个重要任务。传统文化跟国民素质、跟现代化有什么关系呢？从什么角度去探讨、研究传统文化跟现代化的关系？我们认为大概是要找出传统文化的核心是什么，要分析这些核心的内容，传统文化核心的内容有哪些方面？要比较准确地把它找出来，然后来探讨它跟我们国家提高国民素质的关系。根据我们的初步研究，认为传统文化的核心就是一个价值观的问题。我们讲的世界观、人生观、价

* 原载国家图书馆编：《部级领导干部历史文化讲座》，北京，北京图书馆出版社，2003。

值观这三种观念，价值观是根本的，也就是说世界观、人生观最后要体现在价值观上。价值可以从不同的层面去分析，我们认为从哲学层面来看价值，就是作为一个主体有什么优长，理想怎么实现？这是从哲学层面讲价值的含义。价值观当中最根本的是人生价值观，人生价值最重要的就是一个人的智慧、理想、才能的体现，为国家、为人民、为民族作出的贡献，这是真正的人生价值。人生价值观就是关于人生价值的一些观点、观念、学说。

国民素质的问题是一个国家的大事，可以说人才资源、人力资源、国民素质这些都是相近的概念，我们大家都很清楚，这是国与国之间竞争的一个根本性的、实质性的问题。英国有个经济学家哈比森，他认为人力资源是国民财富的终极基础。资本、资源都是经济当中被动的因素。人力、人才是主动的因素。因此我们也可以这么说，国民素质的高低标志着一个国家实力的强弱，国民素质在一个国家的发展当中可以说具有决定性的作用。那么国民素质包括哪些内容，传统文化对国民素质的提高是怎样的一种关系？这些都是我们今天要讲的问题。围绕着这个主题，我想分三个问题来讲。

一、中华文化的形成与核心

我们要探讨一个民族、一个国家文化的形成，需要考虑它的自然环境、它的社会状况以及它的生态情况。我们都知道，大概在公元前6、前5世纪的时候，在东亚，在我们这个土地上就形成了道家、儒家等学说，在南亚印度有佛教，在地中海一带有古希腊、罗马哲学，这就在世界上形成了不同的文化系统、哲学系统。我们的中华文化是生长在这么一个环境，就是在东亚的大陆，在公元前6、前5世纪的时候，大体是在一个300万平方公里范围内，就是黄河中下游，中原地区。我们的祖先生活的地理环境，东边是海洋，西北、西南都是高山峻岭，它内部的幅员非常纵深、非常宽广。这一带地区气候比较温和，适合农业生产，一年四季比较分明，与印度和其他国家的自然条件、生产条件很不一样。另外，除了黄河流域以外，长江流域土地也是非常肥沃的，气候也很温和。应当说我们国家中原一带是中华文化的一个发源地，当然中华文化的发源地也不是一个，其次就是长江流域，还有其他地区。中国所处的地理、气候条件就决定了农业生产是古代最主要的生产方式，农业生产最初是集体耕作制，到了战国的时候发展为家庭耕作制，以家庭为单位进行生产，这是一个生产方式的根本性的改变。这种环境，这种生产方式对于一个国家、一个民族的文化的形成，提供了一种客观的根据、客观的基础，也可以说自然、社会的环境和生产方式对文化的形成具有基础性的意义。

同时，文化的产生需要有文化人，需要有知识分子，我们可以看到春秋战国的时候，由宗法贵族分化出了各种各样的士，有文士、武士、隐士、方士等，他们在春秋的时候就成为了一个独立的阶层，当时很多诸侯国家都引进这些人才来进行变法。大家都知道，商鞅变法就是最突出的一个典型。这些士，也即知识分子，发挥了知识的优势，从事教育，培养弟子。原来在商周时代上学，学校都是官办的，“学在官府”。到了春秋末期，由孔子首创私学，这就是说，打破了官方对教育的垄断，使古代的学校发生了根本性的变化，也就是把教育推向了民间。另外和私学兴起的同时，古代一些君主还创办了许多文化学术中心，聘任各个学派的大师不治而议论，他们不直接参加国家政府的治理工作，只是专门议论、专门思考如何治理国家，如何发展国家。当时像中原这一带，现在的河北、山东、河南一带都有这样的学术中心，特别是像山东的曲阜，还有河北的邯郸都是当时一些很有名的文化学术中心所在地。这样的文化学术中心，大大推动了各地文化学术的繁荣和兴盛。这种兴盛最集中地体现在春秋战国时期，形成了诸子百家，因为诸子最集中的时间是在战国时期，所以也称为战国诸子。这些诸子就天道、人道、社会伦理、礼法制度等进行了探讨，形成了各种各样的学说。当时最重要的有儒家、墨家和道家，在这 3 家当中，儒家跟墨家在当时被称为显学，道家也很重要，但是道家是个隐士之学，它没有列到显学的范围里面。春秋战国，特别是战国时期的百家，后来西汉的时候，司马谈就把它概括为 6 家，以后又有人把它概括为 10 家，还有更多的，有的说诸子有 100 多家，如 189 家的说法，但是最重要的就是刚才我们前面讲的 3 家。在这 3 家里面，我们可以看到，儒家给我们民族提供了一个人本主义的学术系统、人本主义的文化传统；道家提供了一个自然主义的传统。可以说《周易》，就是《易经》，它是把人本主义传统跟自然主义传统结合起来，这两个传统可以说奠定了整个中华古代文化的基本走向，一直到现在，我们都可以感受到这两个传统的影响和作用。中华文化后来当然是不断发展的，我们现在可以说，它是世界唯一没有中断过的文化传统，它表现为哲学、伦理、文学等。根据我们学哲学的人的观点，文化里最根本的东西是哲学，因为哲学讲的是世界观的问题、人生观的问题、价值观的问题和思维方式的问题，一个民族的价值观念和它的思维方式在文化当中具有极为重要的地位。

就文化形态来说，刚才我们提到有儒家、道家。在汉代，大概在西汉末东汉初印度的佛教传到了中国内地。我们可以看到印度佛教对于中华民族文化来说，是个异质文化。中华民族已经有儒家、道家学说，佛教要进来，当然会遇到很多阻力，有很多障碍。我们也可以看到西方基督教从唐朝就传到了中国，但是它没有融入中国传统文化里面去，佛教是融到传统文化里面了。后来我们大家都有一个共同的说法，就是儒释道，释就是佛教，儒道佛3家是传统文化的3大组成部分。那么佛教之所以能够融入到中国传统文化里来，我们应该看到中国的人本主义传统、自然主义传统虽然符合了中国人的需要，但是它还有缺陷，那就是说对人生的烦恼、痛苦，特别是人的死亡问题，中国的传统文化探讨的很少。大家都知道，人如果没有死亡，人生就没有意义，生与死是相联系、相对应的，没有死亡，就不用探讨人生的理想意义的问题，因为他一直活下去的。正因为有死亡，我们要探讨在有限的生命里如何来确定自己的理想，如何来实现自己的理想，在这方面，可以说佛教恰恰弥补了中华文化的缺陷，它起到了补充作用，所以我们认为佛教给中国文化提供了一个解脱主义的传统。解脱主义，就是解脱烦恼、痛苦，解脱生死问题，这也是适应中国人民的需要的。所以长期以来我们的传统文化就由儒释道3家所组成。

我们可以看到，这3家从实质上来说，探讨的就是人的问题，人生的问题。所以从一定意义上来说，也可以说它是人学。因为就儒家来说，它主要是探讨为人之学，怎么做人？它提倡仁爱，那是讲人与人的关系问题。它主要是要在现实生活当中去提升自己的理想。我们在平时生活当中，在平时的工作当中，就是从平凡的活动当中，怎么能够提升它的意义、它的价值，即实现人生的理想，这是儒家思想。道家讲自然，讲自然主义传统，这个自然，就是要顺其自然的意思，要合乎自然本性。用我们现在的话来说，一定意义上也可说要合乎自然的规律。道家提出了这么一个传统，这从根本上来说也是个生命哲学，也是讲人的问题。怎么能够实现人生的理想呢？道家认为那就要合乎自然。佛教不同，佛教讲出世，应当说佛教是个宗教，我们刚才讲的道家、儒家，它是人文。所以中国是个人文主义传统的国家，跟印度那个宗教国家不一样的。印度是个宗教国家，它的一些宗教领袖比政治家地位要高。中国不是这样，中国是人文的传统。但是我们也可以看到，佛教里面很多内容实际也是讲做人的问题，特别是传到了中国以后，佛教发生了很大的变化。中国佛教跟印度佛教是有区别的，当然它有共同性，它们都是佛教。中国佛教相对印度佛教来说，最重要的是创造了两个东西，一个是禅宗，实际上禅宗把成佛的理想由彼岸世界移到了内在的主体世界里面来，它宣扬即心即佛，你的心、你的思想，与佛不相离，用我们现在的话说，就是思想意识觉悟了，那就是成佛了。我们可以看到，这实际上就是由神转到了人，转到觉悟的人。另外，在我看来，中国佛教的第二个创造，就是现在讲的人间佛教，我们已故的赵朴老就提倡这个。台湾地区佛教也是提倡这个，两岸佛教都提倡这个。人间佛教就是认为，通过佛教道德的弘扬以及其他思想的弘扬，能够使人间成为净土。从这里边我们可以看到中国佛教，当然它有出世的一面，当然它是个宗教，但是实际上它已经受到中国的儒道的影响，带有很大的人文色彩，它也很重视做人的问题。这是从我们的文化的核心、各个学派的思想核心来看，我们可以看出它的确是以人学为中心的。另外从中华文化的发展、历史的发展来看，我们可以看到孔子、墨子，以后的孟子、韩非，以及汉代的董仲舒、王充等都是提倡为人之学，都是提倡通过为人，进而能够为家、为国作贡献。中华文化提倡的，实际是一种人生的价值观念。

另外一个方面，文化和民族有不可分割的联系，世界上不同的民族呈现了不同的文化。不同民族文化体系的差异，最主要表现在什么地方呢？我们认为最主要就表现在价值观念上，像我们下面要介绍的中国文化，它就比较重视做人，重视和他人的关系，重视和自然的和谐，这就是它的价值观念。西方就不是这样，印度也不完全是这样。

现在我们一些记者招待会，西方国家元首，包括小布什总统在清华的演讲，他们都是要推行西方的价值观念，也就是说，他要推行他们文化的核心内容。所以，今后在一定意义上来说，就是不同民族的价值观念的较量。所以我们东方、东亚地区形成的、我们中国形成的价值观念，它的优势在什么地方？它的内容、内涵是怎么样的？它对我们国家的发展以及世界未来的发展有什么意义？这就是我们下面还要探讨的问题。

二、人生价值观的要义

人生价值观念，是在人生的一些基本矛盾基础上形成的。人类，包括我们每一个人的人生当中，他的最基本性的、普遍性的矛盾是什么呢？我们认为有三个矛盾：第一个矛盾就是人与自我的矛盾。我们每一个人和自己的矛盾，比方我们的现实状况与理想追求，我们的物质生活与精神生活，我们的生命价值跟人格价值、道德价值的关系怎么样，我们要处理好这些矛盾。第二个矛盾就是人和他人的矛盾。因为人都不是孤立存在的，他在社会当中存在，他有家庭关系。在一个单位，他有一个工作关系，有同志关系。再推广就是还有民族的关系和国家的关系，这就是由人与他人的关系当中派生出来的人与民族、与国家的关系，这是我们经常面临的又一类矛盾。第三个矛盾就是人与自然的矛盾，人与自然环境的矛盾。因为人是生存在特定的自然环境当中，自然环境对人类的影响是很大很大的，自然养育了人类，但是如果我们人类过分地去征服、去破坏自然，自然可能就要报复人类。所以人与自然的矛盾是我们天天可以感觉到的，像遇有沙尘暴，每个人的心情是会不太好的，这是人与自然的关系。三类矛盾当中，我们也可以把人与他人的矛盾展开为人与他人的矛盾、人与民族、人与国家的矛盾。所谓价值观念，一定意义上也可以说，就是一个人如何处埋这些矛盾的问题。通过正确地处理这些矛盾，就形成了正确的价值观念。下面我们就按照刚才所讲的二类矛盾，或者四组矛盾，分四个问题来讲。

(一)人与自我的关系

人与自我的关系归根结底可以说就是一个塑造人格的问题。“人格”是现代的用语，古代没有“人格”两个字，古代叫人品。什么样的叫做具有崇高的人格？怎样能够达到和保持崇高的人格？这是古代思想家经常热心讨论的一个中心性的问题。特别是儒家，也还有道家。在这方面，大家都知道孔子有这样的名言：“三军可夺帅也，匹夫不可夺志也。”“三军”是泛称军队，古代的诸侯大国里可以有三个军。“匹夫”就是指的男子汉，男子汉他有独立意志，每一个人都应当有独立意志，独立的人格，这对做人来说是一个极为重要的问题。孟子也说：“富贵不能淫，贫贱不能移，威武不能屈，此之谓大丈夫。”大丈夫的人格是怎么样的呢？就是要始终在任何情况下，在富贵情况下、在贫贱情况下、在威武的压力下，都要坚持自己的原则，保持自己的人格。自己的意志不能动摇，这很重要。现实生活当中也表明他这种说法有相当的普遍意义。道家也提倡要有崇高的人格，但是道家是从一种自然主义思想脉络里来讲这个问题，庄子这样说：“至人神矣！大泽焚而不能热，河汉冱而不能寒，疾雷破山、飘风振海而不能惊。”所谓至人，道家系统讲的至人，就是思想道德境界很高的人，那很神妙，一个人的境界是不一样的，境界很高的人，很神妙。就是大泽，大的草泽都焚烧了，他都不受影响。河就是黄河，汉就是汉水，冱就是冻了，结冰。黄河汉水冻了，他也不受影响。这是说至人具有不受任何环境影响的独立的精神和自主的精神。庄子还主张提倡追求“天地与我并生，而万物与我为一”，提倡这样的精神境界，这是一种极高的境界，主张人跟万物都是平等的，没有价值的高低区别。这种与天地万物为一的境界，我们可以想象，我们也去体会，那就是说要超越自我，与天地同在，与天地合一，这是极高的一种精神境界。

上面所讲的孔孟庄子他们关于人格价值追求的一些主张，对后来产生了极为深远的影响。人与自我的关系当中的一个问题就是物质生活和精神生活、物质价值和精神价值的关系的问题。我们每天都要吃饭穿衣，但是我们还要过一种精神的生活，物质价值和精神价值的关系怎么样？我们应当怎么来处理？古代思想家认为衣食是礼仪的基础，物质生活是一种基础，这个基础是不能否定的。另一方面又强调精神生活是高于物质生活的。包括后来宋代理学家讲的“存天理，灭人欲”，也不是把人的基本的欲望消灭了，人照样吃饭、穿衣，这个不在“灭人欲”范围内。“灭人欲”指的是一种超越精神生活要求的那种物质生活追求。在人与自我关系当中，我们刚才讲它是一个塑造人格的问题，每一个人都会遇到这样一个问题，那就是要正确地对待生命。人的生命与道德、人格的关系中，生命是很重要的，所以儒家是主张保生命，一个人要保生命。道家还主张顺其自然，保全生命。但是在我们的先人看来，人的生命价值如果跟道德价值、人格价值发生矛盾的时候，比较起来，道德价值、人格价值更重要。如果为了国家、人民、民族需要牺牲自己的时候，我们要勇敢地付出自己的生命，来保持自己的人格价值。所以孔子主张“杀身成仁”，孟子主张“舍生取义”，都是这个意思。古人还看到了人的死亡跟“不朽”的关系问题。“不朽”就是人死亡以后怎么样才能够永远存在的问题。因为人都要死亡，那么死亡以后，人是不是还有可以值得以后的人永远敬仰的东西？有没有不朽的东西？这方面《左传》里有这样的记载，认为人虽然有死亡，但是死而不朽，他的精神、他的功业是永恒存在的，所以有“大(太)上有立德，其次有立功，其次有立言”这样的说法，这就叫作“三不朽”，就是要“立德、立功、立言”：“立德”就是树立人格道德榜样；“立功”，就是建功立业；“立言”就是你有新的思想言论，有助于人民素质的提高、有利于国家的发展。古人认为道德、功业和言论这个价值是很重要的，这叫作“三立”。人要在“三立”方面都有贡献，或者是在某一个方面作出贡献，这样人虽然死亡了，但他又是不朽的。我们现在可以看到像孔子孟子他们都是不朽的，到现在我们都要纪念他们，甚至于还要学习他们的某些思想。在人与自我的关系当中，探讨这个问题的时候，我想起了我的老师冯友兰先生，他有人生四境界的学说，每个人不一样的，有四种境界。他说第一种境界叫自然境界，什么叫自然境界呢？自然境界是适应人的生物本性、生理本性的要求，吃饭、穿衣，还有繁衍子孙等，还有适应世俗习惯，这个叫自然境界。第二是功利境界，功利境界是功利性的，就是追求个人的私利。有些人做事情首先考虑的是个人的利益，对我有没有利，这是第二境界。第三个境界就是道德境界，它是为社会谋福利的，我做的事情是为了对国家、社会有利。第四是天地境界，天地境界就是人是天的一部分，人是自然的一部分，人归根结底要和天统一起来。这一思想境界，应当说是更高的一个境界，我们想问题、处理事情是从人与整个自然统一的角度来思考。人生有四种境界，应当说后面这两个境界都是很高的境界。

(二)人与他人的关系

人与他人，就是人际关系、人伦关系、群体关系。在这方面古人认为人和别的动物不一样，人是有义的，是讲道义的，所以人能够组织起来成为一种群体。人的体力可能不如有的动物，但是人能够驾驭动物，能够组织群体，能够组织社会，能够按照职分、按照道义来妥善地处理人与人之间的关系问题。那么人与人有哪些关系呢？最早提出人与人的关系的是孟子，他认为有五类关系，那就是父子关系、君臣关系、夫妇关系、长幼关系、朋友关系，其中长幼关系就包括了兄弟关系。所以后来又演变为“五伦”，就是“父子、君臣、夫妇、兄弟、朋友”这五种关系。这五种关系是由十种角色组成的，所以古人又提倡“十义”，就是十种道德规范，每一个角色都有特定的道德要求、道德规范。根据《礼记·礼运》上的记载，所谓“十义”叫做“父慈、子孝、兄良、弟悌、夫义、妇听、长惠、幼顺、君仁、臣忠”，这是十个不同的角色应当具有的道德规范。这里面，我们可以看像父子之间、兄弟之间、君臣之间都是各有权利和责任的，像“忠”，臣对君要忠，但君一定要“仁”，君是仁的，所以臣要对君尽忠。如果君不“仁”，他不是仁君，那臣就不一定“忠”了。儿子对父亲也不是一种绝对的服从关系，父要慈爱然后子要孝，这个和汉代以来一方绝对地服从另一方又不同，所以“三纲”、“五常”、“十义”都有一个演变的过程。

古代学者在关于人与他人关系的准则和规范方面，所提出的准则和规范最重要的有“仁、礼、和、义、信”这几个范畴。现在我们简单介绍一下这几个范畴的意义：

1.“仁”。“仁”字好像是两个人那样，从字的造型里可以看到它是讲人与人的关系的。大家都知道，孔子有个很重要的定义，“仁”就是爱人，就是泛爱众，要爱大众，要爱他人，要相爱，人与人之间要相爱。在孔子看来，爱人的内容有两条根本性的原则，第一条就是“己所不欲，勿施于人”；第二条是“己欲立而立人，己欲达而达人”。第一条是消极性的，你自己不喜欢的不要给别人，第二条是积极的，“立”就是自立，“达”就是显达，你想立的，你自己追求的、要实现的东西，也要帮助别人达到。现在国际上宗教界也在探讨普世伦理，全世界人类能不能有一个基本的伦理规范，有没有？讨论很长时间了。其中有的学者就提出来，孔夫子的这个话可以作为基本伦理的条款，特别是“己所不欲，勿施于人”。孟子也有这样的主张，孟子认为你如果不能够做到爱人，人家也不会爱你，不尊敬你，所以儒家提倡“仁爱”。我们可以想象，一个国家、民族，人与人之间都能这样做，会形成一个什么样的状况，它可能是非常和谐的。还有墨家，墨家提倡“兼爱”，主张“视人之国若视其国，视人之家若视其家，视人之身若视其身”。它主张“兼爱”，这个“兼爱”和儒家有等差的爱、有等级的爱是不太一样的。儒家的爱是由亲近的关系，然后推到更广泛的、其他的人的关系。墨家主张“兼爱”，要求把别人的家庭看做像自己的家庭一样。我们可以看到，“仁爱”跟“兼爱”都是古代人道主义思想的一种体现，但是这两者有一定的区别。儒家的“仁爱”，是有等级性的，墨家是讲广泛的“兼爱”，但是，我们又可以这样考虑，很可能，墨家的“视人之家若视其家”这种观念，和古代社会以家庭为本位的那种社会结构是不太一致的，所以墨家的衰亡也不是偶然的了。

2.“礼”。“礼”是古代的社会规范和道德规范，通常是包含了三个方面的内容，那就是社会政治制度、法律准则、道德规范。古代非常重视“礼”，孔子这样讲，如果一个人“不知礼”就“无以立”，起码的礼都不懂，这个人就不可能自立。所以孔子又把“礼”跟“仁”联系起来，提出“克己复礼为仁”，也就是要约束自己，要符合“礼”，这样来做到“仁”，达到“仁”的境界。“仁”跟“礼”的关系实际上是一个形式跟内容的关系。“礼”是“仁”的表现形式，“仁”是“礼”的实质内容。荀子有一篇文章叫《礼论》，对“礼”作了总结，他对儒家思想又有进一步的发展，他认为治理国家是“治之经，礼与刑”，治理国家靠两个方面，一个是“礼”，一个是“法”。如何治理好国家呢？一方面要讲“礼”，一方面要讲“法”。我们可以看到中国的这种思想对韩国、日本影响都很深的。本来我们是礼仪之邦，可是现在，学校师生之间的礼都比较淡了，这对我们国家以及政府机关、上下级的关系，都不是好事。我们当然要讲平等，平等是政治上、人格上的平等，但是礼要不要？很可能有“礼”比没有“礼”要好得多。

3.“和”。“和”就是和谐。在这里有个很重要的问题，我们古代探讨两个很重要的范畴，那就是“和”跟“同”，“和”与“同”的关系与区别。古代很早在中国哲学史上就发生了“和同之辩”，辩论“和”跟“同”有什么区别，有什么关系。所谓“同”就是同一，相同。所谓“和”就是不同的东西的平衡。古人认为“和”能够产生不同东西，不相同的东西的平衡、和谐，能产生新的事物。“同”，相同的东西，就是重复，它不能产生新的事物。所以中国古代主张“和而不同”。孔夫子有个名言“君子和而不同，小人同而不和”，把是否追求和谐看作君子区别于小人的根本的思想分野。孔夫子还讲过这样的话：“均无贫，和无寡，安无倾。”“均无贫”，平均了的话，就无贫；“和无寡”，寡就是指的人口很少，就是没有凝聚力，老百姓都不跟着你了，和则人家都会凝聚在你的周围；“安无倾”，安全的话就不会有危险。孔子有个学生叫作有若，他说了这样的话：“礼之用，和为贵。”礼的作用是以和为贵，肯定了“和”的价值。根据我们学者的想法，比方说我们跟西方文化的关系，我们主张和而不同。所谓和而不同，就是能够把各种文化的优长综合起来为自己所用。孟子也有重“人和”的名言，大家都很熟知了，就是“天时不如地利，地利不如人和”，这里的“人和”就是齐心协力的意思，齐心协力、团结合作。在孟子看来，这三个因素当中，天时、地利、人和，人和是第一位的，很重要，很可能他讲的是一个真理。如果以和为价值取向的话，我们可以看到对人类社会的发展可能是很有意义的。在现实生活里面，我们可以看到人与人之间、集团与集团之间、社群与社群之间、阶层与阶层之间、阶级与阶级之间都存在着矛盾、对立和斗争，这是不能回避的，我们要面对的。但是从历史上来看，斗争的结果一般可以说有这么几个结局：一种结局就是两者同归于尽，第二种结局就是一方压倒另外一方，第三种结局就是双方和解而两利。所以和作为处理人际关系的一项基本原则，可以用来处理不同的矛盾，对不同的矛盾，采取一个恰当的处理方式。

4.“义”。“义”本来是适宜的意思，适合情况，引申为公正。我们老百姓希望做官的人第一条就是公正、清廉与公正。

5.“信”。“信”就是诚实、守信用，古人认为这是朋友之间应当遵守的一个基本道德规范，实际上在经济生活当中也应当是这样。

这是关于人与他人的关系的看法，是古人的一些生存智慧。

(三)人与民族和国家的关系

我们中国是有这么一个优良传统的，有个爱国主义传统。爱国主义传统的内容是什么呢？就是关心社稷民生、维护民族独立和保卫中华文化。爱国主义的内容是很丰富的，古人很多都是以爱国主义为人生的最高价值，一个人要爱国，要爱民族。孔夫子有这样的话“微管仲，吾其被发左衽矣”。“微”是假如没有，管仲是古代很有名的一个政治家，“被”和“披”是一样的，“衽”就是衣服的衣襟，有的少数民族衣襟是往左边开的。孔夫子是说，如果没有管仲，我可能也是衣襟往左边开了。这是表现了这么一种深层的意思，就是孔子主张维护民族尊严、国家独立。至于像屈原、范仲淹，乃至顾炎武，他们都有很多以天下为己任的抱负，那是对我们很有教育意义的言论。大家可能都知道，像“先天下之忧而忧，后天下之乐而乐”、“天下兴亡，匹夫有责”等等，都是很重要的。我们古代都提倡“忠”。“忠”的含义，就是要尽心尽责，但是到了汉代以后这种意义转变为为国君尽忠了，而把尽责又推到绝对服从，这个就不好了。所以辛亥革命有很大的功劳，就是把君主专制推翻了。但是我们应当说，对民族、祖国、人民，我们还是应当忠的，忠于民族、忠于祖国、忠于人民是每一个公民的崇高的职责。

（四）人与自然的关系

古代一些思想家是怎么样来看待人与自然的关系呢？人处在自然当中，人是自然的一部分，人跟自然的关系就叫做“天人之际”。这里我们先要搞清楚古代的“天”的含义，“天”的含义很多，主要是有两条，第一条指的是自然，也可以说这个自然就是自然界，特别是指的天体，或者说是天地，用我们现在的话来说，也就是客观的物质自然。“天”的另外一个意义就是神灵，认为天上有神灵存在。我们现在要探讨的主要是人与自然这个层面上的关系问题，就是要探讨天道跟人道的关系、自然跟人为的关系。在这方面，古代主要有三个学说：

第一个是“天人合一”，就是强调天道跟人道、自然与人为息息相通、和谐统一，这是一个非常重要的概念。例如，孟子就主张“尽心知性知天”。“尽心”，就是发挥我们自己的本心，我们的主体精神充分发挥了，就能够“知性”，就能够知道人的本性，进一步就能够知道自然。这里很重要的一个思维方式就是认为天跟人是个统一体，人心、人性跟天道是一样的，这是中国古人的很重要的一个思考方式。由于能够“尽心知性知天”，因此也认为人能够和天地相通，进入到一种天地境界。道家也是主张“天人合一”的，我们刚才已经提到庄子，庄子主张“万物与我为一”，人与天地万物要合一、要统一起来，进一步反对人为地去破坏自然，主张“因顺自然”，顺从自然的规律。庄子的学说，有一种主张回复到原始状态的思想，这种思想当然是一种落后的思想。但是他主张不去毁坏自然，应当承认，这种思想对我们有一种警钟长鸣的意义。

第二个是“与天地参”，就是人要参与自然界的变化，这是在肯定天道、人道既有区别又统一的基础上，认为人不是消极的，不是被动的，人可以参与自然界的变化，这种观点也是很重要的。在这方面像《周易大传》有这样的话，要“裁成天地之道，辅相天地之宜，范围天地之化而不过，曲成万物而不遗”，“裁成”、“范围”都是动词，都是调节的意思，“辅相”、“曲成”都是辅助的意思。这是说，一方面要承认自然的变化和它的规律，一方面要通过发挥主体的能动性来调节自然的变化，协助万物达到完满的程度。

第三个就是“天人之分”，认为天和人不一样，是有根本性的区别的，要把天和人加以区分，各有其规律。在“天人之分”这种主张里面，有的主张要“知天命而用之”，就是要控制自然、治理自然。这种主张，就是强调要发挥人类的主观能动性去控制自然。这种主张可以说和前面“与天地参”的主张有联系，但是也有区别。

在这三种主张当中，我们可以这么说，它们之间并不完全是对立的，不是互相排斥的。凡是主张“天人合一”的，都是以“天人之分”为前提，都是在确定了天人之间的区别的基础上形成的。主张天人之分的也不完全否认天人相通、天人之间的联系，有的就主张天的职能和规律是不能违反的。所以在这三种学说之中，“天人合一”是一个基调，是中国古代关于天人关系的一个基本的学说。

三、人生价值观与国民素质提高的关系

刚才我们在探讨这个主题的思路的时候曾经提到，我们要提高国

民素质，应当充分运用传统文化的资源。提高国民素质的途径是多方面的，其中利用传统文化的资源是一个重要方面。在探讨利用传统的人生价值观来提高国民素质这个问题的时候，我们首先要来分析一下21世纪国际国内社会的一些新的变化，它的特色。我们认为21世纪国际国内社会最根本性的特征很可能是以下这几个方面：

第一，由于市场经济的日益成熟，国家与国家、地区与地区之间的经济正在走向一体化，又由于通讯技术的进步和交通的发达，世界，特别是在经济领域就会越来越全球化。这种情况，不仅会加速推动不同文化的交流和碰撞，而且会使国与国之间的竞争进一步加剧。

第二，由于科学技术的空前进步，人类在征服自然、改造自然方面取得的成就越来越大，但与此同时，自然也增大了报复人类的力度。所以生态失衡、环境污染、气温升高、人口爆长、能源危机、食品短缺等问题、难题日益地困扰人类，人类将地球和大自然作为征服对象的同时要付出巨大的代价，以至于我们现在一些基本的生活需要，像水有的地方都很缺，人类在满足水资源的需要上都出现了问题，这是一个很大的问题。要解决这个问题，一方面是要努力地去寻找、开发新的科学技术，来缓解开发自然所带来的负面作用，另外一方面需要提高人文素质来协调人类跟自然的关系，这可能是未来又一个很重要的特点。

第三，因为物质条件的不断完善和生活方式的更加现代化，丰富的物质生活和相对匮乏的精神生活的反差现象将长期存在。精神生活出了问题，就出现了一种文化精神危机，这种文化精神危机在我们看起来实际上就是价值危机，就是价值观念失衡了。如果人们长期受到追求物质欲望、物质需要这种价值观念支配，停留在物质享受的层次，就会形成恶性的消费。恶性的消费势必带来恶性的开发，由此又进一步带来国民素质的下降，同时又影响了社会的可持续发展。根据这种情况，未来社会人类能不能觉悟到要逐步地把单纯地追求物质，或者着重追求经济的增长，逐步地转到追求人的全面发展，是一个很重要的问题。

21世纪显然是国与国之间竞争很激烈的一个世纪，我们要立于世界民族之林，就需要有高素质的人才，国民素质要高。什么叫作素质呢？素质包括了哪些内涵、哪些要点呢？根据我们初步的研究，素质主要包括四种，第一种是文化知识素质，这个又包括两个方面，一个是综合知识素质，一个是专业知识素质。既要有综合的知识，又要有专业的知识。第二种是品德素质，品德，就是人品，包括了道德素质和思想素质。道德和思想也是两个概念。比方说培养家庭美德、职业道德、社会公德是极为重要的，有利于形成和谐美满的家庭关系、人际关系。第三种是心理素质，这也是极为重要的素质。心理素质里包括情感素质、智力素质、意志素质。意志素质，就是我们前面讲的人要有意志、有人格。情感素质，就是在情感问题的处理上，要处理好，不要失足。智力素质，就是培养以创造性思维为核心的素质，这对于一个民族的进步、国家的兴旺发达都具有战略性的意义。创造性的思维，不是墨守成规、保守陈旧的那种思维，要培养创造性思维，这属于心理素质里面的智力素质。最后一个素质就是身体素质，身体也很重要，学校不是讲德智体吗？“体”就包括了体质、体力、体能，身体的素质在人的素质结构里的地位是不言而喻的，它是一个前提性、基础性的东西。比如说我们中华民族都要讲健康，这是极为重要的。在我们看起来，素质很可能是包括了这四个方面。那么传统文化、传统的人生价值观念对于提高国民素质，是有一定的积极意义的。

根据当前国民素质的一些状况，特别是为了青少年素质的健全发展，我们认为，在当前应当重点地弘扬传统人生价值观当中的一些积极的内容。传统人生价值观也会有它的局限性，我们今天讲的是它的积极方面的内容。关于积极方面我们认为最重要的有三个方面：

第一，弘扬为人之道，提高人文素质。上面我们说了，中华传统文化是十分重视阐扬做人的道理的，强调道德、人格的崇高的价值。它在处理物质生活跟精神生活、生命价值跟人格价值这些方面都提出一些积极的思想，这些思想如果用来提高国民的素质，我们认为是有帮助的，特别是对于纠正当前出现只重视技能、经济、功利、实用而忽视人文、精神、思想、道德这种偏颇、偏差，对于纠正只追求物质生活而忽视精神生活的倾向，应当说是有启迪的意义。

第二，弘扬群体观念和爱国精神，树立社会的责任意识与历史的使命感。在这种经济全球化，国与国之间的交往日益频繁，外来的文化不断地冲击我们本土文化的情况下，我们认为提倡集体主义、爱国主义精神尤为迫切，特别是对青年一代的教育尤为迫切。因为现在国与国之间的观念淡泊了，不同国家的很多年轻人都通婚了，有的都出国定居了。所以我们对那种忽视国家、集体利益的倾向一定要注意。我们认为在处理这个问题的时候，那种忽视个体的利益、地位、作用，是不对的。我们以往曾经忽视发挥主体的积极性、主动性、创造性，这不利于我们国家的发展，但是我们也认为那种忽视群体的需要、忽视群体的价值和利益也是片面的。是不是我们可以说，我们应当肯定个人的价值是通过对群体的贡献才能获得真正的体现。中华传统文化对有关群体的关系、公私的关系，以及个人和民族、国家的关系，都有很多很精粹的思想。阐述这些合理的思想和精神，对提高国民素质特别是道德素质与心理素质，增强对人民、对社会、对祖国的奉献精神应该说是有意义的。

第三，弘扬天人协调的思想，提高辩证思维水平。在处理人与自然关系问题上，我们刚才已经提到以“天人合一”为代表的思想，特别是其中关于天人协调的思想，就是人可以参与天地自然变化的思想，在我们看起来很可能就是处理两者关系的一个正确的原则，那就是说主张人与自然的和谐，良性互动。人类与自然一定要良性互动，这对人类的发展是有重要意义的。所以我们认为那种人类要征服自然、把人类与自然对立起来是一种形而上学的思维，人类应当和自然和谐、协调，要保持这种良性互动，要运用这种辩证的思维。那种把地球有限的资源耗尽，只能是毁灭地球，也是毁灭人类本身。

我们认为积极地弘扬中华传统价值的合理思想，对于培养国民的精神品质有极大的好处，对增强国民的智慧有极大的好处。总之有助于中华民族、有助于我们国家的国民具备求真、行善、崇美这样的人格品质的形成和完善。

问：非常感谢方教授，您讲得很精彩，就是对中华文化进行归纳和总结，但是您归纳和总结主要是从正面、从积极的角度来分析的。我这个问题是中华文化中有哪些内容是糟粕，是消极的，它既阻碍了社会进步，也阻碍了现代文明的进步？希望您在这方面给分析一下。

方先生：这个问题极为重要，大家都知道优点是跟缺点相联系的，长处是跟短处相联系的，在优点当中，我们要清醒地看到我们的缺点，对传统文化也应当是这样。比方说传统文化当中的天人合一整体观念就有局限性，它的局限性是什么呢？缺乏分析，笼而统之地作为一个整体的把握。这个整体的把握是很重要的，按照我们搞哲学的人来说，灵感就是整体把握、领悟，直接体悟，那很重要。但是还要分析，如果不重视分析，科学的发展就受到影响了。所以中国古代自然科学发展的缓慢很可能和我们传统的思维方式有关系，这是一条。第二，我们都可以看到中国传统文化很重视现实，重视物质生活，民以食为天，中国人很讲究实际，这当然也很重要，它重视现实问题。中国人信教都是有问题才去信教，有所失就想有所得，是临时抱佛脚，如生病了，家里出什么事了，才去信教，动机不纯呢，和宗教的本义相违背，这是一种现状。过分重视现实以后，对于那种超越的精神就有所忽视，对追求一种更高层次的境界会受影响。我们可以看到目前我们国家存在的一些现象都和这个问题有联系，有的人想有权要赶快用，不用就白不用，是吧，要出问题的。有的商人也是这样，有人做很多假药，大米里放了什么，他追求眼前的利益。一个国家、民族要有一种很高的超越精神，这是提高素质的一个很重要的方面。另外我们国家强调人与人之间的关系，重视集体、重视爱国，是完全正确的。但是也应当承认，我们过去比较忽视对主体、对个体的积极性、创造性、主动性的发挥。我们认为，现在我们已清醒地认识到传统文化的优点、长处，也看到它的缺陷、短处。讲起缺点来也是很多了，可能得换另外的时间讲了。今天主要是讲我们的优点，因为我们要增强自尊心，而且我们讲的确实是优点。我们是在清醒地、深刻地洞察到我们的缺陷基础上来讲我们的优点，我们要发挥我们的优点，通过发挥优点来克服我们的缺陷。在这方面当然我们要吸取其他民族的一些优良文化的合理因素，来弥补我们的不足。

问： 刚才您讲到了中华文化的核心和人生价值观，而且提到了西方的人生价值，特别是基督教不容易融入中国，但是现在一些年轻人相反地比较容易接受这些，是不是您能评论一下西方文化的核心价值观，特别是基督教的人生价值观和中华文化价值观的异同和优劣。

方先生： 这个题目很大，我想最重要的，中华文化跟基督教文化比较，最核心的问题大概是，基督教文化强调个人，强调个人的利益，也强调发挥个人的积极性，强调个人的自由。我们的文化主张集体、整体，这两者，在我看起来很可能应当是互补的，所以我很赞成我另一个老师张岱年老师，他的一个观点叫做综合创新，综合创新就是要综合不同文化的优点，创造出一个新的主张来。我们现在缺这样的人，也就是说把东方的文化跟西方的文化，把西方重视个体的文化和东方重视集体、整体的文化，把它们统一起来，形成一种新的更高层次的思想体系，在我看来是思想家、哲学家很重要的一个任务。应当肯定西方基督教精神有很多好的东西，这个事情要很冷静，不能感情用事，应当很清醒地看到。我们要吸取它的长处来为我所用，因为西方的发展实际和它的基督教精神直接相连。另外一个就是我们刚才已经提到了，西方的文化追求一个彼岸的东西，要超越自我，外在超越，它要服从上帝的意旨。我们中国是一个人文的国家，相对而言，它也有宗教。中国的宗教也跟别的国家不一样，中国自己创造的宗教大家都知道就是道教。道教的目标是什么呢？追求长生不死、长生不老，羽化登仙，成为神仙，就是人一直活下去。这当然体现了中国人的一种追求，生命永恒。但是大家也可以看到，人不可能永恒的，人有死亡的，死亡就是人的大限。道教也正因为它的理论的这种局限性，所以道教趋于衰落。中国的道教不很兴旺，后来也调整了它的主张了，本来追求成仙，后来转到心性，主要是修身养性，就是由外丹转到内丹。外丹就是炼矿，提炼金丹。以往皇帝更需要吃那种金丹，皇帝批的山，你去炼吧，炼出来吃，吃一个中毒一个，好处呢，就是水银啊这些都炼出来了。所以道教对化学、医药学贡献很大，但是它的目标不能实现，吃下去都要中毒而死。所以它后来转到内丹，内丹就是包括气功啊、心性修养啊这一些。实际上它和佛教，乃至儒家的心性相协调。中国人比较现实，比较讲现实，重视现实是很重要的，但是重视现实又是不够的。作为一个人来说，重视现实是处于一种比较低的境界。当然西方基督教以回到上帝那儿的境界为最高境界了。我们当然不主张回到上帝，我也不认为有个上帝。但是是不是得有一种更高的境界呀？我们是不是应当提倡一种超越现实的更高的追求？我们认为这是中国人比较缺乏的，这个是提高整体国民素质需要探讨的一个问题。

问：您讲了中华文化的核心，那么核心外围的文化主要包括哪些？

方先生：一个国家、民族的文化有核心，核心周围有很丰富的内容。这个内容很多，像文学、艺术、建筑乃至于自然科学，中国也不是说没有自然科学的，特别是技术，都是文化内容。因为文化的含义非常广泛，我现在确定核心的角度是这么选取的，就是对人、对人类社会、对我们一个民族，它最有指导意义的、有决定意义的是什么东西，由此来确定它的核心。我们认为这个核心很可能是价值观念，因为这是个指向性的东西。价值观念可以指导文学研究、艺术研究以及其他方面的研究，乃至可能影响到政治、治理国家政治的操作，影响到官员，影响到官员的人生态度，他对人民的态度。

论中国传统文化的人生价值观*

中国传统文化的内涵十分丰富，其表现形态有哲学、伦理、文学等，其流派主要是儒、道、佛三家。这些文化形态与流派，尤其是儒、佛所论及的内容，总体来说可以归结为关于人的问题。这是一种偏重于讲怎样做人的文化，其中，最重要的是人生价值学说。中国古代思想家，尤其是儒家学者，对于人生价值的内涵、类型、层次、标准等问题，都有充分的论述，构成中国传统文化的核心内容。

早在先秦时代，诸子百家就纷纷提出各具特色的人生价值学说，如孔子提出“义以为上”的道德至上说，墨子主张以“国家百姓人民之利”为最高价值，宣扬崇尚公利的功用价值观。老子提出美丑、善恶相互依存说。庄子进一步提出“物无贵贱”的命题，宣扬相对价值观。孟子提出“良贵”说，认为人人都具有先天赋予的固有价值。法家不赞成儒家的道德至上说，如韩非就认为“仁义爱惠不足用”，而“严刑重罚可以治国”，宣扬道德无用论，崇拜法律和权力

* 原载《光明日报》1999年10月22日第51版，《新华文摘》2000年第1期。

的价值。在汉代，董仲舒崇尚儒家，也宣扬“莫重于义”的道德至上论。王充由人生论及治理国家，认为治国之道应当是道德和实力并重，提倡“德力具足”的价值说。汉代以后，儒、道、佛三家的主要思想家也都提出或阐扬不同的人生价值学说。从中国古代人生价值思想发展史来看，自汉代以来，儒家的人生价值观几乎一直占据统治地位，实际上成为了中国传统文化的主导思想，支配着文化的发展与演变，对于封建时代的文化建设与发展起了巨大的作用。

人生价值观包含着对人的内在价值和外在价值的观点，包含着怎样做人、怎样实现个人价值的看法。人不是孤立的存在，每个人都处在一定的社会关系中，也与一定的自然环境发生联系。怎样做人，实质上就是怎样对待自己，以及怎样对待与自己构成相互作用的其他三组基本关系。这三组关系是：与他人的关系、与民族和国家的关系、与自然环境的关系。一个人的人生价值正是通过对待自我、他人、民族和国家以及自然的关系而实现的。中国传统文化关于人生价值的思想主要包括以下要义。

（一）人与自我的关系。这是一个人格塑造的问题，人格也就是古代人所说的人品。什么是具有崇高人格的人，怎样才能达到和保持崇高的人格？这是古代思想家所热心讨论的一个中心问题。孔子说：“三军可夺帅也，匹夫不可夺志也。”（《论语·子罕》）强调人人应具有独立的意志，也就是肯定人人都具有独立人格。孟子说：“富贵不能淫，贫贱不能移，威武不能屈，此之谓大丈夫。”（《孟子·滕文公下》）所谓大丈夫的崇高人格，就是始终如一地坚持自己的原则，在任何情况下都决不动摇。庄子也提倡崇高人格，他说：“至人神矣！大泽焚而不能热，河汉冱而不能寒，疾雷破山、飘风振海而不能惊。”（《庄子·齐物论》）认为至人具有不受任何环境影响的独立精神和自主精神。庄子还提倡追求“天地与我并生，而万物与我为一”(同上书)的精神境界，主张从万物平等无差别，即没有价值区别的理念出发，超越自我，以与天地同在。孟、庄两说都给后世以深远影响。

要正确对待自己，塑造崇高人格，最关键的就是要正确对待生命与道德、人格的关系。儒家认为，人是生物，人的生命是一种自然现象，是有实体的，且在天地间有着重要的地位。所以，一般儒家都主张“保生命”，同时又认为，一个人的生命价值与道德价值、人格价值相比较，道德价值和人格价值更为重要。孔子的“杀身成仁”之说和孟子的“舍生取义”之语，就是儒家为了保全仁义道德价值而不惜牺牲个人生命的典型表述。《孟子·告子上》有两句话：“所欲有甚于生者”，是指维护人格尊严比求生更加重要。“所恶有甚于死者”，是说一个人的人格尊严是生命中最为宝贵的，人格尊严超过了生命价值。

(二)人与他人的关系。这是关于人伦与群己的关系问题。古代思想家，尤其是儒家学者提倡人与人应当互相亲爱，以保持人际关系的和谐，并对人伦的准则与规范有着详细的论述。

荀子论述人类合群的必要性时提出“群道”的概念，他认为，人所以能群，在于有职分与道义；合群是人类能够战胜万物的保证。荀子重视合群之道，强调对待他人的方法要得当，这就为妥善对待自己与他人、个体与群体的关系提供了社会学的依据。

中国古代学者提出的处理个人与他人关系的准则与规范，主要的有仁、礼、和、义、信。“仁”，是孔子伦理道德的最高准则，其含义是“爱人”、“泛爱众”。孔子解释说：“夫仁者，己欲立而立人，己欲达而达人。”(《论语·雍也》)人我具立，人我具达，也即人人和谐。孔子提倡爱人，但又承认等级差别。墨子主张兼爱，谓“爱人若爱其身”，“视人之室若其室”(《墨子·兼爱上》)，认为应当不分远近亲疏地爱一切人。孔子的爱人和墨子的兼爱都表现了崇高的人道主义精神。“礼”是古代的社会规范和道德规范。孔子重视礼，说：“不知礼，无以立。”(《论语·尧日》)认为必须知礼才能自立，自立然后才能立人。他又说：“克己复礼为仁。”(《论语·颜渊》)，主张克制自己的言行，使之符合礼，以达到仁的境界。这也就是说，以礼待人，尊敬他人，是仁，也就是爱人的表现。古代的礼具有等级性，儒家推行的繁文缛节并不可取，但应有的礼节、礼貌还是维系人与人之间关系的重要行为规则。“和”是中国古代哲学的一个重要范畴，西周末年的史伯说：“以他平他谓之和。”(《国语·郑语》)“和”，是不同事物相互联系、汇聚而得其平衡，也就是多样性的统一。这被认为是价值的准则。儒家以和为价值的中心原则。此外，“义”的基本意义是公正，公正是对待他人应有的规范。“信”，诚实、信用，认为朋友之间应当遵守信用。信用是基本的道德规范，是任何时代最起码的公共生活规则。

(三)个人与民族和国家的关系。民族是历史形成的一定人们的共同体，中华民族是由多民族汇合而成的统一体。国家既指政权，也指该政权治理范围内的国土和人民。中国自古以来就有一个以关心社稷民生、维护民族独立和保卫中华文化为基本内容的爱国主义传统，以爱国主义为人生的崇高价值。

中国古代提倡“忠”，忠的原则是对别人尽心尽责。到了汉代以后转义为对国君尽忠，强调对君主的绝对服从，以维护君主专制。辛亥革命推翻了君主专制，废除了君主，但我们还应大力提倡忠于民族、忠于祖国、忠于人民的忠。忠于民族、忠于祖国、忠于人民是每一个国民的崇高职责。

(四)人与自然的关系。人类生活在自然之中，是自然界的一部分。人与自然的关系如何、人应当怎样对待自然是人类社会必须首先和着重解决的问题，也是历来中国哲学探讨的一个根本问题。古代所论“天人之际”的“天”含义多样，一般是指自然界，“人”指人类。“天人之际”主要就是讲人与自然的关系。总体来说，中国古代的天人关系说有两大类型，一类是偏于强调统一的“天人合一”说，一类是偏于强调分别的“天人之分”说。两种学说中以“天人合一”说居主导地位。孟子最早提出“知性则知天”的天人统一思想，认为人性是天赋的，天与性相通，知性也就能知天。董仲舒提出“人副天数”说，宣传人体结构与天体结构相符的“天人相类”的观点。张载明确提出“天人合一”的命题，强调天道与人性的统一。至于“天人之分”说，主要有荀子的“制天命而用之”的说法，含有征服自然的思想。再就是刘禹锡的“天人交相胜”说，认为天与人各有特殊的功能，自然界的自然规律与人类社会的道德准则是不同的。应当指出，“天人合一”说，是侧重于宣扬天人的统一，但并不排斥天人的区别，而承认区别正是强调统一的前提。

关于人对待自然的态度，中国古代哲学主要有三种学说。第一，因任自然说。庄子说：“常因自然而不益生。”(《庄子·德充符》)意思是一切要顺乎自然而不用人为地去补充营养。他又说：“不以心捐道，不以人助天。”(《庄子·大宗师》)。强调不可把人的主观能动作用加在道上。庄子认为，自然界是和谐美好的，应当排斥一切人为，以免破坏自然状态。第二，控制自然说。与庄子不同，荀子强调人为的作用，他作《天论》云：“大天而思之，孰与物畜而制之？从天而颂之，孰与制天命而用之？望时而待之，孰与应时而使之？因物而多之，孰与聘能而化之？思物而物之，孰与理物而勿失之也？”这里讲的“制天”、“化物”、“理物”，就是主张治理自然，利用万物以提高人类的物质生活。第三，相互协调说。《周易大传·泰卦》提出“裁成天地之道，辅相天地之宜，以左右民”的原则，主张裁成天地之规律，辅助天地之所宜，以支配万民从事生产，安排生活。《周易大传·系辞上》又说：“范围天地之化而不过，曲成万物而不遗。”说《易经》是包括天地之变化而不超过，普遍容纳百物而不遗漏的。这些命题是说，既要重视自然变化及其规律的客观性，掌握自然规律，又要发挥人类的主观能动作用，调节自然的变化，协助万物获得完满的成就。这是把人与自然的关系视为相辅相成的关系，以人与自然的协调和谐为最高理想。

以上四个方面是中国传统文化关于人生价值以及实现人生价值的基本思想，构成互相联系的统一的人生价值观。正确对待自己是正确对待他人、民族和国家以及自然的基础，而一个人人生价值的完满实现，又是通过正确处理与他人、民族和国家以及自然的关系体现出来的，这也就是说，实现自身价值与服务祖国人民是统一的。中国传统人生价值的构成与特色，又是和长于辩证思维分不开的。古代先哲的整体观点、变易观点、相待观点和中庸观点等辩证思维方式，在阐发人生价值观中发挥了重大的作用，传统人生价值观与传统辩证思维方式的统一，成为中国传统人生价值观的一大特色。

历史是不能割断的，现代是传统的延续和超越。从上述传统人生价值观的要义中，我们可以看到，积极开发传统人生价值观的思想资源，以提高国民素质，尤其是道德素质、文化素质、心理素质，是有重要的现实意义的。

儒佛人生价值观之比较*

本文指出儒学和佛学所探讨的对象都是人，它们都对人生价值的一系列问题作出了独特的说明，人生价值观是两家思想的核心。儒家主张现实主义，佛教主张出世主义，由此在对待人的地位、生命、生活、理想、生死等问题上，两家有相异甚至截然不同的看法。但儒佛在突出道德价值的重要意义、重视内向自律的修养方法和强调人性本善等方面，又有相近、相通之处。儒佛的人生价值观是古代东方学者对人类自我反思的认识成果，在弃除其中的等级观念、出世主义和轻视人的物质生活需要等内容的同时，还应该有分析地继承它们重视道德价值和道德理想的合理因素。

一、人生价值观是儒佛思想的核心

价值是近代出现的名词，在古代中国有与价值意义相

* 原载《中国社会科学》1990年第1期.

当的词是“贵”①。儒学和佛学虽无价值这个名词，但关于价值的思想学说，尤其是关于人生价值的思想学说，是十分丰富的。

人生价值观是价值观的基本类型和主要方面，在价值观中具有最突出的意义和最重要的地位。人生价值的含义是多层次的：第一，生命价值。人的生命是实有的，还是空无的，人的生命有没有实际意义？第二，人类价值。人类在宇宙中的地位如何，有无价值？第三，人格价值。每一个人在社会中的地位如何，有无价值？第四，理想价值，即最高价值。人的价值的最高标准是什么？如何衡量一个人的价值？怎样的生活才有价值？如何成就生活的最高价值？这些就是人生价值观的基本问题和基本内容。

儒学和佛学是几乎同时在公元前6～前5世纪产生的思想学说，是古代东方文明的巨大成果。佛教约在两汉之际传入中国，经过与中国固有文化的碰撞、交涉、融合，又日益成为汉以来中国传统文化的一部分。值得强调指出的是，儒学和佛学思想的核心都是人生价值观。儒学和佛学所探讨的对象都是人，都对于人生价值的一系列问题作出了独特的说明。儒家奠基人孔子创立仁学，其思想学说的核心是重视道德价值的观点。所谓“仁”就是“爱人”②。所谓“爱人”就是“己欲立而立人，己欲达而达人”③。意思是说自己要求成立和提高，也帮助别人成立和提高。孔子强调“好仁者无以尚之”④，“仁”是最高的道德规范。在战国时代，儒家分化出不同的学派，其中影响较大的是

① 此据张岱年先生说，见《中国古典哲学的价值观》，载《学术月刊》1985年第7期。

② 《论语·颜渊》。

③ 《论语·雍也》。

④ 《论语·里仁》。

孟子和荀子。孟子发挥孔子的“仁”的学说，提出“性善”论。孟子还强调“义”，所谓“义”是指思想行为符合一定的标准。荀子反对孟子的“性善”论，主张“性恶”论。荀子讲仁、义、礼，并特别强调礼的重要。所谓“礼”，是指行为规范和政治制度。十分明显，先秦时代儒家主要代表人物的思想学说主要是关于人、人的价值问题。此后，儒家一直继承这个心脉，在不同历史时期阐发了各种各样的人生价值理论。

佛教创始人释迦牟尼有见于人生的痛苦，为求解脱而创立佛教。原始佛教的基本教义是“四谛”和“三法印”。其核心内容是讲现实人生的苦难和解脱苦难的办法。“四谛”是苦、集、灭、道。“苦”指受逼迫、苦恼的意思，主要指人有生死轮回的苦恼；“集”指人们贪瞋愚痴的行为能感召未来的生死苦果；“灭”指灭尽因果报应，解脱生死，达到涅槃寂灭境界；“道”是达到寂灭解脱的方法和手段。“三法印”是：“诸行无常”，世界万物变化无常；“诸法无我”，世界万物都是因缘和合而起，没有独立的实体或主宰者；“涅槃寂静”，佛教徒经过修行，断尽烦恼痛苦，超脱生死轮回，达到寂灭解脱的境界。“四谛”和“三法印”都是从缘起思想出发，阐发现实世界和现实人生的痛苦和造成痛苦的原因，解除痛苦的途径和目标。原始佛教是解脱道，是一套解脱人生苦难的说教。虽然后来佛教又不断形成新的派别，但“四谛”“三法印”这一套人生解脱之道是始终坚持的，而且一直是佛教各派思想的重心所在。

从儒家和佛教思想的内核来看，考察研究的对象都是人，主要内容都是人生哲学，是对现实人生在宇宙和社会之中的价值作出种种判断，指出提高人生价值和完满实现人生最高价值的道路、方法，是在古代中国和印度大地上产生的各具不同特色的人生哲学体系。儒学和佛学都着重研究人生价值，但由于地理、历史、社会和传统等因素的不同，形成了不同的人生价值学说。显然，对于东方这两大人生价值体系进行比较是有重要意义的。

儒佛人生价值观在中国思想文化史上具有极重要的地位。汉代以来，儒学被定于一尊，儒家的人生价值观成为占支配地位的统治思想。儒家的肯定人生价值，强调道德价值的重要，对于中国古代精神文明的发展起过非常巨大的作用，对于中国文化的发展产生了非常深刻的影响。实际上，儒家的人生价值观是汉以来中国古代文化的主导思想。佛教传入中国以后，在两晋南北朝和隋唐时代获得了广泛的流传，盛极一时。它的诸恶莫作、诸善奉行、业报轮回、因果报应、吃素念经、修持成佛的人生解脱之道深入人心，在民间的影响是相当巨大的；在藏、蒙、傣等少数民族地区，几乎成为人人恪守的人生信条；在汉族地区，其影响虽不及儒家，但超过了道家和道教。佛家的人生价值观与儒家不同，但适应了社会上某些有失落感、孤独感的人群的需要，从而又可作为居于统治地位的儒家人生价值观的补充。儒佛两家人生价值观既斗争、冲突，又统一、融合，在中国古代思想文化史上呈现出错综复杂的关系。从儒佛人生价值观的地位和相互关系来说，对它们的思想进行比较，也是十分必要的。

儒家和佛教都流传两千数百多年，内部派别众多，对于人生价值的具体学说并不相同，本文只选取两家的最基本、最典型、最具代表性的观点进行比较，对两家的内部分歧和枝末观点则略而不论。

二、儒佛人生价值观之异

儒佛两家的人生观表现出现实主义与出世主义的鲜明对立，在人生价值观方面表现为一系列的差异，尤其是在对待人的地位、生命、生活、理想、生死等问题上，都有着相异甚至截然不同的看法。

(一)对于人的地位高下看法的不同

关于人的地位，包括两个方面，即人在宇宙中和社会中的地位，也就是关于人类价值和自我价值的问题。

1. 人类在宇宙中的地位。儒佛对于人类在宇宙中的地位所取的参照系很不相同。儒家是就与其他“物”尤其是一般动物的比较而论人在天地间的意义。佛教则主要就“佛”而言人在世间的地位。儒家创始人孔子区别了人与其他动物的不同，说：“鸟兽不可与同群，吾非斯人之徒与而谁与?”[①]强调人不能与鸟兽同群，只能与人合群，并应努力改善人群的生活。孟子强调人之性与其他动物之性不同，人性的特点是有道德意识。孔孟都认为人高于一般动物。关于这点，荀子讲得更加明确，他说：“水火有气而无生，草木有生而无知，禽兽有知而无义，人有气有生有知，亦且有义，故最为天下贵。”[②]宇宙万物有水火、草木、禽兽和人类四个层次，人比其他动物都高贵，因为人有“义”，即有道德规范。《周易·系辞下》称人为“三才”之一：“《易》之为书也，广大悉备，有天道焉，有人道焉，有地道焉。兼三才而两之。”“才”是本始、基本的意思，人和天地合成宇宙万物的根本，具有重要的地位。汉代董仲舒发挥《易传》的观点，说：“天地人，万物之本也。天生之，地养之，人成之。天生之以孝悌，地养之以衣食，人成之以礼乐。三者相为手足，合以成体，不可一无也。”[③]他从天地人三者分工配合的角度，强调人能成就礼乐，是高于万物的。宋代理学

① 《论语·微子》。

② 《荀子·王制》。

③ 《春秋繁露·立元神》。

家周敦颐、邵雍、朱熹等人也都肯定人有高于禽兽的价值，在宇宙中具有崇高的地位。邵雍喜欢谈“数”，说一个人的价值等于一兆物的价值，最为卓越。可以说，儒家学者都是肯定人在宇宙中的优越地位的。

佛教有其特殊的宇宙结构论，它把宇宙间有情识的生命体分为四圣、六凡，即两类十等。第一类是佛、菩萨、缘觉、声闻，称为四种“圣者”；第二类是天、人、阿修罗、畜生、饿鬼、地狱，称为“六凡”、“六道”，也称为“凡夫众生”。从佛教对人的地位的排列来看，人与佛等相比有凡、圣本质的区别，是分别居住在两个世界的生类。四圣是超越生死、获得了解脱的，六凡则陷于生死轮回流转之中，没有解脱。人若不信佛教，就将在六道中轮回转生，永远不得解脱。包括人类在内的六凡，地位是低的。但是，人类在六凡中处于第二等次，地位又是比较高的。佛教学说毕竟是以人类为主要对象，以觉悟人群为主要目的，这样它又经常强调人类的优胜，“人生难得”。佛典云：“何故人道名摩拏沙(译为意)？此有八义：一聪明故，二为胜故，三意微细故，四正觉故，五智慧增上故，六能别虚实故，七圣道正器故，八聪慧业所生故。”①人类聪明，富有智慧，容易成就佛道。有的佛典还认为人道胜于天道，如《大毘婆沙论》说：“能寂静意故名人，以五趣中能寂静意无如人者。故契经说，人有三事胜于诸天：一勇猛，二忆念，三梵行。”②天过于享乐，忆念也差，又不会修行，人则勇猛精进，长于忆念，又能坚持修行，在这些方面都超过了天。在六凡中，佛教对人寄予希望最大。人的地位在一般动物之上，在天之

① 《立世阿毘昙论》。

② 道世：《法苑珠林》卷五。

下，但在不少方面人又高于天。从这个意义上说，人的地位是比较高的。

佛教把人与畜生等同归于“众生”以及人在六道中轮回的说法，遭到儒家的反对。南朝宋代学者何承天根据“天地之性人为贵”的思想，批判佛教说：“夫两仪既立，帝王参之，宇中莫尊焉。……人非天地不生，天地非人不灵。……安得与夫飞沈蠉蠕并为众生哉？……至于生必有死，形毙神散，犹春荣秋落，四时代换，奚有于更受形哉？”①何氏强调不应把人与一般动物同等看待，人也没有来生来世。

关于人在宇宙中的地位问题，儒家排除了佛教中佛高于人的虚构，批评佛教把人与一般动物同等看待的观点。但需要说明的是，佛教一方面把人与一般动物并列为“众生”，另一方面又认为一般动物愚蠢，难以修行，肯定人是高于一般动物的。

2. 人在社会中的地位。每个人作为人类中的一分子，是否具有价值？这是关于人格价值的问题。对于个人在社会中的价值，儒家主要是从群体观念和等级观念出发去阐述的。儒家认为，社会是人群组合而成的集合体，每个人只有在群体中才能生存、发展，群体高于个体，个体利益应服从集体利益。群体内部是有不同等级区别的，每个人只有恪守分位，才能维系群体的稳定和实现自身的价值。孔子主张君臣父子的等级隶属关系，孟子更提出“父子有亲，君臣有义，夫妇有别，长幼有序，朋友有信”②，把社会人际关系分为五个层次，不同身份的人具有不同的义务，并且相应地有一套严密的等级规范，以维护封建等级秩序。同时，儒家从群体观念出发，又强调要“爱人”，

---

① 何承天：《达生论》。

② 《孟子·滕文公上》。

“博爱”，更高的要求是要“博施于民而能济众”。再者，儒家一方面主张人的等级差别，一方面又肯定每个人的固有的价值。孔子说：“三军可夺帅也，匹夫不可夺志也。”①肯定一般平民具有独立意志、人格。孟子更提出“良贵”观念②，明确肯定人的价值。他说：“欲贵者，人之同心也。人人有贵于己者，弗思耳。人之所贵者，非良贵也。”③“人人有贵于己者”，是指“良贵”，即人自有的价值。

佛教对于人在社会中的价值有其独特的看法，它从众生平等的观念出发，强调人与人之间是平等的。释迦牟尼在创立佛教时反对“婆罗门”的四种姓④不可改变和“婆罗门”至上的观点，主张“四姓平等”：一是在出家修行和僧伽内部实行平等，即所有人不问其出身如何都有权出家学道加入僧团，而且在僧团内部不管原来种姓高低，都是平等的。二是业报轮回方面的平等，即不管种姓、出身、职业的高低，都根据自身的业报决定生死轮回。三是成就正果方面的平等，所有人在成就正果的机会、条件方面也都是平等的。后来，虽然有的佛教派别主张有一种人没有善根种子，不能成佛，但是多数派别都反对这种说法，认为一切众生都具有成佛的根据。

儒家肯定群体观念和人的自我价值是很正确的，它所主张的“爱人”说、“博爱”说也有积极的意义。至于儒家宣扬等级观念，则与人的自我价值相悖，是应当批判的。佛教反对在现实人群中区分等级，这是它的合理之处。但它所主张的平等主要是宗教意义上的平等，而且以追求超越社会，进入彼岸世界为目的，这与儒家的现实主义人生

---

① 《论语·子罕》。

② 张岱年先生首先阐述孟子的这一思想。

③ 《孟子·告子上》。

④ 四种姓指古印度的婆罗门、刹帝利、吠舍和首陀罗四个等级。

价值观相比，又显示出它的脱离实际的倾向。

(二)对于人的生命——空有观点的对立

儒佛两家对于人的生命的看法也是对立的。儒家认为人是生物，人的生命是一种自然现象，是有实体的，且在天地间有重要地位。所以，儒家一般主张“保生命”，“君子不立危墙之下”，不主张无谓的牺牲。据《论语·乡党》记载：“厩焚，子退朝，曰：‘伤人乎’？不问马。”表示出孔子对于人的生命的重视。孟子也说过“生，我所欲也”的话。同时，孔孟都持这样的观点：一个人的生命价值与道德价值都应重视，但两者相比较，道德价值最为重要。所以，孔子有“杀身成仁”之说，孟子有“舍生取义”之语。后来宋明理学家又有“饿死事小，失节事大”之论，表现出强调道德价值、忽视生命价值的倾向。针对宋明理学家忽视生命价值的偏颇，王夫之提出“珍生”之说：“圣人者人之徒，人者生之徒。既已有是人矣，则不得不珍其生。”[①]人是生物，人应当珍视自己的生命，反对鄙视自己的身体。王夫之一方面充分肯定生命的价值，另一方面又强调人的生活只有合乎道义才真正有价值，在必要时也应当舍生取义。这是比较全面的观点。

佛教认为人也是自然的产物，原先是发光的气体，没有物质性的固定形态，后来因为在世界上食用香土和植物，逐渐形成粗糙的物质身体，并有了肤色和性别的区别。同时，佛教又认为人是没有实体的，是空的，称为“人无我”(人空)。为什么人是空无实体呢？因为人是由五蕴[②]假和合而成，所以没有恒常自在的主体——我(主宰、灵魂)。佛教的“人无我”说，具有反对婆罗门教的宇宙间存在最高主宰

① 《周易外传》卷三。

② 五蕴指构成人的五种类别——色、受、想、行、识。

和灵魂不灭说的积极意义，但是它的人空学说又不免导致否定生命价值，视人体为“臭皮囊”，是污秽之物，不值得珍视；人只是在能修持佛法的意义上才被重视，人应当努力修持，超越生死，转凡为圣，成就佛果，进入另一境界。应当说，儒家对于人的生命价值的看法基本上是正确的，而佛教虽然在反对永恒的主宰和灵魂方面是合理的，但是它毕竟贬低了人的生命价值，这是不足取的。

(三)对于人的生活——苦乐感受的悬殊

人的生活有没有意义、价值？有什么样的意义、价值？儒佛两家的看法是截然不同的。儒家认为人的生活是快乐的，人生是幸福的，主张“自乐其乐”、“乐知天命”。孔子非常乐观，他说：“仁者不忧”①，“发愤忘食，乐以忘忧，不知老之将至”②。孔子对于弟子颜回坚持道德修养，能忍受物质生活的困苦，十分赞赏地说：“一箪食，一瓢饮，在陋巷，人不堪其忧，而回也不改其乐”③，鼓吹安贫乐道的思想。孟子主张“与民同乐”，并说君子有三乐：“父母俱存，兄弟无故，一乐也；仰不愧于天，俯不怍于人，二乐也；得天下英才而教育之，三乐也。”④以家庭成员健存，个人内省不疚和教育天下英俊贤才为快乐。宋代儒者周敦颐据孔子的“乐以忘忧”和颜回的“不改其乐”，提出“孔颜乐处”，作为人生追求的最大幸福。

佛教认为人生是痛苦的。佛教所讲的痛苦是受逼迫苦恼的意思，主要指生死轮回的痛苦。佛教从缘起、变化、无常的基本哲学观念出发，观察人间和人生，认为一切都在无常变化之中，人生没有快乐、

---

① 《论语·宪问》。

② 《论语·述而》。

③ 《论语·雍也》。

④ 《孟子·尽心上》。

幸福可言。佛典说："危脆败坏，是名世间。"①世间一切都在变异破坏，所以世间一切皆苦。又说："天下之苦，莫过有身。饥渴瞋恚色欲怨仇，皆因有身。身者众苦之本，祸患之源。"②由此佛教宣扬三苦、八苦说。三苦，指三类基本的苦恼。一是苦苦，即在受痛苦时的苦恼；二是坏苦，指快乐享受结束时的苦恼，所以有"乐即苦因"之说；三是行苦，指不苦不乐时，为无常变化的自然规律所苦恼，包括生、老、病、死在内。八苦即除生、老、病、死四苦外，再加求不得苦、怨憎会苦、爱别离苦、五阴盛苦。总之，在佛教看来，人的生命、生活就是苦，人世间是苦海无边，应当回头信佛，解脱苦难。

从儒佛对人的生活意义所作的判断来看，儒家侧重于从道德修养与事业成功的角度去揭示人生价值，如孔子以修成仁人君子为乐，孟子也以修身和教育为乐。佛教则着重从自然变化规律的作用去体察人生，从而得出低沉的结论。应当承认，儒佛两家对人生的一苦一乐判断，都有其合理内容，但又陷于绝对、片面。实际上，人生既有乐又有苦，是乐和苦的统一，重要的是要正确对待乐和苦。

(四)对于人的理想——佛圣境界的异趣

人的理想是什么？这也是儒佛两家着意探讨的问题。对于人生的理想价值，儒家以圣人为最高榜样，佛教则以涅槃成佛为理想境界。

儒家创始人孔子认为道德是至上的，他提出"义以为上"、"仁者安仁"的命题。孔子所讲的义，其内容就是仁，仁被视为最高的道德范畴。孔子主张"安仁"，就是要安于仁而行之。董仲舒尊崇孔子，也提出"莫重于义"的价值观，认为道德具有最高的价值。儒家强调道德

---

① 《杂阿含经》卷九。

② 《法句经》。

至上论，把道德价值看作理想价值。一个人具有崇高的道德，也就具有理想人格。儒家认为最高理想人格是“圣人”，其次是“仁人”。所谓圣人是具有崇高的道德并“博施于民而能济众”者，所谓仁人是能爱人者。怎样才能成就人生的理想价值？儒家提倡三不朽说，即认为“立德”、“立功”、“立言”是一个人理想价值的标准，也是一个人成功的途径。所谓“立德”，是指道德修养、人格不朽。所谓“立功”，是指事业、英名不朽。所谓“立言”，是指文章、学说不朽。三不朽说是强调人生应当道德高尚，有所创造，有所贡献。

佛教从人生是痛苦的价值判断出发，主张个人出家修行，成就为佛，进入涅槃境界。涅槃就是人的最高理想境界。涅槃的基本含义是灭除烦恼痛苦，超越生死，解脱自在。为了达到这种最高理想境界，佛教强调修习，先后提出“八正道”、“七科三十七道品”、“四摄”、“六度”等修持途径和方法。综括佛教的修行方法，主要是戒、定、慧三个方面，称为“三学”，是佛教信徒必须修持的三种基本学业。“戒”指戒律，是为了庄严操守，防止思想、言语和行为方面的过失。“定”即禅定，是调练心意，排除杂念，专心致志，观悟佛理。“慧”指智慧，是排除各种欲望和烦恼，专心探求佛理，获得佛教最高智慧。在三学中，慧是根本，极为重要；戒、定是方便，是获得慧的手段。只有获得智慧，才能获得最终的解脱，达到涅槃理想境界。

从儒家主张的人生理想价值来看，它是以道德修养和事业成就来衡量人的价值。它所讲的道德和事业虽有其特定的历史内容和阶级内容，但又确有普遍意义，它所提倡的追求道德理想和献身精神在中国历史上起了积极的作用。佛教以解脱人的生死痛苦为目的，以超越世间，进入佛境为目标，这在基调上是与儒家的人生理想价值观不同的。应当承认，在这方面儒家的人生理想价值观具有可贵的现实性品格，有利于推动人类的进步。不过，佛家重视智慧，以智慧作为达到人生最高理想境界的根本，这在理论思维上也有其合理之处。佛教所讲的慧是和道德方面的“善”分不开的。从一定意义上说，善就是慧，慧就是善，这又与儒家的思想有相通之处。

(五)对于人的生死——轻重观念的差别

儒佛两家对于人的生死有不同的看法和态度。儒家重生轻死，佛教轻生重死。由对生死问题的不同看法，又必然引出在鬼神问题上的分歧。

儒家认为生死是自然现象，一切事物都有始有终，人也有生有死。由此对生和死分别持乐观和冷静的态度。人生是快乐、喜悦的，人死就是静息、安宁。孔子认为，一个人只要坚持道德实践，建功立业，就会自得其乐，感受到人生的幸福。以后的儒家也都持这种观点。儒家对人的死亡取顺乎自然的态度，据《荀子·大略》载，孔子的学生子贡曾说：“大哉死乎！君子息矣，小人休焉。”人活着就应当努力，只有死才是静息。宋儒张载更说：“存，吾顺事；没，吾宁也。”①这种生则乐生，死则安死的观念，对后世影响极大。儒家重视人生，轻视人死，由此又排斥了灵魂鬼神之说。《论语·先进》载：“敢问死，子曰：‘未知生，焉知死！’”孔子认为，人应当求知生，不必求知死。他还说：“未能事人，焉能事鬼。”②对服侍鬼神的一套毫无兴趣。南朝儒者范缜更是继承无神论的思想传统，著《神灭论》，猛烈地抨击佛教的灵魂不灭说。

佛教重视人死，即人死后的命运。佛教也有重视人的生命的一些

① 《正蒙·乾称》。

② 《论语·先进》。

言论，但其目的是为了修持，以求死后成佛。它重视人生是为了人死，为了人死之后的解脱。佛教大讲“生死事大，无常迅速”，宣传因果报应，轮回转世，人死后将按照生前所作的善恶行为而转生为另一种生命形态，或转为鬼，或上升为神（佛），由此又推演出一套鬼神系统。

佛教的生死观和鬼神观受到了儒家学者的批判，这对于抵制宗教观念产生了巨大影响。在广大汉族地区，宗教观念比较淡薄，是和儒家的重生轻死观念深入人心直接相关的。当然，儒家的生死观在原则上正确，不等于没有缺陷。孔子不求知死的态度，未必是全面的。对人死的看法是对人生看法的延续，也正是由于儒家对人死置而不论的态度，有利于佛教在这方面大加发挥，并获得了相当的同情者和拥护者。

三、儒佛人生价值观之同

儒佛人生价值观存在着根本的对立，同对也有着某些惊人的相近、相似乃至相同之处。这主要是对人的理想价值和道德价值的重视，在人的修养方法上的相似，以及对人的本性看法上比较一致。

（一）突出道德价值的重要意义

儒佛两家同以人为探讨对象，重视人生的理想，追求人生的理想境界，并且都把道德价值视为理想价值的基础，认为有道德才有理想，道德就是理想。儒家甚至认为道德是最高理想。在儒家学者看来，就人与一般动物的根本区别来说是道德，道德应是理想人格的最大价值。就维护社会生活安定和群体关系来说，主要靠道德和刑罚，而二者相比，道德贵于刑罚，“德教行而民康乐”，“法令极而民哀戚”[①]。儒家强调人应当讲道德，有精神。孟子说：“生亦我所欲也，义亦我所欲也，二者不可得兼，舍生而取义者也。”[②]“生亦我所欲”，是重视物质生活需要；“义亦我所欲”，是重视精神生活需要。在二者不可得兼时，应当舍生取义，肯定精神生活的价值高于物质生活的价值。在儒家重视道德价值思想的影响下，历史上涌现出许多志士仁人，为国为民英勇献身，是令人敬仰的。

佛教寻求人生的“真实”，追求超越生死，解脱成佛。这个“真实”，并不是从知识和科学方面讲的真实，而是从伦理道德方面讲的“善”。佛教认为成佛的前提是修持，不修持是不能成佛的。所谓修持，就是佛教的道德实践。在佛教徒中有这样的说法：“佛陀住世，以佛为师；佛陀灭后，以戒为师。”所有佛教徒都必须受戒、学戒、持戒。只有以戒为师，才能自度度人。戒，属于伦理道德规范。佛教的戒律有两重意义，一是止恶，二是生善。或者说，一是净化自身，二是利益群众。一方面防非止恶，远离思想言行的一切过患；另一方面是修善利他，积聚功德。佛法的总纲是戒、定、慧三学，佛法的修持次第是持戒修定，开发智慧，即由戒而生定，依定而发慧。戒被认为是定、慧的基础。前面说过，佛教很重视慧，把它看作是达到人生最高理想境界的根本，戒、定都以发慧为目的。也正如前文所说，慧就是善，慧实质上也属于道德范畴。

值得注意的是，儒佛两家的基本道德规范也颇有相近之处。如儒家的“五常”仁、义、礼、智、信，和佛教的“五戒”不杀生、不偷盗、

① 《大戴礼记·礼察》。

② 《孟子·告子上》。

不邪淫、不饮酒、不妄语，不仅有对应的关系，而且在某些含义上是可以沟通的。这实际上反映了维护古代社会安定和共同生活的需要，带有普遍意义。中国佛教还说“周、孔即佛，佛即周、孔”①，高扬忠孝思想，竭力会通儒佛，与儒家伦理道德保持一致，这是很有趣的现象。此外，儒佛的道德价值都有特定的内容和意义，有着时代和阶级的局限，这也是应当清醒认识到的。

（二）重视内向自律的修养方法

儒佛两家都重视人生的理想价值、精神价值、道德价值，由此也都重视修养，认为提高思想觉悟、培养高尚品德、完善理想人格、达到最高境界，必须坚持修养或修持。修养即修身养性。修持即修行，按照佛教教义去实行。修行也可以说是一种修养。儒佛两家在修养方法上的突出共同点是重内向、主自律，即都注重内向用功，律己甚严。儒家经典《大学》讲“齐家、治国、平天下”，而其根本是“修身”。如何修身？在于“正心”、“诚意”。“正心”是端正心理活动，调节情感，正确思维。“诚意”是始终如一地坚持自己的善良意志。正心、诚意都是内向用功，是内心修养的方法。儒家还提倡“慎独”，慎独就是靠理性的自律，严于律己，坚持原则。这种重视自我修养的方法是值得借鉴的。

佛教修行主要是持戒、禅定、直观。持戒是按照教义净化自己的心灵，使自身的言行合乎佛教道德。禅定是排除杂念，专心致志，体察佛理。直观是主体直接与观照对象合一，是一种内在体验。持戒、禅定和直观，实质上都是内心修养，其目的是为了获得精神上的解脱。中国佛教各宗都盛谈心性，禅宗更是提倡明心见性，顿悟成佛。

① 孙绰：《喻道论》。

应当说，在修行方面，出家佛教徒对自身的要求是严格的，甚至是苛刻的。出家僧尼应奉行的戒条有250条，甚至348条之多，就足以说明这一点。

儒佛的修养动机、目的、境界是不同的，在修养的具体方法上也并不都相同，但重视内向自律是相同的。应当承认，儒佛的修养方法是古代道德修养实践的理性总结，它们的具体内容当然不能吸取，但它们所包含的塑造理想人格的内向自律方法具有一定的普遍意义。

(三)强调先天本善的人性学说

儒佛两家都突出道德价值的意义，重视内向自律的修养，这就有一个道德如何形成的问题，即道德起源问题，也即善恶起源问题。从儒佛的人性学说来看，两家探讨的中心问题就是人性善恶的起源，而且基本观点也是相当一致的。在人性问题上，儒家学派持性善论观点的有孟子、宋明理学家和戴震等人，持性恶论观点的主要是荀子，董仲舒持性有善有恶论，韩愈主性三品说。于此可见，儒家学派多数人是主张性善论的，而且这种学说的影响也最大。儒家论性善的含义主要有二：一是孟子、戴震以"人之异于禽兽者"为性。孟子认为，人类有异于禽兽的本性就是人伦道德的自觉能动性。二是宋明理学家以"极本穷源之性"为人性，所谓"极本穷源之性"就是天地万物的本原，这也就是说，以世界本原作为人类本性。理学家还认为，"性即是理"，而理的内容是仁义礼智信。这样，"五常之德"就是人的本性。儒家的这种理论成为其建立理想人格和"人人皆可为尧舜"的理论基础。

佛教劝人修行成佛。成佛是否可能？其根据何在？这是一个十分重要的问题，实际上也是佛教学说的一个重要内容。佛教各派都着重探讨这个问题，形成了"佛性"说。"佛"是指觉悟，"性"是不变的意思，“佛性”就是觉悟成佛的根据、可能性。佛教的佛性论相当于通常所说的人性论，更确切地说，相当于性善论。大乘佛教多数经典都主张人人皆有佛性。不仅如此，连其他众生如猫狗等动物也有佛性，也能成佛。有的中国佛教学者甚至认为草木瓦石也有佛性。同时，也有些佛典主张，一部分人由于根器的局限，即使勤修也不能成佛。这和少数儒家学者所主张的性恶论是相通的。但是这种主张不太流行，在中国几乎遭到佛教学者的普遍反对。还值得注意的是，佛教的一些派别也视佛性为宇宙万物的本原，即佛性是众生本性和世界本原的统一物，这和宋明理学家的思维理路是一致的。

性善论是儒佛两家人性论的主流，它在理论上是片面的，是一种道德先验论。应当说，人性本是无善无恶的，而在后天则可善可恶。儒佛两家都探讨了道德起源问题，承认人有同类意识，肯定人具有思维能力和自觉能动性，这在认识史上是有理论价值的。

综上所述，似可以得出如下几个基本看法：

第一，儒佛的人生价值观各有侧重，有异有同，它们的区别又是相对的。我们可以看到，在对待人生现实方面的问题，如在人的地位、生命、生活、理想境界、生死等问题上，表现出两家在价值取向上的鲜明对立；而在对待人生道德方面的问题，如道德理想、道德修养方法、道德起源等，又表现出两家在价值取向上的惊人相似。同时，在人生的最高理想价值方面，两家所追求的理想境界截然对立，但在重视理想人格的塑造以及实现理想价值的方法上又有相当的一致性。这种交叉现象，表明双方的异同是相对的。它们的人生价值观是古代东方学者对人类自我反思的认识成果，是力求达到人的自觉和理想的历史尝试。

第二，儒佛的人生价值观是古代人生学说的两大不同类型。两相比较，双方的相异是主要的，相同是次要的。儒佛人生价值观的根本区别在于：儒主现实主义，佛主出世主义，由此引申出一系列的具体差异。这也是外来佛教传入中国之后，从汉代至清代，一直受到绝大多数儒家学者排拒的根本原因。应当承认，现实主义和出世主义的人生价值观各自适应了不同人群的需要，这是儒佛两家学说在当今仍然有重大影响的原因。但是在中国，自汉代以来儒学一直居于主导地位，佛教则大体上发挥了配角的作用，而且越来越向儒家靠拢。在确立个人的道德意识和建设人间的理想社会方面，佛学越来越向儒学趋同。出现这种历史现象的原因，显然要从中国古代社会的结构和特点中去寻找。

第三，儒佛的人生价值观既有需要否定的方面，也有值得肯定的方面。佛教的出世主义、儒家的等级观念以及两家轻视或忽视人的物质生活需要的主张，是不可取的。儒佛两家重视人格理想、道德价值和精神生活，也包含了一些合理的因素，值得有分析地继承。

儒道的人格价值观及其会通*

人格，古时称人品，指人的品格。人格是人的性情、素质、能力等特征的总和，是一个人与他人不同的特质的综合体现。

人格价值，指的是一个人作为人类的一分子是否有一定的价值，在社会中是否有地位，有价值。人格价值的高低是通过个人的行为实践，并在与他人、集体、民族、国家的关系中表现出来的。

理想的人格价值涉及范围较广，近代有的学者主张从德、智、体、美四方面提升人格价值，而更多的学者则是从真、善、美三个方面评论人格价值。真、善、美亦即智、德、美。"真"是指正确的认知，是对天地万物社会人伦客观规律的正确反映。"善"，是指善良的德行，是以天地万物社会人伦的客观规律来规范自己的行为，并以这种规范行为去作用于客观世界。"美"是指精神愉悦，人以社会美、自然美、艺术美的要求去建构外界事物，又在这种建构中

---

* 原载《长白论丛》1995 年第 2 期，《新华文摘》1995 年第 7 期。

达到审美的满足。一个人当实现了真、善、美三者的统一，也就达到了最高的人格境界。

本文的主题是想简要地论述我国古代儒道两家的人格价值学说及其会通的途径与接合点。

一、儒家的人格价值观

儒家奠基人孔子和孟子都重视独立人格，重视人格的尊严。孔子说："三军可夺帅也，匹夫不可夺志也。"①这里讲的"志"即意志，"不可夺"是独立的意思，这是强调即使平民百姓的意志也是独立的。孔子强调独立的意志，也就是强调人格的尊严。孟子更是提出了"良贵"观念②，"贵"就是有价值，明确地肯定每个人都有人格价值，人格尊严。他说："欲贵者，人之同心也。人人有贵于己者，弗思耳。人之所贵者，非良贵也。"③"人人有贵于己者"就是指"良贵"，"良贵"是天赋的，固有的，每个人的人格价值是不能剥夺的。

孔子对人格的内涵作了明确的规定，认为理想的人格是智、仁、勇三者的统一。他说："知(智)者不惑，仁者不忧，勇者不惧。"④是说智者富有知识而不惑，仁者泛爱众人而不忧，勇者果敢刚毅而不惧。将知、仁、勇三者同时并举，后来《中庸》也说："好学近乎知(智)，力行近乎仁，知耻近乎勇"，并把知、仁、勇三者称为"天下之达德"，即三种最主要的道德规范和品德。知，指认知。孔子时常以

---

① 《论语·子罕》。

② 张岱年先生首先阐述了孟子的这一思想。

③ 《孟子·告子上》。

④ 《论语·宪问》。

仁、知并举，他说："未知，焉得仁？"[①]指出知与仁是互相联系的。孟子更以仁和智的统一作为圣人的两大规定。他说："仁且智，夫子既圣矣"[②]。孔子对"知"没有展开论述，孟子补充其不足，对智作了一定的说明。他认为"是非之心"是"智之端"[③]，这里所谓的"是非"，显然是就道德意义而言的，是道德认识。此外，孟子还从其他意义上讲"智"，如在《离娄》篇讲到天文地理水利等自然知识，也都称其为智。《大学》也非常重视"知"的作用，说："欲修其身者，先正其心；欲正其心者，必诚其意；欲诚其意者，先致其知。"强调"知"是诚意、正心、修身的前提和基础。知是一种理性的品格，富有判断、推理的功能，能自觉地主导和支配行为。在儒家看来，一个人缺乏理性的品格就会受个人的私欲、自发的情感、盲动的意志所驱使，从而背离成就理想人格的轨道，只有通过合理的认知，理性的升华，才能达到理想的人格境界。

仁，在孔子以前已经是一个公认的道德原则，孔子进一步把它作为最高的道德原则。对于"仁"的内涵，孔子作了多重的界说，如："夫仁者，己欲立而立人，己欲达而达人。"[④]"樊迟问仁，子曰：爱人"[⑤]。"颜渊问仁，子曰：克己复礼为仁。"[⑥]前两条语录的意义是完全一致的，"己欲立而立人，己欲达而达人"是"爱人"的具体内涵，意思是自己希望成立，也帮助他人成立；自己希望提高，也帮助他人提

① 《论语·公冶长》。

② 《孟子·公孙丑上》。

③ 同上。

④ 《论语·雍也》。

⑤ 《论语·颜渊》。

⑥ 同上。

高。这就是仁的基本内涵。与此相应，孔子还把“恭、宽、信、敏、惠”确定为仁德的具体德目①。孔子从道德修养方法的角度讲“克己复礼为仁”，是强调要严格律己，遵守礼的约束。孔子所讲的仁是一种道德品德，体现了古代的人道主义原则，表现出对人的人格尊重、热情、关怀、真诚相待、共同提高的崇高精神。在孔子看来，这也是个人人格价值的主要规定。

勇，勇敢。孔子说：“见义不为，无勇也。”②“义”指道德原则。孔子主张见义勇为，反对见义不为。勇敢是勇气、胆略，是一种气质性的品格。孔子认为，没有“勇”这一品格，就不能为仁为义，就不能达到理想人格境界，所以“勇”也是人格价值的要素之一。

儒家还把最高的理想典范称为“圣人”、“仁人”。史载：“子贡曰：如有博施于民而能济众，何如？可谓仁乎？子曰：何事于仁，必也圣乎！尧舜其犹病诸!”在孔子看来，圣和仁有别，圣人高于仁人。“仁者爱人”，能泛爱众人就是仁者。圣人则必须“博施于民”又“能济众”，孔子认为这是连尧舜也没有完全做到的。上面提到孟子所说的“仁且智，夫子既圣矣”。一句中的圣，包含仁和智两方面，联系孔子的看法，可知广泛给予人民是谓仁，救助大众要有智。仁者是道德品格高尚，圣人则是道德和认知两方面品格兼而有之的更为高尚、更为全面的人。孟子还提出了大丈夫的人格标准，他说：“富贵不能淫，贫贱不能移，威武不能屈，此之谓大丈夫”③。他认为大丈夫当坚持人格和尊严，不能由于境遇的影响而放弃原则。孟子的这一言论在历史上

① 《论语·阳货》。

② 《论语·为政》。

③ 《孟子·滕文公下》。

产生了极为深远的积极影响。

儒家的人格价值学说具有鲜明的特点：第一，从群体观念和等级观念出发来确定人格价值。在儒家看来，社会是人群组合而成的集合体，每个人只有在群体中才能生存、发展，因此强调既要有独立的意志，又要“爱人”、“济众”，以成就完整健全的人格。第二，人格价值学说与道德学说密切结合。在人格价值的规定性中，“仁”具有最重要的意义。也就是说，在人格价值中儒家最为重视的是道德价值。第三，人格的德性规定和理性规定的复杂关系与两重作用。儒家讲仁与智，但智又从属于仁，理性服从于德性，成为伦理理性，这有助于防止人格的异化，避免理性走向歧途，但它所导致的理性道德化、狭隘化，削弱了对科技理性的重视，也影响了认知理性的提升。

二、道家的人格价值观

道家创始人老子也十分重视理想人格的塑造和对崇高精神境界的追求。他说：“道大，天大，地大，人亦大。域中有四大，而人居其一焉。人法地，地法天，天法道，道法自然。”①“自然”即本然、原本状态。人，从终极意义上说，就是要“守道”，“法自然”。效法自然，就是遵从客观本性和规律，顺应自然，符合本然，不人为造作，矫饰虚伪。自然也就是“无为”，即不是违背自然的有意作为。“圣人无为，故无败。”②有为必败，圣人无为故不败。自然无为就是圣人的精神境界。

为了达到“自然”“无为”的精神境界，老子还提出了相应的人格要

① 《老子·二十五章》。

② 《老子·二十九章》。

求。他主张贵柔，说："人之生也柔弱，其死也坚强。"[①]"弱之胜强，柔之胜刚，天下莫不知，莫能行。"[②]柔弱是与人生相连的，柔弱胜刚强是普遍的法则。老子还从贵柔思想出发，提出"三宝"说："我有三宝，持而宝之。一曰慈，二曰俭，三曰不敢为天下先。慈，故能勇；俭，故能广；不敢为天下先，故能成器长。"[③]"不敢为天下先"，即是行为要符合事物的原本自然状态，而不去争先。老子认为这是人生的三宝，也就是他所提倡的人格内涵的要点。

老子除了从肯定意义上提出理想人格的要求以外，还从否定意义上提出相应的要求，"是以圣人之治，……常使民无知无欲，使夫智者不敢为也。"[④]"无知无欲"是指没有违反自然的看法和欲望。老子认为，必须无知无欲才能无为。

庄子沿着老子的自然无为价值学说继续前进，进一步提出了以"逍遥"作为人生理想的精神境界。据《庄子·逍遥游篇》说，"逍遥"就是自由，就是人生最高的精神境界；"游"是达到这种境界的工夫。文章认为，社会伦理关系是束缚人的樊篱，人应回到自然中去。人与自然为一，与天地万物一体就得到了"逍遥"(自由)。庄子说："天地与我并生，而万物与我为一[⑤]。"天地与我并存，万物与我合为一体，天人混沌不分。又说："独与天地精神往来，而不傲倪于万物。"[⑥]独与天地精神往来而不傲视万物，也就是与大道合为一体。庄子认为，一

① 《老子·七十六章》。
② 《老子·七十八章》。
③ 《老子·六十七章》。
④ 《老子·三章》。
⑤ 《庄子·齐物论》。
⑥ 《庄子·天下篇》。

个人若能如此，也就能在无限宇宙中芒忽恣纵，奔放不羁，过自由逍遥的精神生活，这是人生最崇高的精神境界，也是人格价值最完满的实现。

老子以圣人为最高的理想人格，庄子则除讲圣人以外，还提出了所谓至人、神人、真人、天人、全人作为人格典范。他说："至人神矣，大泽焚而不能热，河汉沍而不能寒，……死生无变于己，而况利害之端乎！"[①]至人是超脱生死的人，是遗世独立的人格。至人也就是神人。关于真人，"不知悦生，不知恶死"，"不以心捐道，不以人助天。""天与人不相胜也，是人谓真人。"[②]越超生死，无人不相胜是真人的品格，真人实际上也就是至人。庄子还提出"与天为一"的天人，天人实质上和至人、真人是相似的，而在人格的序列上又高于至人。《庄子》还把全人置于圣人之上，说："圣人工乎天而拙乎人。夫工乎天而俍乎人者，唯全人能之。"[③]圣人善于契合自然而拙于应合人为。既善于契合自然，又善于应合人为的，只有全人才能做到。由此也可见，《庄子》把善于突破自然与人为(人文)的对立，视为更高的人格境界。这是对老子的人格理论和自然主义思想的重大发展，具有非常深远的影响。

老庄道家的人格价值学说具有本真、任性和自由三大特征。第一，老子讲顺应自然，合于自然；庄子讲人与万物为一。在老庄看来，理想人格不仅不与自然、万物对立，相反是契合自然，使自我融入于天地万物之中。合乎自然，就是合乎天地万物的本真状态。求

① 《庄子·齐物论》。
② 《庄子·大宗师》。
③ 《庄子·庚桑楚》。

真，合于本真，构成为理想人格的重要品德。第二，《庄子》认为，顺应自然也就是顺应万物的本性，就人来说，就是顺应人性。又说："彼至正者，不失其性命之情。"[①]又说："吾所谓臧者，非所谓仁义之谓也，任其性命之情而已矣。"[②]"情"，真实。"性命之情"，性命的真实状态，也即人性。这是说，最纯正、最高尚的德性，不是仁义，而是保存人的本性，顺从人的本性自然发展。《庄子》认为，一个好的社会是"天下欣欣焉人乐其性"，而不是"天下瘁瘁焉人苦其性[③]"。《庄子》提倡人格的本真品格，进而也主张确认、尊重人格的个性特征，强调自我个性真实而自然的流露。在《庄子》看来，儒家讲的仁义不是人的本性，而是人为的外在矫饰，有的甚至是仁义其外，禽兽其中，是违背自然之道的，这种仁义道德使人格具有虚伪性；仁义是人为的共同的规范，堵塞扼杀人的个性而使人格带有单调性；仁义只是儒家区分君子小人的道德尺度，是相对而言的，它会被人利用，借仁义来做有害于人民的事情，对社会具有危害性。第三，顺应自然，顺应人的本性，就是人要在生活中，处处事事符合天地万物的规律性，不断化解主体与客体的紧张、矛盾、对立；就是要不断排除情欲和仁义的乱性、戕性作用，顺从自我本性的天然流露，如此就能使主体小我与宇宙大我达到内在的统 ，在相互契合中，人格也就进入逍遥的境界，即自由的境界。在庄子看来，精神自由是人格的内在品德，换句话说，理想人格也应当是一种自由人格。而自由以合乎自然为前提，也是顺应自然的必然结果。

① 《庄子·骈拇》。

② 同上。

③ 《庄子·在宥》。

三、儒道人格价值的会通

儒道两家的人格价值学说存在着巨大的差异，但又有许多会通之处。庄子本人就曾做过会通的尝试，他有这样一段话：

“颜回曰：‘回益矣’。仲尼曰：‘何谓也?’曰：‘回忘仁义矣。’曰：‘可矣，犹未也。’他日，复见，曰：‘回益矣。’曰：‘何谓也?’曰：‘回忘礼乐矣。’曰：‘可矣，犹未也。’他日，复见，曰：‘回益矣。’曰：‘何谓也?’曰：‘回坐忘矣。’仲尼蹴然曰：‘何谓坐忘?’颜回曰：‘堕肢体，黜聪明，离形去知，同于大通，此谓坐忘。’仲尼曰：‘同则无好也，化则无常也，而果其贤乎！丘也请从而后也。’”①

这段话是通过讲“坐忘”来描绘“无己”或“丧我”的精神自由境界。文章以孔子和颜回对话的形式论述儒家学者如何“忘仁义”、“忘礼乐”，进而“离形去知”，同于无所不通的大道。这显然是用道家的人格境界来取代儒家的人格境界，是一种独特的会通方式。

儒道两家在人格价值的取向上存在着互补性。儒家侧重于协调、规范社会人际关系，提倡仁义，以道德品质为人格的基本要素，以道德完善为人格主要目标，也就是说，在人格价值的追求上，偏重于求善，实现善的价值。道家侧重于从规范天人关系的角度来确定理想人格的内涵和意义，强调当然(理想价值)以符合自然为前提，强调人格理想目标是追求主体与道的合一，从而达到人格绝对自由(逍遥)的境界，也就是说，在人格价值追求上更注重于求真，实现真的价值。当然，儒家也追求真，道家也讲善，但两家人格价值取向的重点却有不同。这种不同为互补提供了条件，也就使会通有了必要，有了可能。

---

① 《庄子·大宗师》。

后来的魏晋玄学家除了嵇康、阮籍外，几乎都竭力沟通儒家的名教观念与道家的自然观念的内在关系，强调二者的一致性，就是实现这种会通的重大努力。

如果说，在人格价值理想问题上，魏晋玄学家调和名教与自然的主张是道家会通儒家学说，那么，《中庸》的人道原于天道的思想则可以说是儒家会通道家。《中庸》说："天命之谓性，率性之谓道，修道之谓教。"意思是说，人的本性是天之所命，顺着这种天赋本性去做就是人道，修治推广人道，使人人都能实行，谓之教化。《中庸》认为道由性出，性由天授，归根到底人道的根源在于天道，人类社会道德是天道的自然体现。又说："诚者，天之道也；诚之者，人之道也。诚者，不勉而中，不思而得，从容中道，圣人也。诚之者，择善而固执之者也。"这里，"诚"有二重含义。一是指客观规律性。以诚为天之道，就是认为天（自然）是具有一定规律性的。二是指理想道德境界。"不勉而中，不思而得，"是说圣人的思想言行无不合道。《中庸》通过把自然的普遍规律与人格理想境界混在一起，从而把儒道两家的人格理论、把实现真与善的价值统一起来了。

应当承认，儒道两家的人格价值理论是人类精神文明建设的宝贵遗产，两家学说各有所见，也各有所弊，各有所长，也各有所短。科学地继承儒道的人格理论，用以丰富当代人格价值的内涵，塑造当代理想人格是有着重大意义的。

先秦哲学与人类生存智慧*

春秋战国时代是中国文明的开拓、创新时期。当时，礼崩乐坏，天下大乱，诸侯争霸，列国交兵，忧国忧民的学者们有感于时局，纷纷提出自己的救世主张。他们或周游列国、献计献策，或退隐林下、聚徒讲学，或独善其身、著书立说。一时间，学派蜂起，百家争鸣。特别是儒、道、墨、法、阴阳等学派系统地提出了自己的哲学思想和社会政治主张。这是中国古代一次思想大解放、大飞跃，一批哲人迸发出的原创性精神智慧，在中国文化史、东亚文化史乃至世界文化史上谱写了光辉灿烂的篇章。

探究天人关系

先秦时代，"天"主要有两方面的含义：一是自然之天，二是神灵之天。在当时一般人的心目中，"天"兼具这两种性质，而哲人们则或偏重于以自然论天，或偏重于以神灵意志论天。所谓"究天人之际"，主要就是对神与人、天道

* 原载《光明日报》1999 年 3 月 19 日第 5 版，《新华文摘》1999 年第 6 期。

与人道、自然与人为之间关系的探索，其中又以探索自然与人为的关系为重点，由此形成“天人合一”、“天人之分”和“与天地参”等天人关系上的三种主要学说。

（一）天人合一。

“天人合一”说强调的是天道和人道、自然和人为的息息相通、和谐统一。当时阐发此说的主要有孟子和庄子等。孟子提出“尽心知性知天”的命题，认为人性与天道是相通的、统一的，人心是能感通的主体，人们只要尽量发挥自己的本心，就能了解自己的本性，而人的心性又为天所赋予，因此知性也就能知天。这里，“天”既是最高主宰，又是最高的必然规律。孟子相信，“恻隐之心，羞恶之心，辞让之心，是非之心”（《孟子·公孙丑上》）等善良本心是人与生俱来的，只要将其加以扩充，就能够成就善性，最终达到“上下与天地同流”的精神境界。庄子也主张天人合一，并以“天地与我并生，而万物与我为一”（《庄子·齐物论》）为最高精神境界。不过，与孟子强调扩充本性的思路不同，庄子走的是一条收敛心性的路子。在庄子看来，自然与人类原本是合一的、和谐的，只是由于人放纵自己的欲望，并且出于对知识、理性的盲目乐观而任意行事，才破坏了这种天与人的和谐统一。因此，他主张“常因自然”、“不以人助天”，要求人们克服知识、理性引起的狂妄自大，使自己的欲望顺应自然的法则。出于这样一种思想，庄子对当时各家学说及其影响下的社会制度与社会生活进行了深刻的反思，提出应当消除一切人为建构，重新回到自然的怀抱，恢复天人关系和谐的主张。庄子对人的社会性存在意义的评价未免失之消极，但他强调人应当顺应自然、与自然和谐相处，则对于我们反思现代文明的负面作用具有重要的意义。

（二）天人之分。

“天人之分”说强调自然和人为的区别，主张以积极的人为来改造自然，其代表人物是荀子。荀子否定天有意志、能支配人类的吉凶祸福，认为天是物质性、自然性的存在。他说“天有其时，地有其财，人有其治”(《荀子·天论》)，明确指出天和人各有自己的规律和功能，不能相互替代，人们应当“明于天人之分”，与其一味地歌颂自然、对自然顶礼膜拜，不如积极地发挥人的主观能动性来改造自然，“制天命而用之”，控制自然，改造自然，使之为人所用。因此，他直截了当地批评庄子是“蔽于天而不知人”(《荀子·解蔽》)。

(三)与天地参。

“与天地参”说是在肯定天道与人道既有区别又相统一的基础上，强调人可以参与自然界的变化。《周易大传》说：“昔者圣人之作《易》也，将以顺性命之理，是以立天之道曰阴与阳，立地之道曰柔与刚，立人之道曰仁与义。”(《说卦传》)认为天地人“三才”之道属于不同的层次，既有所区别，又相互联系。人处于天地之间，其使命就是要“裁成天地之道，辅相天地之宜”，即依靠人的主体能动作用，来调节自然的变化，协助万物达到完满的成就，而人自身则在此过程中实现“与天地合德”的人格理想。《中庸》说“能尽人之性，则能尽物之性，能尽物之性，则可以赞天地之化育。可以赞天地之化育，则可以与天地参矣”，便是对这一思想更为明确和系统的表述。

上述三种天人关系学说，并不是完全对立、互相排斥的。凡主张天人合一的，实则皆以天人有别为前提；而主张天人之分的，也并不否认天与人的联系。只是“天人合一”说强调人类要适应天道，回归自然；而“天人之分”说则主张人类要掌握天道，改造利用自然。至于“与天地参”之说，则在承认天人之间区别的同时，又看到天人之间可以统一，而且统一的基础在于人的主动性，因而提倡人类要积极进取，重视生命，在不息的生命洪流中实现人与天地万物的和谐共处。也就是说，人不能违背自然规律，片面夸大人的主体力量；也不能听任自然的摆布、支配，片面否定人的能动作用。人可以也应当认识、掌握、运用自然规律，以保持、发展人与自然的动态和谐关系。这第三种学说注重天人之间的辩证统一，成为后来中国传统文化处理天人关系的根本原则和主导思想。

重视人伦和谐

个人总是生活在群体之中，正确处理个人与群体的关系在任何时候都非常重要。因此，群己关系成为先秦诸子十分关注的哲学课题是很自然的。其中又以儒家哲学最具代表性。儒家非常重视人类生活的群体性，并以伦理关系解释人类群体生活的特征，强调人与人应该互敬互爱，和谐共处。这里我们以儒家为主，旁及诸子，对先秦哲学关于人伦之理的主要思想略加概括：

(一)“仁者爱人”。

“仁”是孔子确立的最高道德准则，其核心是“爱人”，即对人的关心和尊重。《论语·颜渊》载：“樊迟问仁。子曰：‘爱人。’”推而广之，“仁”包括恭、宽、信、敏、惠、智、勇、忠、恕、孝等多方面的内容和要求；但约言之，又都以“爱人”为其根本立场。为仁的基本原则和方法是“忠恕之道”，即“己欲立而立人，己欲达而达人”。(《论语·雍也》)和“己所不欲，勿施于人”(《论语·卫灵公》)。孟子继承了孔子的仁学思想，并将其发展成为一种政治哲学的基本理念。他提倡实施“仁政”，认为“民贵君轻”，老百姓的整体利益要高于君主的一己利益。基于这一立场，孟子将凭恃武力、权术治天下而不顾百姓死活的政治斥为“霸道”，强调只有充分重视百姓利益、以仁义治天下的“王道”政治才能够实现国家的长治久安。

当时，其势力、影响与儒家不相上下的墨家则提倡“兼爱”，主张要爱人如己，实行普遍的爱，也就是“视人之国若视其国，视人之家若视其家，视人之身若视其身”（《墨子·兼爱中》）。墨子还把“兼相爱”和“交相利”结合起来，强调“爱人”不能离开“利人”。具体说来，就是要“有力者疾以助人，有财者勉以分人，有道者劝以教人”（《墨子·尚贤下》）。人人都应当尽自己所能做有利于他人的事，这才是真正的“爱人”。

儒家的仁爱和墨家的兼爱，都肯定自我与他人是同类，主张人与人之间应当相爱，闪耀着古代人道主义思想的光辉。两家的学说也有区别：儒家的仁是推己及人，由亲及疏，由近及远，是有等差的爱；墨家则强调爱不应有等级差别，主张不分远近亲疏，平等地爱一切人。墨家这种兼爱主张虽然胸怀更为博大，含有打破家族本位的倾向，但与后来封建社会结构不相协调，因此反倒不如儒家的仁爱更易实行。另外，儒家的仁爱以情感和伦理为本位，重义轻利，而墨家的兼爱则以实利为标准，带有功利主义色彩。这都造成了儒家仁爱思想影响日益增大，墨家兼爱思想影响日趋衰绝的不同历史命运。

（二）“五伦”“十义”。

要维系人际关系的和谐，就需要明确每个人在不同伦理关系中扮演的角色，以及相应的权利与责任，将其以适当的行为准则与道德规范确定下来。儒家思想特别重视这一方面。孟子曾对基本的伦理关系及其相应准则有个简明而权威的界定，即“父子有亲、君臣有义、夫妇有别、长幼有序、朋友有信”（《孟子·滕文公上》），其中“长幼”包括兄弟一伦在内。后世所讲的人伦，便是按照孟子的说法，以“父子、君臣、夫妇、兄弟、朋友”为最基本的五种伦理关系，称为“五伦”。

在五伦中，共有十种角色，每一种角色都有其所应当遵循的基本道德准则，这就是“十义”。《礼记·礼运》说：“父慈子孝，兄良弟悌，夫义妇听，长惠幼顺，君仁臣忠，十者谓之人义。”“十义”说强调父与子、兄与弟、夫与妇、长与幼、君与臣之间的权利与责任是相互的，而不是像汉代以后那样要求一方绝对服从另一方。

（三）“知礼以立”。

“礼”是中国古代思想文化的制度化体现，政治制度、法律准则和道德规范是其中很重要的三个方面。孔子非常重视礼，他说：“不知礼，无以立”（《论语·尧曰》），又说：“克己复礼为仁”（《论语·颜渊》）。社会要安定团结，个人要发展完善，没有礼的约束和熏陶是不行的。孔子对于当时各种破坏礼制的现象——特别是社会上层人士的“无礼”之举的严厉批评。出于维护礼教制度的权威性的考虑，孔子强调要维护“礼”的一贯性和连续性，但他同时也承认，礼制的具体内容可以也应当根据时代的需要加以调整。

战国末期，荀子作《礼论》，系统地总结并发展了先秦时代礼的学说，认为对于礼应当在保持其基本原则不变的前提下，不断对其具体内涵作出因革损益，这样才能既适应形势变化又保持变而不乱。荀子不仅重视礼在调节人际关系方面的重要作用，而且还强调治国要礼法兼用。他说：“治之经，礼与刑，君子以修百姓宁。明德慎罚，国家既治四海平。”（《荀子·成相》）荀子的这一主张，对后来封建统治阶级治理国家产生了重要影响。

（四）以“和”为贵。

“和”，原意为相应，引申为和谐，特别是多种不同事物之间的和谐统一。《国语·郑语》载，西周末年史伯谓“和实生物，同则不继”，并解释说：“以他平他谓之和。”在这位史学家看来，不同事物间的差异、矛盾及其平衡、统一才会产生新的事物，而简单重复、绝对同一则不可能推动事物的发展。孔子也主张“和而不同”，说：“君子和而不同，小人同而不和。”(《论语·子路》)并把“和”视为处理人际关系的一个准则：“均无贫，和无寡，安无倾。”(《论语·季氏》)强调社会的整体和谐。孔子的学生有若说：“礼之用，和为贵。”(《论语·学而》)更是明确地把“和”视为全部社会制度的价值旨归。孟子重视“人和”，说：“天时不如地利，地利不如人和。”(《孟子·公孙丑下》)强调“人和”是取得成功的首要因素。荀子则倡言“群居和一”。他说“人生不能无群”，而要使群居生活免于纷争、趋于强胜，人们就必须恪守职分而彼此和睦。“和则一，一则多力，多力则强，强则胜物”，只要社会各阶层同心同德、群策群力，就能够实现国家的富强、社会的进步。

“和”的思想极富辩证意味，它积极地看待自然和社会中的差异、分歧和矛盾，提倡发挥不同个体各自的积极作用，并在此基础上实现整体的和谐与发展。这种以和为贵的思想，历来是中华民族核心的价值理念。在历代儒家学者的大力提倡下，在社会各阶层的共同实践下，它深入到每一个社会细胞——家庭当中，最终融化成为全体国民的国民性，孕育了我们民族热爱和平、宽容博大的胸襟。正是凭借这种智慧，中华民族成功地化解了一次次社会危机、民族矛盾和战争创伤，始终以一种健朗、豁达的态度正视过去的苦难教训，立足现在的实际需要，开创未来的美好生活。

主张辩证思维

与异彩纷呈的哲学内容相应，先秦诸子的思维方式也是绚丽多姿的。其中既有直观思维、形象思维，也有逻辑思维和辩证思维。而丰富的辩证思维正是先秦哲学思维的一大特色，它主要包括整体思维、变易思维、对待思维与中庸思维。

（一）整体思维。

先秦时代，儒、道、名、阴阳诸家都强调整体观念，认为宇宙是一个整体，人和物也都各是一个整体。因此，要了解各部分，就必须了解整体，从整体的视角去把握部分的实质。据《庄子·天下》篇载，先秦名家的代表人物惠施提出“至大无外，谓之大一；至小无内，谓之小一”和“泛爱万物，天地一体”的著名命题，对宇宙万物从大小两个向度作出高度的概括，并肯定天地万物是一个整体。庄子的《齐物论》更宣扬齐是非、齐彼此、齐物我的相对主义理论，强调从“道”的观点来看，一切事物都是平等无差别的，是一体的。《周易大传》的天人协调说，也认定天地与人有着密不可分的联系，是相互统一的关系。阴阳家则以阴阳、五行的思维模式来解释宇宙间的一切现象，以五行之间相生相克的关系来说明自然界是多样性的统一。

（二）变易思维。

先秦哲学各流派都认为宇宙间没有不变的事物，自然和社会都处于不断变化的过程之中。如孔子感叹说：“逝者如斯夫！不舍昼夜。”（《论语·子罕》）《老子》谓：“天地尚不能久，而况于人乎？”《庄子·秋水》篇亦云：“物之生也，若驰若骤，无动而不变，无时而不移。”《周易大传》更是通过对《周易》卦爻象和卦爻辞的解释，总结和阐扬阴阳变易说，成为中国古代哲学中论述事物发展规律学说的代表。《周易大传》的中心内容就是讲变易。认为变易是宇宙万物的基本规律，变易的实质就是生而又生，不断地产生新事物，所谓“日新之谓盛德，生生之谓易”（《系辞上》）。《周易大传》还赞扬社会政治的变革，《革卦·彖传》说：“天地革而四时成，汤武革命，顺乎天而应乎人。革之时，大矣哉！”《周易大传》的这种变易哲学，为中国文化的优良传统和封建时代的政治改革奠定了思想基础。

（三）对待思维。

先秦哲学还通过对待观点来阐述事物变化的根源和规律。所谓对待观点，就是认为任何事物都包含互相对立的两个方面，而对立双方又是相互依存、相互转化的。《周易大传》提出“一阴一阳之谓道”的命题，认为对立面的相互联系、相互依存、相互排斥、相互转化是宇宙事物的最普遍、最根本的规律。《老子》提出“反者道之动”的重要命题，认为事物的发展是在一定条件下向相反的方面转化。所谓“祸兮福之所倚，福兮祸之所伏”，“物或损之而益，或益之而损”，都是讲对立面的相待相反、相互渗透、相互转化乃是宇宙事物的根本规律。《孙子兵法》也包含有丰富的对待观点。书中强调，治与乱、勇与怯、强与弱、众与寡、安与动、劳与佚等一系列矛盾对立，并非是一成不变的，而是在一定条件下相互转化的，所谓“知彼知己，百战不殆”，即是说只有全面地了解、掌握敌我双方的真实情况，才能立于不败之地。战国时法家的代表人物韩非首倡“矛盾”之说。相对而言，韩非更强调对立面的斗争，强调矛和盾对立的双方“不可同世而立”《韩非子·难一》，但他也认为相互斗争的人们在一定条件下是可以合作的，矛盾也是可以化解的。

（四）中庸思维。

孔子赞美“中庸”为至高的德性，说：“中庸之为德也，其至矣乎！民鲜久矣。”（《论语·雍也》）同时，孔子又认为中庸是一种思维方式方法，强调“时中”、“用中”，要求人们随时选取适中的标准，随具体情况采用适当的方法。孔子之孙子思作《中庸》，着重继承并发挥孔子“中庸”的思想，强调“和而不流”，“中立而不倚”，说：“中也者，天下之大本也；和也者，天下之达道也。致中和，天地位焉，万物育焉。”人们若能把“中和”的道理加以推广，天地就各安其所，万物也各遂其生了。《周易大传》也赞扬“中道”，重视“中正”、“中行”，认为中正则吉，反之则凶。“中庸”主要是强调适度，认为凡事都有一个度，“过”和“不及”都不合乎事物的标准，都会损坏事物的稳定性。其间尤为强调勿太过，主张凡事都不要过度，以免适得其反。这种中庸思维有助于事物发展的稳定性和连续性，但对事物的变革则是一种障碍。

先秦哲学为中国哲学的发展奠定了坚实的思想基础，在很大程度上决定了秦汉以降中国传统文化的发展方向和演变轨迹，对民族精神的形成和国民性格的塑造起到了至关重要的作用。先秦哲学是先哲的智慧，也是今人的财富。无论是天人合一的高远境界，还是以和为贵的价值理念，无论是“仁者爱人”的博大胸怀，还是“克己复礼”的谦恭自牧，无论是生生不息的变易思维，还是执两用中的中庸思维，都闪耀着往圣前贤的睿智之光。这些宝贵的精神财富，我们应当加以批判继承，以此培养国民求真、行善、崇美的品格，增强开创精神、协作精神和超越精神，最终实现中华民族的伟大复兴。

中国哲学与唯物辩证思想*

中国哲学与唯物辩证思想的关系如何？中国哲学中有无唯物主义传统和辩证法传统？中国哲学中的唯物主义与辩证法两者又是怎样的关系？这些都是摆在哲学工作者面前的严肃课题，需要我们作出科学的回答。1983年，我为高校哲学原理教师进修班讲授"中国哲学问题"，课后对讲稿进行大幅度的加工、补充和整理，形成"中国古代哲学问题发展史"书稿，并由中华书局于1990年初出版。这本书体现了十多年前我对中国哲学的看法，其中包括了肯定中国哲学蕴藏着丰富的唯物辩证思想的看法。

哲学探讨的是关于人类存在的最一般和最基本的问题。和西方哲学、印度哲学一样，中国哲学有着自己独立发展的历史过程，是世界哲学之林中颇具特色的、影响深远的一个哲学类型。中国哲学的唯物思想，在一系列重大理论问题中都有着程度不同的阐述。

中国古代的宇宙生成理论有元素论、道论、原子论、

* 原载《教学与研究》1996年第6期，《新华文摘》1997年第2期。

精气论、气论、太极论、虚廓论、神创论、象数论和气形论等，在这些理论中绝大多数是属于唯物主义思想，并形成了以气论为中心的一脉相承的唯物主义传统。其中，如清代哲学家戴震提出了“气化流行”说，强调“气化流行，生生不息”，“由其生生，有自然之条理”，认为世界是气的变化永无终止的永恒过程，是不断运动变化的合乎自然规律的客观过程。这种思想显然既是唯物的又是辩证的。

中国古代的宇宙观念的“宇”指空间，“宙”指时间，也即时空理论，与同时代的西方时空理论相比是遥遥领先的。它既初步认识到时间空间和物质运动不可分离，即确认时间空间的物质性、客观性；又猜测到时间和空间的统一，即时间中有空间，空间中有时间；还肯定了时间和空间的无限性等。如《墨子·经下》说：“宇或徙，说在长宇久。”“或”，即域。“徙”，运动。意思是说，物体在空间运动，而这种运动必须通过一定长度的空间和经过一定长度的时间。这是对时间空间唯物辩证的卓越见解。此外，如东汉张衡的“宇之表无极，宙之端无穷”的命题，肯定空间的广延性和时间的持续性。唐代柳宗元的“天无中无旁”的命题，强调天无中央，也无偏旁，肯定宇宙空间是无限的。明末清初王夫之更说：“宇宙者，积而成乎久大者也。二气絪缊，知能不舍，故成乎久大。”这是说，有限时间不断积累而为“久”，有限空间不断积累而为“大”。这都是由于阴阳二气的互相作用和天地乾坤的不断运转，即物质的运动而生成的。这里，王夫之实已猜测到了宇宙有限无限的联系和统一，猜测到了有限向无限的转化，这是非常深刻的哲学思想。

我认为，中国古代悠久的唯物主义传统和辩证法传统是相伴出现的，自宋代以来，古代唯物主义和古代辩证法相结合的事实越来越普遍，而且结合得越来越紧密；在中国古代哲学史上，自先秦直至明清，许多唯物主义者同时也都是辩证法家。这可以说是中国古代哲学的一个特点，也是一大优点。中国哲学史表明：在先秦时代，《周易大传》既有唯物主义思想，又有丰富的辩证法思想。荀子和韩非既是唯物主义者，又对辩证观念作出了自己的贡献。宋代以来，张载、王安石、王夫之等人可谓是将古代唯物主义和古代辩证法结合得比较突出的几位代表人物。

中国古代哲学家一直关注和重视对知行关系的探索，形成了丰富的知行观学说。在这一学说领域，如明代唯物主义者王廷相的“知行兼举”的思想，明末清初陈确的“知行无穷”的思想，就闪耀着唯物辩证思想的火花。至于王夫之不仅认为知行是互相渗透的，而且还认为知行是互相转化的，他提出了知行关系的一系列观点：行是知的来源、基础；行才能发挥知的实际作用；行是检验知的手段；行是知的目的；行高于知；行难知易；知以审行等。我们有理由认定，王夫之的知行观是合乎唯物主义原则的，也是合乎辩证法思想的。

中国古代学者也一向重视历史现象的观察和历史经验的总结，并形成了内涵丰富的历史观。在中国古代历史观中也同样含有唯物主义因素和辩证法因素，诸如：从人们的物质生活探求道德、政治和国家的起源；从经济范畴探讨治国的根本原则和国家兴衰的内在原因；重人事和时势造圣贤的思想；民本观念；历史发展的总趋势是趋向进步而不是倒退的；一治一乱说；理势合一说，等等，就是鲜明的例证。还应当说，王夫之的理势合一说，认为历史发展趋势是由内在规律支配的，实是对历史唯物主义和历史辩证法原理的重要揭示，具有重大的理论意义。

从以上的简要论述来看，我们似可以肯定：中国哲学不仅具有唯物主义传统，也具有辩证法传统，而且还具有唯物主义与辩证法益趋结合的传统。正是这样的优良传统，有助于和辩证唯物主义历史唯物主义思想体系接轨，也有助于从思维方式上使中国人民能够实事求是地正视现实和对待历史，这对我们中华民族的命运具有重大的现实意义。由此也可见，马克思主义哲学必须中国化、民族化，也就是说，一要结合中国哲学实际，二要结合中国现实生活实际。在我看来，这正是中国马克思主义哲学发展的必由之路。

论魏晋时代佛学和玄学的异同*

玄学和佛学曾是我国魏晋时代意识形态领域的两大重要组成部分，这两股思潮以其高度抽象和比较艰深的唯心主义思辨形态呈现于过去历史舞台，而且各有五光十色的支流别派、纷纭庞杂的体系结构，给人们的确切理解，尤其是对两者关系的科学研究带来诸多困难，不易明其底蕴。自近代以来，思想界在研究魏晋佛学和玄学以及两者关系问题上，有了重要的进展。但是也有不足之处，这主要有两个表现，一个可称为二者完全相异论，笼统地认为佛教是古印度佛祖的"遗训"，造成千古不变的神圣信条，不受我国魏晋时代社会历史条件的制约，不为世俗理论即所谓"玄学"的影响，此时的"佛学"和此时的"玄学"是完全不同的两种思想；另一个可称为二者简单等同论，认为魏晋"佛学"尤其是般若学各派就是魏晋"玄学"各派的翻版，般若学内部的分歧和斗争就是玄学的分歧和斗争，佛学只不过是玄学发展的一个阶段，把魏晋佛学简单地等同为魏晋玄学。

---

* 原载《哲学研究》1980年第10期，与石峻教授合作。

这都是值得商榷的。

历史上魏晋“佛学”和“玄学”的关系究竟怎样？要科学地回答这个问题，必须对魏晋玄学的产生和发展、佛学的流传和嬗变先作一简要的历史考察，从它们的客观历史发展进程中探明其相互关系，辨明其异同，即从两者的历史发展中揭示其影响作用，总结其同中之异，异中之同。

一

魏晋玄学的产生有极其深刻的社会经济、政治根源和思想根源，它既非外来的佛学思想直接影响的产物，也非我国以往传统思想孤立地演变的结果，而是由于当时统治阶级现实政治需要，继承、改造和发展先秦至两汉以来道家、儒家等思想的一种新的意识形态。

什么是魏晋玄学？魏晋玄学是一个特定的历史概念，指我国魏晋时代居于统治地位的理论学说。它的中心思想是讲“天人之际”的，“天”指天道，即宇宙观；“人”指社会人事。所谓“天人之际”就是讲天道和人事及其相互关系的理论，也就是讲宇宙“自然”和社会“名教”的关系的理论，所以它既是哲学，又是社会政治学说。从哲学的高度论证社会政治思想，就是魏晋玄学理论的基本结构和主要秘密，因此，又可以说魏晋玄学是一种政治色彩极为浓重的哲学。这也是我们认为确切地把握魏晋玄学内涵的关键。

魏晋玄学产生的原因，我们可以从各种角度、多重层次去考察：

首先，第一位的是社会经济、政治原因。魏晋时代是继东汉之后的曹氏（魏）和司马氏（晋）王朝，在这期间原来胚胎于东汉的门阀士族制度进一步定型了，历史进入门阀士族地主专政的年代。为了维护门阀士族的种种特权和经济利益，巩固封建统治，总结汉代统治思想——儒家礼法“名教”的得失利弊和经验教训，重新寻找和建立新的统治思想，成为统治阶级思想家面临的首要的中心课题。儒家的礼法思想在汉代现实生活中弊端丛生，不仅受到农民起义的武器批判和强烈冲击，而且受到进步思想家的尖锐揭露和猛烈抨击，以致威严扫地。魏晋玄学奠基人之一王弼(公元 226～249 年)总结性地评价说：“崇仁义，愈致斯伪”，“巧愈精思，伪愈多变，攻之弥甚，避之弥勤。”(《老子微旨略例》)认为过去一段历史时期，只讲仁义刑法，越搞越烦琐，越形式化，就会促使人们只在追求形式，特别在实行察举制度下，更是图谋虚名，弄虚作假，争权夺利；或者逼使人们想方设法逃避和对抗刑法的限制和制裁，从而不仅破坏了名法之治，而且引起多数人们的愤恨和反对。由此他进一步认识到“名教”是形式，只是一些枝节性的东西。要巩固统治，应当抓住本质，抓住根本性的东西。只有这样分清本末，并把本末统一起来，才是治国的根本途径。他说：“从事于道者，以无为为君。”(《老子二十三章注》)所谓“无为”就是“自然”的别名，“顺自然而行，不造不始(施)”，“因物自然，不设不施”(《老子二十七章注》)，因此顺应“自然”，即指按事物的本性进行治理。所以这个“自然”可说是仁义礼法的根本，亦即“名教”的“本”，而“名教”是“末”。结论是“名教”本于“自然”，出于“自然”。换言之，只有符合“自然”，“名教”的作用才能真正显示和发挥出来，使封建统治得以巩固。正是从这个根本论点和目的出发，王弼精心地炮制了一个以“无”为本，即“贵无”的本体论，并从本末、体用、一多、寡众、静动、常变、言意等各种哲学对立范畴系统地展开论证。否认有离“体”之用，这实质上是拐弯抹角地、巧妙地论证了“名教”的必然性、永恒性，从而也就论证了封建社会秩序的合理性、绝对性。后来另一个著名玄学家郭象(公元 252～312 年)更是司马氏集团的御用哲学家，他通过作《庄子注》[1]编造了一个“独化于玄冥之境”的唯心主义哲学体系。其中心目的是在进而论证“名教”即“自然”的思想，特别注重上下人等都要安于“性分”，不得妄求，是完全为司马氏统治集团政治服务的一种“奴才哲学”。嵇康(公元223～262年)因有见于统治者的虚伪行径，于是提出“越名教而任自然”(《释私论》)的主张，其实质仍在于维护和坚持他所理想的封建纲常。至于裴頠(公元276～300年)为了反对统治者的虚浮作风，更是直接地呼吁和高唱“名教”的重要性。由此可见，魏晋玄学是和魏晋时代的现实政治生活密切相联系着的，它导源于当时的经济和政治，同时又是为当时的统治阶级服务的。

有一种观点，强调魏晋玄学似乎纯粹是为当时门阀士族的豪华奢侈、荒淫放纵、懒惰懈怠、醉生梦死的腐朽生活态度作论证的。我们认为，这只能说是触及了某些表面现象，很难说是深刻的、全面的。魏晋玄学虽然也可被用来为人生享乐行径作辩护，并且后来确实也有人是如此做的，但是玄学家们创立玄学体系的根本目的是积极地为封建统治提供论证。如果仅仅是为腐化享乐行为辩护，显然是不需要编造如此精致的唯心主义哲学体系的。我们不能忽视魏晋玄学的社会政治实质。

还有一种与上一点相联系着的观点，即认为魏晋玄学是崇尚空谈、浮华任诞、不干世事，不涉政治的。这也是被玄学的某些皮相所迷惑，实际上恰恰相反，从根本上说，以王弼为代表所讲的“贵无”学

---

[1] 关于《庄子注》的作者，有关史籍有不同的记载，我们倾向于今本郭象《庄子注》可能是郭象在向秀注的基础上“述而广之”即增改而成，当然也不能说完全一致，事实上本书代表了向秀，郭象两人的思想。

说就是一种政治观，是通过讲“无”来讲门阀士族的政治统治术的。

其次，第二位的是思想渊源方面的原因。作为哲学政治学思想体系的魏晋玄学是不可能凭空产生的，而必定要受先前思想的影响。魏晋玄学正是在适应统治阶级需要的基础上，对汉代经学的继承、改造，同时也是批判地吸取道家的思想，尤其是天道无为的观点，把儒道结合起来，又以道为主，用以解释、论述儒家思想的一种新的统治思想。

这里，我们从三国时魏国社会政治思想的历史发展进程，和从王弼形成以“无”为本的唯心主义哲学体系的逻辑内在进程相统一的角度，阐明王弼一派的思想主要是魏国封建统治政治的理论总结和哲学概括，从而说明魏晋玄学来源于过去道、儒等思想的历史真相。

王弼生于继东汉王朝的魏文帝末年，魏文帝时，在意识形态领域里着重讨论的是社会政治方面的，即“名教”的问题。当时称为“形名(刑名)之学”，学者则称为“名家”。“形名之学”是先秦儒家“正名”观点和法家“综核名实”的思想的合璧，也是汉代经学政治思想的发展。作为封建统治思想，魏晋玄学和汉代经学一样都是以研究“圣人”(人君、皇帝)如何治理天下为出发点的。汉代经学认为皇帝治理天下的最大任务是两项，一是设官分职；一是知人善任(用)。这就是“名教”的问题。按照这种“名教”思想推论开来，皇帝是统摄、观照全局的，就是所谓无为的，而臣民是分事局部职责，便是所谓有为的。皇帝如果能够做到这样，也就是“无为而无不为”，也可说是合乎“道”或“天道”了。既然合乎“道”，皇帝也就算是“道体”，可以“配天”，而臣下各尽所职，只是有“德”、为“人”。这样，“道”和“德”就等于“天”和“人”。进而可以说，“道、德”、“天、人”的不同，也就是“名教”与“自然”之辨。皇帝的“君德”配“天道”、“自然”，其“用”(作用)在行

“名教”，以治理天下。所以，又可以说“自然”是“体”、是“本”，“名教”是“用”、是“末”（参见汤用彤：《魏晋思想的发展》，载《魏晋玄学论稿》）。这样由“名教”的寻根溯源而推出了“名教”和“自然”之辨，更进而论证了所谓体用本末①的关系。这样就由儒家的政治学说的推衍而通往道家的天道无为，并改铸、发展为以“无”为本的哲学体系。这就是当时统治思想的演变进程，也是王弼玄学唯心主义的逻辑途径。由此可见，王弼的玄学是由社会政治思想进而升华为哲学思想的，是从人君的所谓“君德”进而概括为宇宙本体的。由此也可见王弼的玄学是我国固有的传统思想尤其是儒、道思想的承袭和发展。从何晏、王弼和向秀、郭象这些魏晋玄学的最重要的代表人物的有关传记来看，并没有阅览佛教典籍的记载，从他们的著作内容来考察，事实上也看不出什么佛学思想的影响。

近现代一些学者认为魏晋玄学的产生受到了佛学的影响。如梁启超在《中国佛法兴衰沿革说略》一文中说，魏晋间“易老”之学大昌，王弼、何晏辈是最著名的代表，而当“正在缥缈彷徨，若无归宿之时，而此智德巍巍之佛法，忽于此时输入，则群趋之，若水归壑，固其所也。”把佛学看作为魏晋玄学产生时的归宿。这种认为佛法影响魏晋玄学的产生的看法，迄今仍为有的学者所执著。我们认为从上述三国时魏国思想的演变、王弼等思想体系的形成以及何、王等人著作的内容来看，梁启超等人的论断是不符合史实的。从思想渊源来看，魏晋玄

① 《荀子·富国》篇说：“故田野县鄙者财之本也，垣窌仓廪者财之末也。”《荀子·君道》篇说：“知务本禁末之为多材也。”可见“本、末”原是经济范畴内的用语，后来作为治理国家的方针而具有政治意义。王弼则是提高到哲学高度，和体用统一起来作为玄学的基本范畴。从本末范畴含义的演变，也可见哲学和经济、政治的联系，并有助于说明王弼哲学思想的实质。

学的产生是我国固有的传统思想演变的结果，而不是外来佛学影响的产物，也不是我国固有传统思想和外来佛学思想合流的产物。

二

佛教在汉代传入我国，魏晋时在当时玄学的支配下，日益与玄学唯心主义思潮相结合，佛玄合流，后来它又反过来给玄学唯心主义以影响，丰富和发展了玄学唯心主义，并取代了玄学的地位而在南朝时一度成为最重要的社会统治思想。

佛教是外来的宗教，它原来赖以产生和流传的古代印度社会历史背景和中国社会历史条件并不完全相同，佛教的内容结构、思想方法和经常使用的概念范畴，也都和中国固有的学术思想有所不同，加之由于语言文字的隔阂，说理艰深晦涩，这样就有一个如何为中国人所理解、接受、进而扩大宣传的问题。而这要受两个重要条件的制约：第一是受中国僧人和学者的主客观条件的影响，其中最重要的是他们的阶级立场和原有文化思想素养的影响。具有相当文化水准而能够翻译、注释和讲解佛教典籍的人，一般说来多是出身于封建地主阶级家庭，深受儒道传统思想的洗礼和当时玄学思潮熏陶的，这种“先入为主”的思想作用必定是有意无意地、自觉不自觉地影响着传入的印度佛教的思想和风貌；第二，最为重要的是要受中国魏晋时代国情，即社会经济、政治条件的决定。而这种决定作用集中到一点就是要符合、适应掌握国家政权的统治阶级的需要，而最直接的表现就是要和当时的统治思想——魏晋玄学相协调、一致，回避、调和某些矛盾相违之处，补充、增添某些有助于玄学的内容，它要以宗教形式回答和说明当时乱世如麻的各种社会现实问题。因此，佛教译经重点和宣传重点都要适应玄学和现实社会的需要而调整、变通，甚至它的理论观点本身也难免要作相应的改变和发展。可以这样说，魏晋佛学广泛流传的过程，就是在不断消化变通印度佛教的过程，就是与中国固有思想融合并不断发展创新的过程。这种基于深厚的社会经济、政治思想的根源而决定的印度佛学中国化，是必然的历史规律，是不以人们意志为转移的。

佛教在东汉末年传译渐广，引起社会的关注，名僧和名士也开始交往结合。但是汉魏间佛法并不兴盛。到了西晋时代虽译出了上千卷的经典，而真正引起统治者和思想界兴趣和注意的则是“般若”①学。这是因为佛教般若学在理论上可以和玄学牵强比附，互相发挥，名僧在生活行为上和名士可以相投契合、互感共鸣，如西晋支孝龙和阮瞻、庾凯等结为知音之友，世称为“八达”，东晋孙绰作《道贤论》(《弘明集》第3卷)以七道人与七贤人相比拟。佛教真正风行，是在西晋中叶以后，至东晋时代，一些佛教学者纷纷撰写佛教哲学论文，以佛教哲学家的姿态登上历史舞台，以致思想界最突出的人物已多属于佛学家了。如支遁(公元314～366年)、道安(公元314～385年)、慧远(公元334～416年)、鸠摩罗什(公元344～413年)、道生(公元355～434年)和僧肇(公元384～414年)就是整整一代的著名佛教理论家。整个魏晋时代佛学主要是般若学和涅槃②学两大潮流，两大阶段，而般若学的流传又可分为二小段，一是道安时代的般若学，一是鸠摩罗什——僧肇时代的般若学。

道安时代的般若学大约有两种类型、两个流派：“格义”和“六

---

① “般若”，佛教所谓的最高智慧。

② “涅槃”，旧译“泥曰”、“泥洹”，“灭度”的意思，佛教所谓经过修行悟解而达到的“最高境界”。

家”。据佛教史籍记载：“自慧风东扇，法言流咏以来，虽曰讲肄，格义迂而乖本，六家偏而不即。”（僧叡：《毗摩罗诘提经义疏序》）批评“格义”违背佛教本义和“六家”偏颇不合佛教真谛。这表明当时我国般若学者存在两种方法、两种风尚，僧教批评这种情况，是他不懂得也不可能懂得其所以出现这种情况是有深刻的社会历史原因的。

“格义”，是指用中国的原有的名词，特别是用老庄哲学的概念去比附佛经的名词、概念。这种学派的形成，是由于般若性空学说抽象思辨性强，而且又很空泛，中国僧人不易把握它的内容。在朱士行等译出《放光般若经》后，一些说明般若理论的事数（名相），如讲人身、宇宙构成的五蕴、十二处、十八界①等也比较系统，亟待弄清。为此，和道安同时的康法朗以及道安的同学竺法雅等创造了连类比附、以章句是务的格义方法，这在当时是不可避免的，是佛教流传的需要，也是佛学依附玄学的表现，或者说是中国传统思想和魏晋玄学对佛学施展影响的手段和形式。道安认为：“先旧格义，于理多违。”（《高僧传·释道安传》）不满格义，但是他不仅允许其高足弟子慧远讲道时可引《庄子》等书来触类旁通说明佛理，而且他本人事实上也摆脱不了以《老》《庄》的名词术语比附佛教的方法。

道安虽也搞“格义”，但毕竟又反对“格义”，这表明“格义”的方法已发生动摇。道安是“格义”和“六家”兼而有之，由“格义”转到“六家”的复杂人物。当时道安和支遁等著名僧人都崇尚清通简要，融贯大

---

① “五蕴”，佛教所谓组成人身的五种因素：色（组成身体的物质）、受（感情）、想（意想作用）、行（意志活动）、识（意识）；“十二处”，指眼处、色处、耳处、声处、鼻处、香处、舌处、味处、身处、所触处、意处和法处；“十八界”，指眼界、色界、眼识界、耳界、声界、耳识界、鼻界、香界、鼻识界、舌界、味界、舌识界、身界、所触界、身识界、意界、法界、意识界。

义，不执著文句，自由发挥思想，由此而形成“六家”或“六家七宗”的般若学流派，把般若学推进到兴盛时期。当时的流派按基本论点的差异来看，主要是三派，就是“心无”派，主张心（相当于精神）无，至于物质本身是否无，未加考虑；“即色”派，主张物无，当时的“识含”、“幻化”、“缘会”等也都是着眼从物质现象（色）来谈空的，与这派颇为相似；“本无”派，主张心物具无。般若学流派的分别和斗争大体上是和魏晋玄学各派的分歧相呼应的，它们所争论问题、思辨方法、论证路数等都受玄学的影响。魏晋玄学的中心问题是辩论所谓体用，即本末、有无的关系问题。当时般若学的中心问题也是在谈本末、空（无）有的问题。这实际上是按照魏晋玄学的思想和范畴对印度般若学二谛说的比附、引申和发挥，即把“真谛”说成是本体的“无”，“俗谛”说成是万物的“有”。由此又涉及心灵和物质的关系问题，何者是本无，何者是末有，形成了不同的论点。这是在中国哲学史上以明确的概念和方式表述了哲学基本问题的分歧，推进了我国哲学理论思维的前进，而“六家”之争客观上也有利于唯物主义的发展。

这里我们再以道安为例来说明般若学对玄学依附的严重性。道安是当时的佛教领袖，他跟踪中国佛教的历史足迹，由学禅数到讲般若，由禅观转趣“性空”。不仅止于此，他虽然依据《般若经》主张“性空”，但是究竟怎样空、空什么，他对这些问题的具体论述也并不符合原来般若学的宗旨。般若学主张“有”“无”双遣以明“空”义，道安则强调以“无”为本，而这正是以接近何晏、王弼的“本无”派思想去理解般若学的结果。道安认为“无在元化之先，空为众形之始，故谓本无。”（见昙济《七宗论》）这是何晏的“有之为有，恃无以生”（《列子·天瑞》注引《道论》），王弼的“凡有皆始于无”（《老子一章注》）、“天地虽广，以无为心”（《老子三十八章注》）的同调。这都表明道安的佛教思想原本是和魏晋玄学主流派“本无”思想接近，从而趋于一致的。道安深刻了解只有和中国统治思想相协调，佛教才能流行，他说：“以斯邦(中国)人老庄教行，与方等经兼忘相似，故因风易行也。”(《昆(鼻)奈耶序》，《大正藏》第24卷，第851页)慧远也说：“苟会之有宗，则百家同致。”(《与刘遗民书》，《广弘明集》第27卷)又说：“如今合内外之道以弘教之情，则知理会之必同。”(《三报论》，《弘明集》第5卷)更是违背佛理，公开主张融合佛教和我国原有统治思想。道安深深懂得“不依国主，则法事难立”(《高僧传·释道安传》)，也自觉不自觉地用宗教来愚弄人民。比如，他宣扬“本无”说，是要人们“无为”、“无欲”，“……损之又损之，以至于无为，……忘之又忘之，以至于无欲也。”(《安般注序》，《大正藏》第55卷，第43页)他还要人民放弃反抗剥削统治阶级的斗争：“怨憾之兴，兴于此彼，此彼既兴，遂成仇敌，……是以如来训之以等……等心既富，怨本息矣。”(《大十二门经序》，《大正藏》第55卷，第46页)正因如此，道安得到了晋孝武帝诏书表彰：“居道训俗，徽绩兼著，岂直规济当今，方乃陶津来世。”(《高僧传·释道安传》)这也把道安佛学思想的社会作用表露得昭然若揭了。

道安时，出生于龟兹即今新疆库车的鸠摩罗什，由于对佛教小乘和大乘教理的长期钻研，造诣颇深，而声誉特高。道安晚年曾建议前秦最高统治者苻坚迎罗什来内地。道安去世的同年苻坚派兵劫罗什到凉州(今甘肃武威)，公元401年又被迎至长安(今陕西西安)，从事翻译、讲学、培养弟子。鸠摩罗什的佛教活动，不仅开辟了我国译经史上的纪元，而且把般若学推向了新阶段。

在罗什来内地以前，我国佛教学者一般对大小乘的区别是不太清楚的，尤其是对当时流行的般若学思想内核几乎很少有准确的理解和把握。而佛教般若学各派步调的混乱，日益不利于佛教影响的进一步扩大，要求统一思想，进而要求独立发展，以取代玄学的地位，对于在寺院经济得到发展以后的僧侣贵族来说，已成为一种强烈的自发趋势。同时佛教由于依附玄学而扩大了势力，加强了影响，如支遁的《庄子·逍遥游注》，不同意郭象等人的以"适性"为逍遥的观点，而提出只有"至人"(有至德的人，即体现了最高理想的人)才能逍遥的思想，被称为"支理"，作为标准注解，支遁也一时成为《庄》学的权威，深得名士们的赞赏。相反，玄学内部由于出现反对唯心主义的唯物主义流派而削弱了作为统治思想的作用。正是在这种历史背景下，鸠摩罗什着重介绍了印度龙树一派大乘的中观学说，从佛学源流上廓清了对般若学各家的异解，这正适应了佛教进一步发展的要求。

鸠摩罗什在关中时，前来从学的僧人传说最多时可能达三千人，其间有传记可考的著名人物不下三十余人，而其中僧肇、道生等八人被称为什门八子，八人中肇、生等四人更称为"关中四子"、"四圣"。道生为涅槃之圣，僧肇为"三论"之祖。僧肇比较"专精"，是真正得罗什正传的第一人，据唐元康《肇论疏》引《名僧传》说，罗什称"秦人解空第一者，僧肇其人也"。后世讲关河传承，也都什、肇并称。罗什忙于主持译事，著述不多，且又残佚不全，他的高足弟子僧肇可称为般若学新阶段的最突出、最重要的思想代表。

僧肇最重要的代表作是《不真空论》、《物不迁论》、《般若无知论》，(另有《涅槃无名论》，疑系伪作)，此"三论"中的《不真空论》是讲世界观的，最为重要。僧肇所运用的方法是罗什传来的中观学，其特点是用带有辩证法因素而总体上又是富于诡辩论色彩的相对主义方法，以论证世界的空无，也就是既不只讲有，也不只讲无，而讲亦有亦无，非有非无，有无双遣，有无并存，合有无以构成空义。这种有与无统一，不落两边，不偏不倚，也称为合乎"中道"，是为"中观"。

这种唯心主义思辨，比当时般若学各派都高出一筹。僧肇在《不真空论》里依据这种方法强调万物都是“假号不真”的。他说：“欲言其有，有非真生(因缘所生)；欲言其无，事象既形(显示现象)。象形不即无，非真非实有。然则不真空义，显于兹矣。”有是有其现象，无是无其自性。他还对当时流行的三家性空理论作了批判。他说：“故顷尔谈论，至于虚宗，每有不同。夫以不同而适同，有何物而可同哉！故众论竞作，而性莫同焉。何则？心无者，无心于万物，万物未尝无。此得在于神静，失在于物虚。即色者，明色不自色，故虽色而非色也。夫言色者，但当色即色，岂待色色而后为色哉？此直语色不自色，未领色之非色也。本无者，情尚于无多，触言以宾无，故非有，有即无；非无，无亦无。寻夫立文之本旨者，直以非有非真有，非无非真无耳。何必非有无此有，非无无彼无？此直好无之谈，岂谓顺通事实，即物之情哉！”认为“心无”、“即色”、“本无”这三派讲空都不得要领，对于“无”和现象之“有”的关系，都是把两者绝对对立起来，各落一边：或把“空”绝对化，而否定假有的存在，或把“假有”绝对化，而否定空的存在，没有把有和无两方面统一起来，结果都不符合大乘般若学的中观奥义。僧肇这种相对主义的唯心主义思辨，如果就有和无统一的具体事物来说，是有合理成分的，但对整个宇宙来说，则是完全错误的。这种哲学表面上非常全面，既不简单地否定有，也不笼统地肯定无，这在宣扬虚无主义、出世主义方面确实具有更大的迷惑性和欺骗性。所以这种思想对尔后中国佛教的发展有巨大的影响，后来隋唐三论宗的兴起、天台宗的创立和禅宗的盛行都是承袭这种思想相关的。

应当指出，僧肇的批判是针对佛教界内部分歧而发的，不是针对魏晋玄学的。但是客观上也是对相应的玄学流派的批判。正是在这个意义上可以说，僧肇的“不真空论”等，不仅是对道安时代佛教般若学的批判性总结，也是对魏晋玄学的某种总结，因而也是对魏晋玄学的丰富和发展。

在僧肇的上述“三论”中，我们还可以看到一种企图摆脱玄学影响的努力，而又没有能完全脱离玄学影响的矛盾现象。一方面，僧肇不仅对与玄学贵无派相一致的般若学本无派等作了明确的否定，而且回避了玄学家常用的“本”、“末”等范畴，用相对主义的手法强调有无的相对性和统一性。另一方面，僧肇虽本于印度龙树一派中观学说，但是实际上仍然受魏晋玄学体用观念的支配。所不同的，只是玄学家往往重体轻用，或以用为体，而僧肇则主张即体即用，或者说通过即体即用的相对主义论证，最终归结为超出体用之辨的所谓佛教理想境界。再是，僧肇有时还直接采用玄学的词句和思想，如《不真空论》说的“审一气以观化”，“物我同根，是非一气”，更是汉代以来道家乃至玄学影响的明显表现。这就表明，整个魏晋时代的般若学都没有完全摆脱魏晋玄学的思想影响。

历史在前进，佛教也随着发展。东晋末年以来，门阀士族日趋绝对化，门第壁垒森严，地主阶级内部“士”“庶”之间的区别十分严格，而且士与士、庶与庶之间也有等级，至于劳动人民与士族之间更有霄壤之别。门阀士族特别重视门第，为什么自己有如此高的门第，怎样才能保持这种门第，是他们经常探讨并渴望得到解释的问题。同时佛教僧侣内部也由于寺院经济的发展、剥削制度的出现而形成了不同的等级，产生了矛盾，也需要说明为什么僧侣、僧侣地主有上下高低之别，他们是否都能成佛，成佛是否还有等级的问题。由于严重的社会阶级矛盾和突出的等级矛盾的发展，促使当时士族、王子、帝王和佛教学者都十分关心来世成佛是否可能的问题。但是，从当时佛教的传播效果来看，大乘般若学有个很大的弱点，就是它偏重于对世界的晦涩的抽象的哲理思辨，从而带来了两个局限性：一是只有较高文化水平和唯心主义理论素养的人才能理解和接受，因而往往只能流布于封建统治者和知识界的上层，而难以广泛地吸引广大群众；一是相对地缺乏关于如何成佛的信仰宣传，从而在客观上也冲淡了佛教之所以为佛教的根本特色，削弱了佛教麻醉作用的发挥。因此，佛教的发展就要求把偏于理论思辨的、即作为精致的唯心主义哲学形态和侧重于宗教迷信宣传的、即粗俗的成佛说教，在理论上和宣传上调和起来。

正是在这种历史背景下，般若学经过“格义”和“六家”的纷纭争论，鸠摩罗什对《中论》等“三论”的传授，和僧肇发表“不真空论”的总结，从而达到登峰造极之后，就转而趋于沉寂，而为日益兴盛的涅槃学所取代。涅槃学主要是杜撰和阐发佛性学说，“涅槃佛性”问题是东晋末年南朝佛教理论的中心问题。在这种佛教风气转变，佛学潮流变化，即由谈“空”转到讲“有”的转折时刻，竺道生早年精于般若，后来盛唱涅槃，“真空”、“妙有”，契合无间，独立思索，有所突破，因而历史地成为上接般若，下开涅槃，宣扬佛性说的最著名的代表人物。道生开创佛教一代新风，他的涅槃学标志着中国佛学史继般若学之后进入第二个阶段。竺道生佛学思想的哲学基础是般若学，而他和般若学者不同的特点，在于不停留在对世界的唯心主义哲学的概念分析上，而是把般若实相学和佛身说内在地结合起来。他认为体证、返归般若实相就是佛，所以进而鼓吹宇宙神秘本体实相就是佛身，即佛的法身。道生认为宇宙本体实相就是“理”或“道”，所谓成佛也就是把握宇宙本体实相的“理”。由此道生还高唱法身无色、佛无净土、善不受报等新解，批判其他种种关于成佛的粗俗的说法。

竺道生讲涅槃学，是为了引导人们信佛，所以他把般若实相和佛的法身结合起来后，又进而把佛的法身和众生的佛性统一起来，着力阐述了众生成佛的原因、根据、可能的问题。他强调众生都有“佛性我”，说：“理既不从我为空，岂有我能制之哉？则无我矣。无我本无生死中我，非不有佛性我也。”(《注维摩诘经》，《大正藏》第38卷，第354页)佛教所谓的“我”，不是相对于人来说的物质性的自我或精神性的自我，而是指实在自体。道生认为“无我”是指没有由“四大”构成的人身的物质性的自我(实体)，而不是没有“佛性我”，佛性这种实在自体是有的。所以他又说：“佛性即我”，“本有佛性，即是慈念众生也。”(《大般涅槃经集解》，《大正藏》第37卷，第448页)道生还认为成佛也不是离开人的现世，他说：“夫大乘之悟，本不近舍生死远更求之也。”(《注维摩诘经》，《大正藏》第38卷，第392页)“一切众生，莫不是佛，亦皆泥洹。”(同上书，第408页)众生都有佛性，众尘即是佛，这是竺道生的一个基本佛学观点。道生不讲彼岸世界，不讲净土天堂，而是强调此身悟不离迷，这是他的佛教学说更能迷惑人的地方。

竺道生赋予佛性以多元的内涵，佛性是众生的最善的本性，也是最高的智慧，又是最后的真理。佛性是众生的实体，也是宇宙的本体。由此道生又发挥了以下三个论点。

第一，本体只有一个，众生与本体相冥合就是佛，所以，佛性不是每个众生的神明、灵魂，成佛并不是不灭的灵魂转变成为什么具体的有个性的“人物”。

第二，一切众生都有佛性，都能成佛，包括某些佛教学者所谓不具信心、断了善根、不能成佛的“一阐提迦”(Icchantika)在内，也都能成佛。这个观点，虽一度受到佛教界的严厉驳斥，为此道生还曾受到当时以佛教戒律为名的开除处分，但是这个观点不仅后来在大本

《涅槃经》中得到证明，而更重要的是符合统治阶级的总体利益，从而迫使一些原来以为宣扬成佛的平等会引起人们对现实不平等的不满的近视的卫道者，也开始认识到虚幻的成佛的平等，正好诱骗人们忘记现实世界等级的森严，因而得到后来佛教界的大力倡导。

第三，众生返归本性、悟解真理的根本途径是去欲除惑。竺道生说："厌苦求乐，而非本善。"(《大般涅槃经集解》，《大正藏》第 37 卷，第 396 页)又说："妻以守节为欣，失节则忧。"(《注维摩诘经》，《大正藏》第 38 卷，第 393 页)这是用宗教的出世理论为世间的封建道德辩护，进而为巩固封建统治效劳。

竺道生不仅阐发了所谓成佛的原因、根据的问题，而且论述了所谓成佛的步骤、方法的问题，这就是曾引起时人的强烈反响的、他的独到的佛学思想中最著名的创见——顿悟成佛说。小乘佛教主张渐悟，在大乘般若学中间由于对所谓菩萨修行次第的"十住"阶次的理解不一样而分成两派。如道安、支遁、慧远、僧肇等人认为在"七住"以前是渐悟过程，到了"七住"对于般若实相的无生无灭的真理有了坚定的彻底的领悟，就出现小飞跃，然后再继续修行而进入大飞跃，方得成佛，这叫"小顿悟"说。道生不同，他认为"七住"内没有悟道的可能，必须到"十住"时最后一念"金刚道心"，即有了犹如金刚般坚固、锋利的能力，一下子把一切妄惑断尽，得到正觉。这就是所谓真理玄妙一体，不可分割，众生本有佛性，不可宰割，只要真正悟解佛理，返归本性，当即成佛的"大顿悟"。这是一种快速成佛法。它得到当时的重要名士谢灵运的全力支持，并为此而作《辨宗论》一文，这个事实本身就深刻地说明了这种纯属虚构的唯心主义形而上学的顿悟成佛的说教，是颠倒地反映了如何成为最高封建统治者的一种理论，体现了当时儒、玄、佛各家一致关心的问题的共同意义。

竺道生的佛教学说是我国佛教史上的一次重大转变。道生强调："入道之要，慧解为本。"（《高僧传·释道生传》）认为"慧解"是探求佛学的根本方法。所谓"慧解"，就是要彻悟言外，忘言得意。这种方法对于肃清依语滞文的风尚，转变佛教迷信外来经典的盲从，在佛教的一定限度内自由发挥思想起了巨大的作用。同时，道生倡导涅槃学，也使佛学进一步摆脱了对玄学的依附。魏晋时代相当多的般若学者以玄学的思想路数来理解般若学，谈玄讲空，融为一体，几乎蔚然成风，其实佛学并没有独立，而是"玄学"的附庸。道生虽然也受玄学的体用学说和言意之辨的影响，但他的佛学已大体超脱玄学的框架，宣扬的是出世间的佛学，而不是世间的玄学。僧肇是从相信老庄唯心主义哲学转而信仰佛教般若学的，他的学说也是独立于玄学的，但是他着重宣扬的是般若性空的佛教唯心主义，而道生则着重鼓吹佛性本有，从而在宣扬佛教信仰主义，扩大佛教影响，发挥佛教麻醉作用的优势方面起了更重大的作用。竺道生及其宗教活动标志着佛学完全走上了独立的道路，预示着我国佛教研究新时期的到来。竺道生的佛学思想还成为唐代主张明心见性，提倡顿悟成佛为宗旨的慧能一派禅宗的渊源，并且经过禅宗的流行而对宋明理学发生了重大影响。

三

从上面对魏晋佛学和玄学的历史叙述中，我们可以看出两者的大体面貌和基本特征，从而可以进一步概括出它们的错综复杂的异同点。

魏晋佛学与玄学的相异点主要有以下几个方面：

（一）内容不同：魏晋佛学是讲出世的，讲所谓众生成佛的，魏晋玄学则是讲治世的，讲封建最高统治者如何治理国家的。前者以超政治面貌出现，后者则具有浓厚的政治色彩。这就是说，他们哲学理论所赖以发挥的出发点是很不一样的。佛教是一种解脱道，认为“内圣”不一定要“外王”，它是从求得人生的解脱出发逐步地进到否定客观世界的哲学理论分析，用虚无主义来为出世主义作论证的。玄学则主张“内圣”和“外王”的统一，“内圣”是为了“外王”，因此它是从政治统治的角度出发，逐步推衍出最高统治者的最高道德是合乎本体的，由此而有本末有无之辨，从哲学本体论的高度论证封建统治的必然性、合理性。正因为这样，还导出两者在具体内容方面的若干差异。如关于性情问题，魏晋玄学一般的认为性情是自然而有，完满无瑕，不需教化的。何晏强调性是先天之全，情是后天之欲，人们不能任情达理，主张要情合乎理。王弼又认为圣人是有情又不累于情的。但是魏晋佛学不同，认为情是惑情，是产生一切烦恼的根源，主张灭除情欲。这种区别表示出佛教作为一种宗教意识的禁欲主义特色。

（二）思想渊源不同：魏晋时代思想发展史表明，魏晋玄学是中国原有的儒、道等思想演变而成，魏晋佛学则是印度佛学和魏晋玄学以及中国先前传统迷信观念等演化而成。魏晋佛学既然是吸取魏晋玄学又继承印度佛学再重新组合而成的思想，也就是一种既不同于印度佛学，又不同于魏晋玄学的思想。由此可以得出结论，中国佛学和印度佛学虽有密切的关系，但还是有所不同的，那种把魏晋佛学完全等同于印度佛学的观点是形而上学的唯心主义的，不合事实的；再是魏晋佛学和魏晋玄学虽有密切关系，但也是有所不同的，那种把魏晋佛学完全等同于魏晋玄学的观点，也是形而上学的唯心主义的，不合事实的。由此也可以明确两者互相影响的先后次序，那就是魏晋玄学先影响魏晋佛学，然后魏晋佛学再反过来影响魏晋玄学，那种不分先后，笼统地认为魏晋佛学和魏晋玄学互相影响的观点是不符合史实的，至于那种认为玄学的产生是受佛学影响的结果则更是无根据的。魏晋玄学的产生是中国本土的内在原因起作用的结果，佛教作为外来思想在当时历史条件下不可能成为产生魏晋玄学的思想渊源，相反，它本身还需要依附玄学才得以流行。

（三）地位不同：魏晋佛学和玄学虽然都受到封建统治者的提倡，但是当时居于正统统治地位的是魏晋玄学。玄学直接和门阀士族统治相配合，成为帝王和名士治理国家和立身行事的指导思想，而佛学是玄学的助手，处于附属的地位。只是在东晋末年，尤其是在南北朝时期，由于寺院经济的空前发展，佛教的地位才显著上升，几乎取代了玄学的地位，并且一度被梁武帝钦定为国教，成为当时最重要的思想工具。

（四）作用不同：从思想史的角度来看，魏晋玄学相对于它先行的汉代经学来说，从神学目的论演变为唯心主义本体论，由神创造宇宙说演变为宇宙万物体用说，以“忘言忘象得意”的方法取代了烦琐注经、象数类比的方法，这对于人们摆脱神学目的论和烦琐哲学的支配，解放思想，发展哲学思维是起过积极作用的，虽然它也不可避免地具有消极作用的一面。而魏晋佛学则以它的宗教信条麻醉人民的思想，把人们引上脱离现实世界的歧途，因此从总体来看，佛教所起的消极作用是主要的。

魏晋佛学和玄学的相同点则主要有以下几个方面：

（一）唯心主义的思想性质相同：魏晋佛学和魏晋玄学主流派都是倡言“空”、“无”，否定客观物质世界的，基本上都属于客观唯心主义思想路线。魏晋佛学和魏晋玄学的唯心主义间架有两个最重要的共同支柱，一是本末体用之辨。印度佛教般若学原来没有这套范畴，但有“真谛”和“俗谛”的“二谛义”，可以和本末体用之辨相牵合。魏晋时中国佛教学者正是把两者沟通起来阐述般若理论的。二是言意之辨。般若学者和玄学家都持“忘筌取鱼”，“忘言得意”的方法。由此可见，魏晋佛学和玄学的世界观、方法论、认识论是基本一致的。它们的理论无疑是颠倒的，但是这些理论所表现出来的高度抽象思维水平，则是我国哲学思维发展的新的里程碑。

（二）都具有较丰富的辩证法因素：魏晋佛学和玄学对有无、生灭、本末、体用、言意等论述是唯心主义的，但又包含了朴素辩证法因素，对于人们认识具体事物的发展变化、揭示事物内在本质和外在现象的联系和区别，把握语言形式和思想内容的复杂关系，都有启发、借鉴的作用，是我国古代辩证法思想宝库中的重要财富。

（三）对儒家思想的态度有相同之处：魏晋佛学和玄学对儒家“名教”的态度并不完全相同，玄学是儒道思想合流的产物，是竭力维护“名教”的。佛教宣扬出家出世，不能公开赞同忠、孝礼教，但是“名教”究竟是直接论证和维护封建等级制的最有效的工具，因此佛教也只得采取妥协态度，而这样那样地调和佛法和“名教”的矛盾，强调佛教有助于“名教”，信奉佛教有利于天下太平。这种背离印度佛教教义的做法成为中国佛教的一个重要特点。而调和与“名教”的矛盾则是魏晋佛学和魏晋玄学的一个共同点。

（四）都是门阀士族的统治工具：魏晋玄学以其鲜明的政治色彩直接为当时统治阶级服务，佛教则是披上超政治的外衣，但它恰恰是以超政治的形式来为现实政治服务的。因此，我们既要看到它的超世间、超政治的主张所导致和世俗剥削统治阶级的矛盾的一面，又要看到它以颠倒的、迂迴的形式来为世俗剥削统治阶级服务的这一更重要的、一致的一面。

* * * * *

最后，通过对魏晋佛学和魏晋玄学的发展和特点的分析，我们可以得出两点结论：

一是要研究魏晋佛学和魏晋玄学必须遵循历史唯物主义关于经济基础决定上层建筑以及上层建筑之间相互影响的原理，历史一再证明，唯物史观是指导我们研究佛学史和哲学史的根本指针；

二是要研究魏晋佛学和魏晋玄学必须注意全面性。如果不研究魏晋玄学，就不能真正把魏晋佛学研究透彻，而不研究魏晋佛学，也不能对魏晋玄学的发展彻底弄清。因此，全面地研究魏晋佛学和魏晋玄学是研究魏晋乃至尔后的思想史所完全必需的。系统研究佛教思想，还必须同时研究反佛教的思想，才能总结出它发展的客观规律。

佛教和中国传统文化的冲突与融合*

在我国历史上，曾经有过两次大规模的外来文化的传入，一次是古代印度佛教的传入，一次是后来的西学东渐。佛教的传入，从汉到唐，大约经历了八个世纪。在这漫长的过程中，一直存在着与中国传统文化的冲突与融合。同时，在这个既冲突又融合的动态联系中，也表现出了某种阶段性。就佛教来说，大体上经历了对中国传统文化的依附、抗衡和融汇三个阶段；相应地，中国传统文化对外来佛教也大体上错综地经过了影响、排斥和吸收三个阶段。不同文化的交流是人类文化发展的里程碑。正是在儒、佛、道诸家的多元融汇和各家思想的多向演化的历史洪流中，佛教日益民族化、中国化，成为了中国文化的一个重要部分，并大大地推动了中国文化的发展。同时，中国仍然保持着中华民族的主体意识，并没有“印度化”，也没有“佛教化”，这是一次成功的文化交流。“观今宜鉴古”，本文按照历史发展进程，着重从文化的深层结构——思想的角度，

* 原载《哲学研究》1987年第7期，《新华文摘》1987年第10期。

阐述佛教与中国传统文化的冲突和融合，力图从中总结外来文化和本土传统文化相互影响的某些带规律性的现象，以有利于社会主义新文化的建设。

一

佛教自汉代开始传入我国，后经三国、西晋、迄至东晋，王朝更迭频繁，社会处于不断变更之中，国家对外开放，佛教乘此变动之际、开放之机，逐渐流传，并为人们所接受。在这个时期，中国传统文化对外来佛教的迎拒，表现出巨大的独立性、主动性，从而强烈地影响了佛教的面貌，左右了佛教的发展。中国文化潮流是相继演变的，不同时代的主流思想给予当时佛教的影响最大；同时，由于佛教的不同领域、不同派别具有很不相同的内容，因此又分别依附于中国传统文化的不同类别，并与之合流。从历史演变过程来看，在汉代，佛教是在宗教观念上依附道术，在政治伦理观念上迎合儒学。在魏晋时，佛教则着重依附于玄学，由此而逐渐扩大流传，并反过来又对中国传统文化发生影响。

佛教最初传入中国内地，上层统治者完全是以中国固有的神灵和方术去看待释迦牟尼佛和整个外来佛教的。当时人们多把释迦牟尼佛和黄帝、老子相提并论，视为同类的神，并列为祠祀崇拜的对象。汉光武帝的儿子楚王刘英是我国历史上第一个信奉佛教的贵族，史载他“诵黄老之微言，尚浮屠之仁祠”[①]。“浮屠”，即佛。“祠”是修筑祠坛举行祭祀。汉桓帝刘志是我国历史上第一个信奉佛教的皇帝，他在宫

① 范晔：《后汉书》卷四二《楚王英传》。

中设华盖以祠黄、老、浮屠①。这是把佛教教祖释迦牟尼看作为和被尊为道家的创始人黄帝、老子一样。这种相混再前进一步，就是把佛看为地道的“神仙”了：“佛之言觉也，恍惚变化，分身散体，或存或亡，能小能大，能圆能方，能老能少，能隐能彰，蹈火不烧，履刃不伤，在污不染，在祸无殃，欲行则飞，坐则扬光，故号为佛也。”②在这里，佛实际上被说成法术多端、神通广大、变化莫测的仙人。

当时，中国人也有以黄老学派的“清净无为”的理论和治术去理解佛教的宗旨的，谓“此道清虚，贵尚无为，好生恶杀，省欲去奢”③。把佛教的戒杀、禁欲说成是崇尚清净无为，而与黄老之道相沟通。实际上，佛教的戒杀、禁欲是作为消除人生痛苦的修持手段，与道家所讲的顺应自然变化的“无为”是风马牛不相及的。当时佛教学者也称佛教为“佛道”、“道术”，谓“道有九十六种，至于尊大，莫尚佛道也”④。佛教是九十六种道术中最高的一种。这种视佛学与黄老之言一般无二的看法，实际上是以“道”视“佛”。

佛教的传播需要依靠佛经翻译，特别需要依靠和当时思想潮流相呼应的佛经的流通。汉以来随着不同译经家的出现，译出了不同的经典，形成了安译和支译两大系统：安译即安世高系，是小乘佛教，重修炼精神的禅法，比较接近神仙家言；支译即支娄迦谶系，是大乘佛教，宣传空宗般若学理论，比较类似玄学。相传，安世高共译出佛典三十多部，其中最重要的是《安般守意经》和《阴持入经》。所谓“安般守意”，是讲通过坐禅来细数出入气息，防止心意散乱，和道家的胎

① 范晔：《后汉书》卷三〇下《襄楷列传》。

② 《理惑论》。

③ 范晔：《后汉书》卷三〇下《襄楷列传》。

④ 《理惑论》。

息吐纳之术或民间的气功相近。安世高在《佛说大安般守意经》卷上就将“安般守意”分开解说：“安为清，般为净，守为无，意名为，是清净无为也。”这种完全不符合原意的牵强附会，是为了攀附道家学说，便于自身的流传。《阴持入经》是阐释佛教的基本名词概念，在翻译时深受中国传统哲学思想的影响。如在翻译五类构成人的因素时，采取了汉代学者的阳尊阴卑、阳仁阴贪的观念，译为“五阴”①，意谓人身是贪欲之源，以含贬义。又题为三国吴陈慧撰的《阴持入经注》，以“元气”喻万物产生和变化的根源，以木、火、水等喻五阴六情。这都充分地反映了佛教对当时流行的道家、阴阳家思想的依附。

支娄迦谶曾译出《般若道行品经》，把本体“真如”译为“本无”。三国时支谦重译该经，名为《大明度无极经》“大明”、“无极”取于《老子》的“知常曰明”和“复归于无极”。“度无极”是“波罗蜜”的意译，“到彼岸”的意思。老子的“无极”是指宇宙的最原始的、无形无象的本体，也就是“道”。支谶、支谦认为，成佛就是通过佛教智慧而达到与“道”相合，也即与“本无”（“真如”）相合。这样成佛就是体“道”，而与老庄学说趋于契合。又谓：“夫体道为菩萨，是空虚也。斯道为菩萨，亦空虚也。”②“道”和菩萨体道都是空虚。这不是道家的观点，但也是迎合道家所谓“道”玄妙虚无和“至人”澹泊无为之作。支谶、支谦探求人生的真实，认为反归本体“道”就是人生的最高境界，这正是以老庄思想理解佛理的反映。

魏晋以来，以老庄思想为主干的玄学本体论兴起，论本谈末，说

---

① “五阴”：指色（物质）、受（感受）、想（理性活动）、行（意志活动）、识（认识功能和结果）。

② 《大明度无极经·行品第一》。

无讲有，蔚为思想界一时风尚。由于玄学的强大影响，直至东晋后期，以宣传“空”(“无”)为中心的佛教般若学，始终是佛学的主流。玄学家探求宇宙本体，但往往与人格本体相混同。有的强调宇宙本体的虚静而一，有的侧重于对宇宙万有多样互殊的把握，也有的重视将宇宙本体观念落实到对人格本体的自觉。玄学家思想的矛盾、分歧，不可避免地会导致佛教般若学思想在演变中的分化。佛教般若学的流传经过了“格义”、“六家七宗”和僧肇“不真空论”等几个阶段，这也是佛学从依傍玄学到补充玄学的思想发展过程。

“格义”是直接用老庄哲学的名词概念比附、解释佛教经文名相，借以量度(格)经文正义。如“格义”的倡导者竺法雅，因学佛的人对中国传统思想有了一定的了解，而对于佛教思想了解很少，他就把佛教思想和传统思想联系起来加以解释。又如慧远对听众讲佛教的“实相”(事物的真实本相)的道理，大家愈听愈糊涂。后来慧远就借用庄子的道理作解释，听众也就觉得明白了。

“六家七宗”是佛教般若学的不同流派。“六家”指本无、心无、即色、识含、幻化、缘会六派，其中本无又分出本无异宗，合称“七宗”。按基本观点来分，实际上主要是三派：本无、心无和即色(识含、幻化、缘会可归入此派)。这些派别的区别大体上是和魏晋玄学各派的分歧相呼应的。以其中影响最大的本无派来说，它的基本观点是主张一切事物的本性是空无的，“本无”两字即取自贵无派玄学家王弼的“有之所始，以无为本”①，这是借用玄学家的语言，来论证自己的世界观和所追求的精神境界。心无派代表人物支愍度，另立心无

---

① 王弼：《老子注》第40章。

说，主张“无心于万物，万物未尝无。”[①]认为物质现象是存在的，但在主观心理上不能执著。这种带有唯物主义倾向的观点，这方面是和裴頠的“崇有论”学说相通的。以支道林为代表人物的即色派，主张形形色色的物质现象不是自己形成的，没有自体，不是实有的。郭象主张“生物者无物，而物自生耳。”[②]支、郭的观点有相通之处。史载支道林“拔新理于向、郭之表”，也表明他的思想脱胎于向秀、郭象一派的痕迹。般若学以空(无)为事物的本性，和玄学的本体论相通，然般若学的“空”的本意是就事物存在的不真实而言的，其间又有所不同。姚秦译经大师鸠摩罗什的重要助手僧叡说：“自慧风东扇，法言流咏以来，虽曰讲肄，格义迂而乖本，六家偏而不即。”[③]批评“格义”违背了佛教的本义，“六家”偏离了佛教原意。实际上，这是援玄(道)入佛的必然结果。“以斯邦(中国)人老庄教行，与方等经兼忘相似，故因风易行也。”[④]这表明佛教只有与中国固有思想文化相协调才能流行，僧侣主义总需凭借唯心主义理论才能传播。

鸠摩罗什的学生、佛教哲学家僧肇在《不真空论》中对上述三家般若学理论作出评判，指出本无派过分偏重于无，心无派没有否定外界事物的存在，即色派还没有认识到物质现象本身就是空(无)的。他认为这都是把“有”和“无”对立起来，各落一边。般若学的看法应该是非有非无，有无双遣，亦有亦无，有无并存，即合有无以构成“空”义。僧肇的“不真空”唯心主义理论，提出了相对主义的双向思维这样一种前所未有的新的思辨模式，并以有无统一而区别于玄学以有无为本末

① 僧肇：《不真空论》。

② 《庄子·在宥》注。

③ 《毘摩罗诘提经义疏序》，《出三藏记集》卷八。

④ 道安：《毘(鼻)奈耶序》。

对立的理论构架，因此，不仅成为对以往中国佛教般若学的批判性总结，客观上也是对魏晋玄学的某种批判性总结，这也是佛教由依附玄学到发展玄学的标志。

佛教不仅在宗教和哲学上依附方士道术、老庄哲学和魏晋玄学，而且也在政治伦理上竭力迎合儒家的伦理道德观念。印度佛教经典涉及大量的伦理道德学说，宣传父子、夫妇、主仆等之间的关系都是平等的，主张相互尊重，自由对待。这显然和中国儒家所主张的身份高下的服从支配关系、绝对隶属关系截然不同。为了适应中国的伦理道德观念，在东汉安世高译《尸迦罗越六方礼经》、西晋支法度译《善生子经》、东晋僧伽提婆译《善生经》等佛经中，对社会的人际关系，都通过选、删、节、增等手法，作了和儒家的君臣、父子、夫妇、兄弟、朋友一套纲常名教相适应的调整①。又如，敦煌写本《诸经杂缘喻因由记》第一篇，叙述莲花色尼的出家因缘，但缺莲花色尼出家的关键一环的叙述，即莲花色尼因屡次出嫁，而和自己所生的子女不复相识，以致后来竟和自己所生的女儿一起嫁给自己所生的儿子。莲花色尼发觉后，极度羞愧，因而出家为尼。此中有关情节因和中国传统的伦理观念不相容，而被略去②。总之，汉译佛典一开始就不得不向儒家伦理观念作妥协、调和，同印度佛教的伦理思想相背离，形成和儒家伦理相协调的中国佛教伦理观念。不仅如此，三国时康僧会还通过编译《六度集经》，把印度大乘佛教的慈悲观念和中国儒家的仁爱思想加以沟通，宣扬“仁道”说，“为天牧民，当以仁道”(《六度集经·遮

① 详见〔日〕中村元：《儒教思想对佛典汉译带来的影响》，《世界宗教研究》1982年第2期。

② 详见《陈寅恪文集之一·寒柳堂集》，151～156页。

罗国王经》)。仁道的内容包括爱民尊老、孝事双亲、反对虐杀、反对贪残，以配合儒家的政治伦理观念，达到治世安民的目的。东晋慧远更明确地提出“儒佛合明”论，说：“常以为道法之与名教，如来之与尧、孔，发致虽殊，潜相影响；出处诚异，终期则同。”“内外之道，可合而明。”①佛教和儒家名教在民心教化和社会治理两个方面可以相互配合彰明。

二

佛教与中国传统文化是两种不同文化，彼此的精神实质是迥异其趣的。佛教自传入中国之日始，就与中国文化发生摩擦。但是，中国人早期对佛教面目的认识模糊，佛教力量很弱，又主动地依附中国的道术，玄学和儒学，因此，矛盾、冲突没有激化。东晋以来，随着翻译佛教经典的增多，译文准确性的提高，佛教日益显示的自己的独特面貌，这样就愈来愈明显地暴露出原来按中国思想理解佛教所带来的思想矛盾，就有一个坚持印度佛教原意还是继续用中国传统思想去讲佛教的问题，也就形成了两种文化的鲜明冲突。再者，随着佛教思想的各个方面陆续介绍过来，其中有的超过中国文化，有的则落后于中国文化；有的适应当时社会机体的需要，有的则不适应当时社会机体的需要，这样和中国文化的界限便愈来愈清楚，双方的直接对立点愈来愈多，就促使了两种文化的多方面冲突。还由于佛教在流传中力量逐渐增强，影响日益扩大，独立性增加，依附性减少，因此也就加大了冲突的规模。特别是中国佛教还涉及政治领域，又形成寺院经济，这也就有一个与统治阶级的政治和经济的现实利害关系问题。这种政

① 《沙门不敬王者论》，《弘明集》卷五。

治经济的矛盾与两种文化的差异结合在一起，有时甚至爆发对抗式的冲突。佛教与中国文化的冲突，在南北朝时代曾进入全面总爆发的阶段，有些重大冲突甚至延续到隋唐时代。

从《弘明集》、《广弘明集》等记载佛教与中国传统文化冲突的典籍来看，两种文化的冲突集中表现为佛教与儒家、道教的冲突。冲突的问题涉及广泛的方面，在哲学思想上有"生死"、"形神"之争，有无因果报应之争等；在伦理道德上有"沙门应否敬王者"之争、中外国民性格之辨，这类礼制与夷夏问题的斗争，又与君权和神权的问题相联系着；在流派关系上是儒、道、佛三教的高下优劣之争。下面就其中某些冲突略作介绍，以从中窥见两种文化冲突的某些特点。

"生死"、"形神"之辩：生死和形神是两个密切相关的问题，是人生哲学的重要问题，也是外来佛教与中国传统思想在哲学上的最根本性分歧。对于生死问题，儒家学者一般持合乎自然规律的看法，认为世界上的事物，有成必有坏，一切生物有生必有死，人类也一样。道家看法不同，《老子》一面讲"吾所以有大患者，为吾有身"(13 章)，人身是人生一切患累的根源；一面又讲"深根固柢，长生久视之道"(59 章)。认为保养好人的精神和身体，可以长生。后来庄子发挥了《老子》前一种思想，汉初的道家则发挥了后一种思想。魏晋玄学家除嵇康主张"长生久视"外，多数是发挥庄子的思想。道教的思想特点也是"长生久视"，认为经过修炼，形神都可以不灭，可以永远存在下去，可以长生成仙。中国传统思想通常用"气"来说明生死，并联结生死与形神的关系，认为生死是气的聚散，气聚为生，气散为死。

印度早期佛教主张人有生必有死，也不赞成灵魂不灭的说法，大乘空宗也从一切皆空的观点出发，否定神不灭论。佛教认为人生的理想境界是超脱生死的"无生"(永生)，在没有超出生死以前，要在天、人、畜生、饿鬼、地狱中轮回。这就有一个轮回的主体问题，一个进入超脱生死境界(涅槃)的主体问题，这个主体只能是人死后的不灭的灵魂。所以，在一般的中国佛教学者看来，佛教是理所当然的神不灭论。中国传统思想中也有神不灭论的思想，中国佛教学者是用佛教的轮回和成佛的理论发展了中国传统的有神论。最典型的如慧远曾撰《神不灭论》，梁武帝萧衍撰《立神明成佛义记》，宣扬人死后灵魂不灭，神是轮回果报的主体。慧远的观点受到大乘空宗学者鸠摩罗什的批评，也形成了与中国传统的无神论思想的对立。东晋以来，孙盛、何承天就撰文批评佛教的神不灭论思想。到齐、梁之际，范缜作《神灭论》，系统地提出了形质神用的理论：指出形体是质即实体，精神是形体的作用，形亡神灭，从根本上驳倒了佛教的神不灭论，比较正确地解决了形神关系的问题。梁武帝发动了60多人，撰写70多篇文章，对范缜进行大规模的围攻，但因理亏而失败了。应当指出，我国在古代知识界中，有神论思想相对地不占优势，这是和范缜等人反对佛教神不灭论斗争的胜利分不开的。还应当指出，中国佛教有神论是中国原有的有神论思想和印度佛教轮回果报思想的融合，也与我国的祖先崇拜传统一致，又与儒家的“神道设教”相通，因此，这场无神论和佛教有神论的斗争，虽然带有根本的性质，规模也很大，但实际上并不完全反映外来佛教文化与中国传统文化的特殊分歧和冲突。

因果报应之辩：与生死、形神问题密切相关的、最具佛教思想特色的是因果报应说。佛教因果报应论是关于人生的本原、本质、价值和命运的基本理论。此论宣扬人的活动有三种，即身、口、意三业，这些活动的性质有善、恶和无记(无善恶)三种，业是因，有因就有果，即有报应。报应有三种，即现报、生报(下世受报)和后报(在长远的转世中受报)三报。由于受报应的时间不一，因此人有前生、今生和后生三生。因果报应说就是三业、三报、三生的信仰。中国原有的宗教也有报应思想，但只限于现在这一生。后报是转嫁给子孙的报应。佛教因果报应和中国传统的报应思想不同，强调现世的贫富贵贱是前世善恶行为的结果，今世的善恶行为，又导致来世的祸福报应。它讲的前生和后生，毫无可考，任凭编说，这就引起了中国学者的怀疑。东晋末年，戴逵作《释疑论》，认为"贤愚善恶，修短穷达，各有分命，非积行之所致。"①不赞成佛教的因果报应的说法。慧远让周续之作《难释疑论》，以为答复。戴逵又作《答周居士难释疑论》，逐条给以驳难，于是慧远作《三报论》和《明报应论》，把印度佛教业报轮回思想和中国有关传统迷信结合起来，系统地阐发了因果报应论。南朝宋初何承天指出，"西方说报应，……乖背五经，故见弃于先圣。"②佛教徒释慧琳著《白黑论》(《均善论》)，也对因果报应持怀疑态度。由此又引起了何承天与宗炳等人的论辩。何承天根据《周易》的人与天、地并为"三才"的观点，强调人在宇宙中的地位，批驳了把人和畜生等并列为"众生"、轮回转世的说法。在这场争辩中，怀疑和反对因果报应论的学者表现出很大的勇气，但多是从经验主义角度阐发理由，而且又归结为宿命论，实际上很难和因果报应论划清界限。佛教因果报应论，把人的存在时间无限扩大，又和人的行为的因果关系联系起来，因而具有特殊的恐吓和引诱的功能。修善将进入一方极乐世界，作恶则堕入可怖的地狱世界，这对于缺少科学文化素养的下层百姓来说，在心理上带来极大的诱惑力和威慑力。中国佛教所讲的善、恶，实质上又以儒家伦理原则为标准，因果报应思想给人们带来的祈求幸福和

① 僧佑编：《广弘明集》卷一八。

② 《报应问》，《广弘明集》卷一八。

害怕苦难的心理，也就使人们形成了恪守儒家伦理的被动意识，因果报应论成了儒家伦理道德的工具。虽然封建统治者在思想上并不都赞成因果报应论，但是深知此论对下层百姓的妙用，故又持容忍、默许的态度。

“沙门应否敬王者”之争：这是一个礼制问题，也是关于君权和神权、佛教与儒家名教的关系问题。佛教主张无君无父，一不敬王者，二不拜父母，也就是见到在家的任何人都不跪拜，只合掌致敬，不受世俗的礼法道德约束。按照中国专制主义的政治理论，皇帝是天子，奉天的教令，这种教令是任何人不能违反的。这就形成了佛教与中国传统政治观念的最大冲突。东晋成帝时，庾冰代成帝诏令“沙门应尽敬王者”，指责僧人蔑弃忠孝，遗礼废敬，伤治害政。但尚书何充等人表示异议，结果不了了之。安帝时太尉桓玄又重申沙门应敬王者，并写信给王谧反复辩论，特别突出皇帝的地位，强调君道比佛道伟大，但也遭到一批朝贵的反对。慧远曾作《沙门不敬王者论》，作调和性的反对。北方沙门统法果不同，带头礼拜皇帝，说什么“我非拜天子，乃是礼佛也”①，硬把当朝的最高统治者说成就是“佛”。南朝宋孝武帝曾下令沙门必须对皇帝跪拜，否则就“鞭颜皴面而斩之”，僧侣也只好屈服了。中国封建专制主义的国情，决定了君权高于神权，封建礼制高于僧制。

夷夏之辩：和上述关于“沙门应否敬王者”之争直接相关的是夷夏之争。“夷”，是对佛教本是产生于外国的指斥。夷夏之争主要涉及民族性格和风俗制度等问题。何承天认为，华戎的不同在于民族性格，“中国之人，禀气清和，合仁抱义，故周孔明性习之教；外国之徒，

① 《魏书》卷一一四《释老志》。

受性刚强，贪欲忿戾，故释氏严五戒之科。”①并强调儒家礼教比佛教更为宏大。南朝宋末道士顾欢作《夷夏论》，罗列了中国和印度在风俗习惯上的差别，也认为“以中夏之性，效西戎之法”是不足取的。儒家和道教学者的注意民族特点、性格、风俗习惯，是有积极意义的，但是所作的分析则是不恰当的，带有盲目排外的色彩。佛教学者反驳夷夏之分，宣扬佛是“万神之尊”，佛教是“大教”、“至德”，具有普遍意义，不应强分地域。这种论证当然也是很难站得住脚的。

儒、道、佛三教高下之争：儒家和佛教的冲突，表现为所谓入世与出世的对立、忠孝观念与无君无父的对立。儒家主动挑战，咄咄逼人，强调就个人修养和国家治理来说，儒家的学说都已完全够用，佛教没有存在的必要。佛教则取迎合的态度，常引用儒家的经传，“合异为同”，为佛教辩护。同时又利用其出世的理论，宣传佛教讲三世，儒家只讲一世，高于儒家。唐代文学家韩愈撰《原道》、《论佛骨表》，强烈地排斥佛教。宋朝佛教徒契嵩作《非韩》、张商英作《护法论》、元代刘谧著《三教平心论》等，对韩愈的排佛论进行反驳。但这也都是宣扬儒佛一致，争取佛教的存在权利而已。

道教和佛教同为宗教，这就发生一个排斥对方，争取宗教地位的问题。道教的成立有其多方面的深刻原因，其中重要原因之一，就是有些人对外来的佛教反感，作为对佛教的反应，中国原有的阴阳家、神仙方术和巫术等汇合一起，形成了道教。和佛教讲死生皆幻、追求涅槃不同，道教讲白日飞升、羽化登仙，以与佛教相抗衡。道教作为中国土生土长的宗教，利用民族感情等有利因素，指斥佛教是夷狄之教，不断挑起夷夏之辩。为了使道教居于首位，东汉末出现“老子入

---

① 《答宗居士书》，《弘明集》卷三。

夷狄为浮屠”[1]的说法。西晋末道士王浮更是作《老子化胡经》，编造种种传说，说老子西游化胡成佛，创立佛教，带释迦牟尼为弟子，即以佛祖为道教的弟子。此书是道教贬低佛教的主要根据。作为《老子化胡经》的回应，佛教徒也编造《清净法行经》，宣扬三圣化现说，即佛派遣三个弟子来教化震旦(中国)，儒童菩萨是孔丘，光净菩萨是颜渊，摩诃迦叶为老子。梁武帝也公开宣称周公、孔子、老子都是如来弟子[2]，表示佛教和儒、道不矛盾，而又高于儒、道。于是《化胡经》的真伪问题，便成了佛道两教争论的重大问题，北魏孝明帝正光元年(520)曾就此问题在殿前举行大辩论，直至唐高宗时也还采取御前会议来辩论，这种争论一直延续到唐武宗时代。

值得注意的是，道教曾几度借用皇上的最高政治权力给佛教以沉重的打击，这就是历史上有名的“三武之难”。“三武之难”就是指北魏太武帝、北周武帝和唐武宗三个皇帝的毁佛运动。这三次灭佛事件都有深刻的社会政治经济原因，同时也都和佛道两教的斗争相关。北魏时嵩山道士寇谦之深得太武帝的信任，他积极策动反佛。太武帝为了表示反胡亲汉，自称他的拓跋姓本为黄帝子孙，是汉人，应信奉汉人宗教——道教。他在道坛下面受符箓，以作为统治中国的合法根据。他以突然袭击的方式，大规模毁佛，以反佛来显示自己的崇道。北周武帝时，由和尚转为道士的卫元嵩，和道士张宾都深得武帝的青睐，他们联合排佛。武帝屡次召集文武百官、名儒、和尚、道士数百千人举行辩论，讨论三教位次先后问题。释道安作《二教论》，以佛教为内，儒教为外，视道教为儒教的分支，否定它的独立地位。甄鸾也作

① 范晔：《后汉书》卷三〇下《襄楷列传》。

② 《舍道事佛文》，《广弘明集》卷四。

《哭道论》，抨击道教的欺骗性。后来周武帝亲自确定儒教为先，道教为次，佛教为后。随后又下令禁止佛道两教，实际上是废佛不废道。北周灭了北齐，周武帝也废除了北齐境内的佛教，道教取得一时的胜利。但是在两个主持灭佛的皇帝去世后，佛教又迅速恢复起来，并压过了道教。唐武宗为求长生，也笃信道教。得到武宗宠信的道士赵师真献谄，唆使灭佛。唐武宗废佛规模很大，也比较彻底，对佛教的打击极为沉重。此后，除标榜顿悟成佛的禅宗和偏重念阿弥陀佛的净土宗还继续盛行外，其他宗派几乎一蹶不振了。

已故著名历史学家范文澜说："儒家、佛教、道教的关系，大体上，儒家对佛教，排斥多于调和，佛教对儒家，调和多于排斥；佛教和道教互相排斥，不相调和(道教徒也有主张调和的)；儒家对道教不排斥也不调和，道教对儒家有调和无排斥。"①这基本上是符合事实的，但佛教徒对道教也有主张调和的，这一点，我们在下面论述中将予以证明。

三

南北朝时代，儒、道、佛三教之争激烈，统治者或灭佛或舍道，但被灭的佛和被舍的道，不久就恢复了。到了唐太宗年间，改变过去一教独尊的格局，实行三教并行的政策。虽然后来不同皇帝由于不同原因而有所偏重，武宗甚至一度灭佛，但三教并行的总趋势并没有变化。这种政治决策上的重要转折，对于儒、道、佛三教关系的发展具有重大意义，它决定了三教的思想融合成为必然，并加快了这种融合的步伐。封建统治者有鉴于儒家治世、佛教治心、道教养身的不同功

① 范文澜：《中国通史简编》第2编，442～443页。

能，可以互补，早在南朝时梁武帝就唱三教同源说。到了唐初，有的文人就公开主张三教在思想上的合流。中唐以来，更是产生了三教一致的思想，如佛教徒神清以三教一致为主导思想作《北山录》，宗密在《原人论》中虽然批判儒、道两教，同时又把它们纳入佛教思想体系之中。到了唐宋之际，由于三教之间的相互影响日益加深，而进一步形成“三教合一”的思潮，即三教在“修心养性”问题上达到大体一致的看法。三教由合流而进一步合一，佛教成为中国文化的一部分，与中国人的精神生活、道德生活休戚与共，并为中国传统文化所融合，形成了宋明理学。

从佛教与中国传统文化相互关系的视角来说，三教融合表现为两个方面，一是佛教融合儒、道；二是儒、道融合佛教。

佛教与中国传统文化的融合，最集中的表现是，通过摄取儒、道的思想而形成中国化的佛教宗派：如天台宗、华严宗和禅宗。佛教宗派中国化的标志是：提倡“方便”、“圆融”和“自悟”：天台宗以《法华经·方便品》为根据，宣扬为了度脱众生可以采取各种灵活的方法，倡导方便法门，这就为调和中国传统思想开了方便之门。如天台宗先驱者慧思发大愿，入山得灵芝和丹药，先“成就五通神仙”，再成为佛。天台宗人还把道教的丹田、炼气等说法也纳入自己的学说，倡导修习止观坐禅除病法。这就是和道教信仰相融合。又如，华严宗宣扬圆融无碍思想，华严宗人宗密不仅把儒、道纳入佛教思想体系之中，而且以《周易》的“四德”(元、亨、利、贞)配佛身的“四德”(常、乐、我、净)，以“五常”(仁、义、礼、智、信)配“五戒”(不杀生、不偷盗、不邪淫、不饮酒、不妄语)，把佛教的理想境界、道德规范和儒家的德性、德行等同起来。再如，中国化佛教宗派的典型禅宗，鼓吹“不立文字”、“教外别传”，不仅不提倡念经拜佛，甚至衍成可以呵祖骂佛，主张性净自悟，以为在日常生活中就可以实现成佛理想。这种对抗印度佛教的思想，实际上是深受道家的自然主义、玄学家的得意忘言理论以及旷达放荡、自我逍遥的影响的表现。

以心性论为宗派学说的重心：心性问题是中国传统思想中的一个重要问题。传统人性论关于性善性恶之争，延绵不绝。心性问题是有关个人的道德修养乃至影响国家安定的重大问题，也是所谓成佛的根本问题。自晋宋之际以来，佛教学者如道生受玄学家探讨宇宙本体思潮的影响，着重从对外的本体转向对内的人格本体即心性的探讨，以为人的本体即人类自身的"本性"，把本体论和心性论的研究统一起来，大讲佛性，即成佛的根据。迄至唐代，天台、华严和禅宗，都着重阐发心性问题。如天台宗在传统的人性善恶观念的影响下，也从善恶方面讲佛性，认为佛和一切众生的心中都具有先天的善恶之性，人的后天修行也有善恶之分。战国时儒家世硕首唱性有善有恶说，后又有董仲舒、刘向和扬雄等人的阐发。天台宗的佛性善恶说，正是这种学说的继承和发挥。天台宗人还把止观学说与儒家人性论相调和，说："夫三缔者，天然之性德也……含生本具，非造作之所得也。"① 宣扬空、假、中"三缔"是一切众生自然具有的"性德"，从而把佛教的修行实践说成是类似儒家的穷理尽性，即恢复人的本性的理论学说和实践工夫。至于禅宗，更是集中讲心性的宗派。它以性净自悟为宗旨，性净就是儒家性善论的佛教版。自悟、顿悟，直接渊源于道生的顿悟成佛说。据得到道生本人肯定的谢灵运的解说，这是综合儒佛两家学说长处的结果。他说：释迦牟尼的长处是注重"积学"，短处是主张"渐悟"。孔子相反，长处是注重"顿悟"，短处是不讲"积学"。顿悟

---

① 湛然：《始终心要》。

说正是取两家的长处，避其短处①。禅宗的精神也与玄学家郭象的《庄子·逍遥游注》的说法极为相仿，郭象主张保持个体的独立，以自以为逍遥为逍遥，反对在个体之外去追求什么逍遥，这实际上也正是禅宗所追求的精神境界的归趣。

宣扬儒家伦理道德：中国古代封建社会，实行中央集权的君主专制主义制度，以及与农业经济基础相适应的宗法制度，由此忠君孝亲被视为伦理道德的基本规范。尤其是孝，更被视为伦理道德的根本。“孝悌也者，其为仁之本欤！”②“夫孝，德之本也。”③孝成为社会家族伦理的轴心，维护封建统治秩序的杠杆。僧人出家，不拜皇帝，不拜父母，被视为悖逆人伦的行为，所以“沙门应否敬王者”之争，到唐初又再度兴起。唐高宗曾命令沙门应向君主和双亲礼拜，后因道宣等人反抗，改为只拜父母。但到了中唐，沙门上疏的自称就由“贫道”、“沙门”改为“臣”了。元代重编的《敕修百丈清规》，更是先颂祷神州大地和崇拜君主的“祝厘章”和“报恩章”，而后才是供养佛祖的“报本章”和尊崇禅宗祖师的“尊祖章”，标志着永远结束了这个问题的争论。所以，远至祖国西边的拉萨布达拉宫殊胜三地殿里，至今仍竖立着清康熙皇帝长生牌位，上面赫然写着：“皇帝万岁万万岁。”自唐代以来，佛教还大力宣扬孝道。在儒家名教的刺激和影响下，佛教学者专门编造了讲孝的佛经，如《父母恩重经》，宣扬应报父母养育之恩。还注疏《盂兰盆经》，此经被中国人视为印度的佛教孝经，经内叙述释迦牟尼的弟子目连入地狱救拔饿鬼身的母亲的故事。宗密曾亲撰《盂兰盆经

① 《辨宗论》，《广弘明集》卷一八。

② 《论语·学而》。

③ 《孝经》。

疏》二卷，强调释迦牟尼出家和目连出家，都是为救济父母。中国佛教寺院每逢 7 月 15 日还举行盂兰盆会，追荐祖先，影响深远。宋代著名禅僧契嵩作《孝论》十二章，总结以往佛教学者论孝的观点，系统地阐发了戒孝合一论。宣扬戒就是孝，持戒既是为父母修福，并由此论定，佛教比儒家还要重视和尊崇孝，佛教讲的孝超过即高于儒家的孝。

佛教信仰和佛教文化对中国传统文化的影响、渗透是广泛而深刻的，佛教的信仰、哲学思想和伦理观念对道教和儒家都发生过巨大的作用。

道教一直反对佛教，但是它的思想体系和佛教相比可谓是“小巫见大巫”。道教原本没有什么像样的经典，古代文化遗产基本上为儒家所继承。它只能把儒家以外的一些著作作为经典。道家老庄学说也没有给道教的创立留下足够的思想资料，它只能把《列子》、《文子》也搜列为自己的经典。此外，它只得大量模仿佛经，摄取佛经的教理，来编造道教经典。可以说，许多道教经典都是直接在佛教经典的影响下形成的。如道教的《洞玄灵宝太上真人问疾经》就导源于佛教的《法华经》，《太上灵宝元阳妙经》是篡改《涅槃经》而成。《太玄真一本际经》是深受《般若经》的空观思想的产物。道教也把佛教的佛性说改为道性说，佛教天台宗讲无情有性，道教也讲草木道性，等等。虽然道教主张长生成仙，佛教追求无生成佛，在教旨上有所不同，但是作为宗教信仰，道教确又带有许多佛教的色彩。

佛教对儒家的影响也是重大的，它为宋明理学——新儒学所吸取，从而标志着佛教与中国传统文化的融合的彻底完成。

佛教对宋明理学的渗透，首先是促进了儒家要典的确定和学术旨趣的转移。宋代《孟子》升为经，《礼记》中的《大学》、《中庸》也被表彰出来，与《论语》相配合，合称“四书”。朱熹撰《四书章句集注》，这是由于佛教讲心性、重修持，儒家学者也提出涉及心性修养问题的《孟子》、《大学》、《中庸》，以与佛教相抗衡，表示儒家自有家宝，不必求之于佛学。四书在儒学中的地位的确定，就是受佛教间接影响的表现。与此相联系，理学和以往侧重社会政治伦理、少言性与命的儒学风格不同，转而重视修心养性，是心性之学。儒学的学术重心的转移，也是和佛教的影响直接相关的。

其次，佛教禅宗等对理学的心性论影响很大。禅宗的“知为心体”“知觉是性”，即人心本性是灵知不昧的观念，转变了以往仅从善恶论人性的观念，而使心性富有智慧的属性。佛教宗派强调众生本性清净、觉悟，只为妄念浮云盖覆，为各种情欲蒙蔽，此说也为儒家学说所缺，它为唐代李翱所取。宋代理学家也受此启发，发明“义理之心”和“物欲之心”，即天理与人欲的对立。理学家的人生哲学和道德学说，依据的是《大学》的著名公式：“古之欲明明德于天下者，先治其国；欲治其国者，先齐其家；欲齐其家者，先修其身；欲修其身者，先正其心；欲正其心者，先诚其意。”同时又吸取禅宗的“直指本心”论，以人格的自我完善为齐家治国的出发点；又以遵循包含天地、君臣、父子、夫妇、长幼的“天理”为自身人格完善的唯一途径。这样，如同成佛信仰是佛教徒的内在要求一样，儒家伦理也由外在的规范转化为内心的自觉要求，人欲由一种自身的自然需要变成了外在的罪恶渊薮。佛教所讲的人心的本性是与万物的本体统一的，理学家受这种思维途径的影响，也将心性论和本体论统一起来，从人生本原和宇宙本体的结合方面加以论说，把封建伦理观念上升为宇宙的规律、本体。此外。理学家还吸取佛教禅定的修炼模式，提倡主静、主敬，以为习静才能去私欲，合天理，打通小我与大我（天地宇宙）的关涉，与大我相通，以与天地合其德。可以说，佛教的心性学说为理学的心性论铺设理论基石。

四

从以上叙述中，我们可以得出以下一些基本看法：

（一）佛教和中国传统文化的冲突与融合，是一种在彼此的击撞中寻找契合点的矛盾统一运动，是推进各家思想的多向演化进而达到多元融汇的过程，在佛教传入之后，除了主要基于政治经济原因而由封建统治者发动了几次灭佛事件以外，真正在思想文化上的斗争不是十分突出的，也不是主要的，中国传统思想除了在政治伦理问题和有神无神问题上曾发动对佛教的挑战和批判外，并没有对整个佛教的宗教思想体系作出理论上的否定。相反，彼此的融合则是经常的、普遍的现象，后来更是达到了“三教合一”的程度。可以看到，两种文化的冲突，推进了文化的进步，两种文化的融合，意味着新文化的创造。外来佛教的传入，丰富了中华民族的文化，推动了中国文化的发展。当然，佛教作为宗教，也不可避免地带来了消极、落后的影响。

（二）佛教传入中国后，经过与中国传统文化的冲突、融合，流传两千年，在中国历史上产生重要的影响，应当说是取得了成功的。从佛教这方面来说，这种成功的基本原因在于：第一，佛教是一个非常庞杂、十分繁复的宗教，具有中国文化所缺乏的特定思想内容，在流传过程中，又保持了自身某些固有的特性，这就使得它可以对中国传统文化发挥补充的作用。第二，佛教自传入之日始，就表现出灵活的适应能力，试探、迎合、比附、格义、创造、改革，通过种种途径以适应士大夫文化层和俗文化层的精神需要。也就是不是强行使中国人的精神去适应印度文化的特性，而是逐渐使自身朝着适应中国固有文化，即中国化的方向发展。如禅宗扎根于中国固有思想的深层基础之中，继承中国儒家、道家的思想，改革了印度佛教，在一定意义上，成为披着佛教外衣的专注心性修养的流派，十分适应士大夫和平民的心理要求，因而流传的时间也最长。

（三）中国传统文化面对外来佛教文化的传入、挑战，并没有被取代，强大的封建专制主义皇权、牢固的儒家正统地位、传统文化形成的大气候，成为佛教难以在中国思想文化领域取得垄断地位的一个不可逾越的障碍。中国传统文化有效地吸取了佛教文化的成果，将它吸收和改造为中国文化的一部分，这显示了中国传统文化的充分开放性、高度坚韧性和善于消化的能力，表现了中华民族的强大而鲜明的主体意识。也就是以我为主，实现了成功的文化交流。中华民族文化的独立性和自觉性，不仅体现了浓厚炽烈的民族感情，而且蕴涵着丰富的独特内容。这种文化的“入世”精神、自强不息思想、人格价值观念、顺应自然观念，不仅没有被佛教文化所改变，相反还改变了佛教文化。可见，在吸收外来文化的过程中，保持和发扬民族文化的主体意识具有十分重大的意义。

（四）一种文化的命运，归根到底决定于历史、时代、阶级和群众的需要。社会是复杂的结构、庞大的机体，人群的政治文化素质也有高下之分。外来文化的积极、进步成分和消极、落后成分都可能为不同的人群所接受；同样，传统文化中的精华能否发扬、糟粕能否剔除，也决定于人群的构成和素质。在对待外来文化和传统文化上，知识分子具有关键性的作用，而上层人士和平民百姓则最终决定着文化的命运。因此，完善和健全社会机体、培养和提高社会成员的素质，对于文化的建设和发展，具有最根本性的意义。

佛教与中国传统文化的冲突和融合，是宗教文化和封建时代文化的交涉。现在时代不同了，我们面临建设有中国特色的社会主义的伟大任务，其中包括建设社会主义新文化这项十分严峻而迫切的任务。根据历史经验和现实条件，看来应该明确以马克思主义为主导，大力批判继承传统文化的精华，积极学习外国一切先进的文化，并在社会主义建设实践的基础上，加以综合、改造、创新、发展，才是我们应走的康庄大道。

心性论——佛教哲学与中国固有哲学的主要契合点*

中国佛教心性论是佛教哲学与中国固有哲学思想旨趣最为契合之点，也是中国佛教理论的核心内容，在中国佛教哲学思想中占有最重要的地位。本文着重就形成这种契合的文化根据和历史根据作一纵向横向结合的论述，以求教于方家。

佛教哲学思想主要是倡导内在超越的一种宗教文化，是重视人的主体性思维的宗教哲学。他与同样高扬内在超越和主体思维的中国固有的儒道思想，在文化旨趣上有着共同之处。内在超越和主体思维离不开心性修养，佛教与儒道两家都具有鲜明的心性旨趣，因而心性论逐渐成了佛教哲学与中国固有哲学的主要契合点。这种契合对于佛教及其哲学在中国的命运具有举足轻重的作用，这种契合具有深厚的文化根据。

中国固有哲学的中心关怀和根本宗旨是什么呢？简而言之，就是教人如何做人。儒家历来津津乐道如何成为君

---

* 原载《社会科学战线》1993 年第 1 期，《新华文摘》1993 年第 3 期。

子、贤人、圣人，道家热衷于追求成为神人、至人、真人。儒家强调成就社会关怀与道德义务的境界，道家则注重内心宁静和平与超越自我的境界，二者所追求的理想人格和精神境界具体内容虽有不同，但都是为了获得人和人生的意义，也就是要在宇宙中求得“安身立命之地”。可以说，儒道两家都主张人的本真生命的存全不应受外界的牵引、控制，都追求一种自觉地突破世俗利益的束缚而以冷静的理性眼光去正视人生、社会和宇宙的超越精神。那么，世俗性的人生世界与超越性的精神世界之间的鸿沟如何逾越呢？值得我们特别注意的是，中国的固有哲学思维强调在现实生命中去实现人生理想，追求人生归宿，认为人生的“安身立命之地”既不在死后，也不在彼岸，而是就在自己的生命之中。如此，心性修养就至关重要，成为了人能否达到理想境界的起点和关键，理想人格的成就是人性即人的存在的完美显现与提升，也就是认知的飞跃，情感的升华，意志的实现，道德的完善。

佛教教义的中心关怀和根本宗旨是教人成佛。所谓佛就是觉悟者。觉悟就是对人生和宇宙有了深切的觉醒、体悟。而获得这种觉悟的根本途径不是以外界的客观事物为对象进行考察、分析，从而求得对外界事物的具体看法，成就理想人格。即使分析、认识外界事物，也是从内在的主体意识出发，按照主体意识的评价和取向来赋予世界以某种价值意义（如“空”）。随着印度佛教的发展，虽然也出现了阿弥陀佛信仰，在中国也形成了以信奉西方极乐世界阿弥陀佛为特征的净土宗，宣扬人可以在死后到彼岸世界求得永恒与幸福。但是印度原始佛教并不提倡彼岸超越的观念，中国的几个富有理论色彩的民族化的大宗派——天台、华严和禅诸宗也都是侧重于心性修养，讲求内在超越的。而且与中国固有思想的旨趣相协调，晚唐以来中国佛教的主流派禅宗尤为重视内在超越。从思想文化的旨趣来看，可以说儒道佛三家的学说都是生命哲学，都是强调人要在生命中进行向内磨砺、完善心性修养的学问。这便是佛教与儒道能够共存、契合的前提和基础。

关于佛教与儒道思想在文化旨归上的共似性，古代有些学者尤其是佛教学者早已发现了，而且后来在思想的沟通上也越来越深入。在佛教传入初期，儒教著作《理惑论》就从追求理想人格的角度，强调佛与儒道的一致，后来东晋时的慧运等人则从佛教与儒家的伦理纲常和社会作用着眼，肯定两者的共同之处。宋代以来的佛教学者更直接从理想人格和伦理道德的理论基础即心性论入手，鼓吹三教同心说。明代著名佛教学者真可说：

> “学儒而能得孔氏之心，学佛而能得释氏之心，学老而能得老氏之心，……且儒也，释也，老也，皆名焉而也，非实也。实也者，心也。心也者，所以能儒能佛能老者也。……知此乃可与言三家一道也。而有不同者，名也，非心也。”

认为儒、道、佛三家所不同的是名称，相同的是心，是本心，极其明确地点明了“心”即思想意识是三教成就理想人格的共同根据，强调三教都以“不昧本心”为共同宗旨，都以“直指本心”为心性修养的共同途径。

儒家学者多数持反对佛教立场，但也有少数人主张儒佛是可以会通的，如史载：“范泰、谢灵运每云，六经典文，本在济俗为治耳，必求性灵真奥，岂得不以佛经为指南耶?”认为佛教的心性论超过了儒家经典的论述。又如柳宗元、刘禹锡也认为佛教的内美胜过外形，其心性修养是值得肯定的。尤其值得注意的是，唐代儒家反佛名流韩愈和李翱，他们一面强烈地排斥佛教，一面又羞羞答答转弯抹角地承认甚至吸取佛教的心性学说。韩愈在高扬儒家道统的宣言书《原道》中，就十分明确地强调个人的正心诚意是修、治、齐、平的起点和基础，而批评“今也欲治其心而外天下国家，”即指责佛老的“外天下国家”，批评他们的超俗避世的生活方式，然而对于佛老的“治心”则持肯定态度，这是从儒家的立场透露出这样的信息：心性论为儒道佛三家文化的基本契合点。李翱也说过时人对于佛教“排之者不知其心”，又鉴于当时儒者“不足以穷性命之道”，而在批判佛教的同时，又吸取佛教的心性思想，建立“复性”说。直至现代，著名史学家陈寅恪还说：“佛教于性理之学 Metaphysies 独有深造。足救中国之缺失，而为常人所欢迎。”“佛教实有功于中国甚大，……自得佛教之裨助，而中国之学问，立时增长元气，别开生面。”

《庄子》发展《老子》的“见素抱朴”思想，认为人性是自然的、纯真的、朴实的，情欲和仁义都不是性，主张性不为外物所动，“任其性命之情”，保全本性。崇奉《老子》、《庄子》的道教讲究养生成仙，但在南宋以后，道教的新起派别则力图革新教义，主张道儒佛三教结合，并以道德性命之学为立教之本。如新起的最大道派“全真道”就是如此。史载：

“金大定初，重阳祖师出焉，以道德性命之学，唱为全真，洗百家之流弊，绍千载之绝学，天下靡然从之。”

王重阳不尚符箓，不事黄白，不信羽化登仙之说，而力主道德性命之学，表明道教学者把教义宗旨定位于内在超越上面，以进一步取得与儒佛文化旨归的一致。以上情况表明，心性论实是佛教与儒道两家共同关注的文化课题，也是佛教哲学与中国固有哲学相契合的文化根据。

佛教心性论与中国固有的哲学思想相契合也是历史的必然。这可以从三方面加以说明。首先我们从主导思想儒家学说的演变来看。古代中国是盛行宗法制的农业社会，人们提倡的是人与自然的和谐，人与社会等级的协调。因此强调的不是如何征服自然、改造社会，而是十分重视主体内心修养。克服主体自身局限的儒家学说，成为了社会的正宗思想。如孟子讲“尽心知性”、《周易大传》强调“穷理尽性”、《大学》和《中庸》重视个人道德修养，提倡“慎独”，主张诚心恪守道德规范等，成为了人们生活、行为的准则。但自汉代以后，儒风发生了变化，偏离了心性之学。儒家名教又受到魏晋玄学的批判，更加削弱了它的正宗主导的地位。正如韩愈所说：

> 周道衰，孔子没，火于秦，黄老于汉，佛于晋魏、梁、隋之间，其言道德仁义者，不入于杨，则入于墨，不入于老，则入于佛。

这是对秦至汉间思想史的总结，表明了儒家仁义道德学说的失落，心性旨趣的缺失。西晋玄学家郭象就曾综合儒道两家思想，强调游外（逍遥）与弘内（从事世俗事务）、内圣（到达内心最高精神境界的圣人）与外王（从事外部事务的帝王）的统一，以纠正儒家的偏颇。韩愈、李翱则站在儒家本位立场，高举仁义道德的大旗，重兴心性之学。迄至宋代，二程还说：

“古亦有释氏，盛时尚只是崇设像教，其害至小。今日之风，便先立性命道德，先驱了知者，才愈高明，则陷溺愈深。”

二程敏锐地意识到佛教“言性命道德”夺取了儒家的地盘，对儒家构成了极大的威胁。因此宋儒都自觉地以重建心性之学为己任，并建立了理学体系。这从一个历史侧面表明，佛教心性学说大行中土是合乎中国固有文化旨趣的，是一种历史的必然。

其次，从中国哲学主题思想的变化来看。先秦时代思想活跃，百家争鸣，各种哲学问题，如本体论、宇宙论、人生理想论和心性论等都有了发轫和展开，呈现出百花齐放的鼎盛局面。到了汉代，宇宙论成为热点，一些哲人热心于探讨宇宙万物的生成、结构和变化等问题。魏晋时，玄学盛行，其重心是本体论，着重从宏观方面深究宇宙万物的有无、本末，体用关系。在魏晋玄学思潮的推动和本体论思维方式的影响下，中国哲学的兴奋点从宇宙(天)转到人，着重透过人的生理、心理现象进而深入探究人的本质、本性，从而由宇宙本体论转入心性论，即人本体论。而着了先鞭，首先完成这一转变的便是佛教学者。南北朝时佛教的佛性论思潮就是心性论成为了当时时代哲学主题的标志。后来，在佛教心性论的刺激下，儒家也更为系统地阐发了奠基在道德本体上的心性论，把社会伦理本体化、超越化，说成既是人的形上本体，又是宇宙的形上本体，从而又与佛教心性本体论进一步相沟通。

再次，从中国佛教哲学发展逻辑来看。最早引起中国佛教学者兴趣和注意的佛教思想是般若空论和因果报应论。开始，般若空论在教外知识界中并未引起强烈的反响，因果报应论还遭到了儒家学者的激烈反对，并由教内外的因果报应之辩发展到神灭神不灭之争。这种具有重大哲学意义的争论最终以双方坚持各自立场而告终。但经过这场争论，中国佛教学者把理论建设的重点从形神关系转移到身心关系，从论证灵魂不灭转向成佛主体性的开发，着重于对佛性、真心的阐扬，此后中国佛教哲学也就转到心性论轨道上来。并且由于与重视心性修养的中国固有文化旨趣相吻合而日益发展，以致在南北朝隋唐时代形成了派别众多的丰富多彩的心性论体系。

佛教和儒道的内在超越的共同文化旨归，佛教和儒道在心性论哲学上的互相契合，是佛教得以在中国流行的根本原因，也是佛教哲学与中国固有哲学相融合进而成为中国传统哲学重要内容的原因。故此，研究中国佛教哲学不能不把心性论作为重点。

佛教文化发展样式：传承与创新*

问题的提出

佛教文化的传承与创新，在理论上涉及坚持与发展、传统与现代、古代性与当代性、恒久性与时代性、原教义与新学说等重大问题，也触及佛教与社会、佛教与世俗、佛教与民族、佛教与地域等关系问题，需要教内外学者深入思考、探索和总结。

佛教文化的传承与创新，在实践上涉及佛教文化如何面对、回应人类社会基本矛盾的新变化。当代这些矛盾的变化，主要表现在人与自我的关系上，人们物质生活水平空前提高，而人的道德素养并未相应提升。在人与人(即人与他人、社会、民族等)的关系上，紧张、摩擦、冲突乃至局部地区的战争层出不穷。在人与自然的关系上，气温上升、资源短缺、环境污染、生态失衡等，危及着人类生存的安全。佛教文化如何为缓解人类上述三大矛盾提供积极

---

* 原载《中国宗教》2009 年第 4 期，《中国民族报》2009 年 4 月 14 日 06 版。

的思想资源，在价值取向和思维方式上提供参照，是顺应历史而应该担当起来的重大的历史任务。

从学术研究的角度而言，自觉反思佛教文化的研究，对佛教文化的发展具有重要意义。我们认为，佛教文化研究，应当尊重佛教文化自身发展的规律，从佛教文化的历史发展轨迹中探寻其发展样式，进而分析佛教文化的发展机制与发展途径等问题。在确立佛教文化发展样式的同时，我们还认为，传承与创新也是研究佛教文化的两个重要范式：即一方面历代佛教高僧、学者通过研究怎样传承和怎样创新以及传承与创新的实践活动，推进了佛教文化的发展；一方面前人对佛教文化的传承与创新的实践又构成为后人研究的对象，通过对以往佛教文化的传承与创新的研究，借以总结佛教文化演变发展的历程、特点和规律。佛教文化研究范式问题关系到佛教文化研究的学术视野、价值取向和探究方法，关系到对佛教文化的重要内涵、基本性质和基本精神的理解和阐释，关系到对中国佛教文化演变发展的历史评价和现实评价，关系到今后中国佛教文化发展的途径和走向，具有重要的意义。

佛教文化发展的历史轨迹

从佛教的历史来看，它所走过的全部路径，它所经历的发展轨迹不外乎传承与创新。一部佛教文化发展史就是一部佛教文化传承与创新的历史。

自公元前 6 世纪至前 5 世纪释迦牟尼在印度创立佛教以来，历经早期佛教、部派佛教、大乘佛教和密教的历史演变。在这一长期的历史演变过程中，后面的佛教文化形态都对之前的佛教文化形态有所传承，同时又有所区别，即呈现出鲜明的创新特色。印度部派佛教对早期佛教的戒律和义理的分歧，大乘佛教对小乘佛教义理的开拓性发展，以及所谓“大乘非佛说”的争论，其实质都是如何认识、对待佛教的传承与创新的关系问题。

印度佛教创立后，逐渐向外传播。它北上深入中国内地，形成汉传佛教。又从尼泊尔北上，进入中国西藏地区，形成藏传佛教。印度佛教还传入斯里兰卡、缅甸、泰国、柬埔寨、老挝等国家和我国云南部分地区，形成南传佛教。

印度佛教向外传播的过程，如在中国，不仅是一个佛教文化传承的过程，而且也是程度不同地结合本土实际情况，进行佛教文化创新的过程。佛教自两汉之际传入中国内地以后，最初被视为方术的一种，随后又被玄学化，至隋唐时代，中国佛教创立了天台、华严、禅、净土等8个宗派。近代以来，又提出“人生佛教”、“人间佛教”的理念。佛教在中国的流传是一个不断中国化的过程，即一方面传承印度佛教的基本义理、主要信仰和核心价值，一方面又不断创造出适应中国社会和大众信仰需要的理论学说和实践方法。佛教中国化的过程就是一个佛教文化既传承又创新的过程，是传承与创新的不断互动、相互推进的统一过程。在这个过程中，禅宗和人间佛教是汉传佛教的两个最大创新，对佛教的发展、前进产生了巨大作用。那种视禅宗和人间佛教非佛教的说法，实质上是否定佛教的创新与发展。

历史表明，传承与创新是佛教文化发展的历史轨迹，是佛教历史长期演变的基本内涵；历史也表明，佛教文化的发展有两种样式：一种是佛教文化的传承延续，表现为渐进式的发展；一种是佛教文化的革故鼎新，表现为跃进式的发展。

佛教文化的发展样式之一：传承

佛教文化的传承内涵十分丰富，包括佛教义理、戒律、仪轨以及种种修持方式等，传承的方式多种多样，重要的如传译、讲习、传授、传心等，有的宗派还形成祖师传承系统。

佛教文化传承的过程，是一个不断在时间上承继，在空间上传播的过程。其实质是一个不断在历史和地域的传承中协调矛盾、平衡矛盾、克服矛盾的过程。佛教文化传承中所要面对解决的重要问题、矛盾、困难，大致有以下几个方面：

佛教文化在传承中与民族语言文字、民族性格、民族习俗等矛盾如何处理的问题；佛教文化面对历史演变、时代前进所带来的社会时节变化因素，如何调整传承的内容、形式、手段等问题；佛教文化在不同空间流传过程中，如何根据不同地域的不同自然条件、生活方式、固有文化，作出相应的调整问题；佛教文化如何根据社会上的不同人群，如统治者、知识精英和平民百姓的不同特点，分门别类进行有的放矢地传播的问题；面对某些佛教文化，尤其是佛教非物质文化遗产的濒危和渐趋消亡，如何抓紧抢救和保护，以及如何保护佛教非物质文化遗产的原真性的问题；面对文化多样性的社会现实，佛教文化如何既保持自身的特性，又与其他文化展开对话、交流的问题；面对整体“宗教生态”的复杂格局，佛教文化如何保持自身的传承，进而开拓前进的问题。

以上问题、矛盾、困难的解决，构成为佛教文化传承内容的基本方面。

佛教文化在佛教发源地印度传承约 17 个多世纪后被中断了，其内部和外部的原因都十分复杂。印度佛教文化在异国的传播过程中，有的被本土化了，有的则“征服”了异地的固有文化，成为当地的主导文化。从佛教文化传承的整体而言，既有巨大的成功，也有惨痛的失败，既有成功的经验，也有失败的教训。

佛教文化的传承主要是核心内容的传承，即佛教文化传统的传承。佛教文化传承与佛教文化传统是不同的概念，前者是动态概念，指佛教文化的流传承继，后者是指佛教文化的内在核心，核心信仰，包括价值观念、思维方式、行为模式等。佛教文化传统构成佛教文化的核心力量，也是佛教文化传承的核心内容，所谓佛教文化传承，最根本的是传承佛教文化传统。

传统具有多重性。佛教文化传统是保持佛教文化的本色和特征的关键性的稳定因素，同时又具有保守性、惰性，会阻碍佛教文化的向前发展。佛教文化传统也具有变迁性、开放性，随着历史的发展而不断转化，不断创新。传统既需要积极地保存、发扬，也需要积极地更新、创造。

佛教文化的发展样式之二：创新

创新是佛教文化发展的本质要求。佛教在广大信徒修持实践中高扬“依法不依人”的原则，把佛法、真理的权威置于个人权威之上，体现了以追求真理为皈依的精神。佛教在弘扬佛法方面，提倡“如理如法”和“契时契机”相结合的原则。即一方面要求符合佛法、真理，一方面又要求契合时代特点和传教对象的具体条件，并把两个方面有机地结合起来，体现了理论与实际相结合的精神。求真是创新的动力，理论与实际结合是创新的途径。佛教上述两项原则不仅表明创新是佛教文化发展的内在的本质要求，也为佛教文化创新奠定了坚实的思想基础。

创新是佛教文化发展的最重要标志。佛教文化是开放的动态体系，它的发展表现为传承，又表现为创新，传承与创新相辅相成，并行不悖。在佛教文化发展中，创新是非常重要的。因为创新有助于排除因循守旧、故步自封的积弊，有助于改良、完善和丰富佛教文化的内涵，有助于佛教文化的发展、提高。佛教2500多年漫长的历史表明，它之所以能保持活力、生命力，一个最重要的原因就在于它自身的不断创新。佛教文化要生生不息，关键在于新的创造。

佛教文化的创新主要源自社会历史的变化，时代的前进和相应的人的精神需求的变化。这些变化要求佛教文化作出积极回应，提出符合时代需要和人性需求的主张、见解。这也就是说，佛教文化创新的根源在于历史与现实、传承与“现代性”的矛盾。历代佛教领袖、代表人物深入体察、充分了解社会矛盾的表现和特点，进而在弘扬佛法的理论与修持实践两方面作出新的论述、反应，构成为历代佛教文化创新的历史背景和时代内容。

佛教文化创新的内容，包括了新派别的形成，义理学说的创新，仪轨制度的调整等。其中最重要的是义理学说的创新，因为义理学说影响佛教的仪轨制度建设和信徒修持实践。具有影响全局的主导意义。佛教文化创新的类型多种多样，基本类型有原始创新、模仿创新和综合创新等，其中博采众长并经过创造性转化而形成的新综合体的综合创新尤为重要。我们认为，一个真正的佛教领袖、代表人物应当从社会实际出发，对佛教文化传统里的有生机的质素加以抉择、诠释、提升和阐扬，以适应弘扬佛法的新需要，推动弘扬佛法事业的新发展。

这里涉及一个问题，即后人是否拥有对佛法的解释权的问题，我们认为，回答应当是肯定的。当然解释者的态度应当是严肃的、慎重的，解释的内容应该是符合佛法核心精神，合乎逻辑的，其结果是有利于佛教弘法事业的。

还有一个相关的问题是，后人创新的学说、派别是否还是佛教呢？这里有一个判别佛教的标准问题。我们认为，释迦牟尼提出的缘起说和苦、集、灭、道“四谛”说是佛教的基本理论、主要信仰与核心价值，凡是佛教界人士的阐释符合这一核心思想、核心传统的，都是对佛教理论的继承和发展。那种以佛教一定时期的理论为唯一的绝对的标尺，否定后来的学说，排斥后人的发展，是不可取的，是影响佛教的开拓，妨碍佛教的发展的。至于断章取义，歪曲佛教核心信仰与价值，摘取佛教术语、名词、字句，宣扬另一类思想，借以达到另一种目的的，则自然是非佛教，乃至反佛教的了。

由上似乎也可初步确立佛教文化创新的基本尺度：一是符合佛教的核心信仰价值；二是能够结合时代特点，适应、满足人们的信仰需要；三是有助于推动佛教的向前发展。

佛教文化如何创新呢？我们认为重要的途径之一就是佛教本土化。在中国，所谓佛教本土化也就是佛教中国化。印度佛教在中国流传过程中，逐渐与中国实际相适应、相结合，受到中国社会环境的影响和改造，使佛教打上了中国社会的深刻烙印，具有鲜明的中国民族性、地域性和时代性的特征，具有中国文化的品格和特质，形成了有别于印度佛教的独特精神和风貌。也就是说，佛教在中国既继承又改造、发展了印度佛教，在发展印度佛教过程中创造出了中国佛教。佛教中国化的途径和内容，重要的是展现为佛教义理、佛教神灵信仰结构、佛教伦理道德、佛教文学艺术以及佛教制度、教仪和生活5个方面的中国化。佛教中国化是整个佛教发展史上最重大的创新成果。

佛教文化创新的实质主要不在于某些佛教文化具体内容的变化，

而在于佛教文化传统的转化。这里我们要着重强调的是，我们讲的佛教文化传统的转化，不是简单否定佛教传统，更不是彻底否定佛教传统，而是在佛教传统的内核、精神的基础上作出新诠释、新发挥，是在佛教传统内部依靠其积极方面去转化其消极方面。这种转化在内容上是富有创造性的，是一种创造性的转化。这种转化工作是为了佛教不断扬弃传统中的消极因素，强固传统中的积极因素，为传统增添新的积极成分，从而推动佛教文化传统符合时代需要的新发展。

传承与创新的良性互动

传承与创新不是绝对对立、互相排斥的关系，而是对立统一、相互补充的关系。

传承对创新的推动。首先，传承为创新提供从过去承继下来的条件。创新不是随心所欲的，不是在创新者主观选定的条件下，而是在直接碰到的、既定的、从以往传承下来的客观条件下进行的。其次，传承为创新提供“问题意识”。凡传承中遇到的问题、困难、障碍，或传承中取得成功的心得、体会、经验，都足以构成问题意识，为创新提出新课题，推动创新的开展。再次，传承为创新提供内在的积极因素。佛教文化创新的一条基本途径是，凸现佛教文化内部的某种积极因素，并加以阐发，使之成为佛教文化的主流或主流之一。

创新对传承的推动。第一，创新丰富了佛教文化的内涵，为传承提供新内容，使佛教文化传承生动活泼、永不停止。第二，创新适应了不同地区的信徒、群众的需要，创新把佛教文化推向广大的地域，扩大了佛教文化传承的范围，加大佛教文化的影响。第三，创新为佛教文化传承不被中断、终止，始终保持传承的生命力提供有力的支撑乃至保证。

传承与创新的对立统一关系，要求在佛教文化发展进程中，展开两者的良性互动，建立彼此良性互动的模式。这也就是要求把传承与创新统一起来，在传承中创新，又以创新推进传承。由此也可以进一步说，要把坚持佛教文化与发展佛教文化，维护佛教文化传统与转化佛教文化传统统一起来，在坚持中发展，以发展强化坚持，在维护中转化，以转化延续传统。

实现的关键

“人能弘道，非道弘人。”传承人和创新人是实现佛教文化传承与创新的核心因素，也就是说，把握佛教文化发展的样式，实现佛教文化的发展，关键是人，是佛教信徒，尤其是佛教领袖、代表人物。

佛教文化的传承与创新的实践者，除了要具备佛学素养和修持经验以外，还需要有两个自觉，一是佛教文化的传承自觉，二是佛教文化的创新自觉。这两个自觉也可谓是“角色意识”。为了提升这两个自觉，增强角色意识，我们认为以下几方面是值得注意的：

其一，深入把握佛教文化的本质。佛教文化归根结底是佛教信徒解脱烦恼、痛苦的信仰实践文化，本质上是实践的，实践性构成佛教文化的质的规定性。也就是说，佛教文化不是僵死一成不变的体系，而是一种改变人们社会生活的同时又受社会生活改变的动态开放的体系。佛教文化与时代具有天然的无法割断的联系，只有结合时代的特点和需要，佛教文化才能在实践中不断发展。

其二，坚持以现实问题为核心。在传承与创新佛教文化的实践中，“问题意识”具有重要意义，但问题意识关注的不只是永恒的、普世性的问题，尤其要关注的是当代社会发展中出现的现实问题。能否回应现实问题，是佛教文化是否具有生命力、能否继续发展的重大问题。

其三，多在“两个结合”上下工夫。做好佛教文化的传承与创新，一个重要而有效的方法是做好“理论与实际相结合”和“理论与实践相结合”两件大事。也就是一要应用佛教的基本理论，如缘起、因果、平等、慈悲、中道、圆融等，来分析社会实际状况，研究社会问题、矛盾，回应社会的呼声，进而提升社会品质，改善社会环境。二要应用佛教理论的基本原理，去总结佛教信徒的群众性的实践经验，把某些有益于佛教和社会的发展的成功经验，提升为新鲜的佛教理论，再反过来用以指导广大信徒的实践，从而推动佛教文化的发展，推动佛教的前进。

方立天著作目录

《魏晋南北朝佛教论丛》(北京：中华书局，1982 年第 1 版，1995 年第 2 版，2002 年第 3 版)

《华严金师子章校释》(北京：中华书局，1983 年第 1 版，1987 年第 2 版，2004 年第 6 版)

《慧远及其佛学》(北京：中国人民大学出版社，1984 年第 1 版，1985 年第 2 版，1987 年第 3 版)

《佛教哲学》(北京：中国人民大学出版社，1986 年第 1 版，1991 年增订本，1997 年第 3 版)

《中国佛教与传统文化》(上海：上海人民出版社，1988 年第 1 版，1992 年第 2 版，1998 年第 3 版)

《中国古代哲学问题发展史》(上、下册)(北京：中华书局，1990 年第 1 版，1992 年第 2 版)

《华严金师子章今译》(四川成都：巴蜀书社，1990 年)

《法藏》(台北：东大图书公司，1991 年)

《中国哲学研究》(台北：新文丰出版公司，1992 年)

《中国佛教研究》(台北：新文丰出版公司，1993 年)

《法藏评传》(北京：京华出版社，1995 年)

《中国佛教哲学要义》(上、下卷)(北京：中国人民大学出版社，2002 年第 1 版，2003 年第 2 版，后列入“中国文库”，由中国出版集

团出版，2005 年）

《中国佛教散论》（北京：宗教文化出版社，2003 年）

《方立天文集》（六卷）（北京：中国人民大学出版社，2006 年）

《寻觅性灵：从文化到禅宗》（当代中国哲学家文库）（北京：北京师范大学出版社，2007 年）